ro
ro
ro

Uli T. Swidler wurde als Uli Tobinsky neben Bayer Leverkusen geboren, machte Rockmusik, studierte in Köln, schnupperte Theaterluft und arbeitete viele Jahre als Autor und Moderator für Radio und Fernsehen. 1997 hängte er den Journalismus an den Nagel, um sich ausschließlich dem Schreiben zu widmen. 2001 heiratete er und nahm den Namen seiner Frau an. Uli T. Swidler lebt in München und seit 20 Jahren auf dem Monte Dolciano, der in Wirklichkeit ganz anders heißt.

«Ein durch und durch reizendes Buch, das Lust macht auf unsere verrückten, lieben Nachbarn.»
(BZ)

«Unverzichtbare Urlaubslektüre!»
(Braunschweiger Zeitung)

«Ein warmherziges, humorvolles Buch für alle Italienfans.»
(Schweriner Volkszeitung)

Uli T. Swidler

Toskana für ARME

Liebeserklärung an ein
italienisches Dorf

Rowohlt Taschenbuch Verlag

Veröffentlicht im Rowohlt Taschenbuch Verlag,
Reinbek bei Hamburg, Juni 2010
Copyright © 2009 by Rowohlt Verlag GmbH,
Reinbek bei Hamburg
Illustrationen Martin Haake
Umschlaggestaltung any.way, Hamburg
(Umschlagillustration und Kalligraphie: Martin Haake)
Satz Adobe Caslon PostScript (InDesign)
bei KCS GmbH, Buchholz bei Hamburg
Druck und Bindung CPI – Clausen & Bosse, Leck
Printed in Germany
ISBN 978 3 499 24944 0

Für Nicole, mit der immer wieder
die Zeit stehenbleibt

1. KAPITEL

Die Beerdigung war der Knaller. Luise hätte es auch so gesehen, da war ich mir sicher. Wenn sie gekonnt hätte.

Aber es war Luises Beerdigung. Sie lag in dem einfachen Eichensarg, den vier schwitzende Männer nur mit großer Mühe in der Waagerechten hielten, als sie ihn neben dem offenen Grab auf dem verwunschenen *cimitero* oben auf dem Monte Dolciano auf die sonnengeröstete Erde zu Boden ließen. Drei der Träger waren Nachbarn von Luise, die der deutschen Signora die letzte Ehre erweisen wollten, und folglich waren sie nicht so geübt wie der vierte, Manfredo, Besitzer des Bestattungsunternehmens, Fahrer des Leichenwagens und Sargschreiner in einem. Manfredos Augen wanderten nervös zwischen den Trägern hin und her.

Mein Freund Gino, früher Lastwagenfahrer, aber vor 20 Jahren als Maurer sesshaft geworden, stieß mir seinen Ellbogen in die Rippen. «Bei der letzten Beerdigung ist ihm der Sarg weggerutscht», flüsterte er. «War 'ne peinliche Sache.»

«Wird schon gutgehen. Luise wiegt ja kaum was.»

«Eiche», erwiderte Gino mit tadelndem Blick, zuerst zu mir, dann zum Sarg hin, «du weißt doch, was Eiche wiegt.»

Er hob seinen linken Arm, halbhoch nur, mehr war angeblich nicht drin, seit ihm letzte Woche beim Auswechseln eines morschen Dachbalkens in meinem alten Bauernhaus, einem *rustico* mit dem Namen Ca'Tommaso, der neue Balken auf den Arm gefallen war. Eiche natürlich.

«Was kann ich dafür, wenn dir ein Balken auf den Arm fällt!», flüsterte ich aufgebracht. Gleichzeitig ärgerte ich mich. Warum hatte ich ein schlechtes Gewissen? Weil ich ihm, dem Maurer, den Auftrag erteilt hatte, den Balken auszutauschen?

«Habe ich gesagt, dass du was dafürkannst?», erwiderte Gino gönnerhaft, während er sich demonstrativ den Arm massierte. Ein einziger Vorwurf.

Wieder rammte er mir den Ellbogen in die Rippen, das war immerhin noch möglich. «Enrico.» Er deutete unauffällig mit dem Kinn in die Richtung des Besagten und rollte mit den Augen.

Enrico hatte sich wie gewohnt hinter seiner riesigen Sonnenbrille verschanzt, ein Teil, wie es sonst nur noch von nordkoreanischen Diktatoren getragen wurde. Sein Kopf war starr auf den Sarg gerichtet, und sein unbewegter Gesichtsausdruck ließ auf Gedanken der Trauer schließen, aber jeder rund um den Monte Dolciano wusste, dass seine Augen im Schutz der gewaltigen dunklen Gläser ununterbrochen nach nackten Frauenbeinen und offenherzigen Dekolletés Ausschau hielten. Viel gab es dieses Mal allerdings nicht zu sehen, schließlich handelte es sich um eine Beerdigung. Und selbst Sophie, die erfolglose Schauspielerin aus München, die im Allgemeinen gerne zeigte, was sie hatte, hielt sich zugeknöpft.

Enricos größter und man kann ohne Übertreibung sagen, legendärster Erfolg als Spanner lag jetzt schon einige Jahre zurück und hatte mit Isabelle zu tun, der Ehefrau eines deutschen Unternehmers, der bei Nacht und Nebel ein sehr baufälliges, schwer erreichbares *rustico* von dem deutschen Architekten mit Namen Gantenbein gekauft hatte. Gantenbein war ein begnadeter Verkäufer mit einem dunklen Hang zum Betrügerischen, von dem wir alle, die wir hier um Luises Grab standen, also alle Nicht-Italiener, unsere Häuser gekauft hatten. Nachdem der deutsche Unternehmer sein frisch erworbenes *rustico* einige

Male bei Tag und in Ruhe betrachtet hatte, wurde ihm klar, wie viel Geld, Arbeitsbereitschaft und Ideen nötig waren, um es zu restaurieren. Geld hatte er, sonst jedoch nichts. Um nicht zugeben zu müssen, einen Fehler gemacht zu haben, stellte er einen Wohnwagen auf das Feld hinter dem *rustico*. Er müsse erst einmal ohne Zeitdruck die Lage sondieren. Dieses Sondieren dauerte etwa zwei Jahre, in denen er gelegentlich mit seiner Frau Isabelle für ein, zwei Wochen auftauchte, bevor er dann endgültig die Lust an der Sache verlor und mit seiner Geliebten nach Island zog.

Inzwischen jedoch hatte Isabelle, seine gleichermaßen zarte wie weltfremde Ehefrau von puppenhafter Schönheit, sich dem Esoterischen zugewandt, und zwar einer schamanischen Glaubensrichtung, in der man morgens mit Inbrunst die Sonne begrüßte. Isabelle nistete sich also jedes Jahr allein für einige Wochen in dem Wohnwagen ein, auf der Suche nach ihrer schöpferischen Kraft. Am *rustico* selbst gab es kein Wasser, das sprudelte einige hundert Meter entfernt neben einer *vincinale*, also einem Weglein, das einzelne Bauernhäuser miteinander verband, aus einer Quelle. Dort badete die Schöne nun jeden Tag ausgiebig und nackt im morgendlichen Dämmerlicht, um dann ihre Gänsehaut und die von der Kälte steinharten Brustwarzen der aufgehenden Sonne entgegenzurecken.

Enrico, ein ruheloser Frühaufsteher, war der Erste, der davon Wind bekam. Einige Tage genoss er dieses Schauspiel allein, bis er sein Geheimnis einfach nicht mehr für sich behalten konnte und einigen ausgewählten Kumpanen zuflüsterte. Von da an hockten jeden Morgen bis zu sechs Männer im Gebüsch, und die Sache flog erst auf, als einer von ihnen, Carlo, von dem Baum fiel, auf den er der besseren Sicht wegen geklettert war. Die schöne Isabelle rief daraufhin die Carabinieri, mit den folgenden Worten, die sie sich aus dem Wörterbuch herausgeschrieben hatte: Sechs eklige (*schifosi*), geifernde (*sbavati*), einheimische (*nativi*) Mistkerle (*pezzi di merda*) sind in meine

Privatsphäre eingedrungen, um mich beim Nacktbaden in der Morgendämmerung (*crepuscolo mattutino*) zu beobachten.

Innerhalb kürzester Zeit waren zwei Gesetzeshüter vor Ort mit einer Geschwindigkeit, die sich nur mit der Hoffnung der beiden erklären ließ, noch einen Blick auf das nackte Corpus Delicti werfen zu können. Da Carlo sich beim Sturz vom Baum den Fuß verstaucht hatte, konnte er nicht so schnell fliehen wie seine Mittäter und wurde dingfest gemacht.

Doch damit war die Angelegenheit nicht beendet, denn Adolfo, einer der beiden Carabinieri, war Carlos Sohn, und Adolfo versuchte alles, um die Sache klein zu halten, wenn nicht gar unter den Teppich zu kehren. Das wäre sicherlich erfolgreich gewesen, wenn es sich bei Isabelle um ein unscheinbares Wesen gehandelt hätte. Das Gegenteil war jedoch der Fall, und als sie, gutaussehend und elegant (*in pompa magna*), beim *maresciallo*, dem örtlichen Chef der Carabinieri, vorsprach, außer sich vor Wut und trotzdem geschickt die Karte spielend: ‹Ich wähnte mich in einem Land der Kultur und Feinsinnigkeit› –, da wurde die Angelegenheit erst richtig groß.

Der *maresciallo*, ein grau melierter, bulliger Kerl und Macho durch und durch, schwang sich sofort zu ihrem Beschützer auf: Wenn Frauen sich in diesem Land auf ihrem eigenen Grund und Boden nicht mehr frei bewegen können, dann ist etwas zutiefst verrottet in unserer Kultur und Zivilisation! Er listete alle Paragraphen auf, gegen die Carlo verstoßen hatte, und drohte ihm, wenn er in Zukunft nur einen einzigen anzüglichen Blick auf eine Frau werfen würde, käme es sofort zu einer Untersuchung der Abteilung für Innere Angelegenheiten.

«Was hast du mit meinen inneren Angelegenheiten zu tun, *maresciallo*?», versuchte Carlo es mit einer forschen Gegenwehr.

Der *maresciallo* ignorierte Carlo und seine Frechheit völlig, verschränkte seine Arme vor der Brust, ließ seinen Blick zur Decke wandern und atmete tief durch die Nase ein, sehr tief, eine Geste, die im alten Rom und wenn er Cäsar gewesen wäre, Carlo keine fünf Minuten später in den Circus maximus zu den Löwen befördert hätte. Doch hier, in der tristen Realität einer muffigen Carabiniere-Wache in Acqualagna, fixierte der *maresciallo* nicht Carlo, den Täter, sondern Adolfo, den Sohn und Carabiniere, mit einem wirklich gekonnten, lässigen Chef-Blick und tippte wie beiläufig auf seine Rangabzeichen. In der absolut unmissverständlichen italienischen Gebärdensprache hieß das so viel wie: Hör zu, ich habe nicht nur mehr Streifen als du, nein, du wirst bald sogar noch einen weniger als jetzt haben! Und das ist erst der Anfang dessen, was dich erwartet! Das Wort Karriere jedenfalls wird es in deinem Leben nicht mehr geben!

Carlo sah, wie seinem Sohn Adolfo der Schweiß ausbrach, er blass wurde und nach Luft rang. In dem Moment erkannte Carlo die Relevanz der Abteilung für Innere Angelegenheiten auch für sein Leben und entschuldigte sich wortreich bei Isabelle, ohne sie anzusehen, um sich und Adolfo keinerlei weiterem Risiko auszusetzen.

Der *maresciallo* scheuchte Vater und Sohn daraufhin hinaus und lud Isabelle zum Essen ein, als Akt der Wiedergutmachung und um ihr den Glauben an die große Kulturnation Italien zurückzugeben, während Carlo zum nächsten Optiker humpelte und sich dieselbe gewaltige Sonnenbrille kaufte, die auch Enrico besaß, hinter der seine Augen machen konnten, was sie wollten. Zumindest tagsüber, wenn die Sonne schien.

Das Verhältnis zwischen dem *maresciallo* und Isabelle war übrigens nur von kurzer Dauer, da Isabelle bald das Interesse an der großen Kulturnation Italien verlor und nach Indien in einen Ashram zog, wo sie zwei Kinder bekam und über einen international tätigen Anwalt die Scheidung von ihrem deutschen Unternehmer einreichte.

Fast alle italienischen Nachbarn waren zu Luises Beerdigung auf den *cimitero* oben auf dem Monte Dolciano gekommen und natürlich die meisten Deutschen und viele andere Fremde, *stranieri*, die ebenfalls Häuser in der Gegend besaßen. Luise war unbestritten die große, alte Dame der ersten Stunde der Hauskäufer-Invasion gewesen, die Anfang der 90er Jahre begonnen hatte. Da durfte einfach niemand fehlen. Nicht wenige dieser damaligen Neuankömmlinge waren in den ersten Jahren befreundet gewesen, alle hatten sich untereinander Motorsensen und Schlagbohrmaschinen ausgeliehen, die besten Sand-Zement-Mischungsverhältnisse diskutiert, hatten sich meterlange Tische zugelegt und gegenseitig zum Essen eingeladen und sich über die neuesten Kapriolen der italienischen Bürokratie auf dem Laufenden gehalten. Dass man zum Beispiel, obwohl Italien Teil der EU war, eine Aufenthaltsgenehmigung bei der *questura* beantragen und immer wieder verlängern lassen musste, um dann, nach frühestens fünf Jahren, den Status eines *residente* zu bekommen. Oder dass es eine Haus- und Grundsteuer namens ICI gab, die eine sogenannte Bringschuld darstellte, für die man also nicht etwa einen Bescheid bekam, sondern die man von sich aus bezahlen musste, über deren Höhe jedoch weder bei der *comune* noch bei der Finanzbehörde irgendetwas in Erfahrung zu bringen war.

Die Euphorie der ersten Jahre war im Laufe der Zeit verflogen und hatte einer Ernüchterung und der Erkenntnis Platz gemacht, dass man in Italien vielleicht bessere Laune hatte und schneller braun wurde, aber trotzdem derselbe Mensch blieb. Das Paradies hatte Risse bekommen, und viele, die nun um Luises zukünftiges Grab standen, spürten in diesem Moment, wie mit ihrem Tod endgültig auch der Traum von einer großen Gemeinschaft höchst unterschiedlicher, aber einander wohlwollender Menschen begraben wurde. Ein Niedergang, der am deutlichsten bei Christian und Susanne zu beobachten war, die als Mr. und Ms. Jekyll gekommen waren und nun wie zwei Hydes, wie zwei Werwölfe in gehöriger Entfernung zu Luises Grab lauerten. Sie hatten in den letzten Jahren so vielen Handwerkern das Leben schwer gemacht und sie teilweise um ihr Geld betrogen, weil diese angeblich nicht akkurat gearbeitet hatten, dass niemand mehr für sie tätig werden wollte. Jetzt hatten sie einen Makler mit dem Verkauf ihres Hauses beauftragt und erzählten überall herum, der verschlagenen Rasse der *Marchigiani* überdrüssig zu sein und sich stattdessen in der edlen Toskana ein Haus kaufen zu wollen.

Eine fehlte in der Runde.

Aus Taktgefühl Gino gegenüber hätte ich ihren Namen nie fallenlassen, und so war er es selbst, der sie erwähnte. Ich sah es kommen, als er unvermittelt mit einer gewissen Schwere seinen Blick in der Runde schweifen ließ und danach bedrückt die Lippen zusammenpresste.

«Valerie ist nicht gekommen.»

Ich nickte stumm. Ich wusste ja, wie ihm zumute war. Keiner, der jemals von einem Menschen verlassen worden war, den er geliebt hatte, würde je das Gefühl vergessen, dieses Schneiden und Bohren und Brennen in den Eingeweiden, gegen das man komplett machtlos war. Mich hatte es ja sogar bis nach Italien hier auf den Monte Dolciano getrieben.

«Du fährst doch bald nach Deutschland», fuhr Gino fort, ohne mich anzusehen.

«In ein paar Tagen, ja.» Mein Auto war wegen der deutlich billigeren Versicherung noch in Deutschland angemeldet und musste zum TÜV.

«Hast du noch ein wenig Platz im Wagen? Ich gebe dir was mit für sie. Und für ihre Tochter.»

Oje, armer Gino, er hatte die kleine Sandra sehr in sein Herz geschlossen.

«Ein bisschen Platz habe ich schon noch», antwortete ich.

«Sie haben diesen *formaggio di fossa* so gemocht. Und die frischen *passatelli fatt'in casa* von Rosa.» Ein schweres Seufzen. «*Pasta fresca*, die gibt es in Deutschland nicht.»

«Doch, schon», warf ich ein.

«Nicht solche, wie Rosa sie macht», widersprach er streng.

«Die nicht, das stimmt», lenkte ich ein und verkniff mir die Bemerkung, dass auch Rosas Pasta nach einem Tag nicht mehr frisch sein würde und allein die Fahrt nach Deutschland ja schon so lange dauerte.

Ginos Blick wanderte für einen Moment in die Ferne, dort, wo der Schmerz zu Hause war und das Glück keinen Fuß hinsetzte. Ich musste mich abwenden, Luises Tod und Ginos Melancholie waren mir in diesem Moment einfach zu viel. Doch Gino war Italiener genug, um auch dem ehrlichsten Schmerz zusätzlich noch ein wenig Drama zu verleihen, auch wenn dies in seinem Fall ausschließlich dazu diente, sich mit großer Geste auf den Olymp der Trauer zu heben, wo nur die ganz Einsamen saßen und still und mit großer Würde litten. Ein gebrochenes Herz reichte nicht, nein, es musste schon ein zerrissenes sein.

«Und den Honig von Vincenzo», fügte er hinzu mit einem ungnädigen Blick in meine Richtung. «Der benutzt gegen die Bienenmilben keine Chemie, sondern nur Thymian.»

Bitte nicht dieses Thema. Nicht jetzt. Nicht hier.

«Mann, Gino, wie oft willst du mir das noch vorhalten? Ich kaufe meinen Honig trotzdem nicht bei Vincenzo, *e basta*!»

«Alle anderen benutzen Antibiotika. Wenn du nicht aufpasst, wachsen dir irgendwann Brüste.»

«Brüste kriegt man von Hormonen, nicht von Antibiotika.»

Gino verdrehte seine Augen und machte mit beiden Händen eine halbkreisförmige, irgendetwas in die Luft werfende Bewegung, was in der unmissverständlichen italienischen Gebärdensprache so viel bedeutete wie: drauf geschissen, ist doch alles dasselbe, man sollte nicht alles glauben, was in der Zeitung steht.

«Für ein Glas Honig», ereiferte ich mich, «sitze ich stundenlang bei Vincenzo, muss alle seine Kinder begrüßen, muss warten, bis seine Frau die Wäsche von der Leine geholt und eingeräumt hat, um dann auch sie noch persönlich zu begrüßen, muss mir anhören, wie Vincenzo ausgeschwärmte Bienenvölker zurückgeholt hat, mit bloßen Händen und ohne jede Spur von Angst, und muss, und das ist das Schlimmste von allem, seinen selbstgemachten Wein trinken!»

Gino schob das Kinn vor und hielt mir die nach oben offenen Handflächen hin. «Na, und?»

«Für ein Glas Honig, Gino! *Dai!*»

Gino schüttelte seinen Kopf. «Ihr Deutschen, immer habt ihr es eilig. Ich verstehe das nicht.»

«Ah!», stieß ich wütend und trotzdem so leise wie möglich hervor, schließlich waren wir hier auf einer Beerdigung. «Was hat das denn damit zu tun?»

Ich war kurz davor, den kleinen Maurer zu packen und ein wenig durchzuschütteln, obwohl ich die Strategie hinter seinen Worten erkannte. Er fühlte sich von meiner Besserwisserei bloßgestellt und unternahm einen wirkungssicheren Befreiungsschlag, denn keiner der Deutschen auf dem Monte Dolciano wollte ein typischer Deutscher sein.

Dabei hatte Gino in gewisser Weise sogar recht mit seiner Analyse deutscher Ungeduld. Ihm zum Beispiel machte das endlose Prozedere bei Vincenzo in der Tat nichts aus, bis auf den Wein, den auch nur zu probieren er sich standhaft weigerte. Er konnte stundenlang Kinder hochheben und knuddeln, er konnte geduldig warten, bis Hausfrauen ihre Wäsche eingeräumt hatten, um sie dann freudestrahlend zu begrüßen. Es gab jedoch einen feinen Unterschied, nämlich dass Gino sich bei Vincenzo keine endlosen Geschichten anhörte, sondern stattdessen selber welche erzählte, deswegen kam ihm die ganze Angelegenheit gar nicht so lange vor.

Er sah mich belustigt an, erkennbar zufrieden, wie gut seine Gegenstrategie funktionierte. «*Calma*, Max. So wichtig ist das nicht.»

Als ich immer noch finster dreinblickte, lächelte er mich mit seiner umwerfenden Freundlichkeit an, stupste mir seinen Ellbogen in die Seite und deutete in die Runde der Wartenden: Deutsche, Engländer, Italiener, Schweizer und Österreicher.

«Vor dem Tod sind wir alle gleich, Max, spätestens vor dem Tod.»

«Mag sein, Gino, aber eins ist sicher», sagte ich und stieß ihm wenigstens meinen Zeigefinger in die Brust. «Wenn du mal stirbst, wirst du auch dann noch das letzte Wort haben.»

Gino grinste. «Nicht erst, wenn ich sterbe.»

Ich lachte, schüttelte den Kopf und gab mich geschlagen.

Alle warteten, es war heiß, und nichts passierte auf dem wunderschönen alten Friedhof auf dem Monte Dolciano.

Der Monte lag wie ein gewaltiger gestrandeter Walfisch zwischen der adriatischen Küste und dem steilen Höhenzug der Apenninen, und der Friedhof befand sich fast am Ende der über acht Kilometer langen Straße, die sich umständlich aus dem Tal heraufschraubte und von der so viele Wege und Sträßchen zu einzelnen Häusern abgingen, dass es unmöglich war, sich hier zurechtzufinden, ohne immer wieder einen Einheimischen nach dem Weg zu fragen. Was, je höher man kam, zunehmend schwieriger wurde: Wohnte im Tal noch in fast jedem Haus eine Familie, änderte sich zum Gipfel hin das Verhältnis ins Gegenteil und die Zahl der aufgegebenen, verfallenen, von Gestrüpp überwucherten Ruinen nahm zu.

Die Trauergäste hatten sich zu kleinen Gruppen formiert. Sestina, Giuseppe und Emilia, die drei letzten Ureinwohner des Monte Dolciano, die noch nicht ins Tal zu ihren Kindern in gnadenlos verputzte Häuser mit Aluminiumfenstern und Doppelverglasung gezogen waren. Orlando, der seine Frau Luciana vertrat, die mitten im Sommer bei all den Touristen ihre Bar nicht schließen konnte. Julian Bridgewater, der oft bei Luise zu rheinischem Sauerbraten mit Rotkohl und Knödeln zu Gast gewesen war. Gino, ich und 48 andere. Und sogar die Familie Hermann, also er, sie und ihre vier Töchter, die sich weit abseits der anderen mit dem Rücken an die Friedhofsmauer wie eine kleine Wagenburg halbrund zusammengedrängt aufgebaut hatten, um vor jeglicher Überraschung sicher zu sein; zum Beispiel unverhofft von einem Italiener angesprochen zu werden, was die Hermanns in jedem Fall erst einmal für eine feindliche Aktion hielten.

Manfredo, der Bestatter, war immer noch nervös, obwohl der Sarg sicher auf dem trockenharten Boden neben dem frisch ausgehobenen Grab ruhte. Verstohlen zog er den Knoten seiner Krawatte ein wenig vom Hals weg. Niemand hätte ihm verübelt, wenn er ohne gekommen wäre oder sie jetzt, der brennenden Sonne vollkommen schutzlos ausgeliefert, ganz abgelegt hätte. Doch seit er Leichenbestatter geworden war, hatte er alle Spielregeln, die zu diesem Beruf gehörten, ohne Ausnahme verinnerlicht, obwohl er sich in seinem vorigen Leben eher wie ein Wiesel durch den Wald der Konventionen hindurchgeschlängelt hatte.

Ich kannte Manfredo schon ewig, noch aus der Zeit, als er *postino*, Postbote, gewesen war und jeden Tag fünfzig Kilometer zurücklegen musste, um auch noch dem letzten Bewohner des Monte Dolciano Stromrechnungen, Pensionsschecks oder sogar Werbeprospekte zuzustellen, ein endloses Gekurve auf schlechten Schotterpisten.

Manfredo war wie die meisten hier in der Gegend ein kleines Jobwunder: Er war Maurer, Elektriker, Schlachter, Trüffelsucher, Krankenschwester (als Luise Aufbauspritzen brauchte, erledigte Manfredo das zwischen Brief und Päckchen), Lkw-Fahrer, Schreiner und Postbote, doch eines Tages, niemand wusste warum, hatte er keine Lust mehr, jeden Tag bei Wind und Wetter den Monte Dolciano rauf und runter zu rasen. Und so wurde er eben Leichenbestatter, nachdem der bisherige, Stefano Garibaldi, eines morgens selbst tot in einem seiner Särge gefunden worden war. Nackt übrigens, aber darüber sprach man nicht, obwohl seltsamerweise jeder davon wusste. Wie Manfredo die nötigen Gewerbepapiere bekommen hatte, wird für immer sein Geheimnis bleiben, aber es interessierte auch niemanden. Wenn es darauf ankam, wusste jeder einen Weg, unbequeme und letztlich doch nun wirklich unwichtige Fragen wie die nach einer Ausbildung oder nach Berufserfahrung auszuhebeln.

Manfredo war also nervös. Wahrscheinlich, weil die Beerdigung der deutschen Signora für seinen Geschmack zu viele Unregelmäßigkeiten aufwies. Wäre Luise eine Italienerin gewesen – *va bene, me ne frego*. Doch von einer Deutschen erwartete man zwar weder Charme noch Ungezwungenheit noch die Fähigkeit, Feste zu feiern, aber bestimmt einen perfekt organisierten Abgang. Zuständig dafür war allerdings nicht Luise, die ihrem Tod mit einer beeindruckenden Würde und Gradlinigkeit entgegengesehen hatte, sondern ihr Ehemann Horst, den man nur Horst nannte, wenn er anwesend war, ansonsten hieß er für alle *lo spaccone*, das Großmaul. Oder, nicht ganz so direkt, *uno chi si dà delle arie*, einer, der Arien säuselt, statt klare Worte zu machen. Oder schlicht: ein Wichtigtuer.

Spaccone starrte regungslos auf den Sarg, wischte sich mit seinem Taschentuch den Schweiß von der Stirn und versuchte zu ignorieren, dass die allgemeine Unruhe zunahm. Es war heiß, der heißeste Augusttag seit Jahren. Die Natur hielt den Atem an, nichts rührte sich, kein Vogel flog, und kein noch so schwacher Windhauch verringerte die gefühlte Temperatur von 40 Grad im Schatten.

Spaccone hatte die Beerdigung seiner Frau zu einem großen Ereignis machen wollen. Für ihn war es wichtig, all den Deutschen vom Monte Dolciano zu zeigen, wie viel er über die Gebräuche der Italiener wusste und wie sehr er, im Gegensatz zu allen anderen, mit deren Mentalität und deren Riten verbunden war. Er liebte es, darüber zu schwadronieren, was die Deutschen, also die anderen, ständig falsch machten und wieso sie von den Italienern nicht respektiert wurden. Eine Frage, die übrigens allen sehr wichtig war: Wer wurde von Italienern zu privaten Anlässen eingeladen und wer nicht? Wer erfuhr den neusten Klatsch und wer nicht, womöglich, weil er selbst Gegenstand des Klatsches war?

Immer noch Stille, und genau das war das Problem.

Inzwischen glühte mein Kopf, und ich spürte, wie die heiße Augustsonne meine nordische Kopfhaut in Angriff nahm. Mein *cappello*, ein leichtes Strohhütchen mit großen Belüftungsschlitzen ringsherum, das äußerst praktisch war, hier allerdings nur von Männern über sechzig getragen wurde und auf dem Wochenmarkt dreitausend Lire kostete, lag im Auto. Ginos entsetzter Blick, als ich ihn beim Aussteigen hatte aufsetzen wollen, hatte keinerlei Worte bedurft. Obwohl er als ausgewiesener Kommunist, Sozialist und Gewerkschafter nichts von der Kirche mitsamt allen Pfaffen hielt, gab es doch Regeln, und die galten für alle, ob nun Deutsche oder Kommunisten. Also hatte ich den Hut wieder zurück auf das Armaturenbrett geworfen, die letzte Ehre für Luise war wichtiger als ein kühler Kopf.

Jetzt hielt ich eine schützende Hand über mein brennendes, der Sonnenseite zugewandtes Ohr und bedachte Gino mit einem bösen Blick, den er mit einem freundlichen Nicken beantwortete. Auch ihm war aufgefallen, dass die Hälfte der italienischen Männer Hüte trug. Na und? Man kann doch mal falschliegen mit seiner Meinung, *dai*!

Ich überlegte, ob ich noch einmal zum Auto zurückgehen sollte, als plötzlich ein Tuscheln in der bis dahin still vor sich hin schwitzenden Menge aufkam. Sogar der Engländer Julian, ein sehr schlanker, schmallippiger Mann mit der würdevollen, leicht arroganten Ausstrahlung eines britischen Landadeligen, ließ sich zu einem erleichtert geflüsterten, gänzlich unaristokratischen «Holy shit! Finally!» hinreißen.

Wieder rammte Gino mir seinen Ellbogen in die Rippen. «Hörst du?», fragte er und neigte seinen Kopf in Richtung des Friedhofseingangs.

Endlich! Der näselnde Klang klagender Trompeten wehte zwischen den riesigen alten Zypressen über die Friedhofsmauer herein. Dann strukturierten eine Pauke und scheppernde Becken die Töne zu einem Dreivierteltakt, und dann, mit dem kaum wahrnehmbaren Klang einer Tuba, vereinte sich alles zu einem sizilianischen Trauermarsch, wie man ihn aus wunderschönen italienischen Schwarzweißfilmen kennt. Oder von Tom Waits.

Spaccones dumpfer Gesichtsausdruck hellte sich auf, und mit triumphierendem Stolz blickte er in die Runde: sein Einfall, sein Plan, seine *messa in scena*, ja, seine Kreation! Wieder einmal war ich überrascht, wie es ihm gelang, Wunsch und Wirklichkeit absolut frei von jeder Verbindung zu halten. In der Beziehung war er italienischer als alle Italiener zusammen.

Es war seine Idee gewesen, Luises Beerdigung *tipico* zu gestalten: Alle sammeln sich am Haus der Verstorbenen, um sich gemeinsam zu Fuß auf den Weg zum Friedhof zu machen, auf der staubigen Straße unter der heiß brennenden Sonne, ringsherum die trockene *macchia* und vorneweg *la banda*, die Dorfkapelle, die einen herzzerreißenden Trauermarsch nach dem anderen spielen sollte. Dahinter, würdevoll schreitend, natürlich keine Sonnenbrillen, die Träger mit dem Sarg. Dann er selber, natürlich mit Sonnenbrille, den passenden Gesichtsausdruck hatte er sich schon zurechtgelegt. Dann, in Abstufung, Verwandte, Freunde und der Rest. Und parallel dazu sollten die beiden Glocken der alten Kirche auf dem Monte Dolciano erklingen, die nur noch einmal im Jahr, zur *Festa della Maria*, am 8. Dezember, genutzt wurde. Was für ein Spektakel!

Berauscht von der Vorstellung, diesen imposanten Trauerzug quasi als energetischer Mittelpunkt gemessenen Schrittes anzuführen, begann er seinen Plan noch am Tage von Luises Ableben in die Tat umzusetzen. Er suchte die Dorfkapelle in ihrem Übungsraum auf, um die einzelnen Musikstücke abzusprechen. Dass die Musiker zwar alle Stücke von Adriano Celentano und

Gianna Nannini, aber keinen einzigen Trauermarsch spielen konnten, hätte jeden anderen Abstand von der Idee nehmen lassen. Spaccone jedoch sah sich sofort in der Rolle des Heilsbringers, der den armen von ihrer eigenen Kultur entfremdeten Italienern zurückbrachte, was ihnen verlorengegangen war. Also trieb er in einer kleinen Musikalienhandlung in Urbino die nötigen Noten auf und brachte sie noch spät in der Nacht einem der Musiker zu Hause vorbei.

Die Inszenierung deckte sich in diesem Fall mit der Idee, die er mir und ein paar anderen in einem halbstündigen Monolog nahebrachte, damit wir sie wie Herolde unter das Volk streuten. Ich schlug vor, einige Autos vorab am Friedhof abzustellen, damit wir nach der Zeremonie in der Mittagshitze nicht wieder zu Fuß zurückgehen mussten.

«Kann man so machen», antwortete Spaccone nach einem demonstrativen Zögern und lächelte nachsichtig. Aus meinem Vorschlag sprach natürlich nicht der Geist eines echten Italieners, sondern der irgendwie seelenlose Pragmatismus eines Deutschen. Und das nach den vielen Jahren, die ich schon hier wohnte …

Die Kreation, die Präsentation oder, anders gesagt, die Wirklichkeit am Tag der Beerdigung erfuhr dann allerdings eine leichte Veränderung: Einer der drei Amateur-Sargträger, Alberto, der einen gutgehenden Kiosk unten im Tal neben den steinernen Überresten der alten Via Flaminia hatte, erinnerte Spaccone daran, dass die Strecke zwischen seinem *rustico* und dem *cimitero* 2,3 Kilometer betrug und bei der Hitze im schwarzen Anzug selbst ohne Sarg eine Tortur würde. Umberto, der vorübergehend in der Pfarrerswohnung neben der *Chiesa del Monte Dolciano* zur Miete wohnte, wies erneut darauf hin, dass die Glockenläutseile schon seit Jahren fehlten und er sich speziell jetzt, nach seinem Bandscheibenvorfall, außerstande sah, auf das Dach der Kirche zu klettern und die Glocken von Hand anzuschieben. Und Spaccone selber spürte plötzlich das Gewicht seines über die Jahre sorgfältig angetrunkenen gewaltigen Rotweinbauchs schwer auf seinen von der Hitze geschwollenen Knöcheln lasten; außerdem konnte er seine Sonnenbrille nicht finden. Also entschied er, natürlich ganz italienisch, weil spontan und frei von jeder dogmatischen Fessel, doch lieber mit einem der wenigen Autos zu fahren, die noch nicht vorab am Friedhof abgestellt worden waren. Insgeheim atmeten alle auf. Natürlich wollte jeder ohne Jammern Luise das letzte Geleit geben, aber wenn es nicht ganz so beschwerlich würde, wäre das sicherlich auch in ihrem Sinne gewesen.

Ganz sicher sogar, denn Luise hatte rein gar nichts übrig für Brimborium und Getue. Sie liebte es geradeaus und ohne Umwege: tot, rein in den Sarg, unter die Erde, *e finito*. Romantik hatte in ihrem Leben keinen Platz gehabt. Nicht mehr, musste man eigentlich sagen, denn sie hatte die bitteren Lektionen, die das Leben oder besser Spaccone ihr geschrieben hatte, gelernt und akzeptiert. Und da war einiges zusammengekommen. Zum Beispiel, dass Spaccone/Horst praktisch seit ihrer Hochzeitsnacht ungezählte Verhältnisse und Beziehungen hatte, manchmal sogar mehrere gleichzeitig, als wäre er mormonischen Glaubens.

Inzwischen näherte sich die Kapelle auf dem von Zypressen gesäumten Weg dem Friedhof, der umgeben war von einer uralten, drei Meter hohen Mauer aus Natursteinen: grauen, mühselig zurechtgehauenen Quadern, die am Fuße des Monte Dolciano schon seit Jahrhunderten aus dem Berg geschlagen wurden und aus denen jedes Bauernhaus und jede Mauer der Gegend bestand. Ein wunderschöner, friedlicher Ort, ein Bild, wie geschaffen für ein Ölgemälde einer typisch italienischen Landschaft, so schön wie die Toskana, wie manche sehnsüchtig anmerkten, die sich lieber südlich von Siena niedergelassen hätten und nur nach mehr oder weniger frustrierender Abwägung ihrer finanziellen Möglichkeiten in der *Marche* ihr Haus gekauft hatten – der Toskana für Arme, wie reiche toskanische Immobilienbesitzer sie gerne mit böser Zunge titulierten.

Gino hatte den Einmarsch der Kapelle genutzt und unauffällig eine Runde um das Grab gedreht. Den kleinen Bagger, den Manfredo extra auf den Monte gebracht hatte, würdigte er keines Blickes. Gino hatte selber einen Bagger, einen deutschen, wie er stolz betonte, und der war doppelt so groß und noch nie kaputtgegangen. Mit der Herzlichkeit und der Spontaneität hapert es bei den Deutschen, aber Bagger bauen, das können sie. Nein, sein Interesse galt dem wunderschön regelmäßigen, rechteckigen Loch. Er warf mir einen von seinen Blicken zu und verzog sein Gesicht in einer Weise, für die es einfach kein passendes Adjektiv gab: eine Augenbraue hochgezogen, die Nasenflügel gebläht und die Kiefer trotzig zusammengepresst, die Unterlippe vorgeschoben. Dabei bewegte er den erhobenen Zeigefinger hin und her, die Innenseite des Fingers mir zugewandt und den kleinen Finger weit abgespreizt. Irgendetwas mit dem Grab.

Ich hob fragend die Schultern, für mich sah es gut aus.

Gino reckte daraufhin sein Kinn noch weiter vor und kam zurückgeschlendert. Den Blick in die Ferne gerichtet, stellte er sich neben mich und schwieg, obwohl ich ihn fragend ansah.

Dieses Mal stieß ich ihm in die Rippen. «Nun sag schon! Was ist los?»

Gequält kniff er die Augen zusammen, als hätte ich ihn mitten in Mozarts Requiem in d-Moll nach der Uhrzeit gefragt.

«Kommt da noch was?», fragte ich gespielt beiläufig, schließlich kannte ich ihn gut genug, um zu wissen, wie sehr Drängen bei ihm zu demonstrativer Langsamkeit führte.

«Zu klein», murmelte er nach einer angemessenen Pause.

«Was soll das denn heißen, zu klein?»

«Das Loch ist zu klein.»

«*Dai*, Gino! Manfredo hat den Sarg selber gebaut. Der wird doch wohl wissen, wie groß das Loch dafür sein muss.» Ginos verdammte Besserwisserei war legendär.

«Manfredo? Manfredo ist ein Ignorant, der …»

Seine Worte gingen in den letzten Trompetentönen unter, gepaart mit dem finalen Paukenschlag und erschöpftem Beckengerassel wie von einer sterbenden Klapperschlange. Die Musiker ließen erleichtert ihre Instrumente sinken. Für sie war in den wenigen Autos kein Platz mehr gewesen, also waren sie die Einzigen, die die Strecke wie ursprünglich geplant zu Fuß hatten zurücklegen müssen. Außerdem war Spaccone der Meinung, dass er bekommen wollte, wofür er bezahlte, und das bedeutete: eine über die gesamte Distanz Trauermärsche schmetternde *banda*.

Endlich kam *padre* Don Stilvio zu seinem Auftritt. Er fasste sich kurz. Nur das Nötigste. Natürlich wusste er von Spaccones außerehelicher Vielweiberei, aber aus Respekt für Luise ignorierte er sie. So wie wir alle. Spaccone war ein Frettchen, aber Luise hatte die Würde eines Uhus gehabt, und das allein zählte.

«... in spiritu sancto ...»

Für eine Weile wurde die karge Trauerfeier zu einem Standbild, als ein Tiefflieger über den Friedhof hinwegdonnerte, eine seit Jahren unausrottbare und noch dazu ungesetzliche Pest, denn der Monte Dolciano war längst ein ausgewiesener Naturpark und durfte eigentlich nur noch in großer Höhe überflogen werden.

«Amen», beendete Don Stilvio den zeremoniellen Teil, als das Donnergrollen des Phantomjägers sich verzogen hatte, und gab den Trägern ein Zeichen.

Manfredo signalisierte seinen Leuten: *Forza!* Los geht's!, und wartete, bis alle ihr Seilende sicher im Griff hatten.

«Alora – e su!»

Bedrohlich schwankend hob sich der Sarg vom Boden, und mit winzigen Trippelschritten ließen die Träger ihn über die Öffnung des Grabes wandern. Unwillkürlich sah ich Luise vor mir, wie sie sich im Sarg mit beiden Händen abstützte und mit lässiger Missbilligung den Kopf schüttelte. Müssen es denn unbedingt solche Hungerhaken sein, hätte sie gefragt, gibt es denn auf dem gesamten Monte Dolciano keine Männer, die größer als ein Meter und fünfundsechzig sind?

«*E – giù!*»

Vorsichtig gaben die Träger Seil nach, allerdings jeder mit seinem eigenen Tempo. Mit unregelmäßigem Rucken senkte sich der Sarg hinab. Manfredo zischte hektische Kommandos, aber das machte die Sache nur noch schlimmer. Plötzlich ein dumpfes «pock», wie es eine hohle Eichenkiste macht, wenn sie auf harte Erde stößt. Jetzt bewegte sich nur noch der Kopfteil des Sarges nach unten, und dann tat sich gar nichts mehr. Der Sarg steckte fest. Schräg. Sehr schräg.

«*Vedi?*», bemerkte Gino voller Genugtuung und stieß die flache, wie zum Händeschütteln ausgestreckte Hand in Manfredos Richtung. «Was für ein Ignorant, dieser Manfredo!»

Ich konnte nicht anders, als ihm bewundernd zuzunicken: Was für ein Augenmaß!

Gino zog die Schultern hoch und drehte den Kopf zur Seite, was die freundliche Variante war von: Ich weiß, dass ich gut bin, aber ich würde daraus nie ein großes Thema machen. Und außerdem: Brauche ich dein Lob? Nein, brauche ich nicht.

Ein Raunen ging durch die Anwesenden, Köpfe reckten sich vor, und Don Stilvio warf Manfredo einen Blick zu, der kaum heilige Absichten vermuten ließ.

Gino neben mir richtete sich zu seiner vollen Größe von 1,62 Meter auf, kompakt und muskulös.

«Das Loch ist zu klein», sagte er, ohne seinen Blick von dem Desaster abzuwenden und lauter als nötig, denn jeder sah das Problem ja mit eigenen Augen.

Manfredo warf ihm einen giftigen Blick zu, worauf Gino das Kinn vorreckte, die Schultern hochzog und seine Handflächen vor sich nach oben kehrte, was in der absolut eindeutigen italienischen Gebärdensprache so viel hieß wie: Ist es meine Verantwortung, wenn du zu blöd bist, ein Loch zu graben, das groß genug ist? Ist es meine Schuld, wenn du nur einen kleinen Bagger hast? *Stronzo!*

Spaccone stand am Grabesrand, allein und unfähig zu reagieren, und für einen Moment tat er mir leid. Doch dann begriff ich, was in ihm vorging – oder besser, was nicht in ihm vorging. Es war mit an Sicherheit grenzender Wahrscheinlichkeit nicht Luises Schräglage in dem abgekippten Sarg, die ihn beschäftigte. Nein, er machte sich Gedanken um seine Reputation. Natürlich wollte er eine *bella figura* machen bei all den Italienern, Deutschen und Engländern, die anwesend waren. Es sollte eine beispielhafte Beerdigung werden, eine, wie nur er sie organisieren konnte und über die alle noch lange reden würden. Und jetzt das, eine Katastrophe, die ihn zum Gespött aller machen und ganz sicher dafür sorgen würde, dass alle noch viel länger darüber redeten.

Manfredo hatte inzwischen hinter dem kleinen Bagger eine Schaufel und eine Spitzhacke hervorgeholt und hüpfte in das Grab.

«Das Fußende muss hoch! Los doch!», rief er von unten, worauf sich seine drei Träger ins Zeug legten. Jeder zog und zerrte, ihre Augen quollen hervor. Trotzdem tat sich nichts.

«*Porca madosca!*», tönte es fluchend aus der Tiefe des Grabes. Sofort richteten sich alle Blicke auf Don Stilvio, doch der zuckte mit keiner Miene. Im strengen Sinne hatte hier keine Gotteslästerung stattgefunden, obwohl das Kunstwort *madosca* nur eine geringfügige Abwandlung von *madonna* darstellte. Und dass *porca* Schwein bedeutete, war unter den im Umgang eher rauen Bewohnern der Marken, den *marchigiani*, nicht unbedingt etwas Schlimmes.

Eine Weile sah man nur Manfredos roten Kopf in rhythmischen Abständen nach oben schnellen und wieder in die Tiefe des Grabes hinabstoßen, jedes Mal gefolgt von einer neuen Erdfontäne, die über den Grabrand herausgeflogen kam. Bis nichts mehr kam und Manfredo dumpf aus der Tiefe kommandierte:

«Alle zusammen, bei drei. *Uno, due – tre!*»

Die drei Träger zerrten und stöhnten, Manfredo hebelte von unten, und wieder tat sich nichts. Doch plötzlich, ohne ein Vorzeichen, schoss das verkantete Kopfende des Sarges in die Höhe, was zur Folge hatte, dass das Fußende jeden Halt verlor und in die Tiefe polterte.

Gespenstische Stille unter den Trauergästen, niemand wagte zu atmen. Noch nie hatte jemand bisher etwas Ähnliches erlebt, und demzufolge wusste niemand, wie man sich in so einem Fall verhielt. Zu Hilfe eilen? Auf keinen Fall zu Hilfe eilen? Nur entrüstet sein? In Tränen ausbrechen? Sich von alldem distanzieren und nur den Kopf schütteln? Ein bis zwei Meter zurücktreten, eine Sonnenbrille aufsetzen und abwarten?

Ich hörte ein weibliches Lachen in Alt-Stimmlage und sah mich irritiert um. Nichts als verschlossene, ernste Gesichter.

«Zu blöd, um ein Loch zu graben, diese Italiener», ertönte Luises tiefe Stimme, in der die kühle Geringschätzung einer Diva und das dazu gehörende Bewusstsein mitschwangen, mit allem, was sie sagt, recht zu haben. Mir lief ein Schauer über den Rücken, und ich unterdrückte meinen Impuls, vorzutreten, an den Sarg zu klopfen und Luise zu fragen, ob ich sie mit meinem Auto nach Hause bringen solle. Luise war tot, da gab es keinen Zweifel. Vor zwei Tagen hatte ich selbst der Totenwache beigewohnt, die vier italienische Nachbarinnen in Luises Schlafzimmer abgehalten hatten, und es war mir noch in sehr guter Erinnerung, weil ich bis dahin in meinem Leben noch keinen Toten gesehen hatte.

«Hast du es auch gehört?», fragte ich Gino.

Seine Antwort war nur eine in unwillige Falten gelegte Stirn, ohne mich dabei anzusehen, denn seine Augen klebten förmlich an Manfredo, dem Ignoranten, der gerade allen, die einen Bagger besaßen, Schande antat.

Manfredo hackte und schaufelte noch energischer als zuvor und mit der Kraft eines Menschen, der einen Fehler gemacht hatte und der nur Vergebung erhoffen konnte, wenn er alles gab, was in ihm steckte, um diesen wiedergutzumachen. In immer kürzeren Abständen kamen Erdklumpen aus dem Loch geflogen. Zwischendurch stieß er Anweisungen an die Träger hervor, wie sie den Sarg sichern sollten, damit er nicht noch mehr aus dem Lot geriet. Und die ganze Zeit schaffte er es, niemanden anzusehen, schon gar nicht Don Stilvio, der dazu übergegangen war, leise ein Gebet vor sich hin zu murmeln, um über dieses Trauerspiel auf nützliche Weise hinwegzumeditieren oder es wenigstens nicht mit vollem Bewusstsein mitansehen zu müssen.

Der nächste Versuch geriet unspektakulär. Das Fußende löste sich, und mit fast beiläufiger Leichtigkeit gelang es den drei Trägern oben auf dem verdorrten Rasen und Manfredo unten auf dem Boden der Grube, den Sarg wieder hochzubefördern und neben dem Grab zu platzieren. Alle erwarteten, dass Manfredo nun mit dem kleinen Bagger in null Komma nichts das Loch einfach um einen halben Meter verlängerte. Doch merkwürdigerweise und als strebe er die volle Selbstkasteiung an, um zu vollständiger Vergebung aller Versäumnisse zu gelangen, griff Manfredo erneut zu Hacke und Schaufel.

Gino schüttelte ernst den Kopf, sehr ernst, und wiederholte die Worte «*Che ignorante!*» noch einige Male. Genervt stieß ich ihn an. Litt der arme Manfredo nicht schon genug? Allerdings wäre es wünschenswert gewesen, wenn er jetzt, angesichts des aktuellen Desasters, nur ein wenig logischer an das Problem herangegangen wäre. Denn auch beim nächsten Versuch ließ sich Luise nicht auf den Grund des Grabes absenken, wieder verkantete der Sarg, und wieder musste Manfredo in die Hände spucken. Eine der Folgen würde sein, dass später am Abend, in Lucianas Bar, niemand, wirklich niemand mit ihm sprechen, er hingegen allen, aber wirklich allen, erklären wollte, wie es zu dieser für ihn absolut unverständlichen Misere gekommen war.

Endlich, eine halbe Stunde später als geplant – nur Don Stilvio verströmte eine gewisse Zuversicht, wahrscheinlich war es ihm mit seinem konsequenten Meditieren gelungen, tatsächlich alle Gedanken, in diesem Fall wohl vorrangig schlechte, aus seinem Bewusstsein zu verbannen –, ertönte ein dumpfer Ton aus der Tiefe der Gruft, und dann lag Luise, oder zumindest ihr Sarg, in perfekter horizontaler Lage zur ewigen Ruhe gebettet. Don Stilvio erwachte aus seiner Entrücktheit, sprach ein letztes Gebet, warf Erde auf den Sarg, verzog sich in den Schatten und setzte ein Gesicht auf, das eindeutig besagte: Wer mich jetzt anspricht, der kann etwas erleben!

Spaccone platzierte sich ans Kopfende des Grabes, bereit, unsere Beileidsbekundungen entgegenzunehmen. Julian trat als Erster heran. Mit beiden Händen umfasste er Spaccones Rechte, beugte sich steif vor und murmelte ein paar englische Worte. Die musste Spaccone als so berührend empfunden haben, dass er den Briten packte und in eine heftige Umarmung zwang. Julians Augenbrauen schnellten indigniert in die Höhe, seine Lippen spitzten sich, während er gleichzeitig seine Wangen nach innen sog, was sein Gesicht noch schmaler machte, und im Geiste schien er die Sekunden zu zählen, bis Spaccones Zuneigungsbekundung endlich vorbei war. Dann, mit einem sonoren «Farewell, Luise» in Richtung Grab, verzog er sich in den Schatten, unweit von Don Stilvio, dem er zunickte und mit fester Stimme dankte: «*Grazie*, Don Stilvio.»

Der Padre wandte langsam und drohend seinen Kopf. Hatte er nicht deutlich gemacht, dass er nicht wünsche, angesprochen zu werden? Und dann noch von einem, der höchstwahrscheinlich Anhänger der anglikanischen Kirche war, in der Don Stilvio nichts anderes sah als religiöses Raubrittertum, das das Beste der katholischen Kirche, nämlich die Liturgie mit all ihren wunderbaren Showelementen, mit den unseligen Reformationselementen der evangelischen Kirche zu einem illustren Brei von Eigenverantwortlichkeit und Individualismus mischte? Doch angesichts von Julians distinguiertem Auftreten seinerseits zur Würde verpflichtet, presste sich Don Stilvio für einen winzigen Moment ein Lächeln ins Gesicht und antwortete mit einem knappen «*Prego*», bevor er seinen Blick wieder in die Ferne wandern ließ, gen Süden, dort, wo im Refektorium seines Kapuzinerklosters oberhalb von Cagli ein herzhaftes Mittagessen auf ihn wartete.

Von da an ging es sehr zügig weiter, die ganze Angelegenheit hatte schon viel zu lange gedauert. Sestina musste ihr Schwein, Emilia ihre Gänse füttern, Orlando Luciana in der Bar ablösen, damit sie das Mittagessen kochen konnte, und alle anderen hatten mindestens ebenso wichtige Dinge zu erledigen oder wollten einfach nur endlich über Manfredo und sein Missgeschick herziehen.

Als Letzter machte Manfredo sich auf den Weg zu dem trauernden Witwer, gebeugt von der körperlichen Anstrengung und ärgsten Befürchtungen, doch Spaccone behandelte den unglückseligen Bestatter nicht anders als all die anderen zuvor, jedenfalls die, die er nicht umarmt hatte, und Manfredo wandte sich aufatmend seinem Bagger zu und begann in einer Übersprungshandlung an dessen Hydraulikschläuchen zu rütteln und die Kupplung für die auswechselbare Schaufel auf irgendwelche bislang verborgenen Abnutzungserscheinungen hin zu inspizieren.

Gino beobachtete ihn dabei aus einiger Distanz, während er immer wieder den Kopf schüttelte und erkennbar das Wort «*ignorante!*» formulierte. Dann jedoch, als der allgemeine Aufbruch begann, winkte er mir verschwörerisch zu und verschwand als Erster, ohne Spaccone auch nur eines Blickes zu würdigen.

Die Geschichte zwischen den beiden war komplex, an dieser Stelle nur so viel: Als Gino sich in Valerie verliebt und mit ihr ein Verhältnis begonnen hatte, war Spaccone darüber zwar nicht begeistert, schließlich war Valerie die Schwiegertochter seines Chefs, konnte aber damit leben. Er war ja selbst ein geübter Ehebrecher und verspürte eine Grundsolidarität mit anderen Männern, die sich nicht dem Diktat der Spießermoral unterwarfen und sich nahmen, was die Natur seit Jahrtausenden für sie vorgesehen hatte, nämlich wechselnde Sexualpartnerinnen, um die eigenen einzigartigen Gene möglichst weit zu verbreiten. Allerdings benutzte Spaccone konsequent Kondome, denn die Natur hatte ja nichts von der Unterhaltspflicht in der modernen Welt der Menschen gewusst.

Nein, das war für Spaccone völlig in Ordnung. Erst als Valerie unter dem, so Spaccone, «schlechten Einfluss von diesem alten Zwerg namens Gino» selbst die Scheidung einreichte, anstatt still und ergeben zu warten, bis ihr Ehemann dies tat – er war noch mit einigen komplizierten Manipulationen in seinen Bilanzen beschäftigt, um offiziell in die Nähe der Armutsgrenze zu gelangen, damit er nicht so viel Unterhalt zahlen musste –, da geriet Spaccones Blut in eine gefährliche Dauerwallung, denn damit hatte Gino ein Gesetz gebrochen, das für Spaccone eines der einfachsten der Welt war: Männer handeln, Frauen werden behandelt.

Seitdem hatten Spaccone und Gino kein einziges Wort mehr miteinander gewechselt. Außerdem schuldete Spaccone Gino seit einem Jahr 94 Millionen Lire für Arbeiten, die dieser an Spaccones Haus durchgeführt hatte. So standen sich die beiden in monumentaler Feindschaft gegenüber, und Ginos Andeutungen, demnächst seine entfernten Verwandten in Neapel, der Stadt, in der die Camorra zu Hause war, zu besuchen, um ein paar wichtige Dinge zu erledigen, ließen nichts Gutes ahnen.

Spaccone hatte mich gebeten, ihn nach Hause zu fahren. Als wir zu meinem Auto gingen, warteten dort die Musiker, um sich zu verabschieden. Spaccone ging mit offenen Armen auf sie zu.

«Ihr lieben, verehrten Künstler! Ihr wart wunderbar. Ihr habt genauso gespielt, wie ich es mir vorgestellt habe. Es war wie seinerzeit, als ich selbst in Trapani in der Ehrenloge des *sindaco* den vorbeidefilierenden Kapellen gelauscht habe. *Bravo!*»

Antonio, die Tuba, bedankte sich erfreut im Namen seiner Kapelle, in der allerdings Giancarlo, das Saxophon, fehlte, denn

Spaccone war der Meinung gewesen, dass dieses zwar ein Holz-blasinstrument war, aber mit seinem metallischen Näseln und Quäken in dem Gesamtklangbild eines original sizilianischen Trauermarsches nichts verloren hatte. Giancarlo ärgerte sich darüber und erwartete von seinen Kollegen als solidarische Geste, dass sie diesen Auftritt komplett absagten, doch 500 000 Lire waren letztlich das bessere Argument, und da ohnehin der gesamten *banda*, bis auf Giancarlo, die Tradition der sizilianischen Trauermärsche vollkommen unbekannt war, hielten auch sie das Saxophon im Zusammenhang einer Beerdigung für problematisch (Antonio, Tuba) bis unzumutbar (Francesco, Akkordeon).

«Und gleich morgen», fuhr Spaccone fort, «werde ich zu euch kommen und die Rechnung begleichen.»

«*Dai!*», erwiderte Antonio und hob abwehrend die Hände. «Das hat doch noch Zeit, *Orst-e.*» Mit der Aussprache von «Spaccone» hätte er natürlich kein Problem gehabt, aber der deutsche Name «Horst» endete auf einem Konsonanten, und kein Italiener kann damit leben, wenn ein Wort nicht mit einem Vokal endet. Das ‹H› am Anfang von Horst war da das kleinere Problem, denn ein ‹H› wurde im Italienischen einfach bei der Aussprache ignoriert. Wodurch Orst-e allerdings leicht mit *orto*, der Garten, oder *orso*, der Bär, verwechselt werden konnte.

Orst-e hielt daraufhin den Musikern seinen weit nach vorn gestreckten linken Arm entgegen, die Hand nach oben geknickt, als wollte er auf einer Kreuzung den Verkehr stoppen.

«Nein! Morgen Abend. Denn ihr seid in der Hitze mit euren schweren Instrumenten den ganzen staubigen Weg gegangen und habt zu Luises Ehren nicht aufgehört zu spielen.»

«Na ja, also», Antonio warf seinen Mitspielern einen schnellen Blick zu, der auch Spaccone nicht entging, «das war ja unser Auftrag.»

Eine unangenehme Pause entstand. Spaccone starrte Antonio durchdringend in die Augen, und man konnte förmlich spüren, wie wachsendes Misstrauen sich seiner bemächtigte.

Auch Antonio bemerkte das, aber bevor Spaccone die heikle Frage tatsächlich stellen konnte, lüftete er mit leisem Stöhnen seine Tuba vom Boden, umarmte sie wie einen Sack Zement und beugte sich leicht vor. «Es war eine schöne Beerdigung, *Orst-e*», sagte er. «Ganz außergewöhnlich. Ein Kunstwerk. Findet ihr nicht auch, Leute?»

Die anderen Musiker stimmten ihm voller Inbrunst zu, und langsam entspannte sich Spaccones Gesicht wieder.

«Ich danke euch, *ragazzi*. Es war mir eben wichtig, die ursprünglichen italienischen Trauermärsche, so wie sie im sizilianischen Trapani seit Jahrhunderten gepflegt werden, hier zu Gehör zu bringen. Und das habt ihr wunderbar gemacht.» Er signalisierte mir, dass er jetzt bereit war, sich von mir fahren zu lassen. «Ihr kommt doch noch mit, einen Wein trinken und eine Kleinigkeit essen?»

Doch plötzlich hatten es die Musiker von *la banda*, der Dorfkapelle, sehr eilig, und sie verabschiedeten sich mit mehr oder weniger fadenscheinigen Begründungen, so wie schon all die anderen Italiener zuvor, die Spaccone eingeladen hatte. Warum sollte man auf den Tod eines Menschen einen trinken? Auf ein Hochzeitspaar: ja! Wenn ein Kind zur Welt kommt: auf jeden Fall! Aber auf einen von uns Gegangenen? Lieber nicht.

Ich fuhr sehr langsam, trotzdem entfaltete sich hinter meinem Wagen eine mächtige Staubfahne, denn die *strada bianca*, der unbefestigte Schotterweg, war nach so vielen Wochen ohne Regen knochentrocken, und die kalkigen Steine, die hier alle zwei, drei Jahre von der *comune* ausgebracht wurden, waren längst zu einem äußerst feinen Pulver zermahlen worden, das schon bei der kleinsten Luftbewegung hochfuhr und alles in näherer Umgebung – Pflanzen, Autos, Häuser – mit einer puderigen weißen Schicht bedeckte.

«Max?», fragte Spaccone.

«Ja.»

«Tust du mir einen Gefallen?»

«Na klar», antwortete ich und versuchte den Schrecken zu überspielen, der mir durch die Glieder jagte. Würde jetzt so etwas kommen wie: Schläfst du heute Nacht bei mir in meinem Haus? Ich werde mich furchtbar einsam fühlen, so alleine, ohne Luise. Oder: Kannst du mich nicht die nächsten Tage überallhin fahren, ich bin zu angeschlagen, um selbst ein Auto zu lenken. Sofort stieg mein Puls, und ich begann mir fieberhaft zu überlegen, mit welchen Worten ich sein Ansinnen ablehnen konnte, ohne als Unmensch dazustehen.

«... anhalten?», fragte Spaccone.

«Was?» Ich schreckte aus meinen dunklen Gedanken hoch.

«Kannst du mal bei Umberto», er deutete hinaus auf die *Chiesa del Monte Dolciano*, «kurz anhalten?»

Erleichtert ließ ich alle Luft aus meinen Lungen entweichen. Spaccone warf mir einen strengen Blick zu, wohl weil er das als Unmutsäußerung wertete.

«Die Hitze», sagte ich und fächerte mir Luft zu.

«Wer sich, lieber Max, ein Haus in Italien kauft», belehrte er mich, «der muss wohl mit Hitze rechnen.»

Umberto hockte draußen im Schatten auf einem seiner ehemals kanarienvogelgelben Plastikstühle, die die Sonne in eine undefinierbare Farbe umgebleicht hatte, und als wir neben ihm hielten, zog er sich mit schmerzverzerrtem Gesicht hoch. Armer Umberto, der Bandscheibenvorfall machte ihm immer noch zu schaffen.

«Ich wäre gerne dabei gewesen, Orst-e», sagte er als Begrüßung. «Aber der verdammte Rücken, du weißt ja.»

Spaccone winkte gönnerhaft ab.

«Hast du die Glocken gehört?», fuhr Umberto fort. «Ich habe mich doch noch aufs Dach geschleppt und sie mit der Hand in Bewegung gesetzt.»

«Weißt du, Umberto ...», begann Spaccone erklärend, brachte seinen Satz dann aber doch nicht zu Ende. Er wollte Umberto nicht enttäuschen, aber da niemand zu Fuß zum Friedhof marschiert war außer *la banda* und wir stattdessen in der akustischen Abgeschiedenheit unserer Autos gefahren waren, hatte niemand etwas von dem Geläute mitbekommen.

«Lass gut sein», erwiderte Umberto und klopfte Spaccone mitfühlend auf den aus dem offenen Fenster herausgelehnten Arm. «Eine Beerdigung ist eine kräftezehrende Angelegenheit.»

Spaccone nickte märtyrerhaft. «Sag, Umberto, die Kapelle, *la banda* …», wieder brachte er seinen Satz nicht zu Ende.

Umberto breitete seine Arme aus, um dann mit einer weltumspannenden Bewegung seine flachen Hände über seinem Herzen zusammenzuführen. «*Stupendo! Sbalorditivo!* Diese Stimmung, die sie erzeugt haben! *Incantevole! Veramente, Orst-e, veramente!*»

«*Grazie*, Umberto, *grazie*.» Spaccone war viel zu eitel, um nicht einen Moment zu verharren. Aber nur einen Moment. «Also, hat sie die ganze Zeit durchgespielt?»

«Ich verstehe nicht, Orst-e.»

«Na, *la banda*, hat sie durchgespielt oder nur so lange, wie wir in der Nähe waren?»

Umberto ließ sich nichts anmerken, aber ich kannte ihn gut genug, um sicher zu sein, dass er den Hintergrund zu Spaccones Frage erriet. Umberto war, was man auf dem Monte Dolciano einen furbacchione, einen *birbone*, einen *marpione* nannte, nämlich ein ganz gewitzter, ganz ausgeschlafener Kerl, einer, der immer wusste, wo es langgeht, der alle Hintertürchen kannte – oder zumindest vorgab, alle zu kennen.

«Nun …», begann er. Am liebsten hätte er geantwortet: Ich weiß von nichts, geht mich ja auch nichts an, *mi non c'entro*, doch dummerweise hatte er ja selbst gesagt, er habe sich auf das Dach geschleppt, um die Glocken zu läuten. Und er hatte die Stimmung der sizilianischen Trauermärsche, die *la banda* intoniert hatte, in den höchsten Tönen gelobt. Wie könnte er jetzt sagen: Ich weiß von nichts?

«Nun», wiederholte er und knetete mit beiden Händen einen imaginären Pastateig vor seiner Brust, «es ist so furchtbar heiß. Und der Staub, der setzt sich überall fest, die Ventile der Blasinstrumente, du weißt, wie empfindlich die sind. Also, ich sag mal so: Sie mussten einfach ihr Spiel unterbrechen.»

«Wo ungefähr?», fragte Spaccone.

Umberto atmete schwer aus. «Wo?»

«Mhm», erwiderte Spaccone, er wusste, er hatte Umberto an der Angel.

«Also, da oben.»

«Wo da oben?»

«An der Kurve.»

«Gleich an der ersten Kurve?»

Umberto nahm die Arme auf den Rücken und zog die Schultern hoch, sodass er dastand wie ein Pinguin.

«*Sì*», presste er endlich hervor, «an der ersten Kurve.»

Jetzt war es heraus. Spaccone hatte die Musiker bezahlt, damit sie während der 2,3 Kilometer durchspielten, sie aber hatten schon nach den ersten 200 Metern kapituliert. Sie hatten ihm vor aller Welt eine *faccia nera* gemacht.

Spaccone nickte und verabschiedete sich von Umberto.

«Mit mir nicht», flüsterte er grimmig, «mit mir nicht. *Stronzi!*»

Als wir endlich an Spaccones *rustico* ankamen, das den Namen Ca'Italo trug und genau in der Mitte zwischen den Häuseransammlungen Ripidello links und Bordolino rechts oberhalb der Modonnina lag, warteten von den ehedem vierundfünfzig Trauergästen nur zwei: Ilse, Luises deutsche Freundin, die eigens für die Beerdigung aus Ratingen gekommen war und Spaccone wegen seiner Vielweiberei auf den Tod nicht ausstehen konnte, und Julian, dem gewaltig der Magen knurrte.

Julian war übrigens schwul, und nur der Himmel wusste, warum er London verlassen hatte und ausgerechnet auf den Monte

Dolciano gezogen war, wo garantiert niemand schwul war oder, anders ausgedrückt, ein Mann eher mit dem Ruf leben konnte, es mit seinen Ziegen zu treiben als mit Männern.

Doch Julians Vorteil war seine, wie schon erwähnt, ungeheuer aristokratische Ausstrahlung. Er war gebildet, sprach als einziger der vielen Ausländer auf dem Monte perfektes Italienisch und pflegte die Umgangsformen eines Gentleman. Very British, indeed, also auf sehr freundliche und nachsichtige Art von oben herab. Briten im Ausland machen mit jeder Geste, mit jedem Wort klar, wie die Hierarchie außerhalb von Großbritannien für sie aussieht: Da sind die Einheimischen, in diesem Fall die Italiener, die durchweg unter dem Unglück leiden, nicht als Briten geboren worden zu sein, und da sind die Briten, die das natürliche Recht haben, zu regieren und bedient zu werden, aber ebenso eine gewisse fürsorgliche Verpflichtung gegenüber den unteren Schichten verspüren.

Julian hatte es in den Jahren, die er auf dem Monte Dolciano lebte, geschafft, kein einziges Mal irgendjemanden zum Essen einzuladen, eine Leistung, die gerade in Italien, dem Land der langen Esstische, unglaublich war. Irgendwann erwischt es jeden, und er muss einladen, um nicht verstoßen zu werden. Nicht so Julian. Waren die neun Hunde der Grund, zwei von ihnen von einer Hautkrankheit befallen und fast ohne Fell, die in seinem Haus auf den Sesseln, auf dem Sofa herumlagen? War es die Tatsache, dass niemand in den Verdacht kommen wollte, ebenfalls schwul zu sein? Es war eben etwas völlig anderes, zu sagen: «Julian, der soll schwul sein, war bei mir zum Essen», als: «Ich war beim schwulen Julian zum Essen.»

Gleichwohl wollte niemand darauf verzichten, von seiner aristokratischen Grandezza einen Schimmer abzubekommen. Seinerzeit war Julian mit einem Range Rover, grünmetallic, 4,8 Liter, 8-Zylinder-Maschine, in Ca'Baldo aufgetaucht, einem winzigen Dörfchen in einem gleichnamigen kleinen, dem Monte Dolciano vorgelagerten Tal. Julian erklärte ein Haus mit

35 Hektar wertvollen Waldes zu seiner neuen Residenz, legte das Geld dezent in bar auf den Tisch, ohne eine Bank bemühen zu müssen, und erklärte mit näselndem Understatement, fortan Pferde züchten zu wollen. Solche Erscheinungen kannten die Menschen vom Monte Dolciano bisher nur aus englischen Historienfilmen oder Fernsehserien wie Eaton Place, und demzufolge war Julian von der ersten Minute an das mit Abstand beliebteste Gesprächsthema überhaupt, inklusive der Erörterung, wie das denn so vor sich ging, das Schwulsein.

Doch mittlerweile war von Julians altem Glanz einiges abgebröckelt. Sein wirtschaftlicher Niedergang hatte schleichend begonnen, mittlerweile jedoch spektakuläre Züge angenommen, ohne dass dies allerdings sein Ansehen in irgendeiner Weise beschädigt hätte. Das Leben auf dem Monte Dolciano war immer schon von großer Kargheit, ja Armut gekennzeichnet gewesen. Jahrhundertelang hatte der Vatikan die Bauern bluten lassen, dann waren es die Großgrundbesitzer, denen die Bauern die Hälfte ihrer Ernte abgeben mussten, und dann war Cavaliere Berlusconi gekommen und hatte noch einmal klargemacht, in welche Richtung das Geld zu fließen hatte, nämlich von unten nach rechts oben.

Julians Pension jedenfalls, die er als ehemaliger Bibliothekar vom britischen Staat bezog, war so gering, dass er jede Gelegenheit nutzte, wenn er etwas umsonst zu essen bekommen konnte. Julian vereinte in sich auf perfekte Weise Eigenschaften, die ein erfolgreicher Schmarotzer und Müßiggänger brauchte: Einerseits war er exzentrisch und in gewisser Weise exotisch, andererseits besaß er den Charme eines Hugh Grant, mit dem er vor allem Frauen begeisterte, die es in der Regel gewohnt waren, von den marchigianischen Männern entweder ziemlich direkt und wenig feinfühlig angegangen zu werden oder, wenn sie selbst das Heft nicht aus der Hand geben wollten, auf Weicheier zurückgreifen zu müssen, die sie zwar beherrschen konnten, die aber nichts hermachten und für die «Frau» gleichbedeutend mit «Mutter»

war. Julian hingegen machte etwas her, er war weder ein Weich-
ei, noch stellte er eine Gefahr dar, denn er war ja schwul. Außerdem war es auf dem Monte Dolciano wie im Rest der Welt:
Männer mit Humor kamen einfach am besten an, und Julians
britischer Humor war sensationell, und dadurch, dass er heraus-
ragend gut Italienisch sprach, konnte er ihn perfekt ausspielen.

Seine Schmarotzertechnik war so einfach wie erfolgreich: In
der Regel tauchte er gegen 18 Uhr zu einem freundschaftlichen
Besuch auf, früh genug, um nicht beim Essen zu stören, wie er
gleich zu Beginn betonte. Dann legte er los mit seinen Ironien,
den Anspielungen, dem Charmieren, ließ den Geist von Hugh
Grant und Oscar Wilde gleich mehrmals durch den Raum spa-
zieren, neckte die Männer freundlich, während er die Frauen mit
bedingungsloser Bewunderung bedachte, sodass die Zeit wie im
Fluge verging. Und wenn er sich dann gegen 19 Uhr 45 höflich
an die Herrin des Hauses wandte, um sich zu verabschieden, weil
er ja, wie gesagt, nicht beim Essen stören wolle, schlug ihm eine
ehrliche Entrüstung entgegen, nein, er könne doch jetzt nicht
gehen und man fühle sich geehrt, wenn er zum Essen bliebe.
Man muss wohl nicht betonen, dass es nach dem etwa zwei-
stündigen Auftakt, dieser prickelnd-belebenden Charmedusche,
nicht nur Spaghetti zu essen gab, sondern *olive ascolana, pesce
azzuro, tacchino, bistecca, bresaola, salsicce di ginghiale, formaggio
di fossa, tiramisù, caffè* und *vino di casa*. Mindestens, wenn nicht
gar *spiedini di calamari, grigliata di carne* und *strozzapreti con tar-
tufo*.

Jetzt jedoch, nach Luises Beerdigung, in Spaccones *rustico*,
ging es nicht über Oliven, Rosmarincracker und Pistazien hinaus, und Julian machte demzufolge ein ziemlich sauertöpfisches
Gesicht.

Spaccones Gerede und sein demonstratives Ich-trauere-aber-
entrückt-und-gaaanz-tief-in-mir-drin-Getue hatte mich derart angestrengt, dass ich unmöglich nach dem Leichenschmaus

in mein Haus gehen konnte. Also fuhr ich hinunter ins Tal in Lucianas Bar, auf einen *crodino*, eine süß-bittere Modebrause, die man in der Toskana mit abgespreiztem kleinem Finger trank, die hier jedoch hauptsächlich bestellt wurde, weil man dazu umsonst Chips und Erdnüsse oder Minisandwiches bekam. Nach Alkohol war mir nicht zumute, wahrscheinlich um mich heute Abend vollkommen von Spaccone abzusetzen, der, als ich ging, schon etliche Gläser Rotwein in sich hineingeschüttet hatte und gerade damit beschäftigt war, Julian klarzumachen, dass er mit ihm seelenverwandt, wenngleich auch nicht versuchsweise schwul sei. Julian, hungrig und deswegen schlecht gelaunt, war nicht weiter darauf eingegangen, hatte jedoch mehrfach angemerkt, dass er keinen Alkohol auf leeren Magen vertrage, was Spaccone jedoch konsequent ignorierte. Die Einzige, die kochen konnte, war Luise gewesen, und die weilte nun einmal nicht mehr unter den Lebenden.

Natürlich war Gino in der Bar. Und auch er war ziemlich übel gelaunt: Manfredo hatte sich breitbeinig vor ihn hingestellt und ihn so geschickt zwischen Stühlen, einem Tisch, dem Glücksspielautomaten und der Wand eingekeilt, dass Gino nicht entkommen konnte, ohne Manfredo grob zur Seite zu schieben. Dieser, die flachen Hände zusammengelegt und vor seinem Körper mit hochgezogenen Schultern beschwörend auf und ab bewegend, setzte ihm gerade auseinander, wieso das Loch für Luises Sarg zu klein geraten m-u-s-s-t-e. Gino hatte sich halb von ihm abgewandt und sein Kinn trotzig vorgereckt, aber es nutzte nichts, Manfredo redete unbeirrbar und wie ein Wasserfall auf ihn ein.

«Der Grabewinkel bei dem kleinen Bagger ist ganz anders», insistierte er. «Das kann man nicht vergleichen.»

«Hm», erwiderte Gino und sah sich hilfesuchend um. Aber da war niemand, der ihm Manfredo vom Hals schaffen würde, denn wer immer es täte, hätte ihn dann seinerseits an der Backe. Selbst Luciana, die ein großes Herz hatte und über eine beispiellose Souveränität im Umgang mit Menschen verfügte, hielt sich zurück.

«Und die Hitze!» Manfredo machte eine Geste, die die gesamte Welt umfasste. «Wenn es zu heiß ist, arbeitet die Hydraulik nicht präzise.»

«Bei mir schon», brummte Gino.

«Bei so einer Hitze würdest du gar nicht arbeiten!» Manfredo schrie fast vor Verzweiflung.

Gino zuckte mit den Schultern und zog die Mundwinkel herunter.

«Außerdem, der Boden da oben …» Manfredo pendelte die rechte Hand aus dem Handgelenk mit kleinen halbkreisförmigen Bewegungen, was so viel bedeutete wie: Unvorstellbar! Härter als Stahl! Regelrecht feindlich!

Ich sah, wie Gino versuchte, sich noch weiter von Manfredo wegzudrehen, aber er war an der physischen Grenze seiner Wirbelsäule angelangt, und wahrscheinlich war das der Grund, warum er sich in dem Moment zum Angriff entschloss. Gino war ein friedliebender, dickköpfiger, nachgiebiger, streitsüchtiger, toleranter, fundamentalistischer, despotischer, umgänglicher Kerl – je nachdem und eins nach dem anderen. Doch jetzt sah ich die dunkle Wolke über sein Gesicht ziehen, die nichts Gutes versprach und ausschließlich mit einer weiteren Eigenschaft zusammenhing: Siegeswillen.

«Manfredo!», begann Gino.

«*Si*», erwiderte Manfredo in der Erwartung, endlich von jeder Schuld freigesprochen zu werden. Er streckte seinen Kopf vor, leicht gebeugt, als hoffe er, gestreichelt zu werden.

«Du hast ein Loch gegraben, dort oben, auf dem Friedhof.»

«Ja, nach bestem Wissen und –»

Gino unterbrach ihn mit einer kategorischen Handbewegung.

«Du hast ein Loch gegraben.»

«*Si.*»

«Das Loch war ein Meter achtzig lang.»

«Länger, auf jeden Fall länger», wand sich Manfredo, der natürlich wusste, dass der Sarg ein Meter neunzig maß.

«Wenn es dir gelungen ist, ein Loch von ein Meter achtzig zu graben, warum ist es dir dann nicht gelungen, noch zwanzig Zentimeter draufzulegen? Welche Hydraulik spricht dagegen? Welche Hitze kann das verhindern? *Allora?*»

Manfredos Gesicht verzog sich wie unter großen Schmerzen, er drückte die Ellbogen an seinen Körper, während er gleichzeitig die Hände, mit den Handflächen nach oben, mehrmals nach vorn stieß.

«Der Grabewinkel, die Hitze, der –»

«*Ma vai!*», rief Gino, legte seinen Kopf in den Nacken, zog die Schultern hoch und schaufelte mit beiden Händen irgendetwas Imaginäres hoch in die Luft. «Jeder Bagger hat einen Grabewinkel. Na und? Ich habe zwei Beine. Kann ich deswegen zweifellos einen Marathon gewinnen? Hm?»

Manfredo verstummte. Gino sah seine Chance, drängte sich an ihm vorbei und ließ ihn einfach stehen. Manfredo starrte angestrengt dorthin, wo Gino eben noch gestanden hatte. Seine Gedanken überschlugen sich erkennbar. Was hatte Gino mit diesem Vergleich sagen wollen? Was war der Kern der Aussage, den er unbedingt wissen musste, um etwas entgegnen zu können?

Gino kam zu mir herüber und setzte sich mit triumphierendem Gesicht neben mich.

«*Cosa dici?*»

«Was soll ich sagen? Ich verstehe es auch nicht, Gino. Beine? Marathon? Grabewinkel? Wo ist da der Zusammenhang?»

Gino atmete demonstrativ schwer aus, ließ seinen Kopf nach vorn sinken und legte seine flachen Hände wie zu einem katholischen Gebet alter Prägung zusammen, was in der absolut eindeutigen italienischen Gebärdensprache so viel bedeutete, wie: Bin ich denn nur von geistig Armen umgeben? *Porca miseria,* was für ein Leben! Warum bin ausgerechnet ich da hineingeworfen worden?

«Gib's zu», fuhr ich fort, «du weißt es auch nicht. Du wolltest den armen Manfredo nur in Verwirrung stürzen.»

Gino sah mich jetzt für einige Sekunden an, und sein Blick schwankte zwischen Strenge und Belustigung.

«Gib's zu, Gino», wiederholte ich, weniger, weil ich wollte, dass er es zugab, als weil ich neugierig war, wie er sich aus dieser Sackgasse herauswinden würde.

«Kennst du die Geschichte», begann Gino mit tiefem Genuss und einem verräterischen Blitzen in den Augen, «von dem Lehrer aus Florenz, der sich auf den Weg nach Siena machte, weil es für ihn eine ausgemachte Sache war, dass es den Menschen dort an Bildung mangelte?»

Jetzt verdrehte ich die Augen, winkte Luciana zu, formte mit den Lippen das Wort *vino!* und lehnte mich ergeben in meinen Stuhl zurück.

Gino holte tief Luft, zauberte ein vornehmes und zugleich nachsichtiges Lächeln in sein Gesicht und legte los.

«Es ist ja bekannt, dass im Mittelalter zwischen den beiden Städten Siena und Florenz eine abgrundtiefe Abneigung herrschte. Ich rede nicht über Politik, den Papst, die –»

«– die Habsburger, den französischen König oder die Medici», ergänzte ich die Worte, die ohnehin gleich aus seinem Munde kommen würden, um ihm unmissverständlich anzudeuten, wie genau ich die Geschichte schon kannte.

«*Ecco!*», strahlte er mich an, hoch erfreut über mein Engagement, presste die Spitzen aller fünf Finger beider Hände zusammen und deutete auf mich, was in der unmissverständlichen italienischen Gebärdensprache so viel hieß, wie: Wunderbar, du bist bereit, mit mir zu spielen, sei ehrlich: Wir freuen uns beide darauf, und los geht's!

«Ich rede nicht über Politik, ich rede über die Menschen», fuhr er fort.

«Politik wird von Menschen gemacht, Gino», versuchte ich zu stören.

«Wie viel Mensch ist der noch, der in die Politik geht?», griff er meinen Einwurf auf. «In den alten Tagen war Politik nicht Demokratie und Eigenverantwortung, sondern bedingungslose Zugehörigkeit und das Selbstverständnis, etwas Besseres zu sein.»

Ich nickte anerkennend, das war schon ziemlich elegant, wie er seinen Bogen schlug hin zu den –

«– Florentinern, die sich für etwas Besseres hielten. Im 15. Jahrhundert, in einer Phase des Friedens zwischen den beiden Städten begab es sich, dass ein Lehrer aus Florenz nach Siena gehen wollte, voller guter Absichten.»

Ich schaltete meine Ohren auf Durchzug. Es hatte keinen Sinn, Gino in so einem Moment stoppen zu wollen. Für ihn wäre das Argument «Ich kenne die Geschichte in- und auswendig! Du hast sie mir in den vielen Jahren, die wir uns nun schon kennen, mindestens fünfmal pro Jahr erzählt!» völlig untauglich gewesen – so, als würde man Caruso, der dazu anhob, *«La donna è mobile»* aus Verdis Rigoletto zu schmettern, davon abhalten wollen, nur weil man das Stück schon mal gehört hatte. Für Gino war die Geschichte von dem Lehrer aus Florenz reine, schöne Musik, die man gar nicht oft genug genießen konnte.

Luciana brachte meinen Wein und rubbelte Gino im Vorbeigehen freundlich über den Kopf. Gino neigte ihr seinen großen, quadratischen Schädel zu, von dem Rubbeln erkennbar beglückt, grinste wie ein kleiner Junge, ließ sich jedoch auch von ihr kein bisschen aus dem Takt bringen. Ich lächelte Luciana an, sie lächelte zurück, voller Stolz und Wohlgefühl, denn sie mochte diesen 1,62 m großen Maurer und Philosophen aus tiefstem Herzen, ich nahm einen großen Schluck Wein, sah hinaus in die Schlucht zwischen dem Monte Vecchio und dem Monte Dolciano und achtete darauf, mit *«si»* und *«certo»* zu antworten, wenn Gino irgendeine der rhetorischen Fragen stellte, mit denen seine Geschichte gespickt war und die ich daran erkannte, dass er seine Stimme hob und eine Pause machte. Musik ist ein Genuss, und wer wollte sich beklagen, wenn er sogar dabei mitmachen durfte? Wenn auch nur mit einem sehr geringen Anteil. Aber Freundschaft hat eben ihren Preis.

Begonnen hatte Ginos und meine Freundschaft mit einem großen Geschrei in Lucianas Bar vor fünfzehn Jahren. Die Angelegenheit war delikat gewesen und hatte eine Vorgeschichte.

2. KAPITEL

Irgendwann im April, eineinhalb Jahre nachdem ich Ca'Tommaso gekauft hatte, öffnete ich nach dem Frühstück die Haustür, draußen pfiff ein frostiger, böiger Wind, und wurde heftig von dem Hund Uilly begrüßt, dessen ungewöhnliche Geschichte an anderer Stelle erzählt werden muss. Nur so viel: Zu der Zeit waren in Italien englische Namen der Hit, Kinder wurden nicht mehr *Michele* oder *Antonio*, sondern *Maikol* und *Antoni* genannt, von der Schreibweise her gewöhnungsbedürftig, aber unverkennbar englisch. Uilly hieß eigentlich Willy, aber da das «W» nicht Bestandteil des italienischen Alphabets war und nur in Fremdwörtern vorkam, war seine Aussprache mit erheblichen Unklarheiten verbunden. Deshalb bekam Willy die Buchstaben verpasst, die exakt der englischen Aussprache seines Namens entsprachen, eben Uilli, und als kosmopolitische Dreingabe noch das «y» statt des «i».

Uilly war kein großer Schmuser, er zeichnete sich vor allem

durch seine sehr pragmatische Haltung zum Leben aus. Zum Beispiel hätte er nie ein Stöckchen geholt, weil er der Meinung war, dass der, der es weggeworfen hatte, es nicht mehr haben wollte. Auch war er nicht bereit, Dinge zu lernen wie «Sitz!» oder »Komm her!». Wenn er sitzen wollte, setzte er sich, wenn er stehen wollte, stand er. Wenn es einen Grund gab zu kommen, etwa etwas zu fressen oder die Fellbürste, der er sich stundenlang hingeben konnte –, dann kam er. Wenn nicht, blieb er, wo er war. Alles andere war für ihn sinnloses Getue.

Uilly sprang also an mir hoch und drückte mir seine gewaltige Nase in den Bauch. Eine raue Angelegenheit, denn Uilly war ein ausgewachsener Pastore Maremmano und wog etwa fünfzig Kilo. Ein Maremmano ist ein Arbeitshund, den toskanische Schäfer über Jahrhunderte daraufhin gezüchtet hatten, eine Schafherde vollständig auf sich selbst gestellt zu bewachen und gegen Wölfe und Bären zu verteidigen. Diese in der einsamen maremmischen Wildnis sehr harte Aufgabe hat diese Hunde stark und eigenwillig werden lassen, selbst Wildschweine riskierten keinen Kampf mit ihnen. Maremmani sind gewissermaßen seit vielen Generationen selbständige Unternehmer, unterwürfigen Gehorsam kennen sie nicht und Uilly schon gar nicht, denn er hatte das Herdenhandwerk nie praktizieren müssen und hielt sich deswegen wohl, so meine Vermutung, für etwas Besseres.

Wenn also Uilly sich derart an mich heranwarf, dann fehlte ihm etwas, worauf er ein selbstverständliches Recht beanspruchte, also etwas zu fressen, etwas zu trinken oder die weiche Decke, die er brauchte, um nicht unmittelbar auf den harten, kalten *mattoni* vor der Tür liegen zu müssen. Decke und Futter waren da, also konnte es nur am Wasser fehlen. Das Wort «Wasser» nur zu denken, löste bei mir ein sehr spezifisches Zittern in der Magengegend aus, ein Gefühl, das nur kennt, wer schon einmal eine dreihundert Meter lange Wasserleitung im strömenden Novemberregen einen Meter tief in lehmiger, klebriger Erde verbuddelt hat, weil das ursprüngliche, achtzig Jahre alte Eisenrohr verstopft war. Ich hatte das alles gerade erst ein paar Monate hinter mir, die Blasen an den Händen waren verheilt und die Entzündung der Lendenwirbel L4/S1 in Tateinheit mit einer schmerzhaften Blockade des Kreuzdarmbeins hatte sich endlich beruhigt. Nach dieser traumatischen Aktion hatte ich es mir zur täglichen Gewohnheit gemacht, den Wasserstrahl zu kontrollieren, der aus der kleinen Zisterne unterhalb meines Hauses in ein etwas tiefer gelegenes altes Wäschebecken, gehauen aus einem gewaltigen Steinblock, hineinplätscherte, um von dort aus in der Erde zu versickern. Nicht zuletzt, weil Uilly dort sein tägliches Wasser bezog, vor allem aber, um mir Gewissheit zu geben: Wenn unten aus der Zisterne Wasser herauslief, dann lief oben Wasser hinein, und die Welt war in Ordnung.

An jenem Morgen jedoch war an dem alten Wäschebecken außer dem böigen Wind nichts zu hören. Kein Wasserplätschern. Natürlich stand auch kein Wasser in dem Wäschebecken, denn den alten Stöpsel aus Eichenholz hatte ich schon letztes Jahr entfernt, nachdem ich festgestellt hatte, dass die meisten Mücken, die mich den Sommer über malträtierten, dort als Larven begannen.

Uilly stieß mir wieder seine Nase in den Bauch.

«Ich bin nicht blind, Hund», sagte ich und schubste ihn zur Seite, was er mit einem unwilligen Grummeln beantwortete.

«Wie soll ich nachsehen, ob nicht wenigstens in die Zisterne Wasser hineinläuft, wenn du mir so auf die Pelle rückst, hm?»

Ohne Uilly vermenschlichen zu wollen, sein Blick sagte eindeutig: Mach voran, ich habe Durst.

Also stellte ich mich breitbeinig vor den Betondeckel, der die Öffnung der Zisterne verschloss. Er hatte einen Durchmesser von neunzig Zentimetern. Ich ging in die Knie und holte tief Luft. Der Deckel wog fast achtzig Kilo und würde nur mit größter Entschiedenheit und mit einer einzigen runden Bewegung hochzuwuchten sein. Uilly dachte wohl, ich täte das nur für ihn, damit er dann direkt aus der Zisterne trinken konnte, und tänzelte gerührt zwischen meinen Beinen herum. Ich richtete mich auf und fixierte ihn mit strengem Blick.

«Uilly», sagte ich, «verpiss dich!»

Hunde mögen bekanntermaßen keinen länger andauernden direkten Blickkontakt, Uilly war in diesem Punkt zum Glück keine Ausnahme. Nachdem er eine Weile zurückgestarrt hatte, hockte er sich schmollend auf den Boden und tat so, als hätte er schon die ganze Zeit vorgehabt, sich eindringlich mit seiner rechten Vorderpfote zu beschäftigen, in deren langem Fell sich tagtäglich Kletten, Stacheln und sonstige Dinge verfingen.

Ich ging also wieder in Positur, der Wind zerrte jetzt kräftig an mir. Ich sammelte meine Kräfte und wuchtete den Deckel mit gerade so viel Schwung in die Höhe, um ihn hochkant aufzustellen, sodass er an dem gemauerten Pumpenverschlag lehnte. Er war auf der vermoosten Oberfläche der Zisterne ein wenig von mir weggerutscht und stand deshalb fast auf der Kippe, aber meiner Meinung nach war er viel zu schwer, um von allein umzufallen.

Uillys Nasenflügel machten komische Bewegungen. Er hielt seine Pfote zwar noch in die Luft, doch der Geruch des Wassers lenkte ihn offensichtlich von seiner Putzarbeit ab. So ein Hund kann eben nur eine Sache gleichzeitig machen.

«Bleib, wo du bist», sagte ich drohend und ohne Hoffnung, dass er gehorchen würde. Umso erstaunter war ich, dass er sich keinen Millimeter rührte, nur weiterhin mit den Nasenflügeln komische Bewegungen machte und die Pfote reglos von sich gestreckt hielt. Ich wandte mich wieder der Zisterne zu, beugte mich in die Öffnung hinein, fischte den Zulaufschlauch heraus und zog ihn hoch. Alles Starren und Schütteln nützte nichts, es kam kein einziger Tropfen Wasser heraus.

Ein Berg wie der Monte Dolciano hatte immer schon mit der sommerlichen Trockenheit zu kämpfen gehabt. Früher, vor hundert Jahren, hatten dort vierunddreißig Familien gelebt, die Schafe, Ziegen oder Kühe zu versorgen hatten und ihre Tiere im Sommer manchmal zur Kornmühle hinunter ins Tal treiben mussten, weil oben alle Quellen versiegt waren. Die Quelle, die mein Haus und die inzwischen längst aufgegebene *Chiesa del Monte Dolciano* mit Wasser versorgte, war anno 1912 von dem Prete Don Pasquale im *Fosso del Inferno* vier Meter unter dem Erdboden mit Hilfe seiner Wünschelrute lokalisiert, mit Hacke und Schaufel freigelegt und dann mit den grauen Natursteinen des Monte Dolciano gefasst worden. Seitdem galt sie als die ergiebigste von allen, bis in den August hinein führte sie zuverlässig Wasser. Sollte sie jetzt tatsächlich versiegt sein? Jetzt, da ich gerade erst die neue Wasserleitung verlegt hatte? Oder war die womöglich auch schon verstopft?

Gerade wollte sich ein Gefühl von trostloser Resignation in mir ausbreiten, als eine besonders kräftige Windböe anhob. Von da an ging alles sehr schnell. Die Böe war stark genug, den schweren Betondeckel in Bewegung zu setzen. Er kippte und krachte auf meinen Hinterkopf, meine Stirn schlug mit gewaltiger Wucht auf den scharfen Betonrand der Zisterne. In einer Reflexbewegung, die ihre gesamte Energie aus purer Todesangst bezog, hebelte ich, eingeklemmt zwischen eineinhalb Zentner Beton und dem Zisternenrand, den Deckel in die Höhe, sodass er seitlich wegrutschte.

‹Du bist tot›, dachte ich, während ich auf den Knien verharrte, ‹sobald du dich bewegst, fällt dein Kopf ab, weil der Halswirbel durchtrennt ist.›

Plötzlich wurde es dunkel vor meinen Augen, aber nicht, weil ich ohnmächtig wurde, nein, es war Blut, und es lief von meiner Stirn herunter, auf die Brille, in die Augen, überallhin. Vorsichtig bewegte ich meinen Kopf, hob eine Hand, tastete meinen Hals ab, versuchte, das Blut aus meinen Augen zu wischen. Für einen Moment hatte ich freie Sicht, dann wurde es wieder dunkel. Langsam, ganz langsam richtete ich mich auf. Unglaublich, wie viel Blut aus einer einzigen Stirnwunde herausfließen konnte.

‹Du musst ins Haus, nachsehen, wie groß die Verletzung ist›, dachte ich. Groteskerweise hockte Uilly immer noch in derselben Position, die Pfote auf mich gerichtet, und sah mich mit großen Augen an. Endlich stand ich gerade auf den Beinen, von Schwindel gebeutelt und mit einem merkwürdigen Summen im Kopf. Für Uilly war das offenbar das Signal, seine Starre aufzugeben. Er sprang freudig auf, leckte sich die Schnauze, als würde ich eine von den stinkenden Hundefutterdosen öffnen, die er über alles liebte. Vorsichtig setzte ich einen Fuß vor den anderen, dicke Blutstropfen fielen zu Boden – und ich traute meinen Augen nicht, als ich sah, wie Uilly, dieser opportunistische, verfressene Kerl, begann, mit großer Hingabe das Blut, mein Blut!, vom Boden zu lecken.

«Verdammter Köter», röchelte ich angeekelt, was Uilly überhaupt nicht interessierte, weil er jetzt an der großen Blutlache neben dem Zisternendeckel angekommen war und dort mit noch größerer Wonne und halb geschlossenen Augen weiterschleckte.

Ich schwankte durch den Wind zum Haus. In der Küche riss ich die Papierrolle von der Wand und presste sie auf meine Stirn. Wenigstens tropfte jetzt kein Blut mehr herunter, von dem sich dieser maremmische Vampirhund ernähren konnte. Vor dem Spiegel nahm ich die Küchenrolle zögernd und mit einer gewissen Vorahnung herunter. Ein Riss ging quer über die Stirn, teilweise hatte sich die Haut gelöst, und der blanke Knochen darunter leuchtete mir weiß entgegen. Brechreiz packte mich. Trotzdem konnte ich mich noch zum Telefon schleppen, vor dem ich mich dann endgültig flach auf den Boden legte, die Rolle wieder gegen die Stirn gepresst.

Einen Krankenwagen anzurufen erschien mir keine gute Idee zu sein, er würde mindestens eine halbe Stunde hier herauf brauchen. Der Monte Dolciano war ein sehr entlegener Berg, und wahrscheinlich würde der Fahrer mein Haus gar nicht finden, und ich würde verbluten – allerdings von einem riesigen weißen Hund so sauber geleckt, als hätte es nie Blut in mir gegeben.

Spaccone. Er musste mir helfen. Niemand sonst in der Nähe hatte ein Auto, zumindest niemand, dessen Telefonnummer ich auswendig kannte oder der schnell genug hier sein konnte. Sicher, da war noch der auf die siebzig zugehende alte Giuseppe, Sestinas Ehemann, oben von Ripidello, der fuhr noch jede Woche mit seiner altertümlichen Ape, einem Piaggio-Dreirad mit Ladefläche, zum Markt nach Cagli, aber diese Ape war launisch, schaffte manchmal den kleinsten Berg nicht, der Rückwärtsgang funktionierte gar nicht mehr, und wer weiß, was sonst noch.

Also Spaccone. Ich wählte die Nummer, Luise hob ab.

«*Pronto!*»

Ihre rauchige Altstimme wirkte schon einmal sehr beruhigend auf mich.

«Luise, ich muss dringend ins Krankenhaus nach Cagli.»

«Wieso so eilig? Die Italiener nehmen es doch mit der Besuchszeit nicht so genau.»

«Mir ist ein Betondeckel auf den Kopf gefallen, und ich blute wie ein Schwein.»

Schweigen.

«Luise? Hast du mich gehört?»

«Dann muss Horst dich fahren», sagte sie abweisend. Luise war nicht leicht zu handhaben. Wenn sie sich derart abweisend verhielt, bedeutete das meist, dass ihr etwas unangenehm war. Ich nahm an, sie hatte schon zu viel Wein getrunken und konnte nicht mehr fahren. Wenn Spaccone zu seinen sporadischen Besuchen bei ihr verweilte – er war ja hauptsächlich mit seiner Vielweiberei beschäftigt –, tranken die beiden durchaus mal in einer Woche eine *damigiana* Rotwein leer, immerhin achtundzwanzig Liter. Spaccone aus Gewohnheit, Luise vermutlich aus blanker Verzweiflung.

«Mir ist egal, wer fährt. Ich verliere viel Blut. Es muss schnell gehen. Sag Spacc…, sag Horst, ich geh zur Madonnina, da kann er mich auflesen.»

«Gut.»

«Und sag ihm, er soll sich beeilen.»

«Gut.»

Ich legte auf und konzentrierte mich darauf, wieder auf die Beine zu kommen. Die Küchenrolle sah inzwischen aus wie ein riesiger Tampon und konnte kein Blut mehr aufnehmen. Zum Glück hatte ich aus der Metro in Deutschland eine Zwölferpackung mitgebracht.

Für die vierhundert Meter bis zur Madonnina brauchte ich fünf Minuten. Uilly war mir nicht gefolgt, er hatte es sich auf seiner warmen Decke gemütlich gemacht. Wahrscheinlich hatte er sich, nachdem er mein Blut weggeputzt hatte, noch in der Zisterne mit Wasser bedient und war jetzt rundum zufrieden und wollte seine Ruhe haben.

Inzwischen hatte der Monte Dolciano alle Register gezogen, um klarzumachen, dass man hier in einer bergigen Wildnis am Fuße der Apenninen war und nicht in irgendeiner hübschen toskanischen Kulturlandschaft. Die Böen waren deutlich kräftiger geworden, die Temperatur war gefallen, und Schnee wirbelte durch die Luft. Ich fror und zitterte und wartete vor der Madonnina, in der eine sehr einfache Madonnenfigur aus Holz von einer 10-Watt-Kühlschrankbirne angestrahlt wurde. Den Strom dazu hatten Giuseppe und Manfredo, der *postino*, direkt aus der Überlandstromleitung abgezapft, die damals lediglich aus zwei dicken, nicht isolierten Kupferdrähten bestand, die sich von Haus zu Haus zogen.

Ich wartete fünf Minuten, zehn Minuten, fünfzehn Minuten. Um nicht umzukippen und wenigstens ein wenig Wärme zu haben, zwängte ich mich in das winzige Madonnenhäuschen, die Knie angewinkelt und eng umschlungen, mit dem Rücken an den kleinen Altar gelehnt, über mir Maria, die den kleinen Jesus mit ihrem wallenden Gewand warm hielt. Am 25. Dezember wird es wahrscheinlich auch in Nazareth ziemlich kühl gewesen sein. Der Sturm schaufelte jetzt förmlich Schneeschwaden in die Madonnina, und die Plastikblumen über mir auf dem Altar raschelten und tobten, flogen aber nicht davon. Wahrscheinlich waren sie vorausschauend mit Draht an einem Stein befestigt worden, der sie in der Vase aus grobem Ton festhielt. Die Menschen hier oben lebten seit Generationen mit den unberechenbaren Winden und überließen Blumen, die zu Marias Ehren in einer Madonnina aufgestellt worden waren, mit Sicherheit nicht der Willkür der Elemente.

Inzwischen hatte meine Stirnwunde angefangen, zu pochen und zu pulsieren, und ich stellte mir vor, wie sie mit jedem Mal einen weiteren Schwall Blut herausdrückte. Nach zwanzig Minuten fragte ich mich nur noch, ob ich an Unterkühlung oder an Blutmangel sterben würde. Nach fünfundzwanzig Minuten endlich tauchte Spaccone mit Luises klapprigem Ford Capri auf. Er war gut gelaunt und trug ganz unverhohlen seine Einstellung vor sich her, ich solle mich mal nicht so anstellen und vor allem nicht so wichtig nehmen oder, wenn er es in einen Satz hätte kleiden sollen: Nimm dein Leben nicht so persönlich!

«Na, Max, du lebst ja noch! Das klang ja hochdramatisch, was Luise da erzählt hat.»

«Warum hat das so lange gedauert?», röchelte ich, zog mich an der Altarkante hoch und kämpfte gegen meine Übelkeit und das heftige Prickeln meiner eingeschlafenen Beine an.

«Du weißt, ich bin wie die Italiener», begann Spaccone zu dozieren. «Die Italiener gehen ja bekanntermaßen nicht gerne zur *comune*. Aber wenn sie gehen, dann erledigen sie gleich alles, was anliegt. Deswegen, das ist dir vielleicht auch schon aufgefallen, dauert es auf der *comune* immer so lange.»

«Ich muss nicht auf die *comune*, Horst, ich muss ins Krankenhaus, zur Notaufnahme.»

«Jaja, aber wenn ich schon mal runterfahre …» Er ruderte mit beiden Armen vor seinem gewaltigen Kugelbauch, was wohl so viel bedeuten sollte wie: Typisch deutsch, stell dich nicht so an, sei mal locker, so locker wie wir Italiener!

Nicht wütend werden, dann geht's dir noch schlechter, be-

schwichtigte ich mich selbst. In Wahrheit fuhr Spaccone nämlich jeden Tag hinunter ins Tal, um eines seiner Verhältnisse in
Deutschland anzurufen, denn so dreist, dazu das Telefon der
Ehefrau zu benutzen, war selbst er nicht. Ich schloss die Augen
und lehnte mich im Beifahrersitz zurück. Es knisterte merkwürdig. Hatte ich Halluzinationen? Hatte der Blutverlust zu einer
Unterversorgung meines Gehirns geführt? Ich merkte, wie ich
auf dem Autositz nach vorn rutschte, als säße ich auf etwas sehr
Glattem. Vorsichtig lüftete ich die Küchenrolle und öffnete ein
Auge, inzwischen hatten sich rasende Kopfschmerzen eingestellt. Tatsächlich, ich saß auf einer Plastikfolie, genauer gesagt,
auf einem aufgeschnittenen Müllsack, den Spaccone zum Schutz
gegen möglicherweise heruntertropfendes Blut großzügig ausgebreitet und sorgfältig mit Textilklebeband am Sitz befestigt
hatte. Allein dafür hatte er bestimmt zehn Minuten gebraucht,
denn Spaccone hatte zwar zwei Hände, aber beide waren linke.

Ich schwieg, dafür redete Spaccone in einem fort, schwadronierte, dass man sich unter Nachbarn in jeder Lebenslage helfen musste, dass er jederzeit dazu bereit war, das wäre nun mal
sein Naturell. Ihm selbst sei allerdings, wenn er in der Vergangenheit in Not geraten war, selbstredend in weit schlimmere als
meine, von anderen nie so große Selbstlosigkeit zuteilgeworden.
Er berichtete von seiner Lebenserfahrung, die jetzt schon weit
über das hinausgehe, was der Durchschnittsmensch in einem
gesamten Leben zusammentrage, und dass sie sich täglich um
ein Vielfaches vermehre, da er, im Gegensatz zu anderen, die
Welt mit offenem, wachem Geist betrachte. Und dass sein Leben insgesamt Stoff für einen gewaltigen Roman abgebe, den zu
schreiben er im Geiste schon begonnen habe. Er machte eine
Pause und forderte mich mit Blicken auf, ihn nach Einzelheiten
zu fragen. Doch mir war speiübel, mein Kopf dröhnte, und ich
blieb bei meinem Schweigen.

Fünfundzwanzig Minuten später lieferte er mich beim *pronto soccorso* in Cagli ab, natürlich ohne mir aus dem Auto zu helfen, denn schließlich lebte ich ja noch. Dann entschwand er in Richtung Rathaus. Die Notaufnahme war eine entspannte Angelegenheit. Ein Krankenpfleger nahm mir die Küchenrolle ab und nickte anerkennend, als er den tiefen Riss in meiner Stirn sah. Kurz darauf erschienen fünf Weißkittel, wahrscheinlich war gerade nicht viel los. Um nicht als Volltrottel dazustehen, erzählte ich, der Sturm habe ein *coppo* vom Dach gelöst und mir gegen den Kopf geschlagen.

«Der Sturm? Eine Dachpfanne?», fragte Dottore #1 ungläubig.

«Der Sturm», bestätigte ich matt, so langsam verließen mich die Kräfte.

«Den Sturm auf dem Monte Dolciano, den kenne ich gut», sagte Dottore #2. «Ich war da früher oft jagen. Ein paar Mal hat's mir beim Schuss glatt das Gewehr verrissen.»

«Jeder zaubert irgendwelche Gründe aus dem Hut, wenn er nicht trifft», brummte Dottore #3.

Dottore #4 schüttelte den Kopf über die erstaunlichen Dinge, die passieren konnten, und erkannte in der geschwungenen Form meiner Wunde ganz klar die Form eines *coppo* wieder, und zwar von dessen schmalerem Ende. Dottore #5 sagte gar nichts, entfernte alles Blut, pulte einige Betonkrümel aus der Wunde und sah mich scharf an, offenbar wusste er, dass ein *coppo* aus Terrakotta und nicht aus Zement bestand. Ein Lächeln huschte über sein Gesicht, und er zwinkerte mir verschwörerisch zu. Dann zückte er eine Nadel und begann, meine klaffende Wunde zusammenzunähen. Ohne Betäubung. Was mir allerdings nichts mehr ausmachte, weil ich in Ohnmacht fiel.

Als ich wieder zu mir kam, waren die Weißkittel verschwunden, und ich lag immer noch auf der OP-Liege. Der Krankenpfleger wirkte jetzt verstimmt, als ärgerte er sich, dass sich gleich fünf *dottori* um mich gekümmert hatten, obwohl meine Verlet-

zung einem wie ihm, der abgetrennte Gliedmaßen und heraus-
quellende Eingeweide gewohnt war, dann doch recht wenig zu
bieten hatte.

«*Puoi alzarti?*», fragte er. «Kannst du aufstehen?», während er
gleichzeitig seine Hand unter meine Schulter schob und mich
hochdrückte.

«*Penso di sì*», murmelte ich benommen.

«Dahinten ist das Wartezimmer.»

Widerstandslos ließ ich mich von der Liege herunterschieben
und wankte in den *sala d'attesa*.

Zweieinhalb Sunden später tauchte Spaccone auf, sein Atem
zeugte von einigen Gläsern Wein, die ihm mit Sicherheit nicht
auf der *comune* angeboten worden waren. Entrüstet beschrieb er
mir, wie die *stronzi* ihm zugesetzt hatten und wie er sie in den
Staub gezwungen hatte. Nach einem triumphierenden «Mit mir
nicht!» und «Da müssen die schon früher aufstehen!» holte er
endlich sein Auto, zupfte mit einem misstrauischen Blick auf
mein blutgetränktes Pflaster die Plastikfolie zurecht und schwadronierte während der gesamten Rückfahrt in einem fort, bis
zur Madonnina, an der er anhielt und mich mit ausdruckslosem
Blick anstarrte, wahrscheinlich, weil er vor seinem inneren Auge
schon ein großes, volles Glas Rotwein sah.

«Schaffst du es alleine?», fragte er mit ungehaltenem Unterton. «Es ist schon spät, weißt du, und Luise hat gekocht.»

«Geht schon», ächzte ich und zog mich, angetrieben von einer kleinen Portion Reststolz, an der Dachreling hinaus ins heftige Schneetreiben und wollte anstandshalber «Danke» sagen,
aber Spaccone hatte schon Gas gegeben und preschte davon.

Am Haus begrüßte Uilly mich mit einem lässigen Gähnen,
ließ aber seinen Kopf gleich wieder auf die weiche, warme Decke sinken. An seinem Fell klebte noch ein Blutstropfen.

«Verdammter Mistkerl», knurrte ich und war mir bewusst,
dass der arme Hund zu hören bekam, was Spaccone gebührt
hätte.

Aber Uilly nahm's gelassen, wedelte schwach mit dem Schwanz, schmatzte genüsslich und schlief weiter. Wegen Kleinigkeiten regte ein Maremmano sich nicht auf und Uilly schon gar nicht.

Die folgende Woche verbrachte ich mehr oder weniger im Bett, immer wieder geplagt von Träumen, in denen Betonplatten wie wild gewordene Frisbeescheiben Jagd auf mich machten und mich genau in der Sekunde zur Strecke brachten, in der ich schweißgebadet erwachte. Zum ersten Mal, seit ich Ca'Tommaso gekauft hatte, wurde mir bewusst, wie gefährlich das Leben hier oben sein konnte, obwohl das nächste Krankenhaus ja nur eine gute halbe Stunde entfernt war. Nicht auszudenken, wenn das Telefon, wie so oft, nicht funktioniert und ich mir zusätzlich noch den Fuß gebrochen hätte. Und eines war mittlerweile mehr als sicher: Mein maremmischer Hütehund würde, ganz anders als Lassie oder Rin Tin Tin, keine Hilfe holen, sondern mit buddhistischer Gelassenheit über die Vergänglichkeit allen Lebens philosophieren, während ich dahinsiechte.

Natürlich ließ Spaccone sich kein einziges Mal bei mir blicken. Dafür kümmerten sich Sestina und Emilia mit der größten Selbstverständlichkeit um mich und brachten mir jeden Tag etwas zu essen: mal *fischioni* und *piselli* mit Tomatensugo und Schweinefleisch, mal Karnickel, gegart in einem Sugo aus Tomaten, Fenchel und Schweineschmalz, in dem kleine, feste Kartoffeln vom Monte Dolciano schwammen. Luise kam erst am fünften Tag, nachdem Spaccone wieder nach Deutschland zurückgefahren war. Sie brachte einen riesigen Vanillepudding, der mit Sahne gekocht und nur in kleinen Portionen zu genießen war. Gerne kam sie nicht nach Ca'Tommaso, denn ihr tiefergelegter, uralter Ford Capri ohne Servolenkung, der hier auf den Berg passte wie ein Eisbär nach Rimini, ließ sich auf meinem Parkplatz nur mit größter Mühe wenden.

Ein paar Tage nachdem die Fäden gezogen worden waren

und die kleinen offenen Stellen, die sie zurückgelassen hatten, verheilt waren – der Einfachheit halber hatte Manfredo das mit einer über seinem Feuerzeug desinfizierten Nagelschere und einer Pinzette erledigt –, hielt ich die Ungewissheit über den Zustand meiner Quelle nicht mehr aus. Mit einer Machete bewaffnet, wühlte ich mich durch das Unterholz im *Fosso del Inferno*, hob den Deckel von der Quelle, platzierte ihn in sicherer Entfernung flach auf dem Boden – wer wusste schließlich, wozu der Monte Dolciano noch fähig war? – und stieg hinunter in den feuchten, von Schnecken und Spinnen bevölkerten Schacht.

Der Schock hätte nicht größer sein können. Trotz des Schnees im vergangenen Winter, trotz der häufigen Regenfälle im Frühling war die Quelle versiegt. Wo im November der Wasserspiegel noch mindestens einen Meter über der abgehenden Wasserleitung gestanden hatte, war jetzt nur noch feuchter Lehm zu sehen. Ich hockte mich hin und stocherte in der Erde herum, doch nicht einmal mehr eine kleine Pfütze bildete sich. Wie ich später von einem Geologen erfuhr, hatten höchstwahrscheinlich die Vibrationen des Baggers, der nötig gewesen war, um den Schacht für die neue Wasserleitung zu graben, zum Versiegen der Quelle geführt. Der Monte Dolciano bestand aus schräg gestellten, riesigen Kalkfelsplatten, auf denen das Wasser entlangfloss. Verschob sich eine Platte oder brach, sickerte das Wasser hinunter zur nächsttieferen.

Eine prekäre Situation, die sofortigen Einsatz verlangte und mich sogar in die Hände verschiedener *rabdomanti* trieb, die mit ihren Wünschelruten, Kurbeln oder Kupferdrähten alle irgendeine ergiebige Wasserader ausfindig machten, allerdings jeder an einer anderen Stelle. Im Endeffekt bedeutete das: Ich konnte bohren, wo ich wollte, entweder würde ich Wasser finden oder nicht. Also blieb nur noch eine Möglichkeit übrig. Mein Vorrat in der Zisterne reichte noch für drei bis vier Wochen, bis dahin brauchte ich eine neue Wasserversorgung, und da kam nur eine in Frage: die Quelle, die die Häusergruppe oberhalb von mir,

Bordolino, mit Wasser versorgte. Dort hatten nicht Emilia, Giuseppe oder Sestina das Sagen, sondern Piccarini, Franco, Lino und Ettore und noch einige andere, deren Namen ich immer durcheinanderwarf. Zwar waren sie allesamt in den letzten Jahren ins Tal gezogen, kamen aber praktisch jeden Tag heraufgefahren. Zum Glück gab es dort oben eine kleine Zisterne, die die *comune* vor vielen Jahrzehnten gebaut hatte. An diese öffentliche Wasserstelle musste ich mich anschließen. Dafür war allerdings eine ganz neue Wasserleitung nötig, ironischerweise ebenfalls dreihundert Meter lang wie die völlig vergeblich verlegte Leitung ins *Fosso del Inferno*. Und ich brauchte zwei große Zisternen, weil das Wasser in Bordolino nur fünf Monate lang reichlich floss. In dieser Zeit musste ich also meinen Bedarf für das ganze Jahr decken und das Wasser speichern.

An dieser Stelle nun kam Manfredo ins Spiel, der Leichenbestatter, der zu der Zeit noch *postino* und nicht nur für die tägliche Post, sondern auch für alle Fragen zuständig war, die lokales Fachwissen erforderten. Zum Beispiel, wer in der Lage war, zwei riesige Zementzisternen von je zehntausend Litern oberhalb meines Hauses in einen Steilhang zu setzen und von dort die Wasserleitung unterirdisch in den felsigen Grund hoch nach Bordolino zu verlegen. Manfredo hatte mir gerade die Süddeutsche Zeitung gebracht, eine der wenigen Verbindungen, die ich noch nach Deutschland hatte. Während er mit dem Gas seiner Vespa spielte, dachte er über meine Frage nach. Im Sommer weigerte Manfredo sich, den Fiat Panda zu benutzen, den ihm die *poste italiane* zur Verfügung stellte, obwohl das Kilometergeld, das er für seine Vespa erhielt, nach seiner Aussage nicht einmal für das Zweitakteröl im Benzin reichte.

Rrrr-rrr. «Es gibt verschiedene, die rein theoretisch dafür in Frage kommen. Sag mir nochmal genau, was du vorhast.» Rrrrrrr.

Natürlich hatte er genau verstanden, worum es ging. Aber ein bisschen Show musste sein. Rrrr-rrr.

«Du brauchst einen *imprenditore*, einen Bauunternehmer, der einen Laster mit einem *gru* hat. Der eine Raupe hat. Und der Maurer ist.»

«Einen *gru*?»

«Das ist ein hydraulischer Baggerarm.»

«Genau das brauche ich», bestätigte ich. «Und der preiswert ist. Keinen von den Großunternehmern, die 35 000 Lire pro Stunde nehmen.» Damals war das teuer.

«Da gibt es erst mal Granci. Der wohnt da unten in der Kurve, nicht weit von der Kirche aus Beton», Manfredo legte sein Wieselgrinsen auf, «die hat er vor Jahren der Kurie gespendet. Rate mal, wieso.»

«Manfredo», quengelte ich ungeduldig, «das ist doch jetzt nicht wichtig. Wahrscheinlich hat er damit seine Sünden abtragen wollen oder so.»

«*Ecco!*» Manfredo deutete mit dem Zeigefinger auf mich. «Du kannst dir vorstellen, was sich da angesammelt hat, wenn einer gleich eine ganze Kirche baut.»

«Gut, also Granci – und wer noch?»

«Dann gibt es Enzo, der wohnt unten neben der Post. Der versucht es gerne bei den Ehefrauen, du weißt schon, wenn die Männer auf der Arbeit sind und er an ihrem Haus etwas zu mauern hat.»

«Das dürfte kein Problem sein, Manfredo, wie du weißt, habe ich keine Frau.»

Manfredo zog die Schultern hoch und ließ beide Arme, die Handflächen nach oben gewendet, vor seinem Bauch kreisen, was so viel bedeutete wie: Keine Ahnung, warum du keine Frau hast.

Ich verdrehte die Augen. «Ich weiß, dass ihr euch alle das Maul darüber zerreißt.»

Manfredo war ein schlechter Lügner und versuchte es demzufolge gar nicht erst, sondern grinste nur. «Na ja, so ein großes Haus und –»

«Wer noch?», unterbrach ich ihn.

«Dann gibt es noch Gino, den triffst du ab acht Uhr abends in Lucianas Bar. Gino ist preiswert, aber …» Manfredo machte mit der Rechten eine Bewegung, als streichelte er den kahlgeschorenen Kopf eines Kindes.

«Was ‹aber›?»

Manfredo schob das Kinn vor und machte einen spitzen Mund: «*È diverso.*»

Wer ist das nicht, dachte ich, jeder ist anders, warum also nicht dieser Gino?

«*Va bene*, Manfredo. Und was ist der aktuelle Stundenlohn für einen Maurer?»

«Zwanzigtausend. *Più o meno.*» Manfredo zog die Kupplung und legte den ersten Gang ein. Rrrrr-rrr.

«Plus IVA?», fragte ich. IVA ist die italienische Umsatzsteuer, und sie betrug damals schon 19 Prozent.

Manfredo lachte kopfschüttelnd über so viel Blödheit, wer zahlt schon IVA?

Dann gab er seiner Vespa die Sporen und schoss davon. Winken konnte er nicht mehr, weil er größte Mühe hatte, den wild tänzelnden Motorroller in den Griff zu bekommen. Die Postsäcke am ohnehin schon schweren Hinterteil der Vespa ließen sie vorn hochsteigen wie ein Wildpferd, und die vielen Schrammen im dicken Blech dieses orangefarbenen Exoten aus den sechziger Jahren zeugten von einigen Ritten, bei denen die Vespa ihren Reiter in den Staub befördert hatte. Dieses Mal jedoch nicht, und irgendwann, schon etwas weiter weg, sah ich, wie Manfredo doch noch eine Hand vom Lenker löste und winkte, immer noch lachend: Wer zahlt schon IVA …?

Drei Maurer zur Auswahl, das klang ziemlich gut. Was Manfredo allerdings nicht gesagt hatte, war, dass es sich bei Granci, Enzo und Gino um drei kleine, kompakte Maurer handelte – alle drei maßen exakt 1,62 Meter –, die seit vielen Jahren in erbittertem Streit lagen und sich auf den Tod nicht ausstehen konnten. Und die keine Gelegenheit ausließen, die Arbeit der jeweils anderen zu diskreditieren und sich über sie lustig zu machen. Granci galt als der Mann, der mit Zement nur so um sich warf und flächendeckende graue Bauwüsten zurückließ. Enzo wurde als das Gegenteil beschimpft, als einer, der zwei Sack Zement kaufte, einen für sich behielt und mit dem anderen einen viel zu dünnen Mörtel anrührte. Und Gino wurde als Spinner beschrieben, der eine stinknormale Mauer stundenlang mit irgendwelchen Ornamenten und besonderen Steinformationen verzierte, sodass er dreimal so lange brauchte wie die anderen beiden.

Bislang hatte ich es nur mit einem einzigen Maurer zu tun gehabt, mit Morelli, einem sehr schweigsamen, zähen Menschen, der alle Arbeiten an Ca'Tommaso erledigt hatte. Er hatte aus der Ruine, die ich von dem deutschen Architekten Gantenbein und dem italienischen *geometra* Volpini gekauft hatte, ein bewohnbares Haus gemacht. Am liebsten hätte ich ihn mit der Wasserleitung beauftragt, aber er arbeitete seit einigen Wochen nicht mehr, irgendein Problem mit dem Rücken hatte ihn in die Knie gezwungen. Da niemand aus seiner Familie mit der Sprache herausrückte, worum genau es sich handelte, war das Schlimmste zu befürchten. Also musste es einer der drei kleinen, kompakten Maurer sein.

3. KAPITEL

Noch am frühen Abend des gleichen Tages lenkte ich meinen Geländewagen auf den Platz vor Grancis Haus, der wie bei den meisten italienischen Häusern eine große Schotterfläche war, auf der man mit dem Auto leicht bis in die Küche fahren könnte. Hier bei Granci gab es zwei Welten: Die von Granci selbst war ein Chaos aus Gerüstrohren, Wasserleitungen, Schaufeln, Schubkarren, Hydraulikbauteilen, Verschalbrettern, merkwürdigen selbstgeschweißten Metallkonstruktionen, alten Schrauben und Nägeln und irgendwelchem Zeug, das sich keiner bestimmten Funktion zuordnen ließ. Die zweite war die von Lucrezia, seiner Frau, in der eine strenge Ordnung herrschte. Gartenwerkzeuge, Gießkannen, Blumentöpfe und Stühle standen stramm wie Soldaten in perfekter Ordnung, und allen Pflanzen war mit Schnüren, Drähten und Stangen der exakte Weg gewiesen, auf dem sie zu wachsen hatten. Darüber hinaus lagen, saßen und dösten ringsherum eine Menge kleinwüchsiger, inzestuöser Hunde, die erstaunlicherweise nicht bellten.

Granci hatte wohl den Motor meines Autos gehört. Plötzlich stand er vor mir und starrte mich böse an.

«*Buona sera!*», wünschte ich etwas verunsichert.

«Hm», grunzte Granci, «du wohnst in Ca'Tommaso.»

Ich nickte verbindlich lächelnd. «Ich bin der Besitzer, ja.»

«Ich komme morgen und schütte deinen Weg zu.»

Ich lachte, zugegebenermaßen etwas gezwungen, weil ich diesen Scherz nicht verstand und den Stil seiner Begrüßung zumindest eigenwillig fand.

«Deine Straße führt unmittelbar vor der Tür des Pfarrhauses vorbei. So etwas gibt es doch gar nicht! Da ist nicht der alte Weg, die *vincinale*! Der alte Weg führt von unten am Rande vom Feld entlang hoch und biegt dann im rechten Winkel auf deinen Weg ein. Das ist der offizielle Weg, deine Straße ist widerrechtlich!»

Granci langte in seine Gesäßtasche, zog ein zerfleddertes Dokument hervor, klappte es auf und hielt es hoch in die Luft. Als ich danach greifen wollte, bog er seinen Arm weit zurück. «Ich bin von der Polizei beauftragt. Ich wache darüber, dass auf dem Monte Dolciano alles in Ordnung ist.»

Vigile della Notte konnte ich auf dem Dokument entziffern, das Foto zeigte einen jungen Mann mit dickem Hals und trotzigen Augen, also höchstwahrscheinlich Granci in jungen Jahren. Ein Nachtwächterausweis?

«*Dai*, Granci, wir kennen uns gerade zwei Minuten, und du schlägst gleich solche Töne an?»

«Ich beobachte dich, seit du das Haus gekauft hast.» Er hielt mir wieder drohend den Ausweis entgegen.

Ärger wallte in mir hoch. «*Ascolta*, Granci. Die Straße wurde von Volpini, dem Geometer, angelegt, und der hat alles vorher abgeklärt.»

«Nicht mit mir!»

«Nein, aber mit Don Romano aus Cagli.»

Granci starrte mich schweigend an. Don Romano war ein Zauberwort. Kaum jemand hatte je mit ihm gesprochen. Wenn Don Romano durch die mittelalterlichen Gassen von Cagli eilte, machten ihm die Menschen ehrfurchtsvoll Platz. Ihn ansprechen zu dürfen, war ein Privileg, das nur wenige genossen. Im Grunde lebte Don Romano als einfacher Mönch im Kapuzinerkloster hoch über Cagli, doch in der brüderlichen Gleichheit, die die Grundlage ihrer religiösen Gemeinschaft darstellte, hatte Don Romano einen Sonderstatus inne, Primus inter Pares und graue Eminenz in einem. Er las nie eine Messe und pendelte ständig zwischen dem Kloster, Urbino, Pesaro und Rom hin und her, immer mit einem ernsten, konzentrierten Gesichtsausdruck, der der Bedeutung seiner Mission entsprach: dem kirchlichen Immobiliengeschäft. Die Marken waren im achten Jahrhundert von Pippin dem Jüngeren und Karl dem Großen Stück für Stück den jeweiligen Päpsten geschenkt worden und hatten noch bis 1861 dem Vatikan gehört. Der große Freiheitskämpfer Giuseppe Garibaldi, nach dem in jedem noch so kleinen Dorf mindestens eine Straße oder ein Sportplatz benannt ist, entriss sie schließlich dem damaligen Papst Pius IX. und machte sie zu einem Teil des geeinten Königreiches Italien. Dieser Verlust berührte den Papst weniger, als man vermutet hätte. Politisch musste er die *Marche* zwar den weltlichen Kräften überlassen, immobilientechnisch jedoch blieb die Kurie der bedeutendste Landbesitzer und zog den Bauern genauso wie vorher das vorletzte Hemd aus. Und da der Vatikan nicht nur das irdische und geistige Zentrum des katholischen Glaubens war, sondern auch ein hocheffektives Wirtschaftsunternehmen, besaß er immer noch unzählige Ländereien in den Marken. Und Don Romano, der Umtriebige, war in dieser Gegend Roms direkter Stellvertreter.

«Don Romano hätte mir Bescheid gesagt», brummte Granci, wohl wissend, dass Don Romano sich keinen Furz um ihn kümmerte.

«Hat er vielleicht vergessen», lenkte ich besänftigend ein.

«Ich bin für die Kirche vom Monte Dolciano verantwortlich. Ich habe das Dach erneuert. Ich bezahle die Stromrechnung.» Das klang bitter. Granci faltete langsam seinen Ausweis zusammen und steckte ihn wieder weg.

«Na ja, die Kirche wird ja praktisch gar nicht mehr benutzt», wandte ich ein.

«Sie wird benutzt! Oh ja, sie wird benutzt!», ereiferte sich der kleine kompakte Maurer und warf mir einen wilden Blick zu, als wäre ich eine Viper, die es auf seine Wade abgesehen hatte.

«Einmal im Jahr, am *Festa della Maria*, am 8. Dezember, aber sonst doch nicht.»

Granci fuchtelte wild mit seiner Rechten in der Luft herum. «Nein, nein, nein! Auch sonst wird sie benutzt!»

Das führte zu nichts, das war mir klar. Mein Haus, Ca'Tommaso, lag hundertfünfzig Meter von der Kirche entfernt am Ende der Straße. Wenn etwas in der Kirche passierte, bekam ich es zwangsläufig mit.

«Mit der Straße ist jedenfalls alles in Ordnung, Granci, glaub mir», sagte ich.

Granci kniff die Augen zusammen. Ich spürte seine Verunsicherung und legte noch einen drauf: «Don Romano war vor

Ort und hat alles in meinem Beisein abgesegnet.» Eine glatte Lüge.

Granci verzog sein Gesicht zu einem zitronensauren Lächeln. Er nickte mit zusammengepressten Lippen. In dieser Sekunde tat er mir leid, ich ahnte, wie trostlos es sein musste, als kleiner Maurer mit einem wahrscheinlich seit dreißig Jahren abgelaufenen Nachtwächterausweis nicht ernst genommen zu werden. Bestimmt hatte er die Betonkirche gar nicht wegen seiner Sünden gebaut, sondern nur, um etwas Anerkennung zu bekommen. Gerade wollte ich ihm auf die Schulter klopfen und so etwas sagen wie: Nichts für ungut!, als eine streng dreinblickende Frau aus dem Haus heraustrat: Lucrezia. Sie sah mich mit trotzig vorgerecktem Kinn an.

«*Buona sera, Signora*», grüßte ich artig.

Mit Lucrezia war nicht gut Kirschen essen, das wusste ich von Sestina, die mit ihr und Emilia einmal die Woche Karten spielte und mir schon gesteckt hatte, dass sie und Emilia Lucrezia nach Möglichkeit gewinnen ließen, weil die, wenn sie verlor, wütend wie ein verrückt gewordener Jungstier werden konnte. Dann schrie sie herum, warf die Karten an die Wand und beschuldigte die beiden Bäuerinnen zu schummeln. Oder sie beschimpfte Emilias Küchenlampe, die nur mit einer 25-Watt-Birne bestückt war, sodass es in ihrem kümmerlichen Licht praktisch unmöglich wäre, die Karten richtig zu erkennen. Weder Sestina noch Emilia wagten, darauf hinzuweisen, dass sie ja unter derselben Lichtquelle ihre Karten lesen mussten.

«*Sera*», stieß Lucrezia hervor. «*Che c'è?*»

Erst jetzt sah ich, dass sie ihren Gatten glatt um dreißig Zentimeter überragte. Einmal mehr verstand ich Grancis allgemeine Ruppigkeit.

«Ich brauche einen Kostenvoranschlag für eine Wasserleitung oben von Bordolino bis zu meinem Land, und zwei Zisternen müssen aufgestellt werden.»

Lucrezia sah mich streng an, dann warf sie Granci einen Blick zu, der meinem Gefühl nach so viel ausdrückte wie: Im Prinzip ist mir völlig wurscht, was du sagst, aber leider hat ja hier, in der traditionellen italienischen Gesellschaft, der Ehemann das Sagen, also bitte sehr, sprich, aber wehe, du sagst was Falsches!

Granci schien den Blick ähnlich zu deuten, der ihm immerhin in diesem Moment die uneingeschränkte Anführerschaft zuwies. Er reckte sich und legte sich eine steile Falte auf der Stirn zu.

«Bring uns was zu trinken», sagte er barsch.

Wortlos und voll stolzer Geringschätzung verschwand Lucrezia. Granci deutete auf einen der Plastikstühle, die fein säuberlich schräg gegen den Plastiktisch gelehnt waren, der mit einer dieser pflegeleichten Gummitischdecken bedeckt war. Ich setzte mich, und er ließ sich mir gegenüber mit geplagtem Stöhnen nieder. Für einen Moment wanderten seine Augen über meine Stirn und die riesige Narbe, die, wie ich am Morgen im Spiegel gesehen hatte, zurzeit wulstig wie ein Rollbraten war und von rot über blau bis hin zu einem zarten Rosa changierte.

«Hast du denn da gemacht?», fragte er mich in demselben barschen Ton.

«Mir ist ein *coppo* von meinem Dach auf den Kopf gefallen, neulich, bei dem Sturm.»

«Ha!», lachte er trocken und ohne jedes Mitgefühl auf. «Wer hat denn dein Dach gemacht?»

«Morelli, aus Cagli.»

«Ha!», wiederholte er, ließ seine Augenbrauen hochschnellen und blähte seine Nasenflügel, was in der absolut unmissverständlichen italienischen Gebärdensprache so viel hieß wie: Mach nur weiter so und beschäftige die falschen Leute, bis dich irgendwann ein nicht fachgerecht eingemauerter *coppo* einen Kopf kürzer macht und du die Welt aus meiner Perspektive sehen musst, in der die eigene Frau einen Kopf größer ist!

«Morelli ist ein guter Maurer, seine Schuld war es nicht»,

sagte ich zu Morellis Ehrenrettung, der ja nun wirklich nichts für meinen Leichtsinn mit dem Betondeckel konnte.

Granci tippte sich mit seinem Zeigefinger auf die Brust, ein sehr kurzer, sehr kräftiger Finger. «Ein fachgerecht verlegter *coppo* fliegt nicht durch die Luft, das sag ich dir.»

«Dieser eine hat es getan», erwiderte ich ärgerlich. «Können wir jetzt vielleicht mal über meine Wasserleitung reden?»

Granci starrte mich für einen Moment bewegungslos an.

«Wissen die von Bordolino Bescheid, dass du an ihr Wasser willst? Piccarini, Franco, Lino, Ettore, Tristano?»

«Es handelt sich nicht um das Wasser von Piccarini, Franco, Lino, Ettore und Tristano, sondern um das aus der Zisterne der *comune*», erwiderte ich um Geduld bemüht, schließlich wollte ich es mir nicht gleich mit dem ersten der drei kleinen kompakten Maurer verderben, wer wusste denn, was die beiden anderen für Kotzbrocken waren? «In den nächsten Tagen rede ich mit Tontini auf der *comune* in Cagli, der für das Wasser zuständig ist.» Ich sagte das so, als wäre dieser Tontini ein guter Bekannter von mir, was nicht stimmte, irgendjemand hatte den Namen mir gegenüber lediglich einmal fallenlassen, außerdem dachte ich keine Sekunde daran, mich in die Mühlen der kommunalen Bürokratie zu begeben.

Granci zog seine Mundwinkel hinunter und ließ seine Hände beim Sprechen vor seinem Körper mehrmals ruckartig in die Höhe schnellen, was eindeutig bedeutete: Tontini, Tontini, wer, bitte schön, ist denn schon Tontini? Hat der hier das Sagen? Hat der einen Nachtwächterausweis?

«Für den Monte Dolciano bin ich schon länger zuständig als Tontini», sagte Granci folgerichtig, beugte sich ruckartig weit über den Tisch und pochte heftig mit seinem stämmigen Zeigefinger auf die Platte. «Ich weiß nicht, wie das bei euch in Deutschland ist, aber hier ist das so.»

«Was ist hier so?»

Er klopfte weiter. «Hier bei uns ist es anders als bei euch!»

Ich war wirklich ratlos, wie ich mit diesem giftigen Kerl umgehen sollte. Granci gehörte offensichtlich zu denen, die über die vielen Ausländer, vorrangig Deutsche, wütend waren, die sich in der letzten Zeit rund um den Monte Dolciano eingenistet hatten, nachdem sie reihenweise für wenig Geld die alten *rustici* gekauft und restauriert hatten. Wahrscheinlich war Granci nicht einmal grundsätzlich dagegen, sondern besaß schlicht und einfach selber keine Hausruine, die er hätte verkaufen können, und wurde deshalb nicht von der unerwarteten Gelddusche berieselt, die die deutsche Invasion mit sich brachte.

Lucrezia kehrte mit einer wiederverschließbaren Flasche Wein und zwei Gläsern zurück, knallte sie auf den Tisch und verschwand wieder.

Das Verhalten der beiden war wirklich ungewöhnlich. Gastfreundschaft war in Italien ein hohes Gut. Gastfreundlich sein gehörte zu dem großen, weiten Feld von *fare una bella figura*, nur den besten Eindruck hinterlassen, und wurde sehr ernst genommen. Doch bei mir schienen die beiden sich dieser Verpflichtung enthoben zu fühlen, weil, ja, warum? Weil ich ein Fremder war, nicht von hier, ein Fremdkörper? Das war ich für alle Italiener, aber die meisten waren eher betont freundlich.

Granci goss die beiden Gläser halbvoll, schob mir eins hin und sah mich lauernd an.

«So um die zwei Millionen», sagte er. «*Più o meno.*»

«Eher *più* oder eher *meno?*»

«Ziemlich genau zwei Millionen.»

«Viel Geld.»

«Andere sind teurer. Ich könnte Namen nennen.»

Ich zuckte mit den Schultern und nippte an dem Wein. «Du bist der Erste, den ich frage», sagte ich.

«*Fatto in casa*», sagte Granci und deutete auf den Wein, «besser als das, was ihr von Covim kauft.»

Cooperativa Vitivinicola dei Colli Metaurensi Pesaro, kurz Covim, dorthin lieferten die vielen kleinen Weinbauern, die keine eigenen Marken produzierten, ihre Weintrauben. Für jemanden, der etwas auf sich hielt, war es allerdings Ehrensache, den eigenen Wein zu keltern, und eins war in jedem Fall klar: Der eigene konnte noch so sehr nach Essig und Fuselölen schmecken, in jedem Fall war er besser als der von Covim.

«Wer ist ‹ihr›?», fragte ich betont harmlos.

«*Voi altri*», erwiderte Granci und machte eine unbestimmte Handbewegung.

Ich nickte. Mit Granci würde ich in diesem Leben nicht warm werden. Aber wenigstens hatte er mir einen Preis genannt. Ich leerte das Glas und erhob mich.

«Danke für den Wein, Granci. Ich überleg's mir.»

«Andere sind teurer», wiederholte er und goss mir noch schnell etwas Wein nach. «Nimm noch einen Schluck.»

Ich hob abwehrend die Hände. «Ich melde mich dann.»

Mit einer Sicherheit, die angesichts seiner Wurstfinger erstaunlich war, goss Granci den Wein wieder zurück in die Flasche, verschloss sie und hielt sie mir hin. «Nimm mit. Kannst du mit deiner Frau zu Hause trinken.»

«Ich habe keine Frau.»

«Egal.» Er schüttelte die Flasche unwillig. «Wen fragst du noch?»

«Gino und Enzo.»

Seine Hand mit der Flasche sank herunter, langsam, aber stetig, als würde man ihm die Luft herauslassen. «Ignoranten, alles Ignoranten», stieß er hervor.

Ich zuckte mit den Schultern. «Ich kenne sie beide nicht, mal sehen, was sie sagen.»

Granci schnaubte verächtlich. «Sagen kann man viel.»

«Na ja», wandte ich ein, «du sagst ja auch zwei Millionen, mehr oder weniger.»

Granci kniff die Augen zusammen und sah mich lange an. Ich begann mich unwohl zu fühlen, dieser mächtige Hals, diese kampfbereite Aggressivität, dieser durchdringende Nachtwächterblick. Ettore, oben von Bordolino, hat mir später einmal erzählt, dass sie als Kinder furchtbare Angst vor Granci und seinem durchdringenden Blick aus wasserhellen blauen Augen gehabt hatten. Bis Granci sie eines Nachts auf der *piazza* erwischte, als sie mit einer Thunfischdose laut scheppernd Fußball spielten und eine Flucht sinnlos erschien, weil er sie alle namentlich benannte: «Ettore, Luigi, Marco – was macht ihr hier nachts für einen Lärm? Eh?» Nach einer kurzen Strafpredigt delegierte Granci den stark kurzsichtigen Marco ins Tor und spielte allein gegen Ettore und Luigi, die ihn selbstverständlich gewinnen ließen.

Plötzlich drückte Granci mir die Weinflasche in den Bauch. «Zwei Millionen. Festpreis. Mein letztes Wort.»

Ich nahm die Flasche und erhob mich. «*Va bene*, ich melde mich dann. *Buona sera.*»

Granci sprang auf. «Nicht nur der Preis entscheidet. So eine Arbeit muss gut gemacht werden.»

«Na klar, Granci.» Ich winkte. «Und danke für den Wein.»

Er tippte sich nervös an seine Stirn. «Denk an deinen *coppo*. Da hat jemand gehörig mit dem Zement gespart. Für mich klingt das verdammt nach Enzo. Und Gino? Der macht dir einen Knoten in die Wasserleitung.» Sein Gesicht verzog sich auf extreme Weise, um angeekelte Ironie auszudrücken. «Weil es schöner aussieht! Nein, so eine Arbeit muss gut gemacht werden. Ein Dachpfanne fliegt nicht von alleine. *Ti dico io!*»

«Ich weiß. Also dann!» Ich wandte mich zum Gehen.

«*Prezzo fisso!*», rief er mir hinterher.

Am Wagen winkte ich noch einmal, stieg ein und gab Gas, erleichtert, endlich wegzukönnen, und ich hoffte inständig, dass wenigstens einer der anderen beiden Maurer Grancis Festpreis unterbieten würde. Und sympathischer war. Und ich nie wieder etwas mit Granci zu tun haben müsste.

Enzo war weder preiswerter noch sympathischer. Er wirkte verschlagen wie ein Frettchen, übergoss mich mit exaltierter

Freundlichkeit, um dann einen Kostenvoranschlag von zweieinhalb Millionen zu machen, *più o meno*, wobei seine überhebliche Gewieftheit den sehr deutlichen Subtext hatte: Unter drei Millionen läuft hier gar nichts, Freundchen, begib du dich erst mal in meine Hände … Nebenbei verdächtigte er Granci noch schnell, viel zu viel und viel zu teuren Zement zu verwenden und mir eine Wasserleitung zu bauen, die als einziges Bauwerk weit und breit sogar einen Atomschlag überstehen würde. Und bei Gino vermutete er, dass dieser vor lauter Schöngeisterei die Wasserleitung in malerischer, viel zu teurer Schlangenlinie verlegen würde.

Die Sache bei Enzo dauerte keine zehn Minuten, und nachdem er zum Schluss, wie Granci, meine Narbe als Produkt fehlerhafter Maurerarbeit gebrandmarkt hatte, fuhr ich noch schnell in die Apotheke, um mir ein großes Pflaster zu kaufen.

Gegen zwanzig Uhr betrat ich Lucianas Bar, um letztlich auch noch von diesem geheimnisvollen Gino, von dem Manfredo gesagt hatte: «*É diverso*», einen *preventivo* zu bekommen.

Die Bar war gut besucht. Luciana begrüßte mich wie immer mit ihrer rauen Herzlichkeit.

«*Allora, cosa dici?*»

«Ciao, Luciana.»

Sie deutete auf mein riesiges Pflaster. «Was ist mit deiner Stirn?»

«Mir ist ein *coppo* auf den Kopf gefallen, der Sturm», antwortete ich.

«Hab ich ja noch nie gehört», sagte sie kopfschüttelnd.

«Ich bin der Erste, dem das passiert ist. Und der Einzige», erwiderte ich. «*Ascolta*, ist hier ein gewisser Gino, ein Maurer? Der soll angeblich immer abends bei dir in der Bar sein.»

Luciana zog ihre linke Augenbraue hoch, was jedes Mal, wenn sie es machte, klasse aussah, und rief quer durch die Bar: «Gino, hier will dich jemand sprechen!»

«*Ou!*», antwortete eine Stimme aus einem Pulk diskutieren-

72

der Männer; zu wem sie gehörte, konnte ich allerdings nicht ausmachen.

«Wer ist es denn von denen?», fragte ich.

Luciana sah mich an, und wieder zog sie ihre Augenbraue hoch. Klasse!

«Von hier aus kannst du ihn nicht sehen.»

Wie «von hier aus»? Ich sah sie fragend an.

Luciana beugte sich vor, als wollte sie mich in ihr Dekolleté hineinsehen lassen, in dem wie zur Abwehr allzu aufdringlicher Blicke ein fein zisiliertes Kreuz baumelte.

«Zu klein», flüsterte sie. «Aber sag es ihm nicht, er glaubt, er wäre groß.»

Schon wieder die Augenbraue. Und ein ziemlich verwegenes Lächeln. Luciana, Luciana, Luciana. Ich bewunderte ihren Mann, Orlando, der meistens irgendwo still herumsaß und absolut ausgeglichen dem verführerischen Treiben seiner Frau zusah. Entweder war er sich sicher, dass das alles nur Show war. Oder er saß auf einem Messer, bereit, es wenn nötig hervorzuholen und im Körper desjenigen zu versenken, der den imaginären Sicherheitsabstand zu seiner Ehefrau unterschritt. Groß konnte der allerdings nicht sein, denn Luciana selbst liebte es, während sie sprach und lachte, ihr Gegenüber anzufassen, und dafür musste sie schon ziemlich nah heran. Ihr Temperament ließ ihre Hände von hier nach da schwirren, und obwohl es überhaupt nichts Anzügliches hatte, fragte ich mich oft, wie viel Absicht wohl doch dahintersteckte. Die Antwort war allerdings immer dieselbe: gar keine. Luciana war einfach so.

Ich nutzte ihre körperliche Nähe, allerdings mit einem schnellen Seitenblick auf Orlando, und flüsterte ihr ins Ohr: «Was trinkt dieser Gino denn normalerweise? Wein, Bier?»

Luciana lachte. «Nichts.»

«Vielleicht was Nichtalkoholisches. Crodino? Wasser? Oder einen Caffè?»

«*Niente*. Veramente. Wenn alle hier wären wie er», sie zog

die abgewinkelte flache Rechte quer über ihren Hals, «könnte ich gleich die Tür verriegeln, den Schlüssel wegschmeißen und nach Hause gehen.»

«Mhm», sagte ich und hatte plötzlich das unangenehme Gefühl, letztlich doch an Granci hängen zu bleiben. Wenigstens hatte der einen Festpreis gemacht.

Luciana legte mir eine Hand auf den Unterarm. «Geh mal rüber. Und bleib am Ball.»

Bleib am Ball? Was sollte das denn nun wieder bedeuten?

«*Vai, vai!*», sagte sie und wandte sich einem stillen Gast zu, der, wie ich im Augenwinkel gesehen hatte, sich im höflichen Abstand zu uns aufgestellt hatte und wartete. «*E alora?*»

«*Vorrei avere due birre*», sagte der Gast mit starkem Akzent.

Oje, ein Deutscher, dachte ich und wandte mich schnell ab. Wahrscheinlich weil er mich an mich selber erinnerte, als ich das erste Mal in Lucianas Bar ein Bier bestellt hatte.

«*Spina o bottiglia*?*»*, fragte Luciana.

Der stille Gast lächelte und antwortete nicht, vermutlich hatte er die Frage «Vom Fass oder aus der Flasche?» nicht als Frage verstanden. Aber Luciana wäre nicht Luciana, wenn sie gleich aufgegeben oder ihn gar belächelt hätte.

Sie zog mit der Rechten einen imaginären Hebel herunter und machte ein Geräusch, das tatsächlich so klang, als würde man ein Bier vom Zapfhahn in ein Glas laufen lassen.

«*Spina. Oppure...*» Jetzt packte sie mit der Linken eine ebenso imaginäre Flasche, öffnete mit rechts den imaginären Kronkorken und schnalzte mit der Zunge, was ohne Probleme als der dazu gehörende Klang durchgehen konnte.

Der stille Gast lächelte befreit, nickte und wiederholte die Sache mit dem imaginären Kronkorken.

«*Ecco! Bottiglia!*» Luciana lachte zufrieden. Sie kannte weder Arroganz noch Überheblichkeit, und solange ihr niemand das Gegenteil bewies, war jeder Mensch für sie ein guter Mensch, einer, den man nicht einfach links liegenließ, dem man half, wenn er Hilfe brauchte. Das hatte bei ihr nichts von einem Helfersyndrom oder Mutter Teresa. Sie war lediglich eine Freundin absoluter Klarheit, mochte keine negative Stimmung und tat lieber etwas, als abzuwarten.

Immer schon. Als sie sechzehn geworden war, hatte sie zum Entsetzen ihrer Eltern verkündet: Ich werde ab jetzt mein eigenes Geld verdienen, und ich werde niemals von einem Mann abhängig sein! Nicht, weil sie etwas gegen Männer hatte. Im Gegenteil. Eben weil sie Klarheit und keine negative Stimmung mochte und lieber etwas tat, als abzuwarten.

Zuerst lernte sie in einer *albergo* Zimmermädchen, dann bekam sie eine Anstellung im vornehmen Hotel Bonconte in Urbino, wo sie einige Jahre arbeitete. Bis der Koch anfing, ihr nachzustellen, und als sie seine immer fordernder werdenden Avancen das dritte Mal abgewiesen hatte, sorgte der in seiner männlichen Ehre gekränkte Koch für ihren Rauswurf. Heute noch mit deutlich über vierzig Jahren sah Luciana toll aus, damals jedoch war sie mit absoluter Sicherheit der Traum vieler *ragazzi*, und rückblickend erschien es eher unverständlich, warum der Koch so lange gewartet hatte, bis er sie anbaggerte.

Der Rausschmiss erwies sich jedenfalls für Luciana als Segen. Sie hatte sich ein bisschen Geld zusammengespart, und als eine der drei Bars in Furlo zur Pacht ausgeschrieben wurde, schlug sie sofort zu: Hier war sie unabhängig und ihr eigener Chef. Dass sie schon sehr bald Orlando kennenlernte, den Enkel der steinalten Besitzerin Alberta, war reiner Zufall, zumindest glaubte sie das. Andere behaupteten, Orlando habe seiner Oma gedroht, sich umzubringen oder, was schlimmer war, sie nie wieder zu besuchen, wenn sie die Bar jemand anderem als Luciana geben würde.

Seitdem hieß die Bar Lucianas Bar, und Luciana hatte sie zu dem Ort gemacht, der so wichtig für viele war, denn bei ihr wurde niemand despektierlich behandelt, ob er nun auf der Durchreise oder Stammgast war.

Während der Deutsche mit seinen zwei Bieren zu seiner Freundin hinübersteuerte – sie hatten sich am entlegensten Tisch der ganzen Bar niedergelassen, dort, wo man ungestört tuscheln und alles überblicken konnte –, ging ich hinüber zu der Männergruppe. Auf dem Weg passierte ich einen sehr langen, sehr dünnen Menschen, dessen Blicke ich schon die ganze Zeit auf mir gespürt hatte. Er lächelte schief, eine Mischung aus «Sprich mich an!» und einer gewissen Überheblichkeit, wie sie rund um den Monte Dolciano sehr selten war. Ich lächelte vorsichtshalber zurück, sagte aber nichts und ging weiter. Als ich mich der Männergruppe näherte, erstarb plötzlich das Gespräch zwischen ihnen, und alle sahen mich an. Wahrscheinlich hatte ich ihren imaginären Sicherheitsabstand unterschritten. In einer ähnlichen Situation in Deutschland hätte das sicherlich etwas Offensives oder Ablehnendes gehabt, aber hier blickte mir nur unverhohlene Neugier entgegen, gepaart mit der Souveränität von Männern, die ein Gespräch nicht als etwas Anstrengendes betrachteten.

«Äh, *vorrei parlare con Signore Gino*», stotterte ich mit starkem deutschem Akzent, überrumpelt von der plötzlichen Aufmerksamkeit.

«Seit wann ist Gino ein Signore?», fragte einer in die Runde. Alle lachten, und einer klopfte irgendjemandem auf die Schulter, den ich nicht sehen konnte. Ich beugte mich vor – und da war er, Gino, sehr klein, sehr quadratisch, mit einem nahezu rechteckigen Kopf und einem Lächeln, das ungefähr fünfzig Jahre jünger war als er selbst.

«Wenn mich einer Signore nennt, muss es wichtig sein», sagte er und winkte mir zu. «Komm, wir setzen uns etwas abseits. Die hier», er deutete in die Runde, «sind allesamt *ignoranti*!»

Ich folgte ihm und ignorierte die lautstarken Proteste aus der Männergruppe.

«Also, worum geht's?», strahlte Gino mich an.

«*Niente …*», begann ich, nichts. So begannen hier alle ihre Sätze, wenn sie wirklich etwas wollten.

«Was ist mit deiner Stirn los?»

«Mir ist ein *coppo* auf den Kopf gefallen. Der Sturm vor ein paar Tagen», antwortete ich.

«Hab ich ja noch nie gehört», sagte er kopfschüttelnd.

«Ich bin der Erste und Einzige, dem je so etwas passiert ist», antwortete ich und freute mich schon auf den Tag, an dem das Pflaster wieder herunterkommen würde. Hoffentlich blieb keine Narbe zurück, die dann für den Rest meines Lebens immer wieder dieselbe Frage auslösen würde.

«Wie heißt du?»

«Max.»

«Max. Maximilian. Das ist dasselbe wie bei uns Massimo.»

«Also, Manfredo, der *postino*, hat mir deinen Namen gegeben. Es ist so, ich brauche eine Wasserleitung –»

«Du wohnst auf dem Monte Dolciano, *è vero?*»

«Ja, und diese Wasserleitung –»

«Der Monte ist sehr trocken, da gibt es seit Jahren Probleme mit dem Wasser.»

«Und deswegen brauche ich eine Leitung –»

«Welches Haus auf dem Monte Dolciano?»

«Meins? Nummer 152.»

«*Dai!* Ich bin Arbeiter, Sozialist, *un compagno!*»

Ich sah ihn verständnislos an.

«Die Nummern existieren für mich nicht. Weißt du, wer die Häuser durchnummeriert hat? Die Faschisten. Die braune Pest. Die Arroganz.» Er markierte Duce Mussolinis Markenzeichen, das dumm-trotzig vorgereckte Kinn, und lachte wieder, was für ein Lachen!

«Also, der Name ist –»

«Weißt du», unterbrach er mich, «dass Mussolini in diesem Haus, hier, wo Luciana ihre Bar hat, eine Wohnung hatte?»

«Wirklich?», fragte ich aus reiner Höflichkeit.

«Ja, ja! Er hatte hier in Furlo eine Geliebte, die er mindestens einmal im Monat aufsuchte.» Er deutete mit dem Daumen hinter sich. «Da ist sein Esszimmer. Sieht heute noch genauso aus wie früher. Das alte Geschirr steht auf dem Tisch, die Servietten, die Gläser, alles.»

Na klar, dachte ich, und auf der Anrichte liegen Hitlers Tagebücher. Für einen Moment kam ich mir vor wie auf einem tunesischen Bazar, wo mir ein Touristenschlepper einen echten Kelim made in Taiwan verkaufen wollte.

«Interessant», sagte ich mit deutlichem Desinteresse und dachte: Der Kerl will mich einwickeln, ganz klar.

«Luciana!», brüllte Gino quer durch die Bar.

«*Co'è?*», rief sie zurück, ohne sich auch nur einen Moment von ihrer Werkelei an der Espressomaschine ablenken zu lassen.

«Ist das Zimmer von dem braunen *delinquente* offen?»

«Seit wann mache ich es denn zu, Gino?»

«Ich frag ja nur.»

Luciana fuhr mit der rechten Hand durch die Luft, als wollte sie einen Schwarm Schmetterlinge aufscheuchen, und schäumte weiter Milch für Cappuccino auf, was zu der Uhrzeit selten vorkam, denn für Italiener ist ein Cappuccino etwas, das man allenfalls morgens trinkt, als eine Art Frühstück. Wahrscheinlich hatte das deutsche Pärchen ihn bestellt, als Dessert nach dem Bier.

Gino beugte sich vor und flüsterte: «Wenn es nach ihr ginge, würde sie die Tür verschließen und den Schlüssel wegschmeißen. Sie mag diese Typen nicht, die manchmal nur wegen des Duce-Zimmers hierherkommen. Aber sie muss es so lassen, wie es ist. Steht in ihrem Mietvertrag.»

Das erklärte zumindest, wieso sie mir gegenüber noch nie ein Wort darüber verloren hatte. Gino machte eine einladende Geste mit dem Kopf und sprang auf.

«Komm mit!»

Ich verspürte eine gewisse Gereiztheit. Nach den Diskursen zuerst mit dem cholerischen Granci und danach mit dem unsympathischen Enzo war mein Bedarf an schwierigen Gesprächen gedeckt. Außerdem kam mir Ginos herzliche Freundlichkeit sehr verdächtig vor, möglicherweise war er einer von denen, die einen in Sicherheit wiegten, um dann im entscheidenden Moment gnadenlos von hinten zuzuschlagen. Und zu guter Letzt interessierten mich weder Duce Mussolini noch sein Liebesleben oder gar sein ehemaliges Esszimmer. Aber was hatte Luciana gesagt? Bleib am Ball! Also folgte ich dem kleinen Maurer, als er sich an den Toiletten vorbei durch einen dunklen Gang in ein noch dunkleres Zimmer vortastete.

«Irgendwo hier muss doch … ah!» Licht flammte auf. Gino drehte sich zu mir um und breitete die Arme aus. «Ist mir ein Rätsel, wie der Duce das durchgehen lassen konnte.» Er deutete auf den Schalter, der viel zu weit weg vom Türrahmen und ungewöhnlich tief angebracht war, und grinste mich an. «Der braune Mörder war noch kleiner als ich.»

Ich war mir nicht sicher, ob ich lachen durfte, immerhin hatte Luciana mir ja gesagt, Gino dachte, er wäre groß. Also nickte ich nur freundlich-unbestimmt und warf einen Blick in Mussolinis Esszimmer, einen mit dunklen Eichenmöbeln eingerichteten Raum, dominiert von einem riesigen Tisch, darauf rustikales Geschirr aus Steingut für sechs Personen. Ringsherum an den Wänden hingen Schwarzweißfotos: der Duce mit Handwerkern, der Duce mit Parteigenossen, der Duce als Jäger vor zwei Wildschweinen, der Duce mit Hitler, der Duce mit einer sehr lockigen, üppigen Frau, immer das Kinn vorgereckt und immer die Wangen wichtigtuerisch aufgebläht – wenn andere lächelten, blies der Duce seine Backen auf.

Gino tippte auf ein Foto, das einen merkwürdig geformten Felsen hoch oben in der Schlucht zwischen dem Monte Dolciano und dem Monte Vecchio zeigte.

«Und das ist *la grande onta.*»

Ich sah ihn fragend an.

«La vergogna delle gente qui.»

«Schande? Was für eine Schande?»

Er ließ die Linke langsam, ganz langsam in der Luft kreisen, die Finger abgespreizt, was in der unmissverständlichen italienischen Gebärdensprache so viel heißt wie: Ich erzähle dir ein Geheimnis, für das andernorts schon gemordet wurde. Dann nahm er das Foto vorsichtig von der Wand, hielt es mir nah vor das Gesicht und drehte es um neunzig Grad.

«Und? Was siehst du?»

Was ich sah, war verblüffend: «Einen riesigen Felsen, der aussieht wie Mussolinis Kopf von der Seite.»

Gino hob seinen Zeigefinger, wedelte ihn verneinend vor mir hin und her und schüttelte den Kopf. «Das ist kein natürlicher Felsen, das ist eine Mauer. Ich könnte dir sogar sagen, wer die Maurer waren, die diese *grande onta* dem Duce zu Ehren da oben in den Berg gemauert haben. Zwei davon leben noch. Einer auf dem Monte Vecchio, einer auf dem Monte Dolciano. Ewiggestrige, Faschisten, Heil! Solche Typen. Jasager. Unverbesserliche Dummköpfe.»

Ich schüttelte beeindruckt den Kopf. «Und dieses, ja, was, Denkmal gibt es heute noch?»

«Weißt du, mit leerem Kopf nickt es sich leichter.»

«Was?»

«Die beiden Maurer.»

«Ach so, ja. Und dieses Mussolini-Denkmal, das gibt es heute noch?»

Gino hängte das Foto wieder zurück. «Die Amerikaner haben es nach Kriegsende in die Luft gejagt. Besser gesagt, nur die Nase. Das Kinn nicht. Jetzt frage ich dich: Was war das Markante an Mussolini? Die Nase oder das Kinn?»

«Das Kinn?», riet ich aus dem Gefühl heraus, dass die Amerikaner wieder einmal in völliger Verkennung europäischer Sichtweisen das Falsche getan hatten.

«*Ecco!*» Er warf mir beide Hände entgegen, was wohl so viel bedeutete wie: Ich für meinen Teil würde niemals bei McDonald's essen, niemals!

«Wenn du willst, fahre ich dich morgen hoch. Dann zeige ich dir das Kinn. Und die Stirn.»

Ich schüttelte beeindruckt den Kopf. «Wahnsinn. So was.»

Gino breitete die Hände aus und nickte zufrieden. Dann löschte er das Licht und ging voran, zurück in die Bar.

«*Dunque*, Max, deshalb will ich nicht die Nummer von deinem Haus wissen, sondern den Namen, den einfachen, unschuldigen Namen, den die *contadini* ihm gegeben haben.»

Ehrlich gesagt, wusste ich den Grund immer noch nicht. Weil die Amerikaner nur die Nase gesprengt hatten oder weil zwei der Faschisten-Maurer noch lebten?

«Ca'Tommaso.»

«Ca'Tommaso, Ca'Tommaso», grübelte er. «Bekommt Ca'Tommaso das Wasser nicht von ...», er drehte sich um und brüllte in die Bar: «Nardini!»

Niemand reagierte, im Gegenteil, fast schien es mir, als vertieften sich alle noch intensiver in ihre jeweiligen Gespräche und bemühten sich, ihre Köpfe auf keinen Fall zu heben. Nur einer nicht: der sehr dünne, sehr große Mann mit dem überlegenen Lächeln im Gesicht.

«*Vengo*», sagte Nardini und setzte sich in Bewegung, ein merkwürdiger Gang, zuerst schob er abwechselnd die rechte und die linke Schulter vor, dann folgte der Rest des Körpers.

«Woher bekommt Ca'Tommaso Wasser?», fragte Gino.

«Also, das Problem ist, ich bekomme kein −», versuchte ich einzuwerfen, aber weder Gino noch Nardini schien das zu interessieren.

«Ca'Tommaso hat eine Quelle im *Fosso del Inferno*, die ...»

«Ich weiß», versuchte ich Nardini zu unterbrechen, völlig vergeblich, denn − das wusste ich zu dem Zeitpunkt noch nicht − ‹Ich weiß› gehörte zu den Worten, die Nardini nur bei sich selber akzeptierte. Andere konnten nicht wissen. *Basta*.

«... von Don Pasquale anno 1912 gefasst wurde. Don Pasquale verlegte von dort ein Eisenrohr bis zur Kirche und ...»

Die nächsten Minuten gingen für eine Abhandlung drauf, wie Don Pasquale die Leitung in Handarbeit über eine Länge von dreihundert Metern die Talsohle entlang und dann neben dem Pfad, auf ebendem heute die Schotterstraße verläuft, verlegte, ein T-Stück montierte und eine Hälfte des Wassers in die Kirche leitete, während er die andere Hälfte den Bewohnern von Ca'Tommaso zur Verfügung stellte, die ihrerseits eine hundertfünfzig Meter lange Leitung von der Kirche zu ihrem Haus verlegten.

«... doch infolge der Abwanderungen der Bauern vom Monte Dolciano, die das Land jahrhundertelang terrassiert hatten, wodurch das Regenwasser sehr lange im Boden blieb, ist bis heute der Grundwasserspiegel kontinuierlich abgesunken. Deswegen», beendete Nardini seinen Exkurs und lächelte mich, wie mir schien, noch überheblicher an, «hat Ca'Tommaso möglicherweise heute kein Wasser mehr.»

Fast hätte ich geantwortet: ‹Ich weiß, und zusätzlich habe ich mit den Baggerarbeiten die Wasserader eine Felsschicht tiefer verlegt›, doch ich vermied jede Reaktion und sah Gino an.

«Deswegen brauche ich eine Wasserleitung. Und zwar von oben, von Bordolino, zu meinem Haus.»

Gino hob die Rechte und tippte sich nachdenklich mit dem Zeigefinger auf die Oberlippe.

«Ich glaube das nicht. Da muss noch irgendwo in der Nähe Wasser sein», bohrte er weiter. «Nardini!»

«Weil im sehr trockenen Sommer 1919 auch die Quelle im *Fosso del Inferno* kein Wasser hervorbrachte», legte Nardini wieder los, die Augen halb geschlossen wie ein Hund, der hingebungsvoll einen Knochen bearbeitet, «begann Don Vinzente – Don Pasquale war inzwischen von einem Fieber dahingerafft worden – mit dem Bau eines Brunnens direkt neben der Kirche. Dieser Brunnen war zirka zwanzig Meter tief und versorgte die zu der Zeit dreiunddreißig Familien auf dem Monte Dolciano auch dann noch mit Wasser, wenn alle anderen Quellen infolge außergewöhnlich heißer Sommer versiegt waren. Ein Ereignis, das, wie die Chroniken berichten, erstaunlich häufig vorkam.»

Ich atmete tief durch. Bleib am Ball, hatte Luciana gesagt, und jetzt kapierte ich, was sie damit gemeint hatte.

«*Ecco!*» Gino strahlte mich an. «Du hängst eine Pumpe in den Brunnen und verbindest sie mit deiner Wasserleitung – track!» Er schlug reibend beide Handflächen aneinander und machte dann mit dem linken Arm eine weitausgreifende Geste wie ein Opernsänger. «Schon hast du wieder Wasser.»

So langsam hatte ich den Eindruck, dass Gino es aus irgendeinem Grund so lange wie möglich vermied, irgendeinen Auftrag anzunehmen.

«Ich weiß, ich weiß», erwiderte ich ungeduldig und redete einfach weiter, als Nardini begann, über die genaue Position des Brunnens zu dozieren. «Aber das Problem ist, es gibt keinen Brunnen mehr.»

Tatsächlich hatte ich Marco Cencioni, als er zehn Tage nach meinem Unfall zufällig mit seinem Bagger vorbeifuhr, weil er für die *comune* die Straße ausgebessert hatte – kaum der Rede Wert und nur gerade so viel, dass er eine Rechnung schreiben konnte –, gebeten, am Ende der ehemaligen Bocciabahn ein paar Schaufeln wegzubaggern, um den Brunnen freizulegen, von dem mir Franco Zanzi erzählt hatte.

«Was ist mit deiner Stirn?», fragte Marco und warf einen misstrauischen Blick auf mein riesiges Pflaster, als lauerte darunter eine ansteckende Krankheit.

«Mir ist ein *coppo* auf den Kopf gefallen, der Sturm», antwortete ich.

«Hab ich ja noch nie gehört», sagte er.

«Für mich war's auch das erste Mal», erwiderte ich, und er begann, mit stoischem Gleichmut zu baggern. Wo ich hindeutete, grub er so lange, bis der Bagger nicht mehr tiefer kam.

Während der Aktion fuhren Piccarini, Franco, Lino und

83

Giuseppe vorbei und gaben zum Besten, wo ihrer Erinnerung nach der Brunnen zu finden sein musste.

«Genau am Ende der Bocciabahn, ich weiß noch, wie die Kugeln immer reinfielen», sagte Franco, der, weil er von den vieren der Jüngste war, das beste Gedächtnis für sich proklamierte.

«Nein, er ist seitlich, und es fielen nur Giuseppes Kugeln hinein, weil der grottenschlecht spielte.» Piccarini.

«Nein, er ist wohl da, wo jetzt die Straße entlangläuft, im Grunde genommen also unter der Straße.» Lino sagte es mit dem sanften Ton eines Menschen, der nicht um jeden Preis recht haben wollte, sich seiner Sache aber ziemlich sicher war.

«*Siete ignoranti!*», schimpfte Giuseppe. «Ganz anders: Die Bocciabahn war viel zu kurz für einen Mann mit einem guten Wurf.» Demonstrativ hielt er seinen rechten Arm hoch, der nun wirklich nicht viel hermachte. «Also wurde sie verlängert, und der Brunnen ist demzufolge unter dem Ende der verlängerten Bahn und sonst nirgendwo!»

Um es abzukürzen: Der Brunnen war nirgendwo zu finden, und selbst der beste *rabdomante* der ganzen Gegend namens Don Epidio, der älteste Mönch des Kapuzinerklosters, der berühmt war für seine Fähigkeit als Wünschelrutengänger, aber schlecht zu Fuß, konnte ihn nicht ausfindig machen. Voller Stolz, dass er es immer noch draufhatte, ermittelte er stattdessen eine Wasserader in nur einem Meter Tiefe, deren Verlauf jedoch exakt der von mir selbst verlegten Wasserleitung entsprach. Um ihn nicht zu kränken, vermied ich es, ihn darauf hinzuweisen, und spendete zwanzigtausend Lire für das Kloster. Er bedankte sich und erklärte, nach diesem doch schönen Erfolg mit der Wünschelrutengängerei ein für alle Mal aufzuhören.

«Don Epidio?», fragte Gino mit unverkennbarem Missfallen. «Ein *ignorante*.»

«Don Epidio», legte Nardini los, «gehört zu den letzten drei Patres der *cappucini*, die –»

«*Fermate-voi! Fermate!*», rief ich, eher in Panik als Herr der Lage. «Ich brauche eine Wasserleitung von Bordolino zu meinem Haus! Sonst nichts!»

Gino und Nardini starrten mich entgeistert an.

«Ja, aber wenn man's einfacher haben kann?», sagte Gino und drehte mit seinen Händen kleine Kreise in der Luft, die Ellbogen an den Körper gepresst.

«Aber es ist nicht einfacher, einen Brunnen freizulegen, den keiner findet und der sich aller Wahrscheinlichkeit nach direkt unter der kommunalen Straße befindet!»

Gino sah mich einige Sekunden durchdringend an. «Hast du schon mal geguckt, ob nicht vielleicht – nur ein Gedanke – direkt an deinem Haus eine Wasserader entlangläuft?»

«Ich nicht. Aber Don Epidio.»

Gino bog den Kopf zurück, als hätte er einen üblen Duft in die Nase bekommen. «Don Epidio, Don Epidio. Es gibt auch andere *rabdomanti.*»

«Don Epidio gehört zu den letzten drei Patres der *cappucini*», legte Nardini wieder los, «die Wünschelrutengänger sind und praktisch neunzig Prozent aller Quellen und Wasseradern in dieser Gegend gefunden haben.»

«Unsinn!», erregte sich Gino. «Don Epidio ist der Verwalter der klösterlichen Bibliothek. Der hat Zugriff auf die alten Aufzeichnungen der Mönche, daher kennt er alle Quellen!»

«Ich habe selber, das war 1988, gesehen, wie Don Epidio –»

«Ach, was, Nardini! Nur weil einer ein Mönch ist, ist er nicht automatisch ein herausragender Mensch!»

Ich wusste damals noch nicht, dass Gino jetzt bei einem seiner Lieblingsthemen war: die Kurie und der Mensch und der Sozialismus und die freiwillige Dummheit derer, die ihren Kopf nur benutzten, um zu essen und zu trinken und dumm daherzureden.

«Ohne Mönche», fuhr Nardini fort, «gäbe es unsere Kultur in diesem Sinne nicht.»

Gino stöhnte auf und verdrehte demonstrativ die Augen.

«Und als die alte Kirche auf dem Monte Dolciano 1136 erbaut wurde –»

«*Ma vai!* Nardini! Was redest du denn da? Niemals ist die Kirche so alt!»

Nardini legte wieder seinen Ich-nage-voller-Genuss-an-einem-Knochen-Blick auf. «Nicht die Kirche, wie wir sie heute kennen, aber ein Teil davon. Was heute die Apsis ist, war früher die Kirche in ihrer Gesamtheit, denn erst später erweiterte man den Bau auf die Größe der heutigen *Chiesa del Monte Dolciano*, weil der Platz nicht mehr ausreichte. Immerhin wuchs die Zahl der Familien hier auf dem Berg letztendlich bis auf dreiunddreißig, manche hatten zehn oder gar zwölf Kinder. Tatsache ist jedenfalls, begründet durch die Aufzeichnungen in der Einsiedelei der Kapuziner, die ich vor gut drei Jahren zumindest teilweise einsehen durfte, dass …»

Ich ließ mich in den Stuhl zurücksinken und schaltete meine Ohren auf Durchzug. Nur so viel bekam ich mit, dass Gino die Welt einteilte in jene, die glaubten, und jene, die wissen wollten, und dass er als Sozialist zu den Letzteren gehörte, und die gaben einem Mönch keine Vorschusslorbeeren, nur weil er ein Mönch war. Nardini hingegen vertrat die These, dass das eine mit dem anderen nicht immer und schon gar nicht zwangsweise zu tun hatte und Aufzeichnungen von Wasserquellen ja nur gemacht werden konnten, weil sie zuvor von jemandem gefunden worden waren. *Ecco*, sagte er.

Ecco, sagte Gino ebenfalls, denn die Bauern konnten nicht schreiben, aber sie wussten, wo auf ihrem Land Wasser war, und das hatten die Mönche notiert und dann als ihr Wissen ausgegeben, typisch für diese Bande!

Genervt nahm ich einen großen Schluck Wein und sah mich in der Bar um. Da waren die Männer, bei denen Gino zuvor gestanden hatte und auch sie diskutierten heftig. Bei ihnen ging es um die Schäden, die von den viel zu vielen Wildschweinen angerichtet wurden, und ich hatte den Eindruck, jeder vertrat eine andere Meinung als jeder andere, einfach weil es mehr Spaß machte.

Der Deutsche und seine Freundin saßen vor halbvollen Cappuccinotassen und flüsterten und grinsten ab und zu mit erkennbarer Geringschätzung.

Luciana stand hinter dem Tresen, lächelte mich breit an und nickte freundlich wie der sprichwörtliche Fels in der Brandung. Ich hob schicksalsergeben und resignierend die Schultern, doch sie signalisierte mit kurzen runden Handbewegungen *corre, corre!*, mach weiter, bleib am Ball!

Warum war ich eigentlich genervt? Ich hatte mir dieses Land ausgesucht, weil die Menschen hier anders waren, weil sie es liebten, leidenschaftlich über irgendetwas zu reden, zu schwadronieren, zu diskutieren und weil sie trotz dieser Leidenschaft ihre Meinung nie so ernst nahmen, dass sie nicht am nächsten Tag anderer Meinung sein konnten. Ein großes Spiel, ein Auftritt für den Moment, nicht als Statement, sondern als Vergnügen, ein Ausdruck von Leichtigkeit, von Lebendigkeit. Und dazu gehörte eben, nicht einfach nur von A nach B zu gehen, stringent und logisch auf dem kürzesten Weg, sondern zwischendurch nach C oder Z zu tänzeln oder sich einfach nur einmal hinzusetzen und zu gucken, was passierte.

Mit einem Mal spürte ich, wie meine Genervtheit verschwand und mich ein Wohlgefühl überkam, wie ich es in meinem früheren Leben selten erlebt hatte. Ich schloss die Augen und genoss das Geschnatter um mich herum, diese hin und her wogenden italienischen Melodien, diese Leidenschaft, die sich nicht an dem Inhalt der Worte festmachte, sondern an der Lust, leidenschaftlich zu sein. Besonders Gino und Nardini übertrumpften sich derart mit Einwürfen in die Ausführungen des anderen, dass letztlich keiner von beiden mehr in irgendeine Art von Redefluss verfallen konnte, wie ein rasantes Ballett der Worte. Wunderbar!

Natürlich hatte ich ein Problem zu lösen, aber auch da war

ich ja schon einen Schritt weiter: Ich war mir sicher, dass ich den gänzlich unsympathischen Granci mit seinem Festpreis von zwei Millionen beauftragen würde, denn der sympathischere Gino vermied es offensichtlich mit allen Mitteln, sich mit dem eigentlichen Auftrag überhaupt auseinanderzusetzen. Schade, aber mit Sicherheit würde Granci ein wenig freundlicher werden, wenn er erst mal ein paar Lire in den Händen hielt und …

Plötzlich war es still zwischen Gino und Nardini. Ich sah hoch. Nardini starrte Gino entgeistert an, und Gino grinste spitzbübisch.

«Natürlich sag ich es nochmal, wenn du willst», sagte Gino und warf seine ausgestreckten Hände in Nardinis Richtung, was in der unmissverständlichen italienischen Gebärdensprache so viel hieß wie: Nimm das und schweige, mehr Mühe werde ich mir mit dir heute nicht mehr geben! «Der kulturelle Stand einer Nation lässt sich daran ablesen, ob sie in der Lage ist, streufähiges Speisesalz herzustellen.»

«Was hat denn das eine mit dem anderen zu tun?», erwiderte Nardini ärgerlich.

Gino klopfte ihm gönnerhaft auf den Unterarm, höher kam er nicht, obwohl er sich jetzt erhoben hatte. «Denk mal drüber nach, Nardini. Denk an meine Worte, wenn du das nächste Mal deine Pasta nachsalzen willst und das Salz im Streuer wieder mal zu einem feuchten Klumpen geworden ist. Und dann salz mal in Österreich oder in Deutschland oder sogar in Frankreich nach.»

Gino wartete keine Antwort mehr ab und sagte zu mir: «Ich komme morgen vorbei bei dir auf dem Monte. Dann werden wir ja sehen. Ca'Tommaso, richtig?» Er grinste verschwörerisch und schob das Kinn vor. Mussolini. «Nummer 152, hm?»

Ein Strahlen musste über mein Gesicht gegangen sein, denn plötzlich lächelte auch Gino, und zwar mit einer überwältigenden Herzlichkeit. «Was die Mönche hingekriegt haben, kriegt ein alter Sozialist doch wohl mit links hin.» Er stupste Nardini an. «Was, Nardini? Mit links, oder?»

Nardinis entsetzter Gesichtsausdruck verschwand schlagartig.

«Sag mir Bescheid, wenn du fährst», sagte er, «dann komme ich mit. Morgen.» Er wandte sich mir zu und lächelte, allerdings legte er für mich wieder diese merkwürdig bedürftige, nervtötende Überheblichkeit in den Blick. «Ich kann dir Dinge über Ca'Tommaso erzählen, von denen keiner etwas weiß.»

«Wunderbar», log ich und verabschiedete mich schnell. Spontan hatte ich das Gefühl, dass jede weitere Minute, die ich hier verbrachte, mir nur noch Nachteile bringen würde.

Als ich an Luciana vorbeikam, sah sie mich aufmunternd an. «Ist doch gut gelaufen, oder?»

«Wieso», fragte ich, «ist es so schwierig, diesem Maurer einen Auftrag zu erteilen?»

«Gino ist Maurer und Philosoph. Was von beidem, glaubst du, ist ihm wichtiger?»

Ich nickte. «Und dieser Nardini?»

«So eine Art Gelehrter. Schreibt Bücher über den Monte Dolciano. Er weiß alles über den Berg.»

«Tatsächlich?»

Sie zuckte mit den Schultern. «Es gibt keinen, der mehr weiß.»

«Ist der auch schon ein wenig herumgekommen?»

«Herumgekommen?»

«Ja, war der schon mal in Österreich, Deutschland oder Frankreich?»

«Nardini?»

«Ja, Nardini.»

«Der ist noch nie weitergekommen als bis zum Strand von Pesaro.»

Pesaro liegt fünfundvierzig Kilometer vom Monte Dolciano entfernt.

«Und wovon lebt der?»

«Mal einen Artikel für die Zeitung. Wir alle kaufen seine Bücher. Und ab und zu macht er irgendwelche kleineren Arbeiten. Nichts Besonderes. Handwerklich ist er nicht so gut.»

Ich nickte beschämt. Nach meinen Kriterien war Nardini sozial nicht tragbar, aber die Menschen hier rund um den Monte Dolciano sahen das ganz anders und trugen einen sperrigen Charakter wie ihn mit durchs Leben, irgendwie und vor allem, ohne ihn ändern zu wollen. War das nicht Heimat und Zugehörigkeit? War das nicht genau das, wonach man sich sehnte?

Ich warf noch einen Blick zurück in die Bar. Gino winkte und reckte die Faust zum Arbeitergruß zur Decke. Ich tat dasselbe, einfach, weil es sich in jenem Moment gut anfühlte.

4. KAPITEL

Am nächsten Tag war ich mir nicht mehr so sicher, ob Gino wirklich vorbeikommen würde. Rückblickend erschien mir unser Gespräch reichlich merkwürdig. Vorübergehend spürte ich sogar dieses Gefühl in mir aufsteigen, das nur kennt, wer schon einmal als Fremder in einem Land gelebt hat, um dessen unausgesprochene Spielregeln man nicht weiß. Das Gefühl, etwas ernst zu nehmen, von dem alle anderen wissen, dass es nicht ernst gemeint war. Als hielte man die amerikanische Abschiedsfloskel «Kommen Sie mich doch mal besuchen!» tatsächlich für eine Einladung und stünde eines Tages freudestrahlend vor der Tür.

Ich hatte mittags angefangen, Holz zu sägen. Luigi, der Sohn von Giuseppe, hatte mir vierzig Quintale abgelagertes Eichenholz geliefert, von dem ich hoffte, dass es mich über den Winter bringen würde (was es nicht tat). Die Stämme waren mindestens 1,50 Meter lang und mussten auf das Format meines gusseisernen skandinavischen Ofens gesägt werden. Dafür hatte ich mir aus der Metro in Deutschland eine billige Motorsäge besorgt, die klein, laut und schwach motorisiert, vor allem aber überhaupt nicht vibrationsarm war. Bis um sechs Uhr abends hatte ich durchgesägt, war taub von dem Geknatter des Zweitaktmotors, und meine Arme hätten sich wahrscheinlich besser angefühlt, wenn sie die letzten Stunden in einem Ameisenhaufen gesteckt hätten. Also packte ich die Säge, den Benzinkanister und das Beil zusammen – Gino und Nardini hatte ich längst abgeschrieben – und lehnte mich für einen Moment an den Sägebock. Bis auf mein Geknatter war es ein sehr ruhiger Tag gewesen, kein Wind, obwohl der auf dem Monte Dolciano normalerweise die einzige verlässliche Größe darstellte. Auch ein heißer Tag, obwohl es vor zwei Wochen noch gestürmt und geschneit hatte. Um mich herum zogen Taubenschwänzchen brummend ihre Bahnen, pelzige Schmetterlinge von der Größe eines Daumens. Anfangs hatte ich sie für Kolibris gehalten, weil sie vor Blumenblüten mit einem irrwitzig schnellen Flügelschlag in der Luft stillstehen konnten, bis ich ihre langen flexiblen Saugrüssel entdeckte, die sie eindeutig der Gattung der Nachtfalter und Schwärmer zuwies. Taubenschwänzchen liebten Lavendel, und davon hatte ich reichlich gepflanzt. Ich verabscheute Gartenarbeiten wie Unkraut zupfen und Blumen hochpäppeln, deswegen war Lavendel für mich die ideale Pflanze, Lavendel brauchte mich nicht und machte einfach sein Ding, nämlich: wachsen, blühen und duften, bei jedem Wetter, egal ob trocken oder feucht. Etwas Pflegeleichteres lässt sich in einem italienischen Garten nicht anpflanzen. Außer vielleicht Rosmarin, von dem ich mindestens ebenso viele Büsche gesetzt hatte.

Der Abend versprach wunderschön zu werden, warm und friedlich – und einsam. Ein kurzes Brennen in meiner Brust warnte mich, den Gedanken weiter zu vertiefen. Der Schmerz über meine gescheiterte Beziehung war immer noch da, trotz der Jahre, die schon vergangen waren, und immerhin war er so groß gewesen, dass ich in Deutschland alles verkauft und mich hier in die Marken zurückgezogen hatte. Ich schloss die Augen und sog die Luft tief ein. Das malzige, schwere Aroma des blühenden Ginsters wirkte wie ein Allheilmittel. Ich würde es wohl für immer mit dem Moment verbinden, als mir der deutsche Makler Gantenbein das Haus gezeigt hatte. Damals war es noch eine halbe Ruine gewesen. Dieser Duft, so intensiv, so betörend. Im Grunde war die Entscheidung, genau dieses *rustico* auf der Südseite des Monte Dolciano haben zu wollen und kein anderes, olfaktorisch bedingt gewesen.

Plötzliche Geräusche rissen mich aus meiner Erinnerung. Irgendetwas knackte und brach durch das Gebüsch. Ein Tier, ein verdammt großes, so wie es klang. Ein Adrenalinstoß wischte alle Erinnerungen radikal fort, ich packte die Axt, starrte ins dichte Geäst und sah im Geiste schon eines der jugoslawischen Wildschweine aus dem Unterholz hervorbrechen. Die Jäger der Gegend hatten vor einigen Jahren das heimische italienische Apenninen-Wildschwein, ein relativ zierliches Tier von vielleicht fünfundachtzig Zentimeter Länge, das genauso wie bei Asterix und Obelix aussah, durch das 1,50 Meter lange jugoslawische ergänzt, weil man so mit einem gut gezielten Schuss nicht nur eine, sondern gleich zwei Tiefkühltruhen füllen konnte. Dieses schwarze Monsterschwein hatte mittlerweile die Herrschaft im Wald vollständig an sich gerissen. Keiner der fleischgierigen Jäger hatte bedacht, dass ein aggressives Tier dieser Größe hier auf dem Monte Dolciano in Ermangelung von Braunbären keine natürlichen Feinde hatte. Dummerweise hatten die Grünen sich etwa zeitgleich mit einem neuen Gesetz durchsetzen können, das die Wildschweinjagd oben auf dem Monte verbot und nur

noch im Tal erlaubte, also da, wo ohnehin kein Schwein frei-
willig hinging. Dadurch vermehrte sich das schwarze Monster
noch radikaler und war zu einer echten Plage geworden. Als
Antwort legten die Grünen den Plan vor, auch den Braunbären auf dem Monte Dolciano heimisch zu machen, was jedoch
den Spontanaufstand etlicher junger Mütter zur Folge hatte. Sie
wollte sich nicht mit dem Gedanken anfreunden, beim Brom-
beerenpflücken hinter jeder Hecke mit einem Bären rechnen zu
müssen, der in der Lage war, sich ihr *bambino* mit einem einzigen Streich einzuverleiben. Die Grünen wurden als Barbaren
beschimpft, denen ihre Bären wichtiger waren als der Famili-
ennachwuchs, der Vorschlag fand keine Mehrheit, und das jugoslawische Schwein vermehrte sich weiterhin ohne natürliche
Feinde.

«... er war hier!», hörte ich eine männliche Stimme und ließ
erleichtert die Axt sinken.

«Hier war er mit größter Sicherheit auf keinen Fall», erwiderte eine andere, «denn wenn er hier gewesen wäre, hätte die
Familie Luchetti für jede ihrer Tätigkeiten, sei es mit den Tieren
oder den Tabakpflanzen oder dem Getreide, erst einmal bergauf
gehen, um dann die gleiche Höhe hinten bei der Kirche wieder
bergab gehen zu müssen.»

«Einmal im Monat, Nardini, vor, was weiß ich, fünfundfünfzig Jahren? Da warst du noch nicht einmal ein, wie sagt man?»

«Ein Zellklumpen.»

«*Esatto!* Da bin ich mit meinem Onkel und einem Ochsen-
karren hier auf den Berg hinauf. Wir haben den Bauern Haus-
rat und Werkzeug verkauft. Bratpfannen, Nägel und so. Auch
Olivenöl in großen Glasflaschen, das wir zuvor in Spoleto in
Umbrien gekauft hatten, du weißt, wie weit das weg ist. Jedenfalls hier, genau hier, sind wir mit dem Karren entlanggefahren.
Und worauf sind wir gefahren? Auf einem Weg.» Gino brach
aus dem Gebüsch heraus ins Freie, ohne mich zu beachten.

«Darüber gibt es keine Aufzeichnungen», erwiderte Nardini,

der sich – unglaublich dünn, wie er war – mit merkwürdigen Bewegungen zwischen den Ästen hindurchwand. «Gar keine. Und Sinn macht es auch keinen.»

«Aufzeichnungen! Du mit deinen Aufzeichnungen!» Gino drückte die flachen Hände zusammen wie zu einem katholischen Gebet alter Prägung und drehte sich einmal im Kreis. «Wissen ist nicht zwangsläufig, was in Büchern steht! Wissen ist vor allem Erfahrung.» Nardini wandte seinen Blick gen Himmel und lächelte versonnen, offenbar durchdrungen von der Gewissheit, recht zu haben. «Erfahrung ist subjektiv. Man kann sich täuschen, so wie es dir gerade passiert. Erfahrung wird erst objektiv, wenn man sie aufzeichnet und sie damit für andere überprüfbar wird. Was diesen Fall betrifft: In keiner Aufzeichnung ist hier ein Weg vermerkt.»

Gino stemmte die Arme in die Hüften und holte tief Luft.

«Kein Weg. *Per niente*», kam Nardini Gino zuvor, sein Lächeln war verschwunden, und er fixierte den kleinen Maurer mit einer Mischung aus Wut und Entrüstung. Schließlich war er, Nardini, der Fachmann für alles Historische auf dem Monte Dolciano und in der näheren Umgebung.

Gino stöhnte auf, warf seine Hände in Nardinis Richtung und drehte sich zu mir um. «Du hast also kein Wasser?», stieß er hervor.

Ich zuckte zusammen. «Wasser, ja, nein», stotterte ich.

«Mhm.» Ginos Blick wanderte zu meinem Haus. Er nickte anerkennend. «Ein gutes, altes *rustico*. Aus Natursteinen.» Er musste genauso wie ich in dem Moment gesehen haben, wie Nardini tief Luft holte, ganz sicher, um die Geschichte dieses Hauses von der Grundsteinlegung bis heute runterzubeten, natürlich unter Berücksichtigung aller Jahrhunderte davor und des kulturbringenden Einflusses der Kurie. «Zeig mir, von wo bis wo die Leitung gehen soll», beeilte er sich zu sagen, während ich gleichzeitig hervorstieß: «Wir sollten vielleicht nach oben, wo die öffentliche Zisterne ist.»

Gino nickte mir anerkennend zu: Zumindest war Nardini nicht zu Wort gekommen.

Ich deutete auf mein Auto. «Lass uns hochfahren.»

«*Come?*» Gino schaufelte mit beiden Händen Luft in den Himmel, während sich Nardini gleich dem Wagen zuwandte. «Die paar Meter? Mit dem Auto?»

«Warum nicht?», fragte ich zurück. «Der Weg ist steil.»

Gino lachte, wieder wirkte er fünfzig Jahre jünger, und schüttelte den Kopf. «Im Auto zieht die Welt draußen vorbei. Zu Fuß bin ich mittendrin.»

Granci, dachte ich spontan, ich werde Granci mit dem Bau der Wasserleitung beauftragen, dieser Gino ist mir einfach zu anstrengend. Was interessierte mich an einer Welt, die ich inzwischen in- und auswendig kannte, ob ich mittendrin war oder sie draußen vorbeizog?

Nardini hatte die Beifahrertür geöffnet. «Ein Pajero», sagte er und grinste mich an, als hätte er als erster Mensch überhaupt herausgefunden, um welchen Autotyp es sich handelte. «Für Japaner ist Pajero ein Kunstwort ohne Bedeutung. Für Deutsche klingt es indianisch und demzufolge nach Wildnis. Für Italiener hingegen klingt es spanisch, also zugleich verwandt wie auch fremd, da beide Sprachen denselben romanischen Wortstamm haben. Für Spanier allerdings ist es der umgangssprachliche Ausdruck für *uno chi farsi una sega.*»

«*Farsi una sega?*», fragte ich zurück, sich eine Säge machen?

«*Si, si.*» Nardini nickte und warf Gino ein verschwörerisches Grinsen zu.

Gino jedoch reagierte demonstrativ nicht, sah mich ernst an und sagte mit leiser Stimme, in der Enttäuschung mitschwang: «Ich gehe zu Fuß.» Ohne eine Antwort abzuwarten, schob er sich ins Gebüsch und werkelte sich durch das Unterholz, etwa dort entlang, wo seiner Erinnerung nach früher einmal der Weg gewesen war. Welche Laus war ihm denn jetzt über die Leber gelaufen? War er wirklich enttäuscht, weil ich mit dem Auto hochfahren wollte? Nardini wirkte plötzlich sehr betroffen, ja peinlich berührt, was ich mir noch weniger erklären konnte. Er stieg ins Auto und sagte kein Wort, weder auf der kurzen Fahrt hoch zu der Häusergruppe mit dem Namen Bordolino noch in den zehn Minuten, die wir dort warteten, bis Gino sich durch die dichte *macchia* hochgekämpft hatte.

Ginos Verhalten hatte sich geändert, freundlich zwar, doch distanziert und fast ein wenig distinguiert, wie ein Erzieher, der sich seinen Schutzbefohlenen gegenüber entschiedenermaßen nachsichtig zeigt. Mit einer für sein Alter von über sechzig Jahren erstaunlichen Geschmeidigkeit sprang er auf die Betonumrandung vor dem gemauerten Häuschen, das die Zisterne gegen Licht und Tiere schützte.

«So, jetzt schildere mir ganz genau, was du brauchst», sagte er mit höflichem Ernst und sah mich aufmerksam an. Bevor ich dem nachkommen konnte, musste ich noch einen Tiefflieger abwarten, der aus nördlicher Richtung, also vom Meer, über den Monte Dolciano geschossen kam, natürlich schneller als der Schall, sodass er schon wieder hinter dem nächsten Hügel verschwunden war, bevor man ihn hören konnte. Gino schüttelte missbilligend den Kopf, ich ebenfalls, und ich nahm mir einmal mehr vor, irgendwann irgendetwas gegen diese fliegende Pest zu unternehmen. Als das Röhren verklungen war, erklärte ich Gino, dass die Quelle, die die öffentliche Zisterne der sechs Häuser von Bordolino belieferte, zwar im Sommer austrocknete, im Winter jedoch überlief und im Boden versickerte.

«Ich brauche einen Anschluss an den Überlauf, dann eine Leitung im Boden, und dreihundert Meter weiter unten müssen zwei große Zisternen direkt neben der Straße oberhalb meines Hauses aufgestellt werden. Die füll ich dann im Winter, das müsste fürs ganze Jahr reichen.»

Gino nickte bedächtig und schwieg, offenbar ging er im Geiste die Schwierigkeit dieser Arbeit durch. Dann bewölkte sich sein Blick.

«Nur an den Überlauf?», fragte er.

«Nur an den Überlauf.»

«Nein, nein», erwiderte Gino, «nicht an den Überlauf. Unten am Ablauf der öffentlichen Zisterne musst du dich anschließen, da, wo alle angeschlossen sind.»

«Geht nicht, die Leute hier sind sehr empfindlich, wenn es um ihr Wasser geht.»

Gino breitete entrüstet die Arme aus und hatte Mühe, sich auf dem Betonsockel zu halten. «Ihr Wasser? Die Quelle wird vom Regen gespeist. Und wem gehört der Regen? Allen!»

«Vergiss es, Gino. Wenn ich nur das überflüssige Wasser nehme, können die damit leben, weil es ja sowieso wegfließt. Nicht aber, wenn ich mich unten anschließe.»

«Wer sind die?»

«Na, zum Beispiel Piccarini.»

«Agostino Piccarini?»

«Ja.»

«Ha! Weißt du, was der früher war? Gewerkschafter, ein Sozialdemokrat, ein *compagno*, ein Mann der Arbeiter!»

«Ich weiß, aber wenn es ums Wasser geht …»

«Gerade, wenn es ums Wasser geht! Da steht jedem das Gleiche zu.»

«Ich weiß, aber …»

Gino warf mit einer runden Bewegung einige Male die Rechte in meine Richtung wie ein Volkstribun. «Bei Gott! Ich will nichts, was nicht zu gleichen Teilen allen zur Verfügung steht! – Weißt du, wer das gesagt hat?»

«Nein, weiß ich nicht, aber ganz sicher nicht Agostino Piccarini.»

«Walt-e Whitman, *un poeta americano*, ein Demokrat, ein Sozialist.»

«Mag ja sein, aber …»

«Ich schließ dich unten an, da, wo alle angeschlossen sind. *Basta!*»

«Nein, Gino, vergiss es, das gibt nur Ärger und Streit. Die sind hier am Monte geboren und aufgewachsen, ihre Eltern ebenfalls. Die hängen seit zig Jahrzehnten an der Quelle, und dann komme ich aus Deutschland und nehme ihnen ihr Wasser weg. Wie die Nazis im Krieg, da haben sie ihnen die Schweine aus dem Stall weggenommen. So sehen die das, und ich kann es verstehen.»

«*Scherzi-tu*? Der Krieg ist seit einem halben Jahrhundert vorbei!»

«Weißt du, was das Erste war, was Lino mir erzählt hat, als er mich kennenlernte? Wie er als junger Mann zum Kriegsdienst eingezogen werden sollte und sich hier oben auf dem Monte Dolciano versteckt hat. Zuerst vor Mussolinis Faschisten und dann vor den deutschen Nazis, als die über Italien hergefallen sind. Sechs Jahre, hier in Bordolino, immer in Angst, dass die Quelle versiegen würde.»

«*Bou.*» Gino warf seinen Kopf nach hinten. «Und was hat das mit dir zu tun?»

«Mit mir persönlich nichts, aber da sind Empfindlichkeiten, die ich nicht ignorieren kann.»

«Unsinn! Du wohnst jetzt hier, das macht dich gleichberechtigt.»

«Nicht, wenn es ums Wasser geht.»

Gino reckte seine ein Meter zweiundsechzig in die Höhe und warf einen strengen Blick auf mich herunter. Zusammen mit dem Betonsockel überragte er mich deutlich.

«Entweder unten am Ablauf, oder ich übernehme die Arbeit nicht.» Mit einer heftigen Drehung wandte er sich Nardini zu. «Nardini, wem gehört das Wasser?»

Für einen Moment erschrak Nardini, doch dann schien er grenzenlos erleichtert zu sein, von Gino endlich wieder beachtet zu werden – und schon kletterte sein süffisant-überlegenes Lächeln, das er sich die ganze Zeit verkniffen hatte, wieder auf sein Gesicht.

«Die *cisterna in fisico* hat die Kommune gebaut. Aber es waren die Familien von Bordolino, also die Zanzis, die Piccarinis und Agnellis, die die Quelle gefunden, gefasst und die Leitung verlegt hatten.»

Für einen Moment herrschte Stille. Diese Information machte die Sache komplizierter. Zwischen dem Regen und der kommunalen Zisterne für alle gab es also einen benennbaren privaten Besitzanspruch.

«Wie viel Wasser läuft denn da über?», fragte Gino betont beiläufig.

«Im Winter sehr viel», antwortete ich.

«Mhm.»

«Hast du die Zisternen, die du aufstellen willst, schon gekauft?»

«Ja, die müssen nur noch abgeholt werden.»

«Mhm.»

«Zweimal zehntausend Liter.»

«Zweimal zehntausend.» Gino nickte anerkennend, stieg von dem Betonsockel herunter, verschränkte die Arme hinter seinem Rücken, wandte sich der kommunalen Zisterne zu und sah sie an, als erwartete er von ihr eine Antwort. Nardini wirkte wie abgeschaltet, kein süffisantes Lächeln, kein Besserwissen, den Kopf gesenkt. Schweigen.

Mir dauerte das zu lang. Ich räusperte mich. «Lass uns runterfahren, ich denk dann nochmal über alles nach», sagte ich und stieg in mein Auto.

Gino schlenderte wortlos um den Pajero herum, zog sich hinein auf den Beifahrersitz und sah mich prüfend an.

«Ist noch irgendwas unklar?», fragte ich.

Sein Gesicht wurde weich, und wieder war da dieses Lächeln, das diesen von Sonne und Wind gegerbten Maurer wie einen Jungen aussehen ließ. Seine Augen strahlten für einen Moment eine Wärme aus, als wären wir schon viele Jahre beste Freunde.

«Du machst es richtig», sagte er und zog die Tür zu. «Am

Montag komme ich und mache das Fundament für die Zisternen. Und eine Woche später lege ich dir die Leitungen.»

«*Va bene*», sagte ich, ohne wirklich zu wissen, was er damit meinte: Du machst es richtig. Ich lächelte zurück. Bis mir auffiel, dass ich eigentlich noch gar nicht entschieden hatte, ihm den Auftrag zu geben. «Was wird es denn kosten?»

«Mach dir keine Sorgen, es wird in jedem Fall preiswert sein.»

«Trotzdem, sag mir nur ein paar Zahlen, damit ich mir ein Bild machen kann.»

«18 500 Lire die Stunde für mich und jeden meiner Leute. Die Raupe 80 000 die Stunde und 120 000 für den Laster fürs Abholen der Zisternen.»

Ich sagte schon ja, bevor ich nachgerechnet hatte, im Grunde war es mir egal, ich verspürte mit einem Mal ein grenzenloses Vertrauen, dass Gino mich nicht über den Tisch ziehen würde.

«Du musst mir nur noch sagen, wo ich die beiden Zisternen aufstellen soll.»

«Gleich hier.» Ich war schon losgefahren, und wir passierten gerade die Stelle, wo mein Land an die Schotterstraße grenzte, etwa fünfundzwanzig Meter oberhalb von Ca'Tommaso.

Gino warf einen flüchtigen Blick zum Fenster hinaus und nickte ernst.

«Ziemlich steil.»

Ich nickte ebenfalls ernst. «Stimmt.» Es war verdammt steil.

Gino lehnte sich entspannt im Sitz zurück, den linken Ellbogen auf die Armlehne zwischen den Sitzen gestützt, seine Finger spielten in der Luft, den Blick in die Ferne gerichtet.

«Ich schaffe per Hand mit Hacke und Schaufel eine gerade Fläche, dann lege ich ein Fundament aus Beton, natürlich armiert mit Eisen, und wenn der Beton abgebunden hat, hebe ich die Zisternen mit meinem *gru* von hier oben dahinunter.» Ohne den steilen Hang eines weiteren Blickes zu würdigen, zeigte er mit dem Daumen in dessen Richtung.

Ich war heilfroh, dass Manfredo mir seinerzeit erklärt hatte, dass es sich bei einem *gru* um einen hydraulischen Hebekran auf einem Laster handelte, denn in diesem Moment war lässiges, wortloses Verstehen zwischen Männern angesagt, und eine Zwischenfrage wie «Was ist ein *gru?*» hätte die Stimmung sofort zerstört.

«Was nicht leicht sein wird», fuhr Gino fort, «denn die Hebelkräfte einer 10 000 Liter fassenden Betonzisterne sind erheblich, wenn ich sie derart weit über den Rand der Ladefläche hinaus schwingen muss. Aber», er drehte langsam wie Clint Eastwood seinen Kopf und nickte mir zu, «das kriegen wir schon hin. Mit Abstützbalken, einem Gegengewicht und mit einer gewissen Erfahrung. Danach ziehe ich mit der Raupe und einem Eisenzahn eine Furche seitlich an der Straße entlang bis dahin», Gino deutete wieder mit dem Daumen, diesmal ins Unbestimmte hinter sich. «Da leg ich das Rohr rein, schließe es, track!, oben an der kommunalen und unten an deiner Zisterne an, und schon hast du Wasser.»

Ein schwindeliges Glücksgefühl durchzuckte mich, das nur nachempfinden kann, wer je auf die Hilfe von Handwerkern angewiesen war und die Befürchtung kennt, dass Handwerker, bevor sie ihren Job erlernen, erst einmal eingebläut bekommen, wie man unbedarfte Opfer über den Tisch zieht. Dieser Gino wusste offenbar ganz genau, was zu tun war, und er würde seine Arbeit mit traumwandlerischer Sicherheit erledigen, während ich meine Hände in den Schoß legte und ihm vertrauensvoll dabei zusah. Plötzlich war ich der Meinung, dass weder Granci noch Enzo diesen Überblick gehabt hätten. Mein Glück hätte vollkommen sein können, wenn nicht in dem Moment diese Stimme vom Rücksitz gekommen wäre.

«Das Land längs der Straße gehört der Kurie, Gino.» Nardini hatte sich vorgebeugt und seinen Kopf zwischen die beiden Vordersitze geschoben. «Ich bin der Meinung, das solltest du wissen.»

Gino schob trotzig sein Kinn vor, warf einen Blick in den Himmel, zog seine Schultern hoch, drückte seine Ellbogen gegen den Körper und schob mit einem tiefen Seufzer seine Hände wie nach oben offene Schalen nach vorn, was in der unmissverständlichen italienischen Gebärdensprache eindeutig, wenn auch drastisch, hieß: Drauf geschissen und dann auf den Boden geworfen! Oder umgekehrt.

«Na und, Nardini? Was interessiert mich das?»

Nardini setzte wieder dieses überhebliche Grinsen auf, das er bisher nur für mich reserviert hatte, und rückte noch näher an uns heran, sein Gesicht füllte meinen Rückspiegel jetzt vollkommen aus. «Ich sag's ja nur. Don Romano hat immerhin in den letzten Jahrzehnten keine einzige Verletzung der kirchlichen Landrechte ungeahndet gelassen.»

Gino drehte sich unwillig um. «Wenn ich genau auf der Grenze entlangfurche, wo verletze ich da kirchliches Landrecht, eh? Eh?»

«Jede Grenze ist ein Strich und kein Streifen. Eine Furche hingegen ist ein Streifen und kein Strich.»

Gino drückte die Spitzen aller fünf Finger seiner Rechten zusammen und fuchtelte damit vor seiner rechten Augenbraue herum. «Nardini! Streifen! Strich! Was redest du denn da? Nardini!»

«Ich sag's ja nur. Ich bin nicht Don Romano. Mir ist das egal. Kennst du Alessandro Ducci?»

«Natürlich kenne ich Ducci. Wir sind seit sechzig Jahren Nachbarn, falls du es vergessen hast.»

«Ducci», legte Nardini mit seiner näselnden Dozierstimme los, «hatte einen ähnlichen Fall im Jahr 1987, oben bei Finigli, auf seinem Land, wo er mit Trüffelmyzel geimpfte Eichen angepflanzt hat. Wie du vielleicht weißt, meint er damit seine Rente bestreiten zu können. Was ich generell für bedenklich halte, auch wenn die Preise für Trüffelpilze ständig steigen, denn wenn ein Jahr sehr trocken ist, dann …»

«*Porco mondo*, ja! Deshalb hat er sich ja eine Wasserleitung da hochgelegt. Um in einem solchen Fall seine Pilze zu bewässern.»

«Das ist richtig. Und die Leitung hat er genau auf der Grenze entlanggelegt, mal mehr auf seinem Land, mal mehr auf dem Land der Kurie. Und du weißt, was passiert ist.»

Gino verstummte.

Ich wurde langsam nervös und ließ meinen Blick zwischen Nardini, also seinem Abbild in meinem Rückspiegel, und Gino hin und her wandern. «Was ist denn passiert?»

Gino schüttelte den Kopf. «Dieser Mönch, dieses Vatikan-Frettchen, hat geklagt. Als gäbe es nichts Übleres auf der Welt, um das man sich kümmern müsste. Zum Beispiel Armut, soziale Ungerechtigkeit und Korruption.»

«Letztendlich hat er den Prozess gewonnen», triumphierte Nardini und ließ sich breitbeinig in den Rücksitz zurückfallen, «und Ducci musste seine Wasserleitung neu verlegen.»

Wir passierten die *Chiesa del Monte Dolciano*, und ich bog in den Weg ein, der zu meinem Haus führte. Plötzlich erschien mir das schiefe, vom Einsturz bedrohte Kirchlein wie das Zeichen einer bedrohlichen, dunklen Macht.

«Und jetzt, Gino?»

«Ganz einfach.» Gino ballte seine Faust. «Wir legen die Leitung unter die kommunale Straße.» Er drehte sich zu Nardini um und sah ihn warnend an. «Und morgen fahr ich mit Max zu Tontini auf die *comune*, Nardini, und wir holen uns die dazu nötige Erlaubnis.»

Nardini tat entrüstet. «Mir ist das doch egal.»

«Ist es nicht. Wetten, dass du als Nächstes die Geschichte von Donatello hervorgekramt hättest?» Gino wandte sich wieder mir zu. «Der musste seine Wasserleitung wieder rausreißen, weil er ohne Erlaubnis der *comune* die Straße aufgerissen hatte. Aber», er wandte sich wieder Nardini zu und fuchtelte mit seinem Zeigefinger in dessen Richtung, «das war nur ein

Vorwand, denn Tontini hatte Donatello auf dem Kieker, weil der mit Tontinis Schwester Liebe gemacht hatte, als die schon schwanger war.»

«Die Schwester war im ureigentlichen Sinn von Donatello schwanger. Also hat er mit ihr nur dasselbe gemacht wie zuvor auch schon.»

«*Dai*, Nardini, jetzt stell dich nicht dumm! Das wusste Tontini zu dem Zeitpunkt noch gar nicht!»

Nardini breitete die Arme aus, was wohl Zustimmung bedeutete. Ich spürte, wie mich beide ansahen, auf eine unerklärliche Art einvernehmlich.

«Moment mal!», sagte ich. «Ich habe mit niemandem ein Verhältnis!»

Gino winkte ab. «Wir fahren morgen auf die *comune* und holen uns bei Tontini die Erlaubnis. Dann bist du auf der sicheren Seite.»

«Ich bin auf der sicheren Seite», erregte ich mich, «ich habe keine Schwester von irgendwem geschwängert.»

Gino klopfte mir besänftigend auf den Arm. «Das sagt ja niemand, Max. Wir gehen einfach nur auf Nummer sicher.»

Wollten die beiden mich auf den Arm nehmen?

«Nardinis Meinung ist berechtigt», sagte Gino. «Wir gehen die Sache am besten nach dem Buchstaben des Gesetzes an.»

«Ich habe nur objektive Fakten geschildert», stellte Nardini klar. «Meine Meinung ist möglicherweise eine ganze andere, und wenn du sie wissen willst …»

«*Vai via!*», stieß Gino ungehalten hervor. «Warum musst du alles so überspitzen? Lass doch mal einen einfachen Satz einfach nur so stehen!»

«Darin sehe ich grundsätzlich kein Problem. Wenn der Satz richtig ist.»

«Was ist daran auszusetzen, wenn ich wortwörtlich und nichts anderes sage: ‹Wir gehen die Sache am besten nach dem Buchstaben des Gesetzes an›?»

Nardini grinste Gino unendlich nachsichtig an. «Das ist nicht der Satz, auf den ich mich beziehe.»

Gino schüttelte wild den Kopf. «Nardini! Nardini!! Ich habe nichts anderes gesagt!»

«Du hast mir eine Meinung unterstellt. Die habe ich aber nicht. Nicht in diesem Fall.» Nardini sah versonnen zum Fenster hinaus. «Wir reden über Objektivität versus Subjektivität.»

«Wir reden über eine Wasserleitung», brüllte Gino außer sich vor Wut, «die irgendwo verlegt werden muss, damit sie bei ihm», er warf beide Hände in meine Richtung, «im Haus ankommt!»

«Meine Einwände sind anderer Natur», säuselte Nardini mit einem Gesichtsausdruck entspanntester Freude.

«Halt!», stieß ich sehr laut und bestimmt hervor, als Gino tief Luft holte und die Arme in die Hüften stemmte. «Halt!» Ein unmissverständliches und schnell zunehmendes Kribbeln im Bauch signalisierte mir, dass ich kurz davor war, meine Geduld vollends zu verlieren. Die beiden sahen mich irritiert an, als hätte ich eine fremdartige Sprache benutzt, so etwas wie Burmesisch oder Bayrisch.

«Ich kapier das nicht. Hier baut doch jeder an seinem Haus herum, ohne irgendwen um Erlaubnis zu fragen. Selbst die *Chiesa del Monte Dolciano* ist laut Katasterunterlagen nur halb so groß, wie sie tatsächlich ist. Wen interessiert das?»

Für einen Moment schwiegen beide.

«Was ist?», fuhr ich sie an. «Hat dieser Donatello die Schwester von diesem Tontini in der Kirche geschwängert oder was?»

«Per carità, no!», rief Gino und hob entsetzt die Hände, die Finger extrem gespreizt, während Nardini wie einer lächelte, der viel mehr wusste, als er jemals bereit wäre zuzugeben.

«Weißt du, Max», Gino räusperte sich, «es gibt Leute, die meinen, es gebe hier zu viele Deutsche, die sich unsere alten Häuser unter den Nagel reißen. Das ist natürlich Blödsinn, denn bevor ihr kamt, hat sich jahrzehntelang kein Italiener um die zerfallenen *rustici* gekümmert. Aber jetzt sagen manche: Die

Deutschen glauben wohl, sich alles erlauben zu können. Und Tontini …» Er drehte die gespreizte Hand um die Längsachse des Unterarms, was in der unmissverständlichen italienischen Gebärdensprache eindeutig bedeutete: Wenn die Lega Nord hier in den Marken ein Parteibüro eröffnete, dann wäre Tontini der Erste, der sich als Bürovorsteher anbieten würde.

Ich gab mich geschlagen, obwohl eine leise Stimme in meinem Hinterkopf mir eindringlich riet, keine schlafenden Hunde zu wecken – mit Recht, wie sich später herausstellte. «Also gut, ich wollte ja sowieso mit Tontini reden, dann holen wir uns auch die verdammte Erlaubnis, die Straße aufzubuddeln.»

«*Perfetto!* Wir treffen uns morgen um halb elf bei Luciana, dann fahren wir nach Cagli und erledigen die Sache gemeinsam.» Gino zog mit der Rechten – Zeigefinger und Daumen formten ein ‹o› – einen imaginären Strich durch die Luft. «Du wirst sehen, von da an geht alles», fuhr er auf Deutsch fort, «ruck-e, zuck-e!»

«Ruck-e, zuck-e», wiederholte Nardini wie ein Papagei, formulierte die Worte aber wie eine Frage.

«*In un lampo! Detto fatto!*», übersetzte Gino.

«Ruck, zuck», sagte ich, «ohne ‹e›.»

«Ruck, zuck. Ruck, zuck. Ruck, zuck.» Nardini probierte es einige Male leise und vorsichtig. Der allein stehende Konsonant am Schluss war ihm offenbar nicht ganz geheuer.

«Merkst du, wie zackig die deutsche Sprache ist, Nardini?» Gino fuhr auf Deutsch fort: «Ruck-e, zuck-e. Achtung! Finger weg! Aufgepasst!»

Ich lachte auf, in gleicher Weise peinlich berührt, wie wenn man einen britischen Kriegsfilm sah, in dem dumpfe deutsche Nazis ihr Unwesen trieben. Plötzlich war mir Gino gar nicht mehr so sympathisch, und ich schwieg, fast ein wenig verletzt. Wieder einmal hatte ich das Gefühl, selbst hier auf dem Monte Dolciano, der entschiedenermaßen meine neue Heimat darstellte, ein Außenseiter zu sein. Tatsächlich jedoch war es manchmal entlarvend. Zum Beispiel, warum Deutsche einem Bauern, der ihnen Brennholz lieferte, nichts zu trinken anboten. Oder falls sie es doch taten, warum nur ein einziges Mal anstatt dreimal? Denn selbstverständlich lehnte der Bauer erst einmal höflich ab, man will ja nicht zur Last fallen. Andererseits wollte er nach getaner Arbeit einen Schluck *vino*, warum denn nicht? Aber ein Deutscher würde nach der ersten Ablehnung nicht nochmal fragen, sodass jede Möglichkeit, sich zwanglos ein wenig zu unterhalten, im Keim erstickt wurde. Wie sollte man da je miteinander warm werden?

Es war nicht leicht, solche Kulturunterschiede zu erklären. Vor allem, wenn man die wahren Gedanken der zugereisten Deutschen kannte: Warum soll ich einem gutgelaunten Kerl, der mich mit einiger Sicherheit übers Ohr haut, auch noch einen Wein spendieren? Das wäre ja noch schöner! Andererseits gab es da den Fall von Artur Hörnli, einem Schweizer, der sich von Ernesto Salsiccia aus Caprile hundert Quintale Brennholz liefern ließ, einen stattlichen Haufen, der Artur trotzdem zu klein erschien – als Schweizer meinte er so etwas im Blick zu haben. Also beklagte er am selben Abend bei einem Essen an einem extrem langen Tisch bei den sehr geselligen Kölnern Paul und Kerstin vor immerhin zwölf Gästen – auch Julian war dabei, Kerstin hatte ihn eingeladen –, sie alle würden doch von den Italienern nach Strich und Faden beschissen. Das führte zu einem betretenen Schweigen – eine für Artur willkommene Pause, die er nutzte, um sein Lieblingssprichwort zu zitieren: *Meglio un morto in casa che un marchigiano davanti la porta* – Besser den Tod im Haus als einen Marchigiano vor der Tür.

Artur war ein Sozialtyrann und streitsüchtig. Gerade, wenn alle sich angenehm unterhalten wollten, begann er viele seiner Sätze mit: «Ihr wollt einfach nicht sehen, dass …», oder: «Ihr wollt doch alle nicht wahrhaben, dass …», oder: «Ihr beißt euch an Details fest, aber ich sage euch, dass …» Wenn Artur eine Meinung hatte, und er hatte zu allem eine Meinung, dann war er der Meinung, dass seine Meinung die einzig fundierte, logische und folglich richtige war. Alle anderen hatten, egal, um welches Thema es ging, keine Ahnung und bedurften seiner Korrektur. Und wo andere aus Toleranz oder aus Höflichkeit die Meinung eines anderen einfach mal stehenließen, ging Artur zum rücksichtslosen Angriff über. Im Grunde hätte ihn nie jemand zu irgendetwas eingeladen, aber Eleonore, Arturs Frau, war derart liebenswert und unterhaltsam, dass man ihn einfach in Kauf nahm und wie eine missmutig quakende Kröte schluckte.

Julian unterbrach das peinlich berührte Schweigen und bemerkte süffisant, er halte es nicht für abwegig, dass einer wie Artur – Subtext: ein miesepetriger Opfertyp ohne Eier in der Hose – betrogen wurde, was Eleonore mit einem schrillen, schadenfrohen Lachen kommentierte. Julian hatte Artur immer schon auf dem Kieker gehabt, und wann immer sich die beiden trafen, knöpfte er sich den Schweizer mit einer distinguiert britischen Streitlust vor, dass es eine Freude war, dem beizuwohnen. Er selber, fuhr Julian fort, wäre noch nie übervorteilt worden, was allerdings, wie alle außer Artur wussten, daran lag, dass er über fünfunddreißig Hektar besten Waldes verfügte und demzufolge noch nie Holz hatte kaufen müssen.

Am nächsten Tag jedenfalls lieh sich der eingeschnappte Artur – Subtext: Was wissen die denn, diese Naivlinge! – eine Holzwaage von seinem Nachbarn, einem Mann aus Apulien, der ebenfalls der Meinung war, von den Marchigiani auf Schritt und Tritt hintergangen zu werden. Dann schichtete Artur einen Nachmittag lang sein gekauftes Holz Quintale für Quintale auf die Waage – um schließlich mit heftigen Schmerzen im Kreuzdarmbein und zwei Tabletten Voltaren Resinat früh ins Bett zu gehen, ohne ein weiteres Wort über diese Angelegenheit zu verlieren. Eleonore, die übrigens aus dem Tessin stammte, also der italienischen Schweiz, die eine grundoptimistische Person war und an der Negativität und dem Misstrauen ihres Mannes schier verzweifelte, griff noch am selben Abend zum Telefon und posaunte hinter Arturs Rücken mit diebischer Freude das Ergebnis heraus: Salsiccia hatte tatsächlich nicht hundert, sondern sogar einhundertdrei Quintale bestes Eichenholz geliefert.

Gino hatte indessen munter weitergeplaudert und erzählte von den unendlich vielen Fahrten, die er früher als Lkw-Fahrer quer durch Europa und auch durch Deutschland gemacht hatte.

«Ich wurde immer gut und respektvoll behandelt, nur, wenn jemand auf Deutsch mit dir redet, Nardini, dann glaubst du erst einmal, der ist wütend auf dich. Weil die Sprache so zackig ist. Da sucht man eine Melodie und findet keine.»

«Deutsch ist eine germanische Sprache», beschied Nardini kennerisch.

«Ja und?»

«Keine romanische, wie unsere.»

«Ja und?»

Nardini ruderte mit der Linken in der Luft herum, er wollte das einfach nur mal gesagt haben.

Gino schüttelte verständnislos den Kopf. «Andererseits, wir Italiener setzen viel zu oft nur auf die Schönheit, auf die Melodie, auf das Äußere und vernachlässigen den Inhalt.»

Nardini legte versonnen den Kopf in den Nacken. «Schönheit ist vergänglich. Die italienische Sprache hingegen ist in der heutigen Anmut schon Jahrhunderte existent. Wie eine Geliebte, die nicht altert. Mit ihr wurden herausragende Werke geschaffen. Man kann ihr also nicht vorwerfen, nur äußerlich zu sein.»

Porca madosca!, fluchte ich im Geiste auf Italienisch und musste lachen, weil es so viel schöner klang als das deutsche Pendant: Heilige Scheiße!

Nardini warf mir einen irritierten Blick zu, doch dann entschied er wohl, dass ich voll und ganz seiner Meinung war, und nickte gnädig. Inzwischen hatte ich den Pajero auf meinem kleinen Parkplatz oberhalb von Ca'Tommaso geparkt. «Wie wär's mit einem Schluck Wein?», fragte ich und verließ mich ganz auf die italienische Höflichkeit, die erst einmal verneinte, mit der festen Absicht, dann meinerseits zu antworten: Kein Problem, ich habe auch keine Zeit. Doch Nardini steuerte sofort mit einem herzhaften *«Voglia!»* zielstrebig die Sitzbank an meinem Tisch an, den ich aus einer alten Eichentür und den Überresten alter Dachbalken gezimmert hatte. Schnell hielt ich Gino am Arm zurück, wahrscheinlich war es auf längere Sicht die letzte Gelegenheit, ihm die Frage zu stellen, die mich noch beschäftigte.

«*Ascolta*, Gino, da ist noch etwas, das …»

«Keine Sorge, Max», unterbrach er mich. «Du wirst eine wunderschöne Wasserleitung haben. Auch wenn ich sie lieber unten anschließen würde.» Er boxte mir leicht in den Bauch und zwinkerte mir zu. «Aber das geht ja nicht wegen des Zweiten Weltkriegs.»

Ich winkte ab. «Nein, was anderes. Vorhin, als Nardini etwas von *farsi una sega* sagte, was war da los?»

Gino sah mich erstaunt an, als könnte er sich gar nicht mehr erinnern.

«Als Nardini erklärt hat, welche Bedeutung Pajero auf Spanisch hat.»

Gino nickte knapp.

«Dein plötzlicher Stimmungswandel, warum?», fragte ich.

Er wandte sich für einen Moment ab, und ich dachte schon, er wäre sauer, doch als er sich mir wieder zuwandte, lächelte er mild.

«Ich mag keine Scherze mit sexueller Terminologie.»

Hatte ich richtig gehört? Sexuelle Terminologie? Was meinte er damit? Doch ich nickte nur unbestimmt und ging nicht weiter auf das Thema ein, weil ich spürte, dass es ihm nicht recht war. Später sah ich im Wörterbuch nach. ‹Wichser, umgangssprachlich› lautete die Übersetzung von *farsi una sega*, ganz eindeutig eine sexuelle Terminologie. War Gino tatsächlich so ein feinfühliger Mensch? Oder wollte er nur den Anschein erwecken? Oder

war er einfach nur anders, *è diverso*, wie Manfredo gesagt hatte?
Ich entschied mich für eine vierte Variante: Es war mir egal,
Hauptsache, er installierte mir eine gut funktionierende Was-
serleitung inklusive zweier solide verbauter Zisternen à 10 000
Liter und, zweite Hauptsache, er würde nicht teurer werden als
Granci mit seinem *prezzo fisso* von zwei Millionen Lire.

Es dauerte noch fast zwei Stunden, bis die beiden wieder fort waren. Nardini hatte offenbar während der gesamten Aktion zuvor
ein großes Redebedürfnis aufgestaut, denn kaum saßen wir am
Tisch vor unseren Gläsern – Wein für ihn und mich, Wasser für
Gino –, da legte er mit verschiedenen Geschichten über Ca'Tom-
maso los, eine haarsträubender als die andere. Bislang hatte ich
in Nardini einen Mann gesehen, der sich nur hin und wieder zu
Wort meldete, doch jetzt erwies er sich als einer, der, einmal in
Fahrt gekommen, nicht mehr zu stoppen war, der vielleicht sogar berüchtigten Monologisierern wie Fidel Castro oder Helmut
Schmidt das Wasser reichen konnte. Gino schien das nicht zu
stören, und obwohl er von Zeit zu Zeit freundlich lächelte und
Kommentare abgab wie: ‹Hier sind schon einige merkwürdige
Dinge passiert auf dem Monte Dolciano!›, schien er mir doch
mit seinen Gedanken ganz woanders und kaum an Nardinis Geschichten interessiert zu sein. Ein wenig wirkte er wie ein sehr
kleiner, sehr kompakter, in sich ruhender, freundlicher Buddha,
der nicht mehr tat, als vollkommen im Hier und Jetzt aufzugehen
und voller Wonne den Anblick der marchigianischen Landschaft
in sich aufzunehmen, die sich vor Ca'Tommaso über fünfzehn
Kilometer nach Süden erstreckte, bis hin zu den noch mit Schnee
bedeckten Gipfeln der Apenninen. Das Bild musste ihm unendlich vertraut sein, so oft, wie er in seinem Leben schon hier
oben gewesen war. Trotzdem schien er sich daran nicht sattsehen
zu können. Ich spürte, wie meine vorübergehend beeinträchtigte
Sympathie für ihn Stück für Stück wieder zurückkehrte und wie
ich es einfach nur genoss, ihn dort sitzen zu sehen.

Die schlimmste Geschichte von allen hatte Nardini sich für den Schluss aufgespart. In dem Stall, den ich zu meinem Schlafzimmer umgebaut hatte, hatte sich vor fünfunddreißig Jahren ein tödlicher Unfall ereignet: Der jüngste Sohn der Luchettis, eines von zwölf Kindern, hatte aus Spaß das Gewehr seines Vaters auf seinen drittältesten Bruder angelegt, dabei hatte sich ein Schuss gelöst und den Jungen auf der Stelle getötet. Von da an waren lauter mysteriöse Dinge in Ca'Tommaso passiert. Die Ziegen wollten nicht mehr in den Stall, und die, die hineingezwungen wurden, gaben keine Milch mehr. Jeden Tag genau zu der Zeit des Todes ging ein unerklärliches Heulen oder ein kurzer heftiger Windstoß durch das Haus, und jedes Jahr am Tag des Todes löste sich ein Stein aus der Mauer des Hauses, oder eine Dachpfanne fiel herab. Nach fünf Jahren dann war die Familie Luchetti derart zermürbt gewesen, dass sie das Haus aufgegeben und ein anderes weiter unten im Tal bezogen hatte. Daraufhin hatte es dreißig Jahre leer gestanden, Teile des Daches waren eingestürzt, die Fenster waren verrottet, der *forno*, der außen angemauerte Brot- und Pizzaofen, war in sich zusammengesackt, und ein Essigbaum hatte sich mitten aus den Trümmern zu einer beachtlichen Höhe in den Himmel gereckt. Bis eines Tages ich gekommen war, um das Haus wieder aufzubauen und darin zu wohnen und ausgerechnet im Stall mein Schlafzimmer einzurichten ...

Mittlerweile war das Lächeln verflogen, mit dem ich die ersten von Nardinis Geschichten verfolgt hatte. Mir war unwohl geworden, was nur zum kleineren Teil an den drei Gläsern Wein lag, die ich getrunken hatte, ohne es wirklich zu merken. Zum weitaus größeren Teil hatte es mit der Vorstellung zu tun, mein Schlafzimmer mit dem Geist eines Toten zu teilen, der nicht zur Ruhe kommen konnte. Plötzlich fiel mir ein, dass ich in der letzten Zeit hin und wieder ohne einen besonderen Grund um fünf Uhr wach wurde.

«Fünf Uhr?» Nardini war begeistert, verschränkte seine Arme

vor der Brust und bedachte mich mit seinem bekannten überheblichen, dieses Mal jedoch vor allem triumphierenden Blick.

«Das», Pause, «ist genau die Uhrzeit», Pause, «als der Junge», lange Pause, «erschossen wurde.»

Obwohl ich nicht an solche Geschichten glaubte, war mir mulmig zumute. Da nutzte es auch nichts, dass Gino mir, als Nardini zum Pinkeln um die Ecke musste, versicherte, dieses Ereignis sei durch nichts bewiesen, wer wusste schon, was da wirklich passiert war an jenem Morgen, außerdem hätte hier in dieser Gegend jeder irgend so eine mysteriöse Geschichte auf Lager, und wenn ich Lust hätte, könnte er mir aus dem Stand heraus gleich drei erzählen. Zum Beispiel die von dem Außerirdischen, der den sechs Meter hohen Zaun rings um das Militärgelände in Pesaro wie nichts übersprungen und nur einen ungewöhnlichen dreizehigen Fußabdruck zurückgelassen hatte, wohlgemerkt auf beiden Seiten des Zaunes. Ein Bekannter von ihm, kein enger, aber ein verlässlicher, der dort als Soldat stationiert war, hatte bei seinem nächtlichen Wach- und Kontrollgang merkwürdige Geräusche gehört, zuerst schabend-kratzende, dann schwer einzuordnende, am ehesten so etwas wie unglaublich tiefes Atmen, dann spürte er eine Erschütterung, als stürzte ein tonnenschweres Gewicht zu Boden. Daraufhin habe er die Fußabdrücke entdeckt. Natürlich machte er sofort Meldung. Doch der Kommandant, der die Angaben gleich überprüfte und bestätigte, befahl ihm, keine offizielle Meldung ins Wachbuch einzutragen, sondern alles zu vergessen, und deutete an, dass man an höchster Stelle im Militär einiges wisse, was der normale Sterbliche niemals erfahren dürfe. Und um eine Art leutseligen Konsens mit seinem Untergebenen herzustellen, sagte er zum Schluss: Du musst wissen, Soldat, *tu devi sapere, soldato: extraterrestri fanno fastidio*, Außerirdische machen nichts als Ärger.

Ich lachte schrill auf. Obwohl Gino auf eine Art erzählte, die alles erst einmal wahr erscheinen ließ – aber diese Sache mit dem außerirdischen Springwunder war ja wohl der reine Blödsinn, oder, Gino? *Dai!* Gino sah mich verwundert an. «Kann sein, dass die Geschichte nicht stimmt. Kann aber auch sein, dass sie sich genauso ereignet hat. Immerhin gibt es einen Menschen, der schwört, dass sie wahr ist. Und wer bin ich, ihn einen Lügner zu schimpfen, nur weil mein begrenzter Verstand und mein Wissen nicht ausreichen, das Unfassbare zu erkennen?»

«Gino», wandte ich ärgerlich ein, «ein Außerirdischer, das Militär weiß Bescheid und unterdrückt diese bedrohliche Wahrheit – das sind doch diese typischen Verschwörungstheorien von irgendwelchen Spinnern.»

Gino lehnte sich zurück und ließ seinen Blick über die apenninischen Gipfel am Horizont streifen. «Ich weiß nicht, Max. Wer war der schlaue Mann, der gesagt hat: Ich weiß, dass ich nichts weiß?»

«Sokrates», half Nardini aus, der sich sehr mit dem Pinkeln beeilt hatte und noch an den Knöpfen seiner Hose nestelte.

«*Ecco!*» Gino betrachtete mich mit ruhigem, sanftem Ernst. «Willst du behaupten, schlauer zu sein als Sokrates? Ich für meinen Teil nicht.»

Um es abzukürzen: Ich hatte danach eine grauenhafte Nacht.

Nach Einbruch der Dunkelheit begannen die alten Balken und Mauern von Ca'Tommaso merkwürdige Geräusche zu produzieren, und einmal mehr, dieses Mal jedoch mit großer Eindringlichkeit, wurde mir bewusst, wie einsam das Haus gelegen war, nämlich am Ende einer hundertfünfzig Meter langen Zufahrt neben einer Schlucht und am Rande eines Waldes, der sich fast den gesamten Monte Dolciano hochzog. Meine nächste Nachbarin war Sestina oben in Ripidello, deren Haus etwa einen halben Kilometer entfernt lag, Umberto, der Mann mit dem Bandscheibenvorfall, wohnte zu der Zeit noch nicht im Pfarrhaus, und dazwischen herrschte nichts als absolute Dunkelheit, – wenn man einmal von der 10-Watt-Kühlschrankbirne in der Madonnina auf halber Strecke absah. Manchmal, wenn ich im Sommer nachts im Licht der Sterne draußen saß und meinen melancholischen Erinnerungen an Anna, die große Liebe meines Lebens, die mich verlassen hatte, nachhing, konnte ich Wildschweine über mein Land streifen hören, Käuzchen sangen ihr U-u-u-uuhh, wie man es aus alten Edgar-Wallace-Filmen kannte, und Stachelschweine zogen mit ihrer Rüstung rasselnd an mir vorbei, um sich an meine selbstgepflanzten Zucchini und Kartoffeln heranzumachen. Vertraute, auch unbekannte, in jedem Fall jedoch sympathische Geräusche.

Doch das alles war mit einem Schlag Vergangenheit. Jetzt meinte ich, die Klagelaute eines Untoten zu hören, und hatte den Eindruck, als würde der Boden ständig von tonnenschweren, hüpfenden Außerirdischen erschüttert, und am Morgen, um Punkt fünf, ich war gerade erst in einen flachen, unruhigen Schlaf verfallen, ertönte der furchterregende Schrei eines Menschen, dessen Körper im Angesicht des Todes zur Salzsäule erstarrt war und der nichts anderes mehr tun konnte als schreien, schreien, schreien … Ich schreckte hoch, von Entsetzen geschüttelt, registrierte Symptome wie Gänsehaut, einen Puls von locker hundertfünfzig und ein durchnässtes T-Shirt, während ich auf dem Boden nach meiner Brille tastete, damit ich das Schreckliche wenigstens scharf genug erkennen konnte, bevor es mich in Stücke riss. Natürlich war da nichts, und ich versuchte wieder einzuschlafen – aber es war zwecklos. Die ganze Nacht über hatte ich darauf beharrt, mir von Nardinis Geschichte nicht mein charismatisches Schlafzimmer madig machen zu lassen, wer glaubte schon an Geister? Und ich hatte mich mit dem Gedanken beruhigt, dass Ginos Außerirdischer ja in Pesaro, fünfzig Kilometer entfernt, sein Unwesen trieb. Doch dann begann in meinem Kopf die Frage zu rotieren, ob sich der Glaube an Geister in der Menschheit vielleicht deshalb schon so lange hielt, weil es sie wirklich gab. Und wie lange würde wohl ein Dreifüßler, der aus dem Stand sechs Meter hoch springen konnte, für die Strecke Pesaro – Monte Dolciano – Ca'Tommaso brauchen?

Um sechs Uhr morgens, draußen würde es noch fast eine Stunde lang finster sein, kapitulierte ich endgültig vor den Dämonen der Nacht. Der Verstand, die Logik, die Lebenserfahrung, ja selbst der Glaube ziehen den Kürzeren, wenn das Unbewusste die Chance bekommt, sich hemmungslos auszutoben. Wäre das nicht so, gäbe es keine Horrorfilme, und Stephen King würde heute noch für die Wäscherei seiner Heimatstadt Bangor, Maine, USA, die Auslieferung tätigen. Also verließ ich mein durchgeschwitztes Bett und machte mir Kaffee, deutschen Kaffee aus der Maschine, den italienischen kriegte ich morgens nicht herunter. Ich wollte gerade den CD-Player anwerfen, irgendetwas Aggressives wie Metallica oder Megadeth, gemacht von harten Männern, die jeden Geist vertreiben konnten, als ich plötzlich ein schleifendes Kratzen hörte – drei Füße mit drei Krallen auf den gebrannten *mattoni* unter dem Vordach? Es folgte ein tiefes Grummeln und ein Geräusch, als fiele ein schwerer Körper zu Boden. Unmittelbar vor meiner Tür.

Ich hatte Gänsehaut, Schauer überliefen mich, rauf und runter, hinein in die Magengrube und zum Solarplexus wieder heraus. Das Blut pochte so heftig in meinen Ohren, dass ich nichts anderes mehr hören konnte als meinen an Tempo zulegenden Herzschlag. Starr stand ich da und wartete auf das nächste unheilverkündende Geräusch. Oder dass aus der Dunkelheit heraus die Fratze des Dreifüßlers vor meinem Fenster auftauchte und sein stinkender Atem die Scheibe beschlagen ließ, um dann ein wenig Anlauf zu nehmen, die Zähne zu blecken und … *Porca miseria!* War das wirklich ich, dieser vor Angst zitternde Mensch, hellwach, mit einer Brille auf der Nase, scharfsichtig und im vollen Besitz seiner Kräfte, mit denen er im Garten Steinmauern aufgeschichtet, Bäume zersägt und Wasserleitungen verlegt hatte?

Plötzlich packte mich eine biblische Wut, Wut auf Gino und Nardini und ihre bescheuerten Geschichten, Wut auf mich selber, der ich die Nacht in Angst und Schrecken verbracht hatte, statt in meinem umgebauten Stall in Ca'Tommaso genauso tief und fest zu schlafen wie all die Jahre zuvor. Plötzlich fühlte ich mich wie eine Bärin, die sich gegen jede noch so große Übermacht wirft, um ihr Junges zu verteidigen. Ich packte meine Maglite-Lampe wie einen Schlagstock, bereit, es mit jedem verdammten Außerirdischen aufzunehmen, schaltete das Außenlicht an und riss mit einem Angriffsschrei die Tür auf, um dem extraterrestrischen Dreifüßler ein für alle Mal das Handwerk zu legen – und wurde von zwei großen braunen Augen, Unmengen von weißem Fell und einem wedelnden Schwanz begrüßt.

«Uilly, du verdammter Mistkerl!», brüllte ich den fassungslosen Maremmano an, der wie immer die Ruhe weghatte. Ganz klar eine Übersprungshandlung, denn eigentlich fiel mir ein Stein vom Herzen.

«Wo warst du die ganze Nacht?» – als du mich hättest beschützen sollen, hätte ich noch hinzufügen müssen, wollte mir aber Uilly gegenüber keine derartige Blöße geben.

Uilly rappelte sich mühevoll auf, offenbar hatte er eine anstrengende Nacht hinter sich – im Frühling gab es ringsherum immer viel zu begatten, und da alle Nachbarn so weit entfernt waren, musste er jeweils weite Strecken zurücklegen. Nicht zu vergessen die Kämpfe mit Nebenbuhlern vor Ort, die ihm wahrscheinlich am meisten zu schaffen machten, denn Uilly war zwar äußerlich ein Riesenkerl, hielt sich jedoch selber, so war mein Eindruck, für nicht mehr als einen Chihuahua oder Dackel. Jeder Pinscher, der entschlossen auftrat, konnte ihn einschüchtern, und ich hatte mit ihm schon peinliche Situationen erlebt, in denen er vor einer kurzbeinigen, kläffenden Promenadenmischung den Schwanz einklemmte, sodass ich seine Interessen mit gezielten Steinwürfen hatte wahrnehmen müssen.

Vorsichtig trat Uilly an mich heran und lehnte sich mit seinem gesamten Gewicht an mich, seinen Kopf gegen mein Knie gedrückt. «Ach, Hund, tut mir leid», sagte ich und kraulte das dicke, weiche Fell hinter seinen Ohren, von dem sich jetzt dicke Haarbüschel lösten. Uilly lebte das ganze Jahr draußen und bildete noch ein richtiges Winterfell aus, das er etwa im Laufe des Mai wieder verlor. Eine Weile genoss er die Zuwendung mit geschlossenen Augen, bis ihn seine Müdigkeit überwältigte und er sich zurück zu seiner weichen, warmen Decke schleppte. Die Krallen seiner Füße erzeugten auf den gebrannten *mattoni* ein schleifendes Kratzgeräusch, und als er sich, begleitet von einem tiefen Grummeln, auf die Decke warf, klang das, als fiele ein schwerer Körper zu Boden.

Ecco! Der Außerirdische.

Jetzt war nur noch die Frage zu klären, ob Uilly in der Lage war, einen sechs Meter hohen Zaun aus dem Stand zu überspringen.

Ja, war er, lautete meine Antwort, um endlich wieder Ruhe zu haben.

5. KAPITEL

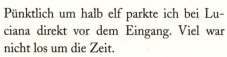

Pünktlich um halb elf parkte ich bei Luciana direkt vor dem Eingang. Viel war nicht los um die Zeit.

«*Ciao*, Max. Ist dir langweilig da oben auf deinem Berg?»

«Gino und ich müssen auf die *comune*, nach Cagli, wegen meiner Wasserleitung», antwortete ich.

«Auf die *comune*?» Der Unterton in ihrer Frage besagte eindeutig: Wofür soll das denn gut sein?

Zwei Handwerker kamen auf einen schnellen *caffè* und eine

pasta, also irgendetwas Süßes auf Weizenmehlbasis, hereinge-
schneit, wechselten ein paar Worte mit Luciana und verschwanden wieder. Draußen sah ich Ginos weißen Panda vorfahren,
ein Uraltmodell mit Macken und Dellen ohne Kopfstützen und
ohne Außenspiegel auf der Beifahrerseite.

«*Ou*, Max!», grüßte er mit bester Laune, zwinkerte Luciana
zu und breitete die Arme aus. «*Vedi?* Pünktlich wie ein Deutscher!»

«*Ciao*, Gino. Willst du noch einen *caffè?*», versuchte ich
ihn von diesem verdammten Deutsche-sind-so-und-Italie-
ner-sind-anders-Thema abzulenken.

«*Già fatt'*», beschied er freundlich. «*Gim a Cagli.*» Dialekte be-
schreiten mitunter merkwürdige Abwege, *gim* bedeutete dasselbe wie *andiamo*, also: Lass uns gehen. Logisch, was denn sonst.

«Was willst du auf der *comune?*», fragte Luciana, während sie
auffällig konzentriert Milch für einen *cappuccino* aufschäumte.

«Max braucht eine Wasserleitung und …»

«*Questo lo so*», unterbrach sie ihn ungnädig. Aha, Luciana war
also ein Morgenmuffel. Überhaupt schien sie mir morgens anders zu sein, irgendwie zarter, sanfter, weiblicher.

Lass das, Max, sagte ich mir, du bist übernächtigt, das ist
alles.

«Wir müssen die Leitung unter der kommunalen Straße verlegen.»

«Da oben auf dem Berg in der Wildnis», sagte sie, «meinst
du, das interessiert einen?» Mit großem Feingefühl ließ sie den
Milchtopf um die tief hineingetauchte Dampfdüse kreisen. Mir
wurde leicht schwindelig.

Gino wirkte verunsichert. «Im Normalfall nicht.»

«Und was ist das Besondere an diesem Fall?»

«Die Leitung kann entweder in Kirchenland oder an der
Straße entlanggehen.»

Luciana zog eine Augenbraue hoch, und Ginos Gesichtsausdruck wurde noch besorgter.

«Ich denke, die öffentliche Straße ist das kleinere Übel», sagte er, und es klang die Hoffnung mit, dass Luciana diesen Gedanken richtig fand.

Luciana drehte die Dampfdüse zu und stellte kurz den Milchtopf ab, um ihren BH zurechtzuzupfen, der meiner Einschätzung nach eine halbe Nummer zu eng war.

«Ich würde die Klappe halten, schnell arbeiten und genau auf der Linie zwischen kommunalem und kirchlichem Land die Furche ziehen. *È basta.*» Ganz eindeutig waren das dieselben Worte, die sie auch abends benutzen würde, doch jetzt klangen sie, ja, eben sanft und sinnlich.

Vorsichtig ließ sie den Schaum, der so feinblasig war, dass er kaum fließen wollte, auf den *caffè* gleiten, genau so viel, um die perfekte Form eines *amarettino* auszubilden, dessen Spitze sich wie eine Zipfelmütze nach oben drehte.

Um mich abzulenken, warf ich Gino einen vorwurfsvollen Blick zu. Ja, warum nicht so einfach?

Er wiegte den Kopf hin und her. «Weißt du, Luciana, es hat Fälle gegeben, ähnliche Fälle, da war es eben nicht so einfach.» Er reckte sich. «Ich werde mit Tontini reden, und dann finden wir eine Lösung.»

Luciana sah ihn einen Moment an, und ich meinte zu ahnen, was sie dachte: Wenn ich weiter insistiere, wird Gino beschämt sein, und das ist es nicht wert. Vielleicht dachte sie aber nur: Lasst mich zufrieden, damit ich endlich meinen *cappuccino* trinken kann.

«*Fai, fai*», säuselte sie, lehnte sich lässig an die Theke und stäubte mit einer langsamen Bewegung Kakaopulver aus einem Kakaopulverstreuer auf den perfekt ondulierten Schaum.

Gino nickte dankbar. «Komm, Max, wir gehen.»

Ich winkte Luciana zu, die erneut eine Augenbraue hochzog und lächelte. Was, wie mir schien, dieses Mal mit nichts anderem als dem einzigartigen Milchschaum zu tun hatte, auf den sie jetzt aus einem Tütchen braunen Zucker rieseln ließ.

«Gino?», fragte sie, ohne ihn anzusehen.

«*Ou?*»

«Kannst du mir meine Fotos mitbringen? Die liegen bei Manuele, dem Laden direkt an der Piazza.»

«*Senz'altro.* Sind die denn fertig?»

«Seit letzter Woche.» Sie führte die Tasse an ihre Lippen, nahm einen Schluck und nickte zufrieden, sehr zufrieden. Gino tippte auf seine Oberlippe, um ihr zu signalisieren, dass sie voller Schaum war. Luciana machte mit der Linken eine Bewegung, als wollte sie Schmetterlinge verscheuchen, ohne ihnen Angst einzujagen, genehmigte sich noch einen Schluck und beachtete uns einfach nicht mehr. «Morgens ist Luciana wie ein anderer Mensch», flüsterte Gino beim Hinausgehen. «Dann frage ich mich immer, warum sie hier in diesem kleinen Nest lebt.» Betrübt zuckte er die Schultern, als würde er sich hin und wieder dieselbe Frage stellen.

Wir nahmen meinen Wagen. Gino hüllte sich für eine Zeitlang in Schweigen. Doch dann gab er sich einen Ruck und sah sich in meinem Auto um, als sähe er es zum ersten Mal.

«Alles elektrisch, hm?»

Er machte eine Bewegung, als würde er sein Fenster herunterkurbeln. «Bald versteht niemand mehr diese Geste.»

«Ich versteh sie noch. Das hier ist mein erstes Auto mit elektrischen Fensterhebern.»

«Warum hast du keins mit der guten alten Kurbel genommen?»

«Ging nicht, Gino. War alles ein Paket.»

Er lachte lautlos und missbilligend auf, streckte den Zeigefinger vor und machte damit kreisrunde Bewegungen. «Und zum Lenken brauchst du nur noch einen Finger, hab ich recht?»

«Servolenkung? Ja, habe ich auch.»

Er nickte. «Das nennt man dann Modernität. Das Alte weicht dem Neuen, egal, ob es einen Sinn hat oder nicht.»

Als Antwort ließ ich mein Fenster elektrisch nach unten fahren. «Das hat doch einen Sinn?»

«Das hat einen Sinn? Stell dir vor, du stehst mit deinem Auto am Strand, die Sonne geht unter und du willst die unverfälschte Meeresluft atmen.» Er kurbelte imaginär seine Scheibe herunter und atmete tief ein. «Aah! Was für eine Wonne! Du hingegen musst zuerst den Motor anmachen.»

«Ich brauche ja nur die Zündung einzuschalten.»

Er winkte ab. «Stell dir vor, du stürzt mit dem Auto von der Brücke und landest im Wasser. Die Tür kriegst du wegen des Wasserdrucks nicht mehr auf. Deine einzige Chance wäre jetzt, das Fenster herunterzukurbeln. Aber unter Wasser geht nichts Elektrisches mehr.» Er schlug die flachen Hände reibend gegeneinander, was in der unmissverständlichen italienischen Gebärdensprache so viel hieß wie: In meinem Fiat Panda kurbele ich die Scheibe herunter, lasse Wasser herein, bis der Druck von innen und außen ausgeglichen ist, und rette mich ins Freie, während du, ganz modern, elendig erstickst.

«Das stimmt allerdings», gab ich zu.

Daraufhin schwieg Gino wieder für einige Kilometer. Ich musterte ihn verstohlen. Er hatte ein schwarzes Poloshirt an, unter dem sich deutlich Muskelstränge abzeichneten. Auf seinem tonnenförmigen Oberkörper ruhte ein großer, eckiger Kopf, mit einer vorgewölbten Stirn und für sein Alter erstaunlich dichtem Haar. Seine ausgeprägten Lachfalten und die langen Wimpern verliehen ihm etwas Feines, das in starkem Kontrast zu seiner körperlichen Robustheit stand. Philosoph und Maurer hatte Luciana ihn genannt, und tatsächlich charakterisierte das auf perfekte, prägnante Weise eben nicht nur sein Wesen, sondern auch sein Äußeres. Seine Hände waren kurz und dick, mit grauer, rauer Haut, aber sie machten leichte, feinsinnige Bewegungen. Am auffälligsten jedoch waren seine Augen, die so lebendig blitzten wie die eines jungen Mannes, der noch der Meinung war, dass die Welt ihm gehörte. Es war keine Überheblichkeit,

sondern eine positive Kraft, die einfach da war – unaufdring-
lich, ruhig, verspielt, idealistisch. Auch wie etwas, das irgendwie
nicht hierher zu gehören schien in die eher hemdsärmelige Welt
rund um den Monte Dolciano. Spürte er, dass ich ihn so genau
betrachtet hatte? Jedenfalls wandte er mir ohne Grund sein Gesicht zu, lächelte und sagte: «*È così.*» Ich lächelte zurück. Ja, so
war es, wie auch immer, oder etwa nicht?

Tontini auf der *comune* in Cagli starrte Gino an wie einen Außerirdischen. «Ihr wollt was?» Für ihn waren alle Nicht-*Cagliesi*
nichts als Dorftrottel.

Gino wiederholte geduldig sein Ansinnen, während Tontini
sich umsah, als wäre er von Spionen umgeben. Gino wirkte erstaunt, irgendwie passte Tontinis Verhalten nicht zu dem, was
er von den Verwaltungsangestellten des *Servizio Urbanistica
Edilizia Privata* gewohnt war. Als Gino fertig war mit seiner
Geschichte vom Kirchenland und der kommunalen Straße,
schüttelte Tontini gequält den Kopf.

«Es geht um nichts anderes», Tontini reckte sein Kinn vor
und ließ seine Augenbrauen tanzen, «als um eine Wasserleitung mit einem solchen Rohr?» Er streckte Gino Daumen und
Zeigefinger entgegen, deren Distanz zueinander höchstens den
Durchmesser einer Nadel markierten.

«Ein bisschen dicker schon», murmelte Gino unangenehm
berührt. «*Un pollice*, würde ich sagen.» So dick wie ein Daumen.

Tontini wandte seine Augen schicksalsergeben zum Himmel,
wo er die Jungfrau Maria vermutete. Dann ließ er seinen Blick
zwischen Gino und mir hin und her wandern, das Gesicht wie
nach dem Biss in eine Zitrone in säuerliche Falten gelegt, gepaart
mit einer unverkennbaren Angriffslust – alles in allem machte er
einen äußerst giftigen Eindruck. «Und warum macht ihr nicht
einfach eure verdammte Leitung? *Porca puttana!*» Er warf einen schnellen Blick zu seiner offenen Bürotür. «Jetzt muss ich

hier zig Formulare ausfüllen! Streng genommen muss ich sogar bei euch da oben» – seine ausholende Armbewegung sagte: am Arsch der Welt – «vorbeikommen und mir die ganze Chose ansehen! Wofür? Warum? Habe ich nichts Besseres zu tun?»

Tontinis Vehemenz ließ Gino zurückschrecken, es zeichnete sich ab, dass es für ihn kaum mehr möglich war, hier noch eine *bella figura* zu machen.

«Was ist mit dem Fall von Donatello?», fragte er streng.

Jetzt prallte Tontini zurück, und seine Stimme wurde bedrohlich leise.

«Das war ein ganz anderer Fall.»

Ich sandte ein Stoßgebet gen Himmel: Bitte, Gino, vermeide die Worte Schwangerschaft und Kirchengrundriss!

Gino deutete mit dem Daumen auf mich. «Er ist Ausländer, Deutscher. Er befürchtet, hier in die Mühlen der Bürokratie zu geraten und am Ende als der Dumme dazustehen.» Nanu! Plötzlich war es meine Idee, hier eine offizielle Erlaubnis zu erwerben?

«Hm», sagte Tontini und sah mich durchdringend an. Auch Gino wandte sich mir zu und sah mich mindestens ebenso durchdringend an. Mir wurde unwohl, was passierte hier?

«Wir reden hier von deinem Land, auf dem du zwei Zisternen aufstellen willst, richtig?» Ich begann zu ahnen, dass die Lösung für mein Problem irgendwo in dem Bereich von Privatbesitz versus öffentliches Interesse lag.

«Auf meinem Land, ja», sagte ich, «allerdings muss die Wasserleitung von oben …»

Tontini machte mit der flachen Rechten eine Art Karatehieb in meine Richtung und warf mir einen strengen Blick zu. «Es handelt sich also um ein Bauvorhaben auf DEINEM Land?»

Mein Blick wanderte hilflos zwischen Gino und Tontini hin und her. «Mein Land, ja, das habe ich zusammen mit Ca'Tommaso seinerzeit erworben, oben grenzt es an die Straße. Dann gehört noch Wald dazu …»

Tontinis mitleidiger Blick – was erzählt denn der Deutsche da für einen Blödsinn, kapiert der denn gar nichts? – ließ mich verstummen. Gino war plötzlich ganz solidarisch mit Tontini und schüttelte mit sanfter Missbilligung den Kopf.

«Für dieses an sich kleine Bauvorhaben ist lediglich eine Meldung bei der *comune* nötig, keine Erlaubnis», beschied Tontini. «Das heißt, du informierst uns, dass du diese kleine Arbeit erledigen willst, wir bestätigen dir das, und das war's.»

Gino nickte anerkennend: eine gute Lösung.

«Ach so. Und wie sieht diese Meldung aus?», fragte ich ergeben, jetzt bloß nicht die besser werdende Stimmung zunichtemachen. «Was muss ich da reinschreiben?»

«Ich könnte das für dich machen», sagte Gino, aber es klang zögerlich.

Tontini ließ seinen Blick zwischen uns hin und her wandern, als wären wir Pat und Patachon.

«Setzt euch auf einen kleinen *caffè* drüben in die Bar Commercio. Ich bring euch dann den Wisch.»

Gino sprang erfreut auf. «*Benone*, Tontini! *E grazie, eh?!* Und zu mir gewandt: «Wir können ja inzwischen bei Manuele die Fotos abholen, Max.»

«Bei Manuele?», fragte Tontini. «Bist du sicher, dass die schon fertig sind?»

«Ja, seit letzter Woche.»

Tontini lachte freudlos auf. «Niemals. *Ti dico io.*»

Tontini hatte recht, die Fotos waren noch nicht fertig, würden es aber, wie Manuele wortreich beteuerte, mit absoluter Sicherheit nächste Woche sein. Doch auch Tontini hielt sich ganz und gar nicht an seine Zeitvorgabe und war auch eineinhalb Stunden nach unserem «kleinen *caffè*» – ich hatte schon drei getrunken und einen Liter Pellegrino, Gino saß immer noch vor seinem ersten Glas Wasser – noch nicht in der Bar Commercio aufgetaucht. Meine Nerven vibrierten, ein ganzer Vormittag war verloren für ein Stück Papier, das niemand brauchte. Zu Hause wartete eine Menge Arbeit auf mich, und noch war nicht raus, ob ich die nächste Nacht gut schlafen würde oder wieder gegen Außerirdische antreten musste.

Gino hingegen bemühte sich, so zu tun, als verliefe alles exakt nach Plan, allerdings ging ihm das städtische Treiben um uns herum gegen den Strich. Mit fast fundamentalistischer Inbrunst kommentierte er dies und das: «Guck dir den an, der fährt jetzt schon zum dritten Mal vorbei, und warum? Nur weil er gesehen werden will!» Oder: «Woher hat dieser Mann das Geld für so ein großes Auto? Wer sehr viel Geld hat, hat es, weil er es anderen wegnimmt!» Oder: «Das da ist Volpini», begleitet von einem finsteren Blick und einem halbkreisförmigen Hin und Her mit der rechten abgewinkelten Hand, das eindeutig besagte: *Mafioso! Delinquente! Ignorante!* Der ist soo reich, dass er nicht mal mehr ein dickes Auto fährt.

Die Bar Commercio war für Betrachtungen dieser Art perfekt gelegen: direkt an der Piazza gegenüber dem alten Rathaus, rechts und links lagen Manueles Fotoladen, ein *barbiere*, ein *tabacco*, die *banca delle marche*, eine *erboristeria*, die Bar Italia, in der eher junge Leute verkehrten, und ein Juwelier. Mittendrin plätscherte der alte, wunderschön verzierte Brunnen, ringsherum standen vier auf antik gemachte Straßenlaternen auf nicht ganz stilsicheren Betonpfeilern, und gegen den Uhrzeigersinn fuhren in stetem Fluss Autos und *motorini* vorbei, entweder auf der Suche nach einem Parkplatz oder einfach nur, um zu sehen, wer sich denn sonst so auf der Piazza herumtrieb und mit wem man vielleicht ein kurzes Schwätzchen halten konnte, allerdings immer mit einem Seitenblick auf den Uniformierten der *polizia municipale*, der in regelmäßigen Abständen mit Trillerpfeifen versuchte klarzumachen, wie der Verkehr eigentlich laufen sollte, wenn alle alles richtig machten, eine Utopie, ähnlich dem wahren, wirklichen Sozialismus. Auf der Steinbank, die sich über eine Länge von bestimmt zwanzig Metern an der gesamten Fassade des Rathauses entlangzog, nur unterbrochen von dem halbrunden Eingangsportal, saßen in einigen Grüppchen diskutierende oder einfach nur die Lage sondierende Männer herum. Wahrscheinlich warteten sie alle auf einen Wisch von Tontini. Gino deutete auf die Steinbank. «Siehst du, wie viel wertvolle Zeit mit Warten verlorengeht?» Ganz klar eine rhetorische Frage, schließlich waren wir selbst wartende Opfer.

Ich fühlte mich plötzlich berufen, die Italiener gegen einen Italiener in Schutz zu nehmen. «Macht das nicht gerade den Charme des italienischen Lebens aus, Gino? Dieses nicht ausschließlich Zielgerichtete?»

«*Ma vai!*» Gino warf mir einen strengen Blick zu. «Ein paar Dinge sollten einfach nur funktionieren, so wie bei euch in Deutschland oder wie in der Schweiz.»

«Wenn Dinge einfach nur funktionieren, hat das etwas sehr Kaltes, Normiertes. Da wird das Funktionieren zum obersten Prinzip, und das Menschliche, das Individuelle fehlt.» Zugegeben, auf Italienisch klang diese an sich philosophische Betrachtung ziemlich unbeholfen, und Gino ahnte wohl schon nach den ersten drei Worten, worauf ich hinauswollte, denn er begleitete praktisch meine gesamte Argumentation mit einem ungeduldigen Kopfschütteln.

«Hast du mir nicht zugehört, Max? *Certe cose devano funzionare!*» Zur Bekräftigung warf er mir beide Hände entgegen: «*Devano funzionare!*»

«Funktioniert doch», antwortete ich mit unüberhörbarem Sarkasmus. «Wir warten seit lächerlichen zwei Stunden auf einen Zettel, den wir nicht brauchen, aber irgendwann werden wir ihn ganz sicher bekommen, und dann reißen wir illegalerweise die Straße auf, obwohl wir nur die Erlaubnis zum Aufstellen von zwei Zisternen haben. Aber das interessiert nicht, weil Tontini auf der sicheren Seite ist.» Im Grunde ging es mir nur noch darum, Gino das Leben ein wenig schwerzumachen, so wie er an diesem Vormittag meines schwermachte.

Entrüstet wedelte Gino mit seinem Zeigefinger vor meiner Nase herum. «So ist es ganz und gar nicht. Wir arbeiten jetzt mit der Zustimmung der *comune*, Tontini ist jeglicher Verantwortung enthoben und wird deswegen den Teufel tun und die Arbeit vor Ort überprüfen. Wir werden nicht behelligt, und du bist auf der sicheren Seite, nicht Tontini.»

«Mal ehrlich, Gino, wenn Nardini nicht so geredet hätte, dann hättest du mit deiner Raupe einen kleinen Graben gezogen, ein Rohr reingelegt und wieder zugeschüttet. Und niemand hätte sich dafür interessiert.»

Gino sah mich ein wenig traurig und auch ein wenig verzweifelt an. «Glaub mir, Max, so ist es besser», sagte er und wandte sich leicht von mir ab.

Für eine Weile sagte keiner von uns etwas, und eine gewisse Missstimmung breitete sich aus. Schweigend hing jeder seinen Gedanken nach. Der große Zeiger der alten Rathausuhr begann zu zittern, bevor er mit einem kraftlosen Ruck weitertorkelte. Wieder eine Minute rum, was für ein Glücksgefühl! Die Uhr lag genau in meiner Blickrichtung, und ich beobachtete mit der Lust eines zum Leiden Verdammten, wie zäh sich die Zeiger vorantasteten. Lass das, sagte ich mir, mach irgendwas, aber hör auf, die Uhr bei ihrer Arbeit zu beaufsichtigen.

Genug zu sehen gab es allemal. Es war kurz vor ein Uhr Mittag, und die *Cagliesi* legten vor unseren Augen einen beeindruckenden Endspurt hin. Wer noch etwas zu besorgen oder abzuwickeln hatte, musste sich beeilen. Autos kamen auf die *piazza* geschossen, suchten mit wilder Erregung nach einem Parkplatz, fanden keinen, stellten sich in die zweite Reihe, hasteten in den *tabacco* oder sonst wohin und ignorierten mit kalter Berechnung das Trillerpfeifen des Uniformierten von der *polizia municipale*, nennen wir ihn Alfredo. Alfredo seinerseits legte das Verhalten eines Hais an den Tag, der begeistert in einen gewaltigen Schwarm fetter Sardinen eintauchte und dann, von dem Überangebot geblendet, keine einzige erwischte. Er pfiff und sprang herum, gestikulierte wild, ging einen Falschparker an und sprang schon zum nächsten, der es noch verwegener trieb und sein Auto praktisch mitten auf der Straße abstellen wollte.

Auch auf und vor der langen Steinbank vor dem Rathaus tat sich etwas. Die Grüppchen waren in Bewegung geraten. Einzelne Emissäre schlenderten jetzt mit steigender Frequenz und dennoch betont gelassen ins Rathaus hinein, um sich bei dem jeweiligen Sachbearbeiter nach dem Stand der Dinge zu erkundigen. Um ein Uhr, das war klar, würde der Hammer fallen, und wer dann nicht im Besitz des beantragten Dokuments war, konnte entweder morgen wiederkommen und wieder von vorn anfangen, oder er musste darum betteln, dass der zuständige Beamte ein paar Minuten seiner wertvollen Mittagspause opferte. Letzteres war vermutlich in etwa so anstrengend und demütigend wie die Herrichtung der Künstlergarderobe für Jennifer Lopez.

Guglielmo − der letzte *fabbro* der ganzen Gegend, der die alten Türschnapper noch in Handarbeit schmieden konnte und der, wie es hieß, schon seit Jahrzehnten beim Hämmern dieselbe Melodie vor sich hin summte, hm-hm-hm, während sein Hammer, tock-tock-tock, in triolisch perfekter Ergänzung über das glühende Eisen tänzelte −, Guglielmo, 72 und weißhaarig, tuckerte mit seiner mindestens ebenso alten Ape heran. Er suchte gar nicht erst einen Parkplatz, sondern stellte sie direkt vor den Eingang der *banca delle marche*, zwei Dinosaurier, die Alfredo, solange es irgend möglich war, ignorierte. Nur Raffaela Agnelli, Kopf einer der beiden reichsten Großgrundbesitzerfamilien der Gegend und auf dem Weg, ihren Kontostand zu überprüfen, regte sich darüber auf. Sie war noch in der Tradition der bäuerlichen Leibeigenschaft aufgewachsen, und obwohl sie sich leutselig und aufgeklärt gab, empfand sie es dennoch als Beleidigung, wenn ein einfacher Mann in dreckiger Arbeitskleidung ihr den Weg verstellte. Dabei hätte sie es ruhiger angehen lassen können, denn die Bank war, anders als die Geschäfte, bis halb drei geöffnet. Doch Raffaela Agnelli ließ sich durch nichts davon abbringen, täglich um Viertel nach eins zu Hause in ihrem Stadtpalazzo zu essen, und Guglielmo war sich wahrscheinlich der Uhrzeit gar nicht bewusst und wollte einfach nur so schnell wie möglich wieder zurück zu seinem Kohlefeuer und den unspektakulären Eisenstreifen, die sich unter seinen Händen zu ebenjenen filigranen Türverschlüssen verformten.

Domenico, überzeugter Jäger, Trüffelsucher und Besitzer eines Ladens für Badezimmerarmaturen, schlenderte mit einem kleinen Köfferchen ins Rathaus. Garantiert trug er dann einen selbstgefundenen weißen Trüffel, dessen Wert pro Kilo bei etwa drei Millionen Lire lag, zu einem Beamten, um eine Sonderbehandlung zu erwirken. Was nicht immer gelang, denn Domenico war aus Kalabrien, und die Marchigiani versuchten instinktiv, die im Land der 'Ndrangheta üblichen Mafiamethoden nicht vollkommen uneingeschränkt zu übernehmen.

Von links näherte sich langsam ein ramponierter dunkelblauer Opel Astra, der Mann am Steuer war ganz klar der alte Fuchs und Geometer Matteo Volpini.

Er musste etwas vergessen haben, vorhin, als er schon einmal hier aufgetaucht war, irgendeine Kleinigkeit, die er jetzt hoffte schnell erledigen zu können, denn er steuerte seinen Opel ohne Umstände direkt vor das Rathaus und hielt auf dem Behindertenparkplatz, ein Affront gegen Alfredo, der kaum größer hätte sein können. Alfredos von heftigem Gestikulieren begleitetes Gepfeife und die tänzerische Parkplatzsuche der *Cagliesi* mochte ja eine Art Spiel sein, aber der Behindertenparkplatz gehörte nicht zur täglichen *commedia dell'arte* und war schlicht und einfach tabu. Zumindest für Menschen, die noch über alle Gliedmaßen verfügten und auch sonst noch bei Sinnen waren.

Kaum hatte Matteo Volpini sich aus seinem Astra herausgeschält, war Alfredo schon zur Stelle und deutete mit Entschiedenheit auf das Behindertensymbol, worauf Volpini den rechten Arm hochriss und seinen Kopf in Angriffsstellung vorreckte.

Alfredos Entschiedenheit verlor etwas an Deutlichkeit, trotzdem konnte er unmöglich nachgeben, nicht in diesem Fall, nicht vor all den Menschen, die ihn sowieso schon für einen *cretino* hielten – die *polizia municipale* insgesamt genoss kein besonders hohes Ansehen. Er bewegte seine nach oben geöffneten Hände vor der Brust auf und ab, nur leicht, als hätte er einen gewaltigen Busen und müsste dessen Gewicht überprüfen. Volpini machte mit der Rechten eine scharfe Bewegung, die wohl so viel bedeuteten sollte wie: Tritt zur Seite, Wicht! Aber, wie es schien, sah Alfredo noch einen gewissen Spielraum bei der Wahl seiner Gegenmittel und verlegte sich auf die Variante: Konsens schaffen. Er zog die Schultern hoch und schob den Kopf vor, legte die flachen Hände wie zu einem katholischen Gebet alter Prägung zusammen und bewegte sie beschwörend mal mit kurzen schnellen, mal mit weiten langsamen Bewegungen auf und nieder, auf und nieder, was in der absolut unmissverständlichen italienischen Gebärdensprache so viel hieß wie: Du bist Volpini, ich bin Alfredo, wir wissen schon so lange voneinander, schätzen uns und lassen uns gegenseitig unseren Job machen – wenn nicht mit Respekt, so doch mit dem Wohlwollen, dass diese Stadt auf die Dienste, die wir leisten, angewiesen ist, so wie ein Gemeinwohl die Kraft aller Menschen braucht, so wie ein Parkplatz für Behinderte nicht für Nichtbehinderte ist, also bitte, beweg deinen Arsch hier weg!

Volpini schien nicht beeindruckt, denn er schob sich einfach an Alfredo vorbei und machte Anstalten, das Rathaus zu betreten. Höchstalarm bei Alfredo, diesen Gesichtsverlust würde er auf Monate, wenn nicht sogar auf immer, nicht mehr wettmachen können. Und Zeugen gab es genug, allen voran die gesamte Steinbank, die vergessen zu haben schien, warum sie hier vor der *comune* herumsaß, und nur noch danach gierte, ihn, Alfredo, untergehen zu sehen. Ein Rucken ging durch Alfredos Körper, und sein «*Ou! Volpini!*» tönte über die gesamte Piazza bis zur Bar Commercio. Volpini drehte sich unwillig um, eher verärgert über die Dreistigkeit als daran interessiert, was Alfredo zu sagen hatte.

Jetzt kam für Alfredo der Moment, in dem sich alles entscheiden würde. Er stieß seinen ausgestreckten Zeigefinger in Richtung Volpini: «Wenn du da reingehst, schreibe ich dir ein Ticket, und das kostet 50 000 Lire!» Die Steinbank hielt den Atem an. Volpini war für einen Moment ehrlich verblüfft und brauchte einen Moment, um abzuwägen, ob sein Status als graue Eminenz ausreichte, diese Androhung als lächerlichen Versuch verpuffen zu lassen. Alfredo, der die Chance seines Lebens sah, tat jedoch intuitiv das Richtige und zückte mit angemessener Langsamkeit seinen praktisch unbenutzten Bußgeldblock.

Was für ein Kampf! Volpini legte seinen Kopf schief, kniff die Augen zusammen – die Steinbank hielt immer noch den Atem an –, und dann Alfredos Sieg: Wortlos kehrte Volpini zu seinem Opel Astra zurück, startete den Motor und fuhr mit der gelassenen Souveränität des Patriarchen davon, der gerade aus sozialem Verantwortungsgefühl entschieden hat, nicht auf dem Parkplatz für Behinderte zu parken.

Alfredo seinerseits brauchte einige Sekunden, um zu begreifen, welche Schlacht er gerade gewonnen hatte. Sein triumphierender Blick wanderte die zwanzig Meter lange Steinbank entlang. Am Ende angekommen, schob er sich mit demonstrativer Lässigkeit seine Trillerpfeife zwischen die gebleckten Zähne, holte tief Luft und warf sich mit großer Energie wieder in das Chaos der herumkurvenden Autos, während die Steinbank unisono anerkennend nickte.

«Alle Achtung», sagte ich, mehr zu mir selbst.

«Der hat *bella figura* gemacht.» Auch Gino hatte die ganze Angelegenheit offenbar beobachtet.

«Klasse hingekriegt», fügte ich hinzu, heilfroh, dass die Missstimmung zwischen dem kleinen Maurer und mir verflogen war.

«Perfetto.»

«*Veramente.*»

«Hätte ich ihm nicht zugetraut», ergänzte Gino und zuckte zusammen, als ihm eine Hand einen Zettel hinhielt. Tontini. Der Wisch. Unterschrieben und abgestempelt.

«Jetzt können wir graben, wo wir wollen, Max», sagte Gino, als er die Beifahrertür zuzog.

«Sehr gut, da bin ich froh», erwiderte ich und startete den Motor.

«Habe ich dir nicht gesagt: Ich rede mit Tontini, und dann finden wir eine Lösung? *Ecco-là.*»

Er lehnte sich zufrieden im Sitz zurück und deutete mit dem Zeigefinger nach vorn, was in jeder Gebärdensprache so viel hieß wie: Auf geht's!

Also fuhr ich los, hinaus aus der Stadt mit ihrer hektischen Vielfalt, hin zu dem friedlichen, überschaubaren Monte Dolciano.

6. KAPITEL

Gino fackelte nicht lange. Am nächsten Tag schon brachte er jede Menge Material zu mir hoch, außerdem einen Zementmischer, seine Raupe und drei Arbeiter: Nevio, Ermete und Maurizio, rüstige Kerle um die fünfzig, Frühpensionäre, die allesamt Invalidenrente vom Staat kassierten und sich mit Arbeiten wie dieser ein kleines Zubrot verschafften.

«Gott erschuf die Welt in sechs Tagen», erklärte Gino mir die

Hintergründe, «dann erfanden die Menschen die Fünftagewoche, und schlussendlich kreierten die Italiener die Invaliden-Frühverrentung bei gleichzeitigem Erhalt der vollen Arbeitskraft.» Er betonte allerdings, selbst noch nie Geld vom Staat genommen zu haben und vor allem nicht im Traum daran zu denken – *neanche per sogno!* –, selbst jemals in Pension zu gehen, zumindest nicht, solange er noch den rechten Arm heben konnte.

Mit Hacke und Schaufel ebneten die Invaliden unmittelbar neben und etwa zwei Meter unterhalb der kommunalen Straße eine für zwei Zisternen ausreichend große Fläche, mischten Beton und legten ein mindestens zehn Zentimeter dickes, mit Eisengittern armiertes Fundament. Bis das so belastbar sein würde, dass es die beiden tonnenschweren Zisternen tragen konnte, sollten all die anderen Arbeiten erledigt werden. Zuerst zog Gino mit der Raupe und einem riesigen Eisenzahn die dreihundert Meter lange Furche entlang der Straße, legte ein schwarzes Rohr mit einem Zoll Durchmesser hinein und schüttete gemeinsam mit seinen Invaliden alles eigenhändig mit der Schaufel wieder zu.

An einem Tag kam Gino allein auf den Monte Dolciano, um die Wasserleitung an den Überlauf der kommunalen Zisterne oben in Bordolino anzuschließen. Wie zu erwarten gewesen war, waren Piccarini, Franco, Ettore und Lino mitten in der Woche eigens auf den Monte gekommen, um ihm bei der Arbeit ganz genau auf die Finger zu sehen. Schon die aufgerissene Straße kommentierten sie, noch aus einer gewissen Distanz, mit Unmutsäußerungen: «Einmal aufgerissen, bietet sie bei heftigen Regenfällen eine Angriffsfläche, und dann? *Porca miseria!*» Als Gino die kleine eiserne Klappe am kommunalen Zisternenhäuschen öffnete, um sich Zugang zu den Rohrleitungen zu verschaffen, umringten sie ihn und verlangten klare und detaillierte Informationen, was er als Nächstes zu tun gedachte.

Gino fühlte sich, wie man sich denken kann, in seiner Freiheit als selbständiger Maurer nicht nur eingeschränkt, sondern missachtet. Er entfachte im Handumdrehen einen heftigen Streit, indem er seine These in den Raum stellte, dass niemand einen Besitzanspruch auf Regen- oder Quellwasser hatte und Wasser, wie Pflanzen und Luft, allen gehörte.

Ettore, der sich über die Jahre eine Existenz als mittelständischer Kleinunternehmer aufgebaut hatte, äußerte sofort seine tiefe Abneigung gegen jegliche kommunistische These, da ja in der damals noch so genannten Sowjetunion für jeden erkennbar alles drunter und drüber ging. Die Parteibonzen waren reich und die einfachen Leute arm – eine schöne Perversion der Theorie, der zufolge allen alles zu gleichen Teilen zustand. Gino war wohl auf diesen Vorwurf gefasst gewesen, denn er zitierte aus dem Alten Testament Genesis 1,29 mit einer geringen, zu seiner These passenden Erweiterung, die allerdings niemandem auffiel: «Hiermit übergebe ich euch alle Pflanzen und alles Wasser der Erde.»

Piccarini, Sozialdemokrat und kein großer Kirchgänger, beschied darauf unter Zustimmung der anderen, dass die Bibel und schon gar nicht das Alte Testament auf alle heutigen Fragen die richtige Antwort geben konnten. Und schließlich sei das Wasser aus dem Überlauf der Zisterne ja auch Wasser. Das brachte Gino noch mehr auf, da er den Gedanken ‹Ich nehme zuerst, und was ich nicht brauche, gebe ich dem Nächsten› als Angriff auf jedes Gemeinwohl wertete, ob sozialistisch, christlich oder hinduistisch.

Daraufhin ergriff Lino mit bewegter Stimme das Wort. Er habe während des ganzen Krieges in der ständigen Angst gelebt, dass die Quelle versiegte. Für einen Moment herrschte Stille – einerseits passte das Argument nicht so recht, andererseits konnte jeder nachempfinden, was es für den verängstigten jungen Mann bedeutet haben musste, zuerst mit den Mussolini-, dann mit den Nazifaschisten im Nacken, ganz auf sich allein gestellt, ohne die Familie, ohne die *mamma*, hier oben auf dem Monte Dolciano zu leben.

Piccarini, der seinerseits fast zwei Jahre lang in einem Arbeitslager im Ruhrgebiet interniert gewesen war, ergriff als Erster wieder das Wort. Er bemerkte erst einmal versöhnlich, dass Max, der junge Deutsche, ja lange nach dem Krieg geboren worden war und demzufolge keine Verantwortung für den ganzen Mist trug, was die anderen sofort inbrünstig benickten. Und trotzdem, so Piccarini, handelte es sich hier um die Quelle von Bordolino, von deren Wasser man ja immerhin bereit war, einen Teil abzugeben, das sei doch eine gemeinwohltaugliche Haltung, die man würdigen sollte. Das wurde etwas weniger inbrünstig benickt. Daraufhin lenkte Gino ein. Er hatte seinen Standpunkt klargemacht, allein gegen vier, um seine *bella figura* musste er sich also keine Sorgen machen. Im Gegenzug gaben sich die vier von Bordolino dem edlen Gefühl hin, nicht nachtragend zu sein, obwohl die Deutschen ihnen das Leben damals im Zweiten Weltkrieg so schwer gemacht hatten.

Nur der Vollständigkeit halber sei hier angefügt: Später, als Umberto in die Pfarrwohnung zog und sich unten an die Zisterne anschloss, war ich verärgert und machte es ihm nach. Daraufhin erwirkt die Viererbande von Bordolino bei Tontini, dass die Zisterne mit einem kommunalen Vorhängeschloss gesichert wurde – nachdem meine Leitung wieder am Überlauf angeschlossen worden war, da, wo nur Wasser hinkam, wenn zuvor die italienischen Bedürfnisse befriedigt worden waren.

Ich bekam von alledem nichts mit und sägte mich währenddessen oberhalb von Ca'Tommaso durch die *macchia*. Wenn Gino seine Arbeit beendet haben würde, brauchte ich schließlich noch eine Wasserleitung von den Zisternen hinunter zu meinem Haus.

Uilly hatte anfangs noch zugesehen, wie ich mit den Ginsterbüschen, den wild wuchernden Eichen, den Schlingpflanzen und sonstigem Gestrüpp kämpfte. Dann verlor er die Lust und tat so, als wollte er mal eben eine Runde auf dem Monte drehen. Doch sein Verhalten war verdächtig. Er stand nicht einfach nur auf, gähnte, streckte erst das eine, dann das andere Hinterbein weit vom Körper weg und marschierte los, nein, er tat unheimlich buddhistisch, als lebte er nur im Hier und Jetzt und hätte keinerlei darüber hinausgehende Absichten. Beiläufig schnüffelte er an verschiedenen Gräsern, ging ein Stück, blieb stehen, drehte sich zu mir um, pinkelte ein bisschen, machte noch ein paar Schritte, sah sich wieder um, und als er vermutete, dass ich es nicht bemerken würde, machte er einen Satz und verschwand in der *macchia*.

Da ich selbst gehört hatte, wie ein Auto die Madonnina passiert und sich an den Häusern von Sestina, Giuseppe und Emilia vorbei den Berg hochgeschraubt hatte, wusste ich Bescheid. Uilly hatte mit seinem feinen, opportunistischen Gehör das Auto als das von Miriam identifiziert, meiner einzigen Konkurrentin um seine Zuneigung. Man muss wissen, dass Uilly eigentlich Sestinas Hund war. Ihr Sohn Luigi hatte ihn ihr als Welpen gebracht, damit er nicht nur lernte, wie man eine Schafherde zusammenhielt, sondern diesen Job dann auch für Sestina erledigte, die jeden Tag in aller Herrgottsfrühe mit ihren dreiunddreißig Schafen hoch auf den Monte Dolciano zog. Uilly hatte jedoch schon sehr früh klargemacht, wie er sich sein Leben vorstellte: nach Fliegen schnappen, rumliegen, Leute bei der Arbeit beobachten, sich zu beeindruckender Größe aufrichten, ein bisschen bellen und fressen. Sestina hatte ein viel zu gutes Herz, um diesem durch und durch faulen Hund böse zu sein, fütterte ihn allerdings nur sehr schmal nach dem Motto: Wer nix arbeitet, braucht nicht viel. Uilly war also schon sehr früh darauf angewiesen, parallele Futterquellen aufzutun, und so tauchte er, gleich nachdem er das Welpenstadium hinter sich gelassen hatte, bei mir auf, um hallo zu sagen. Ich will nicht übertreiben, doch dass dieser Hund Hunger hatte, sah man auf hundert Meter Entfernung. Also gab ich ihm etwas zu fressen, ohne zu wissen, dass es doppelt so viel war wie bei Sestina. Seitdem hielt er sich bevorzugt bei mir auf, kehrte aber trotzdem täglich zu ihr zurück, denn nur so kam er rechnerisch auf seinen Schnitt: zwei Drittel bei mir, ein Drittel bei ihr. Eines Tages jedoch, in Cagli waren die Kassen mal wieder leer, wurden Briefe an alle Bürger verschickt, jeden Hund kostenpflichtig registrieren zu lassen, ihn haftpflichtzuversichern und furchtbarerweise mit einer Nummer zu versehen, die in seine Haut eintätowiert wurde. Die *comune* versprach, jeden Hund ohne diese beiden Ausstattungsmerkmale einzusacken und zu Seife − aber lassen wir das. Sestina fand all das viel zu aufwendig für einen Hund, der nichts tat. Von da an waren Uillys Tage also gezählt, und ich musste handeln, bevor es zu spät war. Deshalb besorgte ich ihm bei einer Versicherung in Deutschland eine Police, was ihn zu einem deutschen Hund auf Auslandsbesuch machte, eine Zwangstätowierung kam bei einer deutschen Versicherung natürlich gar nicht in Frage.

Juristisch gesehen war Uilly demnach mein Hund, und die meiste Zeit hielt er sich auch bei mir auf, mit einer Ausnahme: Sobald Miriam auftauchte, konnte ich ihn komplett abschreiben. Uilly war, wie gesagt, ein Maremmano, im Prinzip also ein Hund fürs Grobe, einer, der draußen lebte und den Wildschweinen trotzte, einer mit einem eigenen Willen, ein ganzer Kerl, unbeugsam und stolz. Doch bei Miriam vergaß Uilly all das, mutierte zum Schoßhündchen, scharwenzelte um sie herum, setzte sich, wenn sie «Sitz!» sagte, und überschüttete sie mit einem hündischen Charme, den er mir gegenüber nie an den Tag legte. Ganz genau konnte ich nie eruieren, wieso das so war, zumal Miriam Uilly jedes Mal, wenn sie kam, durch eine kräftezehrende Wurmkur trieb. Andererseits hatte sie eine freizügige Art, mit Scampi, Wurststücken und auch Keksen um sich zu werfen, möglicherweise überzeugte das den Hund mehr als meine Versicherungspolice.

Da Uilly ein anständiger Kerl war, schämte er sich wohl für sein schleimiges Verhalten, und er versuchte es im direkten Kontakt mit mir, so gut es ging, zu verbergen. Doch war er erst einmal außer Rufweite, gab es kein Halten mehr. Dann sah ich ihn in der Ferne im Affenzahn und mit vorfreudig hochgerecktem Schwanz die Sandstraße entlangjagen, sah ihn die Kurve bei der Madonnina kratzen, dass es ihn fast hinwarf, und den wirklich sehr steilen Berg nach Ripidello hinaufhecheln. Da war nichts mehr wichtig, da konnte Sestina am Straßenrand stehen und ihm lockende Worte zurufen oder Luise ihn mit freundlicher Sachlichkeit darauf hinweisen, dass es viel zu warm war, um sich derart zu verausgaben. Selbst Spaccone, den er sonst bei jeder Gelegenheit ausgiebigst verbellte, ließ er links liegen, flog förmlich die letzten Meter bis zu Miriams Haus, und dann, endlich, sprang er an ihr hoch, was sie sofort zu Boden warf. Aber sie lachte und freute sich, und er schleckte und stupste und wuselte wie von Sinnen, während ihre Hand schon nach der Keksdose tastete.

Ich gebe zu, es hatte Momente gegeben, da war ich richtiggehend sauer auf diesen flatterhaften Köter und hätte ihn am liebsten auf den Mond geschossen – bei Sestina und mir holte er sich die Grundversorgung und bei Miriam den Luxus –, aber zum Glück merkte ich rechtzeitig, was das eigentliche Problem war, und das hatte weiß Gott nicht Uilly zu verantworten: Seit Anna mich verlassen und ich mich mit meinem Weltschmerz auf den Monte Dolciano zurückgezogen hatte, war ein Teil von mir völlig vereinsamt und sehnte sich nach *compania*, und dafür, so hatte ich entschieden, musste Uilly herhalten.

Als ich ihn jetzt, mit wehendem Fell, zu Miriam rasen sah, wurde mir mit einem Mal klar, dass es mit mir so nicht weitergehen konnte. Es war genau dieser Moment, als ich beschloss, dem endlosen Trauern ein Ende zu setzen. Die vielen Jahre des Leidens und Sehnens und Grämens mussten vorbei sein. Die Sache mit Anna war Geschichte, aus und vorbei. Jetzt war es wieder Zeit, mich zu verlieben.

Nur in wen?? Und wie? Und wo? Bei Luciana in der Bar? Ich konnte es nicht erklären, aber irgendwie ging das bei Luciana nicht. Oder sollte ich ab jetzt in anderen Bars herumhängen? Ich will nicht zu negativ erscheinen, aber macht sich jemand eine Vorstellung davon, wie das Nachtleben in der Gegend um den Monte Dolciano aussah? Im Sommer hing man am Kiosk neben der *Abbazia di S. Vincenzo* herum oder, wenn man Jäger und deren Gefolge mochte, am Kiosk vom Birra al Pozzo. Oder man ging in den Violet Pub, der über die Jahre verschiedene Namen und Besitzer gehabt hatte, aber immer eines gewesen war: ein Treffpunkt für Menschen, die nicht einsam und allein zu Hause hocken und hin und wieder jemanden für eine Nacht abschleppen wollten. Das war sicherlich nicht das Richtige, um das Loch zu stopfen, das Anna mit ihrem Weggang bei mir hinterlassen hatte.

Gegen ein Uhr mittags machte ich eine Pause. Als hätte der Sommer schon Einzug gehalten, war es inzwischen sehr warm geworden. Auf dem Monte Dolciano war der Mai eine wunderbare Zeit. Für die junge Saat auf den Feldern lagerte ausreichend Feuchtigkeit im Boden und ließ sie fett und grün in den Himmel schießen, die Wildschweine hatten noch nicht genug Zeit gehabt, mit ihrem unendlichen Hunger Kanäle durch den sprießenden Weizen hindurchzufräsen, und die Eichen, die als letzte von allen Bäumen zum Leben erwachten und die Hauptvegetation auf dem Monte darstellten, hatten endlich ihre ersten lindgrünen Blätter hervorgebracht. Überall in der Landschaft, wo zuvor nur grüne Punkte und Inseln ziemlich ergebnislos versucht hatten, gegen das vom Winter übriggebliebene allumfassende Braun anzukämpfen, bildete sich jetzt ein flächendeckender Pflanzenteppich, der alle nur denkbaren Schattierungen von Grün produzierte. Hinzu kam ein Meer von Blüten und Blumen, allen voran das kräftige Gelb des Ginsters, der mit seinem malzigen Duft alle anderen Aromen überlagerte, dann Klatschmohn, Klee, Eisenkraut, Iris, Schwertlilien, Rosen, Kerbel, wilde Hyazinthen, wilder Oregano, Thymian, Hahnenfuß und weiß der Himmel, was sonst noch. Mücken und Bremsen waren noch nicht unterwegs, auch schlimmere Viecher wie die fiese Stallfliege nicht, *penetrating fly*, wie Julian sie nannte, die mit ihrem Speichel die Haut von Tier und Mensch auflöste, um dann in diese Höhle hineinzukriechen und dort ihre Eier abzulegen. Auch die Myriaden kleiner Normalfliegen, die nichts anderes taten, als herumzufliegen und jeden schwitzenden Körper mit ihren ständigen Landemanövern und ihren kitzelnden Beinchen zur Weißglut zu treiben, schlummerten noch in ihren Eiern oder waren noch zu klein, um zu nerven. Auch die Heuschnupfen auslösenden Graspollen befanden sich gegenwärtig noch in einem feuchten, flugunfähigen Vorstadium und konnten weder Schrecken noch Augenjucken noch grenzenlose Müdigkeit verbreiten.

Weil ich die Pause kurz halten und keine Zeit verlieren wollte, verzichtete ich darauf, Gino Bescheid zu sagen. Ich holte meine *piadina* aus dem Kühlschrank, einen zwar dünnen, aber kalorienreichen Teig-Öl-Eierfladen, den ich am Morgen mit Rucola, *bresaola* und dicken Scheiben von Sestinas Schafskäse belegt hatte, der sehr würzig war und, wenn man ihn kaute, quietschende Geräusche von sich gab. Dann setzte ich mich mit einer Flasche Wasser oben auf meinen kleinen Parkplatz auf einen der dicken Baumstämme, die noch für den Winter klein gesägt werden mussten. Die Arbeit war anstrengend gewesen. Der Hang war steil und machte das Hantieren mit der Motorsäge zu einem gefährlichen Balanceakt. Besonders die riesigen Ginsterbüsche widersetzten sich mit ihren sehr elastischen Zweigen, und mehr als einmal hatten sie sich im Kettenschwert festgesetzt und die Kette heruntergehebelt. Erneut rächte sich meine Strategie, das meiste, was ich brauchte, in der Metro zu kaufen. Für Küchenrollen war das in Ordnung, nicht jedoch für technische Geräte, hinter deren deutschen, vermeintlichen Markennamen sich in der Regel asiatische Billigware verbarg. Überhaupt die Säge: Jeder Italiener, der bei mir zufällig vorbeischneite, wenn ich gerade damit hantierte, wirklich jeder sagte als Erstes: «Die ist aber klein!», und zwar entweder mitleidig oder hämisch oder beides. Natürlich verstand ich die im Unterton transportierte Botschaft, die sich auf meine virilen Fertigkeiten und Ausstattungsmerkmale bezog, aber ich nahm es in neunundneunzig Fällen von hundert kommentarlos hin. Meinen manchmal hochkommenden Ärger beruhigte ich damit, dass ich meine Männlichkeit im entscheidenden Moment wohl kaum mit einer Motorsäge unter Beweis stellen konnte, gleichgültig, wie groß sie war. In einem von hundert Fällen allerdings ließ ich mich zu Sätzen hinreißen wie: Was hast du denn meinen fünfunddreißig Zentimetern entgegenzusetzen, eh? Ganz klar eine äußerst peinliche Anmerkung, aber ich tröstete mich damit, dass man hier auf dem Monte Dolciano allgemein einen anderen, einen direkteren Umgangston pflegte.

An meinem Hang war jedenfalls nicht mehr allzu viel Grünzeug zu schneiden, ein paar Meter noch, dann würden Ginos Invaliden einen schmalen, dreißig Zentimeter tiefen Graben von meinen nagelneuen Zisternen bis zum Haus ausheben, Wasserleitung hinein, zuschütten, anschließen – das war's. Ein gutes Gefühl und mit ein Grund, dass die *piadina* so gut schmeckte, obwohl sie durch das stundenlange Liegen im Kühlschrank zu einer zähen Angelegenheit geworden war. Ich hatte noch nicht lange gesessen, als hier und da ein Stein den Hang heruntergehüpft kam. Dann wurden es mehr, und plötzlich knackte und brach irgendetwas durch das Gebüsch. Dieses Mal ließ ich mich nicht in die Irre führen.

«Es gibt auch einen normalen Weg, Gino», sagte ich in Richtung des dichten Grünzeugs. «Und zwar einen real existierenden.»

«Irgendwo hier muss der alte gewesen sein», grummelte der kleine Maurer verdrossen, stolperte aus dem Gebüsch hervor und sprang, bedeckt mit Ginsterblüten, Spinnweben und kleinen Raupen, die letzten Meter des Abhangs mit erstaunlicher Leichtigkeit herab. Strahlend hielt er eine Plastiktüte hoch.

«Zeit zum Essen!»

«Setz dich.» Ich deutete auf einen der Baumstämme. «Hast du nichts zu trinken?»

Er wies mit dem Kopf nach oben, in Richtung Bordolino. «*Già fatt'*. Erstaunlich, dass die mich überhaupt an den Wasserhahn rangelassen haben, diese *ignoranti*!»

«Die sind empfindlich, wenn's um ihr Wasser geht, das habe ich dir ja gesagt.»

«Piccarini ist bei der Gewerkschaft und redet wie ein Bonze. Da wird mir übel.» Er machte eine müde Handbewegung – immer dasselbe ... – und holte eine sehr spartanisch belegte *piadina* aus der Tüte. «*La moglie*» – die Ehefrau, nicht meine Frau – «war gestern nicht einkaufen», sagte er erklärend, als er das dick belegte Gegenstück in meiner Hand sah. Ich klappte meine *piadina* auseinander und fischte die Hälfte der *bresaola*-Scheiben heraus. «Hier, ich hab mir viel zu viel draufgepappt.»

Gino schreckte zurück: «*No, no, per carità!*», und hob abwehrend beide Hände, als wäre ich ein böser Geist.

«*Dai*, Gino! Ich habe zu viel, du hast weniger, ich geb dir was ab, dann haben wir gleich viel. Ist doch schön, wenn Sozialismus auch mal funktioniert.»

Für einen Moment zögerte er, dann lachte er ausgelassen und zeigte immer wieder mit dem Finger auf mich: Der war gut, der war gut, der war wirklich gut.

«Jetzt nimm schon», ermunterte ich ihn.

Widerstrebend und als täte er es nur mir zuliebe, nahm er die hauchdünnen Scheiben aus getrocknetem Rindfleisch und schob sie in seine *piadina*. «Jetzt müssen wir nur noch den Rest der Welt überzeugen, Max.»

«Gleich, wenn wir mit Essen fertig sind», erwiderte ich, und wir prusteten los wie kleine Kinder.

Eine Weile sagte niemand etwas. Ginos Blicke wanderten über die Landschaft.

«Siehst du den Pinienwald da drüben?»

«Hm.»

«Den habe ich vor zwanzig Jahren für die *Forrestale* ange-pflanzt. Den Hang mit kleinen Setzmauern befestigen und be-grünen, das war mein erster Auftrag als Bauunternehmer.» Er deutete hinter sich, hoch auf den Monte Dolciano. «Da oben war früher fast kein Baum mehr. Die Werften in Fano haben über die Jahrhunderte alle Eichen gefällt, nur die Pinien und Hainbuchen haben sie stehen gelassen, aber ohne die Eichen haben viele den Wind nicht ausgehalten. Ich habe Hunderte von Bäumen gepflanzt. Jetzt ist da wieder fast überall dichter Wald.» Lächelnd klopfte er sich auf die Brust. «Ich kenne diesen Berg wie meine Westentasche.»

«Aber mit der alten Straße hier zu Ca'Tommaso, da bist du dir nicht so sicher», warf ich ein.

«Du meinst, wegen Nardini, der in dieser Sache anderer Mei-nung ist?»

«Ja.»

«Weißt du», fuhr Gino fort, sehr sanft, als wollte er nieman-den verletzen, «Nardini lebt in der Theorie. Der weiß wirklich unglaublich viel und hat unheimlich viel gelesen, aber manche Dinge, die stehen nicht in Büchern, die sind, wie sie sind, oder im Fall dieser Straße, die sind, wie sie einmal waren. Verstehst du? Ich weiß das einfach, weil ich früher auf dieser Straße gefahren bin. Nardini hat Ca'Tommaso wahrscheinlich das erste Mal aus der Nähe gesehen, als er mit mir hier zu dir gekommen ist.»

«Aha, dann ist also dein Streit mit ihm nur ein Spiel?»

«*Scherzi-tu?* Ich weiß, was ich weiß, und Nardini klammert sich an das Fehlen von Aufzeichnungen! Da kommen wir nicht zusammen. Außerdem», brummte er, «hält er jede Aufzeich-nung von irgendeinem Mönch für wahr und richtig.»

Ich fürchtete, dass Gino jetzt sehr schnell zu seinem Lieb-lingsthema kommen würde – Glaube, Wissen, Mönchstum und Sozialismus –, das zu einer kurzen Mittagspause nicht passen würde. Ich versuchte ihn abzulenken.

«Eins würde mich interessieren.»

«Hm.» Das klang ein wenig unzufrieden, ich aber atmete auf: hatte geklappt.

«Warum hast du das Lastwagenfahren seinerzeit aufgegeben?»

«Immer unterwegs», er schwang seine Rechte neben seinem Ohr vor und zurück. «Das ist gut, wenn man jung ist.»

«Will man nicht, gerade wenn man jung ist, bei seiner Frau sein und bei seinen Kindern?»

Er warf mir einen Blick zu, den ich nicht deuten konnte, irgendwie melancholisch, irgendwie weise, irgendwie ein wenig misstrauisch.

«Ich bin weit herumgekommen. Ich habe viel gelernt.» Das klang plötzlich sehr verschlossen und hölzern.

Sein Stimmungswechsel verunsicherte mich, und ich antwortete nicht, sondern nahm einen großen Schluck Wasser, ein sanft perlendes, leicht säuerliches Mineralwasser, das die Gebrüder Brozzi am Fuß des Monte Dolciano in Flaschen füllten und hauptsächlich an Restaurants der Gegend verkauften. Ich hatte einen der beiden, Bruno, zufällig bei Luciana kennengelernt, und als er hörte, dass ich aus Köln war, verfiel er in einen regelrechten Freudenrausch, denn dort hatte er, wie er sagte, die tollste Frau seines Lebens kennengelernt. «Italienerinnen sind so schwierig, *così, diciamo: tradizionale, reattivo*. Aber eure Frauen», er ballte die Hände zu Fäusten, die Handballen locker seitlich aneinandergelegt, und schüttelte sie beschwörend gen Himmel, «die warten nicht, bis der Mann den ersten Schritt macht!» Sein Grinsen sagte mir, dass es sich dabei nicht nur um einen Schritt gehandelt hatte, sondern eher um einen langen Marsch. «Die wollen nicht gleich heiraten!» Am Ende seiner Schwärmerei klopfte er mir auf den Rücken und sagte: «Wenn du Wasser brauchst – ruf mich an. Ich bring zehn Kästen und stell sie hier bei Luciana ab. Und wenn du neue brauchst, rufst du wieder an.» Auf meine Frage, wie viel er für einen Kasten haben wolle, sah er mich an, als hätte er plötzlich den Verdacht, dass mein Geist nicht analog zur Größe meines Körpers mitgewachsen war. «Ist doch nur Wasser, Max, *dai*.»

Ginos Räuspern riss mich aus meinen Gedanken, ihm war das Schweigen zwischen uns wohl unangenehm geworden.

«Eins würde mich interessieren», zitierte er meine Frage und deutete mit kreisendem Zeigefinger in Richtung Bordolino, musste aber erst abwarten, bis der Tiefflieger verschwunden war, der heute aus östlicher Richtung kam und in voller Breite des Panoramas von ganz links nach ganz rechts über die Landschaft donnerte.

«Da oben ist ein Haus, gleich am Anfang. Heute morgen war mir so, als hätte ich da einen großen Schatten gesehen. Das hat mich neugierig gemacht. Ich bin dann öfters vorbei, und jedes Mal, wenn ich hinsah, war da ein Mensch. Aber sobald der merkte, dass ich ihn ansehe, schwupp, war er verschwunden. Ohne zu grüßen, ohne zu winken, gar nichts. *Co'è?*»

«Das ist eine deutsche Familie. Aus dem Schwarzwald», sagte ich.

«Die reden nicht so gerne.» Keine Frage, sondern eine Feststellung.

«Nein.»

Gino nickte und biss nochmal in seine *piadina*. «Dann habe ich angefangen, das Haus beim Arbeiten zu beobachten. Es sind fünf oder sechs.»

«Sechs. Dieter, seine Frau und vier Töchter. Die haben in der Lotterie gewonnen und sich davon das Haus gekauft.»

Gino kratzte sich mit seiner *piadina*-freien Hand an der Augenbraue, während er kaute. «Ehrlich?»

«Ehrlich.»

«*Bou*. Also, ich schleiche mich an, wie wenn man einem scheuen Tier auflauern will.» Er ruderte abwechselnd mit beiden Armen und drehte seinen Kopf hin und her, vorsichtiges Anschleichen halt. «Ich warte, bis ich Geräusche höre, biege um die Ecke – und da stehen sie alle und starren mich an, ganz ernst, mit einem Gesichtsausdruck …» Er kratzte sich wieder an der Augenbraue. «*Sdegno. Sai cosa vol dire?*»

«*Sdegno?* Kenne ich nicht.»

Gino ruckelte mit seinem Körper herum, er wusste aus seiner Zeit als international operierender Lkw-Fahrer, wie es ist, wenn man die anderen nicht verstand, und offenbar wollte er mir jede Peinlichkeit ersparen.

«Sie sahen mich *indignato* an. Weißt du, was das bedeutet?»

«Klar», erwiderte ich, indigniert, entrüstet. Zum Glück war die deutsche Sprache voller Latinismen, die man fast eins zu eins im Italienischen verwenden konnte, und wurde man nicht fündig, wie bei dem sehr deutschen Wort ‹Getriebe›, konnte man auf das entsprechende englische zurückgreifen und es irgendwie italienisch aussprechen, also aus *transmission* einfach *trasmissione* machen. In der Regel half das; wenn es sich allerdings um das Getriebe beim Auto handelte, kam man mit *trasmissione* auch nicht weiter, in dem Fall war das richtige Wort *cambio*. Und auf der Suche nach einer Werkstatt stiftete man mit dem englischen *workshop* auch nur Verwirrung, denn was man brauchte, war eine *officina*. Aber dass *indignato* indigniert hieß, das lag ja wohl auf der Hand.

Als Beweis, dass ich Gino verstanden hatte, machte ich ein indigniertes Gesicht und fragte ihn: «Sah das ungefähr so aus?»

«*Ecco!*» Er wiederholte seinerseits meinen Gesichtsausdruck, um ganz sicherzugehen. «Die stehen also alle da und starren mich an, ganz ernst und mit einer Mischung aus Entrüstung und», er warf sich in Positur, eine Hand vorn auf der Brust, eine hinter dem Rücken, wie Napoleon, «und: Moment mal, was ist denn hier los?»

«Und was hast du gemacht?»

«Gelacht! Gewunken! *Ciao, sono Gino! Un muratore!* Ich mache die Wasserleitung für Max! So was in der Art.»

«Und was haben sie gesagt?»

Gino hob die Hände und ließ sie wieder fallen, wobei sich eine Scheibe *bresaola* aus seiner *piadina* löste und auf dem Boden landete. Er hob sie ohne Umstände wieder auf, schüttelte, so gut es ging, die Holzspäne und den Staub ab und schob sie sich in den Mund. «Eigentlich nichts. Irgendein Geräusch, so ähnlich wie ‹grisot-e›, und, schwupp, waren sie wieder verschwunden.»

«Grüß Gott. War es das?»

«*Ecco!* Grus-e Gott-e! Na klar!» Er schlug sich gegen die Stirn. «Das kenn ich doch, aus Österreich, aus Bayern, in den Autobahnraststätten.» Er versuchte es noch einmal, diesmal ohne ‹e›: «Grus Gott – *salve Dio, è vero?*»

Ich nickte, war mir aber nicht sicher – bedeutete es: «Ich grüße dich, Gott» oder «Gott lässt dich grüßen»?

«Ich glaube, das sind ganz scheue Menschen.»

Ich verkniff mir jeden Kommentar. In den Jahren, seit die Hermanns ihr Haus gekauft hatten, hatten sie noch nie einen ihrer italienischen Nachbarn zu einem *caffè* eingeladen, ein Verhalten, das als tendenziell feindlich eingestuft wurde. Da sie jedoch mit niemandem redeten, bekamen sie davon nichts mit.

«Weißt du, Max», fuhr Gino fort, «man soll über Menschen kein Urteil fällen. Nicht bevor man mit ihnen nicht wenigstens einmal geredet hat.» Er sah mich ernst an, doch dann huschte ein schalkhaftes Lächeln über sein Gesicht.

«Weißt du, woran mich die Familie Hermann aus – aus wo?»

«Aus dem Schwarzwald.»

Er zögerte, ob er sich an diesem durch und durch deutschen Wort versuchen sollte. «Also, weißt du, woran die mich erinnern?»

Zu der Zeit kannte ich Gino bekanntlich erst einige Tage und wusste noch nicht, dass er für sein Leben gerne Geschichten erzählte, lange Geschichten, die weite Wege zurücklegten, bevor sie ihr Ziel erreichten. Deshalb entgegnete ich völlig arglos: «Nein. Woran?»

Gino breitete die Plastiktüte vor sich auf dem Boden aus und legte seine halb aufgegessene *piadina* darauf, um beide Hände frei zu haben, mit einer Hand kann schließlich kein Mensch erzählen, *dai*!

«Ich hatte eine Fracht für Neapel. Bin mit meinem Laster dorthin, habe abgeladen, es war schon spät, und bin dann in so eine», er machte mit der Rechten neben seiner Schläfe eine rotierende Bewegung und verdrehte die Augen, «*albergo*, du weißt, in der Nähe vom *marciapiede*, wo die Lkw herumstehen, du verstehst?»

Ich nickte eindringlich, damit er endlich registrierte, dass ich ihn verstand.

«*Marciapiede*. Straßenstrich. *Prostituzione*.»

«*Ecco*. Da sind die *alberghi* am billigsten. Aber mit den Frauen», er tippte sich auf sein Herz, «hatte ich nie was, nie.»

«Ich auch nicht», erwiderte ich, keine Ahnung, warum.

«Das ist keine Liebe.»

«Na ja, schon, körperliche Liebe halt.»

«Das ist keine Liebe», wiederholte Gino streng. «Liebe spielt sich nicht da ab», er deutete auf seinen Unterleib, «Liebe spielt sich hier ab», er tippte sich an den Kopf, «und hier», er legte die flache Hand auf sein Herz.

Und in den Tränensäcken, hätte ich fast gesagt, aber in dem Moment fiel mir nicht ein, was Tränensäcke auf Italienisch heißt. Zum Glück, denn Gino hatte ja recht, und mein Einwand wäre nichts als zynisch gewesen.

«*Comunque*, am nächsten Morgen war die große Plane weg, die die gesamte Ladefläche von meinem Laster abdeckt. Hundert, hundertfünfzig Quadratmeter! Weißt du, was die wert war? Fünf Millionen Lire, *minimo*! Also, was jetzt? Fünf Millionen! Undenkbar. Und die Versicherung? Die wollte natürlich keine Lira zahlen. Was sind Versicherungen? *Cavaliere predone!* Weißt du, was das heißt?»

Ginos Zweifel an meinen Italienischkenntnissen machte

mich ganz nervös, und tatsächlich fiel mir in dem Moment nicht ein, was *cavaliere predone* bedeutete.

«Ja, ich weiß es, komme nur gerade nicht drauf.»

Gino baute sich vor mir auf und knetete mit den Fäusten. «Du stellst dich an den Straßenrand, mit einem Schwert, und jeder, der vorbeiwill, muss dir Geld geben.»

«Raubritter, na klar, jetzt habe ich es wieder!»

«Gut, also ‹Rauberitter-r-r-r›.» Er lachte über seinen Versuch, das deutsche Wort richtig auszusprechen, und setzte sich wieder. «Weißt du, was Cicero einmal gesagt hat? Cicero, du weißt, wer Cicero war?»

«Mensch, Gino, jetzt ist es aber gut! Natürlich weiß ich, wer Cicero war.»

«Cicero war ein römischer Rechtsgelehrter und Senator», fuhr Gino unbeirrt fort, als hätte ich gesagt: Nein, wer war das? «Er lebte im letzten Jahrhundert vor Christus und war ein berühmter Redner. Ein Volkstribun!»

Ich verdrehte demonstrativ die Augen, wieso glaubte Gino, dass er der Einzige war, der je etwas von Cicero gehört hatte? «Und was hat er gesagt?»

«Viele kluge Sachen, deswegen wurde er ja …»

«Bezogen auf Versicherungen und Raubritter», unterbrach ich ihn.

Gino warf mir einen strengen Blick zu, offensichtlich wollte er sich von mir nicht gängeln lassen, nur weil ich ihn für den Bau einer Wasserleitung bezahlte.

«Neben vielen, sehr vielen andern klugen Sachen hat er Folgendes gesagt: ‹Zum Reichtum führen viele Wege, und die meisten von ihnen sind schmutzig.›» Er machte eine rhetorische Pause. «Versicherungen sind sehr reich.»

«Der Vatikan auch», ergänzte ich, eine zugegebenermaßen kindische Reaktion auf Ginos Leidenschaft fürs Fabulieren.

Der kleine Maurer wischte meine Ergänzung mit einer ungeduldigen Bewegung vom Tisch.

«Die Raubritter der Versicherung wollten nichts zahlen, weil ich den Laster nicht in eine Garage gestellt habe. Garage! Unterwegs, in Neapel! Was glauben die denn, was ein Vierzigtonnenlaster ist? Ein *topolino*? Ein Fiat 500? Also, ich bin dann direkt zum *capo locale* der Mafia, dem Boss.»

«Komm, Gino, du sagst das so, als gäbe es in jedem Ort ein Büro mit dem Schild MAFIA!» Warum war ich bloß so widerborstig?

«Wärst du Italiener, würdest du nicht so reden.»

Nebenbei – ich war heilfroh, dass ich in dem Italienischkurs, den ich schon seit Monaten in Cagli zweimal die Woche durchlitt, erst kürzlich gelernt hatte, wie man einen Konjunktiv bildet.

«Sag jetzt nicht, du könntest riechen», da war er wieder, der Konjunktiv, ich fühlte mich schon wesentlich besser als zu den Zeiten, da ich ihn mit mehr oder weniger simplen Präsenskonstruktionen umschiffen musste, «ob einer von der Mafia ist.»

Gino starrte mich an und wog wahrscheinlich ab, ob es mir, im Gegensatz zu ihm, je möglich sein würde, diese Fertigkeit zu erlangen. Möglicherweise fragte er sich aber auch, was dieser Deutsche, also ich, für ein Problem hatte, dass er jede Geschichte durch öde, sachliche Zwischenfragen unterbrechen musste.

Er machte eine kategorische Handbewegung. «Ich bin zum *capo locale* und sage zu ihm: Hör zu, ich bin ein einfacher Mann mit einem gebrauchten Laster, den Kredit dafür werden meine Söhne noch abstottern. Jetzt ist meine Plane weg. Seit wann beklaut die Mafia die Armen?» Gino hatte schon wieder Feuer gefangen und sprang erregt auf. «Für dich klingt das jetzt vielleicht *furbo*, Max, und du denkst, dieser Gino mit seinen ein Meter zweiundsechzig ist ja ein richtiger Kerl, was der sich traut! Nichts da! Ich hab mir fast in die Hose gemacht vor Angst! Der Boss der Mafia! Der Camorra! Und ich, ein kleiner Lastwagenfahrer aus Furlo! Aber ich sah keinen Ausweg. Ich hätte das Geld niemals zusammengekriegt, niemals.»

Er setzte sich wieder, und ich nutzte erneut die Pause in seinem Redefluss.

«Du wolltest mir doch sagen, woran dich das erinnert, wenn die Hermanns immer verschwinden, wenn du dahin guckst.»

Gino rührte daraufhin mit der Rechten ungeduldig in der Luft herum, was in der unmissverständlichen italienischen Gebärdensprache so viel hieß wie: Redefluss? Was für ein Redefluss, wenn du mich immer unterbrichst? Wenn du mir wenigstens ein paar Sekunden geben würdest, das muss doch drin sein, *per favore!*

«Der Boss sah mich an. Mir wurde eiskalt. Es schnürte mir die Kehle zu. Und dann sagte er: Ich telefoniere, du gehst so lange raus. Das war's, dachte ich in dem Moment, dein Leben ist verwirkt, Gino. Deine Dreistigkeit, entstanden aus der Not der Verzweiflung, bringt dich ins Grab. Du kannst mir glauben, Max, das war einer von insgesamt drei Momenten in meinem Leben –», er redete nicht weiter, bog nur seine Arme weit nach hinten, sodass er dastand wie ein Pinguin, und schüttelte den Kopf.

«Ich erlebte die zehn längsten Minuten meines Lebens. Dann ließ mich der Boss wieder hereinrufen. Und was war? *Niente!* Der *capo* sagte nur: Du kannst deine Plane morgen da und da abholen», Gino schlug seine flachen Hände reibend aneinander. «Das war's!»

«Glaube ich nicht», antwortete ich. Was war bloß mit mir los? Welcher Teufel ritt mich?

Er starrte mich fassungslos an. «Du sagst, ich lüge?»

«Nein, aber der wird doch irgendeine Gegenleistung verlangt haben.»

Gino entspannte sich wieder. «Ich musste für ihn eine Ladung nach Ancona zum Hafen bringen, aber egal, das lag ja fast auf dem Weg.»

«Was war es denn? Drogen?»

Er wand sich wie unter Schmerzen. «Sag doch so was nicht, nein, doch keine Drogen, nein, bestimmt nicht.»

«Was denn dann?» Wieder diese teuflische Lust, ihn in Bedrängnis zu bringen.

«*Non lo so*, irgendwelche Kisten, große schwere Kisten, viel zu groß für Drogen, nein, Drogen waren das nicht. Und wenn, dann würde er sie doch nicht nach Ancona bringen, um sie zu verschiffen, sondern da abholen. Welche Drogen soll man denn hier in Italien anpflanzen?» Er warf mir einen verzweifelten Blick zu.

Gerade wollte ich anfangen von Designerdrogen, Ecstasy und anderen chemisch hergestellten Rauschmitteln zu reden, und suchte schon fieberhaft nach den passenden italienischen Worten. In meinem Bauch hatte sich ein grimmiges Gefühl eingenistet, und ich verspürte den Drang, Gino mit meinem Wissen über die Großstadt und das harte Konkurrenzleben in der modernen Welt in die Schranken zu weisen – als müsste ich mich vor ihm schützen, weil er zu viel Raum einnahm und mir so wenig ließ und vorgab, alles besser zu wissen. Doch in dem Moment, als ich seinen verzweifelten Blick sah, ging eine kleine Tür in meinem Herzen auf, und ich begriff zumindest einen Teil dessen, was diesen Maurer und Philosophen ausmachte: Er war kein notorischer Angeber und Schwadronierer, keiner, der um alles in der Welt im Mittelpunkt stehen wollte, sondern einer, der am liebsten alle Menschen umarmen würde, zumindest die, für die er Sympathie hegte. Das tat er, indem er Geschichten erzählte, indem er ein Stück aus seinem Leben preisgab, indem er Aufträge nicht einfach nur annahm und ausführte, sondern sie zu einer gemeinsamen Sache machte, zu einem Wir. Dafür brauchte er jedoch eine gewisse Sicherheit, dass der andere nach denselben Spielregeln mitspielte, und offenbar waren ihm Zweifel gekommen, ob ich das Spiel überhaupt verstand. Aber das war es letztendlich: ein Spiel, ein freundliches Spiel.

«Ich mache nur Witze, Gino», sagte ich. «Wie ging es weiter?»

«*Alora*, ich musste einen Tag rumkriegen in Neapel, und ich dachte: Was machst du jetzt? Weißt du, Max, ich bin nicht der Typ, der ins Museum geht. Außerdem, *vedi*, meine Klamotten. Abends in die Oper gehen kann ich auch nicht, zwischen all den besseren Leuten!» Er zupfte an seinen Ohren: «Gold», deutete auf sein Handgelenk: «Rolex», machte eine Bewegung, als würde er ein Autofenster herunterkurbeln: «kein Fiat Panda!»

Da war es wieder, dieses jungenhafte Lachen, so liebenswert, dass ich erleichtert einstimmte, obwohl ich mir sicher war, dass er das Blaue vom Himmel log.

«Also bin ich in den Zoo. Der Zoo von Neapel ist berühmt. Eine herrschaftliche Anlage, die Tiere leben wie in Palästen, die auf eine Art gebaut sind, die –», er unterbrach sich selbst, warf mir einen prüfenden Blick zu und beschloss, eine Abkürzung zu nehmen.

«*Comunque*, da habe ich diese Tierchen zum ersten Mal gesehen. *Suricate*.»

Ich zuckte mit den Schultern. «Kenne ich nicht.»

Gino rhythmisierte die folgenden Worte mit der etwa alle fünf Silben in meine Richtung geworfenen Rechten, die Pointe seiner Geschichte hatte nicht funktioniert, und das schien ihn zu ärgern: «*Suricate* führen ein enges, verschworenes Familienleben, die hängen immer nur miteinander herum, sind ständig auf der Hut vor äußeren Feinden, deswegen hält jeweils einer Wache, und wenn sich irgendetwas Verdächtiges dem Bau nähert, schwupp, sind sie weg. *Ecco!*»

Die Familie Hermann. Perfekt beschrieben. Und dennoch wusste ich nicht, welche Tierart er meinte.

Gino stellte sich vor mich, streckte seinen Körper in die Höhe, so weit es ging, machte eine Hündchenstellung, die Hände unterm Kinn abgewinkelt, und drehte hektisch den Kopf hin und her.

«Ah, Erdmännchen! Die leben in Südafrika, in der Savanne.»

«*Bravo, adesso capisci tu!*» Gino nahm seine *piadina* von der

154

Plastiktüte, auf die er sogleich einen Fuß setzte, damit der Wind sie nicht wegblasen konnte, und biss ein großes Stück ab.

«Ich will mich nicht über die deutsche Familie lustig machen. Es ist nur das Bild, an das ich sofort denken musste: wie die Erdmännchen. Vor allem wollte ich dir von der Mafia erzählen und ihrem Ehrenkodex. Das ist etwas, was ihr in Deutschland nicht wisst.» Er kaute einen Moment. «Und ich schwöre dir, die Geschichte hat sich genauso ereignet.»

Diese war eine von vielen Geschichten, die Gino mir im Laufe der Jahre erzählte. Manche waren ohne Zweifel glaubwürdig, andere viel zu haarsträubend, um wahr zu sein, doch alle beendete er mit dem vertrauenerweckenden Zusatz: Da kannst du den und den fragen, wenn du mir nicht glaubst. Was ich jedoch nie tat. Sollten sie doch von mir aus völlig aus der Luft gegriffen sein, unterhaltsam waren sie jedenfalls alle.

«Wie Erdmännchen also?»

«Ja, aber das ist nur ein Bild», erwiderte er spürbar besorgt. «Ich will damit nicht sagen, dass diese Leute wie Tiere sind.»

«Nein, nein, ich verstehe, was du meinst. Es war diese Art, dazustehen und zu gucken.»

«Genau. Sonst nichts.»

Gino ließ seinen Blick durch die Gegend wandern, betrachtete mein Auto, mein Haus, das Holz, das es noch zu sägen galt, den letzten Bissen *piadina*, den er sich gleich in den Mund stecken würde, dann wieder Ca'Tommaso. Von hier aus konnte man nur die obere Etage und das Dach sehen.

«So ein großes Haus, und du lebst hier allein.»

«Und ein Hund, der allerdings viel unterwegs ist.»

Gino machte eine wegwerfende Handbewegung: Was ist schon ein Hund?

«Keine Frau, keine Kinder. Wie alt bist du?»

Ich sagte es ihm.

«Also ein paar Jahre jünger als Luciana, und die hat ihren Orlando und zwei Töchter.»

«Sie musste heiraten, hat sie mir gesagt, weil sie schwanger war.»

«Ja, das ist richtig, aber sie hat es mit Orlando gut getroffen.»

«Luciana ist eine tolle Frau.»

«*Un tesoro. Sai cosa vol dire? Un tesoro?*»

«*Un tesoro. Un gioiello.* Ein Juwel. Das meinst du doch, oder?»

«*Corretto.* Das ist sie, ein Juwel.»

«Wie ist es denn mit dir, Gino? Verheiratet? Kinder?»

Er machte eine unbestimmte, fast kraftlose Geste, und mir war, als träte ein Schimmer in seine Augen. «Ich musste früh heiraten.» Sein Blick sagte, dass ein Zusatz wie «und Gino hat es mit seiner Frau gut getroffen» für ihn nicht galt.

«Die Leute fragen sich», lenkte er ab, «ob du vielleicht gar keine Frau willst.»

Ich zuckte die Schultern. Ich hätte ihm von Anna erzählen können, der ich endlos hinterhergeweint hatte, deretwegen ich in Deutschland alles verkauft hatte und hierher auf den Monte Dolciano gezogen war, die mir auch heute noch, trotz des gerade erst getroffenen Vorsatzes, mich neu zu verlieben, nur ein winziges Signal geben müsste, und ich würde mit fliegenden Fahnen zu ihr zurückrennen.

«*Se tu sei finocchio?*»

Ob ich Fenchel bin? Ich wusste nicht, was ‹Ob du Fenchel bist?› sein sollte, aber eins wusste ich ganz genau: Ich war nicht Fenchel.

«Ich bin kein Fenchel, Gino, ich bin von der Gattung Mensch, Untergruppe Mann, nichts Besonderes.»

Gino schien erleichtert zu sein. «Hätte mich auch gewundert.»

«Mich auch», erwiderte ich.

«Nicht, dass es mich stören würde. Nur hier, in dieser Gegend, da wäre es, ja, exotisch.»

«Ich könnte mir vorstellen, dass ein Mann, der Fenchel ist, auf der ganzen Welt etwas Exotisches wäre.»

Gino warf mir einen prüfenden Blick zu. «Du hast mich nicht verstanden, habe ich recht?»

«Was sollte daran so schwer zu verstehen sein?»

«Mit Fenchel ist in diesem Fall nicht die Pflanze gemeint», er sah mich besorgt an, «sondern es bedeutet *omosessuale. Sai cosa vol dire?*»

Fenchel gleich homosexuell, nichts logischer als das.

«Nein, bin ich nicht», erwiderte ich und musste wieder an Anna denken. Vielleicht wäre das eine Möglichkeit, sie aus meinen Gedanken und meinem Herzen zu verdrängen: ein Fenchel werden.

Gino nickte, strahlte über das ganze große, quadratische Gesicht und sprang auf. «Was denkst du, sollten wir nicht mal wieder arbeiten?»

«Gute Idee.»

«Du bist mir doch nicht böse?»

«Böse? Wieso das?»

«Gut!» Er boxte mir leicht in den Bauch. «Auf geht's.»

Er hob seine Plastiktüte auf und schob sie in die Hosentasche. «Die meisten Italiener würden sie einfach wegwerfen», sagte er, schüttelte missbilligend den Kopf und wollte gerade wieder im Gebüsch verschwinden, etwa dort, wo seiner Meinung nach früher einmal der eigentliche Weg gewesen war, da drehte er sich noch einmal um.

«Und keine Sorge, Max, ich schreibe unser Gespräch nicht als Arbeitsstunde auf die Rechnung.»

«Auf die Idee wäre ich jetzt gar nicht gekommen, Gino.»

«Es gibt Leute, die behaupten, sehr preiswert zu arbeiten. Am Ende ist man dann schlauer, aber dann ist es schon zu spät.» Es war offensichtlich, dass er die anderen beiden kleinen, kompakten Maurer meinte, Granci und Enzo.

«Ich würde es merken, da bin ich mir sicher.»

Gino drehte die offene, ausgestreckte Rechte um die Achse seines Unterarms hin und her, was in der unmissverständlichen italienischen Gebärdensprache so viel hieß wie: Vielleicht ist diese Erde die Hölle eines anderen Planeten, wer weiß das schon?

Dann verschwand er in der *macchia*, und ich wartete, bis keine von ihm losgetretenen Steine mehr von oben herunterrollten, und packte meine Metro-Motorsäge, deren Kette schlaff und trocken herunterbaumelte. Aha, die automatische Kettenschmierung hatte wieder einmal nicht funktioniert, und der Kettenspanner auch nicht. Schmeiß diese *cazzo-sega* endlich weg, hatte mir Gabrielle, der Motorsägen-Mann aus Cagli, mit großer Leidenschaft geraten, als ich sie das letzte Mal zur Reparatur gebracht hatte. Und außerdem, hatte er grinsend hinzugefügt, ist die sowieso viel zu klein. Ganz klar eine Zermürbungstaktik, die jedoch, wie ich mir eingestehen musste, langsam Wirkung zu zeigen begann. Vielleicht wäre ein nur fünf Zentimeter längeres Kettenschwert gar keine schlechte Sache …

Die Arbeiten gingen zügig voran. Gino und Nevio holten am nächsten Morgen in aller Frühe die beiden Zisternen von einer Firma in der Nähe von Urbino ab und waren schon um zehn Uhr bereit, sie mit dem *gru* auf das inzwischen hart gewordene Fundament hinunterzuheben. Gino war nervös, der Berg war steil, der Weg schmal und unbefestigt und die Gefahr groß, dass sein Laster bei ausgefahrenem Hebearm von dem Gewicht der Betonzisterne in die Tiefe gezogen werden würde. Er werkelte und fluchte, und ausgerechnet, als er gerade das erste der beiden Betonmonster von der Ladefläche gehoben hatte und über den Abgrund schwenkte, kamen zwei Autos den Berg hochgeprescht, vorneweg Spaccone mit seinem VW Passat, der schon von weitem blinkte und hupte, dahinter ein Porsche-Cabrio mit geschlossenem Verdeck.

Spaccone war früher einmal der erfolgreichste Autoverkäufer

in der größten VW-Niederlassung Nordrhein-Westfalens gewesen. Dann war er – so seine eigene Darstellung seines Werdegangs – im Auftrag der Wolfsburger Konzernzentrale nach Italien geschickt worden, um das Vertriebssystem dort auf Vordermann zu bringen. Danach wurde er mit demselben Auftrag nach Nordamerika geschickt, wo er viele Jahre zuvor an der Columbia University in New York Wirtschaftswissenschaften studiert hatte. Seit er kürzlich in vorgezogene Pension gegangen war, arbeitete er als freiberuflicher Consultant, da er zum einen nicht der Typ war, der «sich einfach nur auf seinem Arsch ausruhte», und dessen Fähigkeiten zum anderen derart exorbitant und begehrt waren, dass er sich dem allgemeinen Drängen nicht verweigern konnte. Wie das nun genau aussah, wusste niemand, Luise am allerwenigsten, aber es erklärte, warum Spaccone ständig zwischen Deutschland und dem Monte Dolciano hin und her pendeln musste. Dass er nebenbei verschiedene außereheliche Verhältnisse pflegte, hatte natürlich nichts damit zu tun, und die Frage, warum ein studierter Wirtschaftswissenschaftler bei VW Autoverkäufer geworden war, konnte auch nie geklärt werden. Kurzum: Was Spaccone genau machte, wusste keiner mit Gewissheit zu sagen, nicht einmal, ob er wirklich so viel Geld hatte, wie er vorgab, oder ob er vollkommen auf Pump lebte, Drogen vertickte oder als Heiratsschwindler gutgestellte ältere Damen ausnahm.

«*Ou*, Max, wie geht es dir, du alter Schwede?», machte Spaccone auf locker und leutselig, und natürlich war er nicht an einer Antwort interessiert. «Sag doch mal deinem Arbeiter, dass wir da vorbeimüssen.»

«Ist jetzt ganz schlecht, Horst.»

«Muss, Max, muss.»

Luise war im Wagen sitzen geblieben und nickte mir nur mit todernster Miene zu. In Anwesenheit von Spaccone wirkte sie oft wie sediert und beteiligte sich selten an Gesprächen – wie denn auch, er schwadronierte schließlich in einem fort.

Und wenn sie mal etwas sagte, holte er schon während ihrer ersten Worte so tief und anhaltend Luft, dass sie sich beeilte, zum Ende zu kommen, damit er nicht platzte.

«Dann musst du dich gedulden», sagte ich. «Das dauert hier noch eine Weile.»

Spaccone kam ganz nah heran und deutete auf den Porsche. «Das ist mein Chef. Der will sich hier ein paar Häuser angucken, du verstehst?»

Ich konnte das Gesicht eines braungebrannten Mannes und das einer noch brauner gebrannten Frau erkennen und auf dem Rücksitz die Silhouette einer dritten Person.

«Will denn da oben irgendwer verkaufen?»

Spaccone stupste mir anbiedernd in die Seite. «Du weißt doch, wenn man den Italienern genug Geld hinhält, werden sie alle weich.»

Inzwischen war der Chef ausgestiegen, ohne irgendeinen der Anwesenden eines Blickes zu würdigen, kniete sich neben seinen Porsche und inspizierte schlecht gelaunt den Unterboden.

Gino hielt sich demonstrativ aus allem heraus, sprang zwischen der Steuerung für seinen Kran und der über dem Abgrund baumelnden Zisterne hin und her und brüllte mit Nevio um die Wette. Hochdramatisch.

Spaccone deutete auf Gino. «Wie heißt der Mann?»

«Gino.»

«Gino!», rief er und gestikulierte ausgiebig, um gleich von vornherein klarzustellen: Eigentlich bin ich Italiener!

«*Co'è?*»

«Wann können wir hier durch?»

«Gar nicht! Wie denn?», rief Gino zurück, ohne sich von seiner Arbeit ablenken zu lassen.

Spaccone wandte sich wieder mir zu. «Ja, spinnt der denn?»

«Der spinnt nicht, der arbeitet», versuchte ich es scherzhaft.

Der Chef musste irgendetwas unter dem Porsche entdeckt haben.

«Verdammte Scheißstraßen hier in Scheiß-Italien!»

Man hätte auch sagen können: Scheißauto für die Straßen hier in der *campagna*.

Der Chef kam mit einiger Mühe wieder hoch. Das Gesicht, das er dabei machte, hatte meiner Einschätzung nach jedoch nicht nur mit Kratzern am Unterboden des Autos zu tun, sondern auch mit einer beginnenden Arthrose in seinen Kniegelenken. Erst jetzt realisierte ich, wie sehr ich mich von seinem modisch-jugendhaften Outfit hatte blenden lassen, er musste die sechzig weit überschritten haben.

«Lass uns umkehren, Horst!», bellte er, gewohnt, Befehle zu erteilen.

Währenddessen öffnete sich die Fahrertür, und die Silhouette vom Rücksitz schälte sich aus dem Porsche heraus. Eine junge Frau, mit aufmerksamen, gleichwohl verquollenen Augen, schlank, von herber Schönheit. Sie schien sehr um eine würdevolle Haltung bemüht, gleichzeitig machte sie einen verlorenen, unsicheren Eindruck. Sie schien sich für Ginos Hebekran-Aktion zu interessieren und trat heran, um die ganze Angelegenheit genauer betrachten zu können.

Als Gino sie bemerkte, änderte sich sein Verhalten auf bemerkenswerte Weise. Kennengelernt hatte ich ihn bisher als freundlichen, zu Späßen aufgelegten Kerl, der, entgegen Lucianas Beschreibung, nicht nur wusste, wie klein er war, sondern sogar damit kokettierte. Und der philosophische und moralische Überlegungen und Diskussionen liebte, vor allem, wenn er sie anzettelte und in seinem Redefluss nicht zu oft unterbrochen wurde. Jetzt zeigte er eine dritte Seite, nämlich die eines Rabauken, ja fast eines Machos. Er straffte seinen Körper und reckte sich, drückte sein Kinn gegen die Brust, blähte seine Nasenflügel, sprang mit federnder Leichtigkeit souverän vom Laster herunter und wieder hinauf, spielte virtuos und ohne hinzusehen, mit den Bedienelementen des Krans, hielt sich mit einer Hand an einem Holm fest, während er seinen Körper weit, weit zurücklegte und unnütze Worte brüllte wie: «Nevio, wie sieht es aus? Pass auf da unten! Wenn der Laster über die Kante kippt, bleib nicht stehen!» Nevio ließ das stoisch über sich ergehen, auch er hatte zwar die junge Frau gesehen, konnte aber unten auf dem rutschigen, steilen Boden mit dem Seil in der Hand, mit dem er die Zisterne beim Hinunterlassen ausrichten sollte, sowieso keine gute Figur abgeben.

«Hoffentlich kippt der Laster nicht um», sagte die Frau gleich neben mir mit erstaunlich dunkler Stimme.

Ich sah sie an. Ihr Blick war wachsam, wie von jemandem, der es unter allen Umständen vermeiden musste, Zeichen von Schwäche zu zeigen. Wie Anna, dachte ich.

«Valerie, bleib mal im Auto», nörgelte Spaccone von hinten, «wir drehen wieder um.»

Valerie atmete schwer, reagierte aber nicht weiter.

Aus unerfindlichem Grund sprang Gino jetzt von seinem Laster herunter, ließ die Zisterne über dem Abgrund und über Nevio baumeln und kam zu uns herüber, ernst und gewichtig.

«Ich würde euch gerne vorbeilassen, aber ihr seht ja.» Er hatte zwar alle angesprochen, aber nur Valerie angesehen. Ihre Reaktion ließ erkennen, dass sie kein Italienisch konnte oder zumindest nicht sehr gut.

Spaccone schob sich dazwischen. «Nicht nötig, Gino, wir wollen dich nicht stören, wir drehen wieder um.»

Gino sah ihn fragend an.

«Ich bin Horst, ein Freund von Max.»

Der ist alles Mögliche, aber kein Freund, wollte ich Gino signalisieren, hatte aber keine Geste parat, die das ausgedrückt hätte und gleichzeitig subtil genug gewesen wäre, um sie in einer derart öffentlichen Situation anzuwenden. Außerdem wurde ich von Valeries Blick abgelenkt, mit dem sie mich aufmerksam musterte. Später erfuhr ich, dass Luise ihr von mir erzählt hatte, unter anderem, dass ich ohne Partnerin und nicht schwul war.

«Valerie, steigst du bitte in mein Auto? Dein Mann wartet ja schon zu Hause.»

Spaccone zeigte Nerven, denn sein Chef war wortlos in den Porsche zurückgeklettert und hatte angefangen, auf der schmalen Straße zu wenden. Wütend rammte er vorn die Böschung, schabte hinten an den herunterhängenden Ästen einer Eiche entlang und ließ immer wieder den Motor aufheulen, um klarzumachen, wie viel Pferdestärken er mobilisieren könnte, wenn ihn diese verdammte italienische Straße nur ließe.

«Vielleicht sieht man sich», verabschiedete sich Valerie matt und ging zu Spaccones Passat. Gino und ich sahen ihr nach.

«Ich habe da ein Loch im Dach, Gino», schob Spaccone sich dazwischen. «Wie sieht es aus, kannst du da mal nachsehen?» Er tat so, als würde er Gino schon seit Jahrzehnten kennen.

«Für das Können gibt es nur einen Beweis: das Tun», erwiderte Gino kühl, man merkte ihm an, wie unsympathisch ihm Spaccone war.

Spaccone zögerte einen Moment, von einem einfachen Maurer hatte er wohl eher eine Antwort erwartet wie: «Nein» oder «*domani*» oder «Ein Loch? In deinem Dach? Wo denn da? Ist es leicht zugänglich? Kann ich bei dir vor der Tür meinen Zementmischer abstellen?» oder «Warte, bis genug Moos drum herum gewachsen ist, dann ist es wieder dicht».

Endlich fiel bei Spaccone der Groschen.

«Das ist gut!» Er klopfte Gino auf die Schulter und ignorierte oder bemerkte nicht, wie dieser sich auf fast schon brüske Art von ihm abwendete. «Für das Können gibt es nur einen Beweis: das Tun! Das könnte von mir sein.» Er lachte auf. «Dann stell doch dein Können unter Beweis und komm mal vorbei.»

Gino sah Valerie zu, wie sie hinten ins Auto einstieg.

«*Come no?*», antwortete er. «Wenn ich bei Max fertig bin.»

Valerie hatte die Tür zugezogen und blickte hinaus, sehr ernst und ein wenig sehnsüchtig, wie mir schien.

«Wunderbar! Komm zum Mittagessen, meine Frau macht

uns Knödel und Rotkohl mit Sauerbraten, du wirst staunen, wie gut das schmeckt. *Ciao, ragazzi!*»

Gino sah Spaccone hinterher, wie der mit kleinen Schritten zu seinem VW zurückkehrte, er schüttelte den Kopf und hörte gar nicht mehr auf.

«Dieser jungen Frau geht es nicht gut. Der geht es ganz und gar nicht gut. Wie war noch ihr Name?»

«Valerie.»

«Valerie ist nicht glücklich.»

«Woher willst du das wissen, Gino?», erwiderte ich. «Wegen der verquollenen Augen? Das kann auch Heuschnupfen sein.»

Er blieb mir eine Antwort schuldig, reckte sich und ging gemessenen Schrittes zurück zu seinem *gru* und der bedrohlich über dem inzwischen wild fluchenden Nevio schwebenden Zisterne.

Spaccone wendete ebenfalls auf der schmalen Straße, und jedes Mal, wenn er zurücksetzte, sah ich Valeries Gesicht, und jedes Mal, wenn sich unsere Blicke kreuzten, hatte ich einmal mehr das Gefühl, mich endlich möglicherweise vielleicht wieder verlieben zu können.

Ein schönes Gefühl, das mir, noch während ich es auskostete, wie ein Verrat an Anna erschien. Natürlich hatte Anna mich verlassen und im Stich gelassen, aber musste ich sie deswegen ebenfalls aus meinem Herzen verbannen? «Allerdings, du Blödmann», sagte mein Verstand, genervt, über Jahre immer wieder wortwörtlich dasselbe sagen zu müssen. Fast hätte ich ihm recht gegeben, doch da hing noch der Satz in der Luft, den Spaccone zu Valerie gesagt hatte: Dein Mann wartet ja schon zu Hause …

Lass es, Max, sagte ich mir und versuchte mich auf die schwebende Zisterne zu konzentrieren.

Nevio zog und zerrte an seinem Seil, schwerfällig taumelnd begann sich der tonnenschwere Betonbehälter zu drehen. «Jetzt runter! Gino! *Porceria!* Nun mach schon!»

«Jaja, Nevio, reg dich ab.» Gino werkelte unkonzentriert an

seinen Hebekranhebeln, auch er schien von Valerie ein wenig abgelenkt zu sein. Langsam senkte sich die Zisterne in Richtung Fundament.

«Nein, nein, nein! Wieder hoch! Sie steht schräg! Wo hast du deine verdammten Augen?»

«Na hier! Wo sonst?»

«Was weiß ich! Und jetzt hoch das Ding!»

«*Ragione*, Nevio, *ragione*.»

Mit Verve betätigte Gino die Steuerung, worauf ein Ruck durch den Laster ging und sich die Räder auf der gegenüberliegenden Seite mit einem bedrohlichen Zittern in die Luft hoben. Lkw, *gru* und Zisterne waren jetzt nur noch eine Winzigkeit davon entfernt, über den Straßenrand hinunterstürzen.

«Zur Seite, Nevio! Zur Seite!», brüllte Gino.

Nevio reagierte nicht und starrte die Zisterne an, die unentschlossen vor ihm schwebte. Wie sollte er sich in Sicherheit bringen, wenn er nicht wusste, in welche Richtung sie kippen würde?

Endlich, quälend langsam, senkten sich die Räder wieder auf den Boden. Gino wischte sich mehrfach erleichtert mit der flachen Hand über Mund, Kinn und Wange.

«Was ist? Lässt du sie jetzt runter oder nicht?», brüllte Nevio.

Beim übernächsten Versuch klappte es endlich. Nevio hockte sich erschöpft hin, mit dem Rücken gegen das Betonmonster gelehnt, und schüttelte den Kopf über Ginos Unkonzentriertheit. Gino reagierte nicht und fingerte gedankenverloren an der Hydraulik seines Hebekrans herum.

Eine Woche später waren alle Arbeiten beendet, die Wasserleitung von den Zisternen zum Haus hatte ich selber gelegt und angeschlossen. Am Ende des letzten Arbeitstages kam Gino zu mir ans Haus, die Invaliden waren schon nach Hause gefahren, und begutachtete meine Installation.

«Nicht schlecht, Max, aber warum hast du so ein dickes Rohr genommen? *Un pollice* hätte doch gereicht. Und wäre billiger gewesen.»

«Lieber ein dickeres Rohr, und dafür wird es nie verstopfen.»

Er wiegte den Kopf hin und her, was in der absolut unmissverständlichen italienischen Gebärdensprache so viel hieß wie: Brauche ich eine Krawatte, um ein Apfelbäumchen zu pflanzen, wenn alle Plätze auf der Arche Noah besetzt sind?

«Wie wäre es, wenn ich in den nächsten Tagen zu dir nach Hause komme, um die Rechnung zu begleichen?», fragte ich ihn, um ihn von dem Thema abzulenken. Ich hatte mir in den letzten Monaten, vor allem nachdem die anno 1912 von Don Pasquale im *Fosso del Inferno* vier Meter unter dem Erdboden mit Hilfe seiner Wünschelrute lokalisierte Quelle wahrscheinlich wegen meiner Baggerarbeiten versiegt war, so viele fachmännische Ratschläge anhören müssen, dass ich schlicht und einfach die Nase voll hatte. Ja, vielleicht hatte ich ein dickeres Rohr genommen als nötig, geschenkt, ihr verdammten Besserwisser!

«Nein, nicht im Haus», antwortete Gino, ihm war erkennbar unwohl bei dem Gedanken.

Ich sah ihn erstaunt an. Wo dann? Merkwürdig war auch die Formulierung: nicht im Haus. Wieso nicht zu Hause oder in meinem Haus?

«Morgens trinke ich einen *caffè*, abends esse ich, und später schlafe ich dort. Mehr nicht.»

War ihm irgendetwas peinlich? Das Haus selbst konnte es nicht sein, ich war schon oft daran vorbeigefahren, es handelte sich um eine große, freundliche, alleinstehende *casa urbana* mit einem geschmackvollen Garten ringsherum, was rund um den Monte Dolciano eher eine Seltenheit war.

«Ich bin kein Familienmensch. Die Frau und ich», er sagte nicht *mia moglie*, ‹meine Frau›, «wir leben in verschiedenen Welten.»

«Kein Problem», sagte ich und hob abwehrend die Hände,

ich hatte den Eindruck, ihn in eine unangenehme Lage zu bringen. Manfredos Worte fielen mir wieder ein: Gino triffst du ab acht Uhr abends in Lucianas Bar. «Dann sagen wir doch morgen Abend um acht in Lucianas Bar, *va bene?*»

Gino nickte geistesabwesend. «Ich weiß nicht, ob es in deinem Leben schon einmal Liebe gegeben hat.»

«Hat es», sagte ich zögernd und etwas überrumpelt von seinem plötzlichen melancholischen Ernst, «aber sie ist weggegangen und hat die Liebe mitgenommen.»

«In meinem zählte immer die Pflicht», fuhr er fort, ich hatte den Eindruck, dass er meine Worte gar nicht gehört hatte. Er sah mich an. «*La vita è così*, jeder bekommt etwas mit auf die Reise, mit dem er umgehen muss. Jeder hat seinen Weg, den er gehen muss.»

«Das stimmt», erwiderte ich.

Gino drückte meinen Arm. «Ich sage dir, wenn da Verstehen ist, dann ist da auch Liebe. Wenn da kein Verstehen ist, dann ist da nur ein endloser Strom von Fragen. Deshalb beschäftigen mich tausend Dinge. Wahrscheinlich, weil da nie Liebe war.»

Bei aller Sympathie – das war mir dann doch zu dick aufgetragen. Wie in einem Rosamunde-Pilcher-Gespräch, es ging um nichts, sollte aber einen wahnsinnig dramatischen, wahnsinnig gefühlvollen Eindruck machen. Ich grinste in der Hoffnung, dass Gino dieses Pathos ebenfalls in ein Lächeln auflöste, bis ich begriff, wie wenig Ginos Worte auf Effekt aus waren und wie sehr sie als Quintessenz seines Lebens gemeint waren.

«Hier ist das Leben anders als in euren großen Städten. Weißt du, die Frau und ich, wir kannten uns nicht, als wir geheiratet haben. Davor waren wir nur einmal zusammen gewesen.» Er bewegte seine Rechte spiralförmig nach vorn: Du weißt, was ich meine. «Für mich war es das erste Mal. Für sie auch. Ich war siebzehn, sie war fünfzehn. An einem Morgen dann klopft ihr Bruder an die Tür und sagt: Gino, ihr müsst heiraten. Ich habe nur gesagt: Gut, wo muss ich hinkommen und wann?»

Eine Pause entstand. Gino fixierte meinen Kirschbaum. «Den musst du schneiden, damit er Früchte trägt. Ich kann dir zeigen, wie das geht.»

«Ich will gar keine Früchte», antwortete ich, «ich will nur so viel Schatten wie möglich.»

Gino nickte bedächtig. «Mein Vater hat mich zwei Tage lang verprügelt.» Er zuckte mit den Schultern: So war das damals. «Die Frau und ich, wir heirateten. Keine Kirche, keine Blumen, kein Anzug, nur ein Dokument auf der *comune*, ich habe gefragt: Wo muss ich unterschreiben? Da und da, track!, habe ich unterschrieben, die Frau ist zu ihrer Familie zurück und ich zu meiner, und ein paar Monate später sind wir zusammengezogen, und ich habe angefangen, für eine eigene Familie zu sorgen. *È così.*»

Gino reckte sich, und ich spürte, dass er unruhig wurde, möglicherweise empfand er die Situation jetzt doch als zu persönlich, schließlich kannten wir uns erst seit zwei Wochen.

«Weißt du, Max, die Frau und ich, wir haben nie geredet.» Er deutete im Wechsel auf mich und auf sich. «Nicht ein einziges Mal. Nicht mal so wie wir jetzt. Die Frau ist nicht daran interessiert, was ich denke. Nicht weil sie böse ist, *oddio, no*! Ich glaube, sie ist nicht einmal daran interessiert, was sie selber denkt. Wenn das Geld zum Leben nicht reichte, hatte sie Angst, reichte es, war es gut. Weißt du, wie es ist, wenn ein Mensch neben dir große Angst hat? Also habe ich mich bemüht und für genügend Geld gesorgt. Nur im Haus», er schüttelte den Kopf, «da habe ich es nicht ausgehalten. Bis heute nicht. Aber meine Pflicht, die tu ich. So wie sie sie auch getan hat, mit den Kindern und mit dem Haushalt.»

Ich nickte, gerührt, von ihm ins Vertrauen gezogen zu werden, aber auch verunsichert, weil Gino, der immerhin doppelt so alt war wie ich, mir derart intime Dinge erzählte.

«Morgens», wiederholte er, «trinke ich im Haus einen *caffè*, tagsüber arbeite ich, abends esse ich, nachts schlafe ich, dazwischen liefere ich das Geld ab, das ich verdiene – fast alles, für mich selbst brauche ich nicht viel. Ansonsten», er hob die Arme und lachte, «bin ich in der Natur unterwegs oder bei Luciana in der Bar oder rede mit Leuten. Nichts ist spannender als Menschen, Max, nichts.»

Er nickte mir zu.

«Na dann, bis morgen, bei Luciana», er hob die rechte Faust, *«compagno!»*

«Bis morgen, Gino», erwiderte ich, etwas irritiert, wie eilig er es plötzlich hatte. Möglicherweise bereute er es, mir einen derart tiefen Einblick in sein Leben gegeben zu haben. Ich lächelte ihm zu, aber er reagierte nicht und ging, dieses Mal auf dem normalen Weg, vermutlich, weil es ihm einen schnelleren Abgang ermöglichte.

7. KAPITEL

Als ich am nächsten Tag abends in der Bar bei Luciana auflief, winkte Gino mir schon von weitem zu und rief: *«Ou, capo! Sono qui!»* Neben der Tatsache, dass ich es hasste, mit «Chef» angeredet zu werden, wirkte Gino auf mich, ganz anders als am Tag zuvor, übertrieben höflich und demonstrativ unpersönlich. Er schüttelte in einem fort den Kopf. «Ich hätte nicht gedacht, dass du tatsächlich kommst.»

«Wieso? Wir sind doch verabredet.»

«Noch nie hat jemand so schnell bezahlen wollen. Ihr Deutschen seid wirklich sehr korrekt.»

«Was hat das mit korrekt zu tun?» Wie immer ärgerte ich mich, als Vertreter typisch deutscher Eigenschaften hergenommen zu werden. «Du hast deine Arbeit gemacht, worauf soll ich denn noch warten?»

Gino zog die Schultern hoch und breitete die Arme aus. «Das ist hier so. Es gibt Leute, die schulden mir seit Jahren Geld.»

«Viel?»

«Mhm. Vielleicht ein oder zwei Millionen.»

Ich überlegte, ob ich das Thema vertiefen sollte, ließ es dann aber bleiben. Vor allem hatte ich keine Lust auf eine dieser So-sind-die-Deutschen-und-so-sind-die-Italiener-Diskussionen. Seit ich auf den Monte Dolciano gezogen war, musste ich ständig eine Nation von über 80 Millionen Menschen argumentativ vertreten, und das, obwohl ich schon Probleme hatte, meine persönlichen Eigenarten zu erklären. Außerdem hatte ich zwei Millionen Lire bar in der Tasche, früher oder später würde ich ohnehin bezahlen müssen, warum also nicht gleich? Mir erschien das logisch, aber wahrscheinlich war genau das sehr deutsch. Ich winkte Luciana herbei.

«Was soll's denn sein?», fragte sie.

«Mhm, nichts», sagte Gino.

Luciana rubbelte ihm über den Kopf. «Dich hab ich nicht gefragt.»

«Einen *caffè*, und Gino, du musst auch irgendwas nehmen, schließlich beenden wir heute ein gemeinsames Geschäft.»

«*Bou*, ein Wasser vielleicht.»

«*Frizzante? Naturale?*», fragte Luciana.

«Aus der Leitung, das reicht mir.»

Luciana sah mich an, zog eine Augenbraue hoch und signalisierte: Es hat keinen Sinn, es hat einfach überhaupt keinen Sinn.

«Ein *caffè*, zwei Wasser *naturale*, nicht aus der Leitung», bestellte ich und ignorierte Ginos missbilligendes Kopfschütteln.

Testa dura, Dickschädel, formulierte Luciana überdeutlich mit ihren Lippen und lächelte mich verschwörerisch an.

«Jetzt lass mal sehen, Gino.»

«Du meinst die Rechnung?», erwiderte der kleine Maurer und ließ seine Blicke durch die Bar streifen, als suche er einen Grund, schnell aufzuspringen und sich einer ganz anderen Sache zu widmen.

«Ja, die Rechnung.»

Gino zog einen Zettel aus der Tasche und hielt ihn mir hin. «Wenn du etwas nicht lesen kannst …»

Tatsächlich hatte ich Mühe, die Handschrift zu entziffern, aber eigentlich interessierte mich sowieso nur der Endbetrag. 4,2 Millionen Lire stand da. 4,2 Millionen Lire? Glatte 2,2 Millionen mehr, als Granci genommen hätte?! Entgeistert starrte ich Gino an.

«Die Handschrift?», fragte er besorgt. «Meine Tochter schreibt die Rechnungen, weißt du, und sie hat eine Klaue wie eine Römerin. Aber meine kann noch nicht einmal ich selber lesen. Meine ist wie von einem *napolitano*.

«4,2 Millionen!», stieß ich hervor. «Das sind 2 Millionen mehr, als Granci genommen hätte!»

Ginos Lächeln gefror im Bruchteil einer Sekunde, und seine Mundwinkel wanderten nach unten. «Kann gar nicht sein», erwiderte er ärgerlich und tippte auf die aufgelisteten Arbeiten. «Hier, da steht alles drauf, die Tage, die Stunden, die Raupe, die Arbeiter, die ich beschäftigt habe. Alles.» Er sprang auf, zog hektisch seine Hose hoch und sah mich böse an. «Da steht alles drauf. Ohne IVA.»

«Du hast gesagt, es wird preiswert. Das ist nicht preiswert», sagte ich und versuchte das Brodeln in meinem Magen zu ignorieren.

«Das ist das, was es kostet.»

«Nein, das ist zwei Millionen zweihundert mehr, als es kosten darf!»

Gino warf mit einer stolzen Geste seinen Kopf zurück. «Du willst nicht bezahlen, was da steht? *Va bene,* dann sag mir: Wie viel willst du bezahlen?»

«Darum geht es nicht, Gino. Aber wenn du so teuer bist wie Granci und Enzo zusammen, dann stimmt etwas nicht.»

«Aah!» Gino klatschte die Hände zusammen, wandte sich von mir ab, und als er sich wieder zu mir drehte, hatte er ein absolut unechtes Lächeln aufgesetzt. Luciana brachte das Wasser und den *caffè* und sah uns besorgt an.

«Wie viel willst du bezahlen? Nenn mir eine Zahl, dann machen wir es so, mir ist egal, wie viel.»

«So geht das nicht. Ich kann doch nicht einfach einen Preis machen», antwortete ich, einerseits kaum noch in der Lage, meine Wut zu beherrschen, andererseits vor Luciana peinlich berührt. «Du tust ja so, als wolltest du mir etwas schenken. Als würde ich deine Arbeit nicht angemessen bezahlen wollen.»

«Ist mir egal. Nenn mir eine Zahl.»

«Du musst doch wissen, wie viel deine Arbeit wert ist.»

«Steht ja da!» Er riss mir den Zettel aus der Hand und klopfte darauf herum.

«Habe ich gelesen. Aber 4,2 Millionen sind zu viel!»

«Dann nenn mir eine Zahl!»

«Ein Zahl willst du? Also gut: Warum willst du zwei Millionen mehr als Granci oder Enzo?»

«Granci! Enzo! Hör mir auf mit Granci und Enzo! Die sagen heute zwei Millionen, und morgen wollen sie fünf!»

«Das ist doch Blödsinn! Wofür gibt es denn Kostenvoranschläge?»

«Ich habe keinen gemacht!»

«Nein, aber du hast gesagt, es wird billig!»

Jetzt war kein Halten mehr. Wir brüllten uns an, tobten, und keiner wollte einen Millimeter zurücktreten. Ich war nicht nur sauer, sondern auch verletzt über den extremen Preis, der, wie ich fand, einen Ausdruck von falscher Freundlichkeit und Ausnutzung meiner Gutgläubigkeit darstellte. War Gino, der Philosoph und Maurer, ein Halsabschneider? Hatte er mich mit seinen freundschaftlichen Worten nur eingewickelt, um mich dann besser auszunehmen? Verbarg sich hinter seinem skurrilen, harmlos anmutenden freundlichen Wesen einen raffzahniger Zwerg?

Luciana war zu ihrer Theke zurückgekehrt und lehnte sich, die Arme verschränkt, mit dem Rücken dagegen. Ich hoffte, sie würde wenigstens unparteiisch sein, doch das war sie nicht, sie tendierte eindeutig mehr zu Gino. Ich spürte einen Stich. Ich fühlte mich im Recht, warum sah Luciana, die Gerechte, das nicht? Plötzlich war ich wieder der Deutsche, der Fremde, der nicht dazugehörte. Im Ernstfall halten sie dann doch zusammen, die Italiener, und zwar alle 56 Millionen! Für einen Moment war ich dazu bereit, Gino seine verdammten 4,2 Millionen zu geben, um des lieben Friedens willen. Aber es ging nicht, allein der Gedanke verstärkte das Brodeln in meinem Bauch und ließ mich noch lauter herumbrüllen. Gino schien es ähnlich zu gehen. Er zappelte herum, schickte demonstrativ Stoßgebete in den Himmel, setzte sich, sprang wieder auf. Doch dann, in einer winzigen Pause der Erschöpfung, spürte ich, dass Gino um etwas ganz anderes kämpfte als um das Geld. Was war es? Warum wollte er einfach so von seiner Forderung zurücktreten und mich einen anderen, niedrigeren Preis machen lassen, den er ohne Widerstand akzeptieren würde, obwohl ihm aus seiner Sicht 4,2 Millionen zustanden? Ich verstand es nicht, aber eine leise Stimme flüsterte mir ein: Dieser Quadratschädel, dieser kleine, sich wild gebärdende Derwisch, der kurz davor ist, einen von Lucianas Tischen in der Mitte zu spalten, ist kein Betrüger, sondern ein Mensch, der in der Klemme steckt.

«*Aspetta*, Gino, *aspetta*!», sagte ich und schob ihn eine Armlänge von mir weg.

«Nenn mir einen Preis», stieß er atemlos hervor. Tatsächlich, da war Verzweiflung in seinem Tonfall.

Statt zu antworten, ließ ich mich auf einen Stuhl fallen, nahm mir die Rechnung noch einmal vor und studierte sie genauer. Im Augenwinkel rechts sah ich, wie Gino grimassierte, demonstrativ stöhnte und nervös herumhüpfte. Im Augenwinkel links drohte Luciana mit einer Körperhaltung, die mir klarmachte: Wenn du jetzt keinen guten Ausweg findest, dann … Ja, was dann? Nichts Gutes jedenfalls, so viel war klar. Das Schlimmste wäre eindeutig, mir eine andere Bar suchen zu müssen.

Eine furchtbare Vorstellung. Ein Leben auf dem Monte Dolciano ohne Luciana, Orlando, Gino, die Wildschweinjägerei, ja, sogar ohne Nardini erschien mir plötzlich unmöglich. Und einer Verurteilung gleich kam die Antwort auf die Frage, welche andere Bar denn in Zukunft meine Anlaufstelle sein sollte. Da gab es nämlich nur noch die vom unsympathischen Sergio, der notorisch missgünstig war, und die von Franco, die ging so weit in Ordnung, allerdings herrschte auf dem Monte Dolciano einhellig die Meinung, dass es nur noch eine Frage der Zeit war, bis die *Guardia di Finanza* ihn hochnehmen würde, weil er nie richtig Steuern bezahlt hatte.

Zum Glück war es nicht schwer, den Fehler in Ginos Rechnung zu finden. Es lag an der Raupe. Sie war mit 2,56 Millionen Lire berechnet, also für vier Tage jeweils acht Stunden.

«Gino?»

Gino unterbrach sein nervöses Gezappel und warf Luciana einen langen Blick zu. Luciana reagierte nicht und behielt ihren konzentrierten Blick und ihre in Falten gelegte Stirn bei. Inzwischen war es in der Bar sehr still geworden, und keiner der Anwesenden machte sich die Mühe vorzutäuschen, nicht zuzuhören.

«Was ist?», fragte er.

«Du sagst, deine Tochter schreibt die Rechnungen?»

«Ja, das macht sie. Ich kümmere mich nicht darum.»

«Dann hat sie einen Fehler gemacht.»

Gino japste nach Luft, jetzt auch noch ein Vorwurf gegen die

Familie? Lucianas Falten wurden tiefer. Gegen die Familie, das ging eindeutig zu weit!

Ich schluckte mehrmals und atmete tief durch, um der aufsteigenden Panik Herr zu werden. «Hier steht: *ruspa* vier Tage, das macht 2,56 Millionen Lire. So lange hat die Raupe bei mir gestanden, das stimmt. Aber benutzt hast du sie nur eine halbe Stunde, nämlich als du die Furche für die Wasserleitung gezogen hast. Das muss deine Tochter falsch verstanden haben.» Die Panik hatte mein Italienisch holperig werden lassen, ich konnte mich selber hören, wie ich durch die Sätze stolperte, hier ein falsches Pronomen, da ein fehlerhaft konjugiertes Verb: ein unbeholfener Deutscher, dem jegliche sprachliche Eleganz fehlte, dessen Worte man zwar verstand, die aber ohne jede Melodie daherkamen und schon deswegen höchst zweifelswürdig waren. Schweiß brach mir aus, meine hilfesuchenden Blicke wurden von Luciana wahrgenommen, doch sie sah mich nur auf eine Art an, die alles Mögliche bedeuten konnte, nur nicht: Max, ich glaube dir, du hast bestimmt recht, du bist ein guter Mensch. Gino streckte seine Rechte aus, ohne mich anzusehen. «Zeig her», sagte er und begann eingehend die Rechnung zu studieren.

Ich wartete. Luciana regte sich nicht. Alle in der Bar starrten zu uns herüber. Stiller als diese Stille konnte Stille nicht sein.

Plötzlich schlug Gino sich heftig gegen die Stirn. Ich zuckte zusammen und hörte im Geiste schon die letzte Glocke schlagen: *Arrivederci, Luciana, Gino e voi altri,* es war eine gute Zeit, aber jetzt muss ich leider mein Haus verkaufen und woandershin ziehen, dorthin, wo mich niemand kennt und wo es eine kommunale Wasserleitung mit einer Wasseruhr gibt …

«Na klar!», rief Gino und winkte mit der Rechnung in Lucianas Richtung. «Da ist ein Fehler! Constanza», seine Tochter, «hat in ihren Unterlagen nur gesehen: Die Raupe war vier Tage bei Ca'Tommaso, danach wurde sie zu Umberto gebracht, also nahm sie an, dass sie vier Tage benutzt wurde.» Gino legte die

Handflächen aneinander wie zu einem katholischen Gebet alter Prägung. «Sie wusste nicht, dass die Raupe ja nur 30 Minuten in Betrieb war!»

Langsam, sehr langsam verschwanden Lucianas Falten, und sie zog eine Augenbraue hoch.

«Ja, genau, ein Missverständnis», sagte ich und lächelte erleichtert. Natürlich wäre die richtige Antwort gewesen: Warum hast du es ihr nicht gesagt? Warum hast du die Rechnung nicht kontrolliert? Aber ich war einfach nur heilfroh, dem seelischen und sozialen Tod von der Schippe gesprungen zu sein, und grinste wie ein Blöder.

«Ja, ein Missverständnis! Ein Glück, dass du mich darauf hingewiesen hast.» Gino schlug mir einige Male gegen den Oberarm, viel zu heftig, aber irgendwo musste sein Überdruck ja hin. Wieder winkte er Luciana mit der Rechnung zu. «Ein Missverständnis!»

Luciana schüttelte den Kopf und atmete auf. «Liest du deine eigenen Rechnungen nicht, Gino?», fragte sie mit einem deutlichen Ton von Missbilligung, der bei mir einen warmen Schauer des Glücks auslöste.

«*Ma vai*, Luciana, ich bin Maurer und kein Buchhalter.»

«Du bist Unternehmer, und deine Tochter ist bei dir angestellt. Wenn die einen Fehler macht, bist du verantwortlich. So ist das bei mir auch.»

Endlich! Da war sie wieder, Luciana, die Gerechte!

«*Ragione*», erklang Orlandos Stimme aus dem Hintergrund, «das ist richtig.»

Für einen Moment sah es so aus, als würde der aufkommende Frieden in den nächsten Krach übergehen, Gino gegen die gesamte Bar.

«Das kann passieren», lenkte ich schnell ein, «ich hätte die Rechnung meinerseits besser studieren sollen, bevor ich mich aufrege.»

Luciana zögerte für einen Moment. Dann nickte sie.

«Besser, wenn man eine Rechnung genau liest.» Wieder Orlandos Stimme aus dem Nirgendwo. «Man weiß ja nie.»

Plötzlich ertönten aus allen Ecken zustimmende Laute oder Sätze wie «Das kann passieren», «Besser genau gucken» und «Hätte mich sehr gewundert». Alles in allem also große Erleichterung.

Gino kriegte sich gar nicht ein, schüttelte den Kopf und studierte den handgeschriebenen Zettel und die Zahlen wieder und wieder und schlug sich wieder und wieder gegen die Stirn.

«Also, das macht 1,68 Millionen, wenn ich richtig gerechnet habe», sagte ich.

Gino beschrieb mit dem rechten Arm, die Handfläche nach unten, einen Halbkreis. Die Geste hatte ich irgendwo schon einmal gesehen, konnte mich aber im Moment nicht erinnern, wo. «Absolut richtig, 1,68 Millionen.»

«Willst du nicht nachrechnen, Gino?»

Gino bog seinen Kopf zurück, als wäre ihm ein unangenehmer Geruch in die Nase gestiegen, und wedelte abwehrend mit beiden Händen, als wolle er ebenjenen Geruch vertreiben. *«No, per carità!»*

«Die Zahl stimmt», bestätigte Orlando aus dem Dunklen mit der Gewissheit eines Mannes, der selbst im Halbschlaf jede beliebige Zahl addieren oder subtrahieren konnte. Ich hatte ihn immer noch nicht entdeckt und fragte mich, ob er überhaupt da war.

«Luciana?», rief Gino quer durch die Bar. «Bring mal zwei Gläser Weißwein!»

«Für wen?», fragte Luciana mit lächelnder Ironie.

«Für Max und mich!» Gino klopfte mir mit beiden Händen gegen die Brust, bis zu meiner Schulter reichten seine Arme nicht.

Ich legte spontan meinen Arm um ihn und drückte ihn kräftig. «Alles klar, Gino.»

Für einen Moment drückte er seinen Kopf an meine Brust,

177

eine Geste, die so liebevoll war und mich so sehr rührte, dass mir eine Träne ins Auge stieg. Alle dunklen Gedanken verflogen, nein, Gino hatte mich nicht betrügen wollen, ganz sicher nicht. Natürlich war ihm nach meinem ersten Entsetzen über den Rechnungsbetrag klar geworden, dass da etwas nicht stimmte. Aber meine Reaktion und meine Worte hatten ihn praktisch angeklagt, mich betrogen zu haben. Dadurch hatte er keinen Spielraum mehr gehabt, einzulenken, ohne sein Gesicht zu verlieren, denn das wäre einem Schuldeingeständnis gleichgekommen. Also hatte er versucht, eine *bella figura* zu machen, indem er den Spieß umdrehte und durch sein gönnerhaftes Mach-du-den-Preis mir den Gesichtsverlust zuschob. Wäre ich darauf eingegangen, hätte es von heute Abend an überall geheißen: Gino hat für viereinhalb Millionen gearbeitet, aber der Deutsche hat ihm nur die Hälfte bezahlt, was für ein Frettchen, *che schifo quello tedesco!*

Doch stattdessen hatte ich mir Respekt erkämpft, ein sehr wohliges Gefühl, das ich genoss. Orlando tauchte endlich aus dem dunklen Hintergrund auf und nickte mir anerkennend zu, was einiges bedeutete, denn Orlando war *geometra*, Landvermesser, und hatte einige Erfahrungen, wie man mit Handwerkern umzugehen hatte. *Stai attento*, vorsichtig sein, war sein Standardspruch.

Als Luciana den Wein brachte, war ihr Lächeln ungewöhnlich warmherzig, und sie rubbelte Gino mit besonderer Hingabe über den Kopf, was ihn noch mehr als sonst zu erfreuen schien. Dann sah sie mich für einen Moment an und rubbelte auch mir über den Kopf. Ausnahmsweise. Nur ganz kurz. Und nur dieses eine Mal.

8. KAPITEL

So hatte also Ginos und meine Freundschaft vor einigen Jahren mit einer Brüllerei begonnen, und sie hatte trotz einiger Krisen, und ich muss ehrlicherweise sagen, trotz Valerie, gehalten.

Doch zurück zu den Stunden nach Luises Beerdigung in Lucianas Bar, in der Manfredo immer noch mit dem Grabewinkel seines zu kleinen Baggers haderte und Gino wieder mal die Geschichte von dem Lehrer aus Florenz zu erzählen begonnen hatte, der sich auf den Weg nach Siena gemacht hatte und inzwischen unsicher geworden war, ob er sich noch auf dem richtigen Weg befand.

«*Ecco!*», rief Gino begeistert, der absolut in seinem Element war, «damals war es eben nicht so einfach, seinen Weg zu finden, auch wenn Siena und Florenz keine hundert Kilometer voneinander entfernt lagen. Und wir reden hier von einem Lehrer! Einem Mann des Wortes, des Geistes! Keinem Pfadfinder!»

«Die Wege waren ja nicht gekennzeichnet», ergänzte ich und wehrte mich regelrecht dagegen, mich von Ginos Begeisterung anstecken zu lassen.

Bis hierhin war Folgendes passiert: Ein Lehrer aus dem mittelalterlichen Florenz hatte sich also voller guter Absichten, aber auch voller für die Florentiner typischer Arroganz, etwas Besseres zu sein, auf den Weg nach Siena gemacht, um dort den weniger Gebildeten das Heil des Wissens zu bringen. Und nun war er schon vier Tage gewandert und befürchtete, sich verirrt zu haben.

Da sah er einen alten Bauern, der mit einer Hacke das Feld

bearbeitete, ein einfacher Mann, dessen sonnengegerbte Haut belegte, dass er dieser und ähnlichen einfachen Tätigkeiten schon seit vielen Jahren unter freiem Himmel nachging. Zugleich sah der Lehrer, wie sich weiter vorn der Weg gabelte, und die Beschaffenheit keiner der beiden Wege ließ ein Urteil zu, welcher wohl der Haupt- und welcher der Nebenweg war, welcher also nach Siena und welcher nach San Gimignano oder gar nach Quercegrossa führte. Also entschied er, den Landmann zu fragen, ohne jedoch große Hoffnung zu haben, von einem derart einfachen Menschen eine verwertbare Antwort zu bekommen.

«*Ou!*», rief er, «einen schönen Tag auch, werter *contadino*!»

Der Bauer unterbrach seine Arbeit, stützte sich auf seine Hacke und nickte dem Lehrer zu.

Ich muss darauf achten, nicht zu schnell zu sprechen, dachte der Lehrer, und ich darf keine komplizierten Worte verwenden. Am Ende beschäme ich diesen guten, einfachen Mann, nur weil ich ihn nach dem Weg gefragt habe.

«Nach Siena, guter Mann, welcher Weg dieser beiden dort vorne führt nach Siena? Könnt Ihr mir darüber Auskunft geben?» Und schon ärgerte sich der Lehrer, ‹welcher Weg dieser beiden dort vorne› – ja, hätte er die Frage nicht einfacher formulieren können? Dort sind zwei Wege, welcher führt nach Siena? Das war eine einfache Frage!

Der *contadino* holte ein schon reichlich durchtränktes Tuch hervor und wischte über seine schweißnasse Stirn. Der Lehrer schüttelte unmerklich seinen Kopf, voller Mitgefühl für diese schlichte Seele, die durch seine Frage in derartige Bedrängnis geriet. Er kann nicht gleich antworten, frei und lebendig, weil das Nachdenken so viel Kraft verlangt, dachte er, wie gut, hier meine Lehrtätigkeit aufzunehmen, zum Wohle dieser armen Landmenschen.

Der Bauer steckte sein Tuch wieder weg, packte seine *zappa*, und ohne den Lehrer anzublicken, antwortete er in perfekter Poesie und Melodie:

«*Salge il collo*
Scende al piano
Siena vedrai
È poco lontano»
Dann holte er weit aus und ließ die *zappa* mit solider Kraft in seinen Boden fahren.

«Erklimme den Hügel
Schreite hinab ins Tal
Dort siehst du Siena
Es ist schon ganz nah»
Der Lehrer, geschockt, dass selbst ein einfacher, schwitzender sienesischer Landmann zwischen zwei Hieben mit seiner Hacke solch wunderbar klingender Poesie fähig war, senkte beschämt sein Haupt – und kehrte geradewegs nach Florenz zurück, mit der Gewissheit, weder in Siena noch in dessen Umgegend gebraucht zu werden.

«Niemand sollte sich für etwas Besseres halten», fasste Gino die Moral der Geschichte, wie er sie sah, zusammen und lehnte sich zufrieden in seinem Stuhl zurück. Eigentlich wollte ich Gino einen genervten Blick zuwerfen, ertappte mich aber dabei, ihn selig anzulächeln. Gino lächelte triumphierend zurück.

Luciana hob eine Augenbraue und wandte sich kopfschüttelnd ihrer Theke zu, die sie eigentlich schon seit zehn Minuten mit einem feuchten Lappen hatte abwischen wollen.

«*È matto*», sagte sie zu mir und deutete auf Gino, der das als Ehrung empfand und breit grinste. «*È vero?*»

Ich nickte beipflichtend und winkte Orlando zu, der sich gerade verabschiedete, weil er am nächsten Morgen sehr früh rausmusste.

Überhaupt leerte sich die Bar langsam.

Manfredo gab endlich auf: Es gab niemanden mehr, der sich seine Erklärungen anhören wollte. Ich sah, wie er beim Bezahlen auf Luciana einredete, doch die zeigte kein Mitleid und sagte nur einige kurze, offensichtlich sehr kategorische Sätze.

Manfredo nickte zaghaft, die Lippen zusammengepresst, und schlich davon, gebeugt von der schwerwiegenden Erkenntnis: Gleichgültig, wie man die Sache betrachtete, er hatte mit dem zu kleinen Grab einen unentschuldbaren Fehler begangen, *basta*. Manfredo wirkte wie ein geschlagener Mann, und wenn sogar Luciana kein Verständnis mehr zeigte, dann war es wirklich schlecht bestellt um ihn. Wieder tat er mir leid, es war schwer, einem Italiener dabei zuzusehen, wenn er in der lebenswichtigen Anforderung, eine *bella figura* zu machen, versagte.

«Trau keinem Frettchen», sagte Gino und blickte Manfredo finster hinterher.

«Komm, Gino, irgendwann ist es aber auch genug.»

Gino sah mich erstaunt an.

«Manfredo hat es gründlich verbockt, das steht außer Zweifel. Aber deswegen muss man ihn ja nicht zigmal durch die Hölle schicken.» Fehler! Gino kannte, wie schon erwähnt, die dunklen Passagen von Dantes dreiteiliger «Göttlicher Komödie» auswendig, also Teil eins, «Hölle», und Teil zwei, «Fegefeuer», der dritte Teil, «Paradies», war ihm nicht so geläufig, und im Normalfall nutzte er jedes passende Stichwort, um sein Wissen hervorzukehren.

Doch dieses Mal reagierte er nicht. Ich sah ihn erstaunt an. In seinem Gesicht breitete sich eine kraftlose Leere aus, seine Augen suchten den Boden, und seine Schultern hoben sich, begleitet von einem schweren Atmen.

«Es reicht schon einmal durch die Hölle», flüsterte er so leise, dass ich es gerade noch verstehen konnte.

Valerie. Die Erinnerung an die schöne Zeit mit ihr und ihrer Tochter Sandra hatte ihn kalt erwischt.

«Sie hat dich gewarnt, Gino. Sie hat gesagt, sie würde gehen», sagte ich wenig einfühlsam. Ich spürte, dass Gino gerade dabei war, mir zu anstrengend zu werden: der Lehrer aus Florenz, Manfredo und das zu kleine Grab und jetzt auch noch Valerie …

«Sie hätte sich gedulden können. Wir sind durch die Hölle gegangen und waren auf dem Weg durch das Fegefeuer. Das hätte zur Läuterung und dann stufenweise durch das irdische Paradies bis hinauf zur Erkenntnis der Liebe und der Anschauung Gottes geführt.»

Ecco, da brachte er sie also doch noch ins Spiel, die Göttliche Komödie! Ich packte ihn am Arm und zog ihn zu mir heran, damit ich nicht so laut sprechen musste.

«Ihr habt euch von Anfang an geliebt, also was soll da noch der Weg zur Erkenntnis der Liebe? Und was willst du mit der Anschauung Gottes? Du bist Sozialist.»

Er schüttelte heftig seinen Kopf. «Ich bin ein Mann, der von der Frau verlassen wurde, mit der er eine wundervolle Zeit verbracht hat. Ich bin der Mann, für den diese wundervolle Zeit noch nicht zu Ende ist.»

Erst jetzt sah ich sein schmerzverzerrtes Gesicht. «Das tut verdammt weh, ich weiß», erwiderte ich einlenkend, denn zumindest diesen Schmerz konnte ich gut nachempfinden.

«Ja, das tut es.» Er deutete auf seinen Arm, dorthin, wo ich ihn gepackt hielt. «Seit mich dein Eichenbalken erwischt hat, du erinnerst dich?»

Ich ließ ihn los. «Immer sind alle an allem schuld, nur du nicht.»

Gino bog seinen Kopf zurück, halb von mir abgewandt, massierte seinen Arm und zog sich auf den Olymp zurück, wo er einsam und allein auf dem Gipfel saß und litt.

«Sie wollte mit dir zusammenziehen, ja, sie konnte sich sogar vorstellen, mit dir noch ein Kind zu bekommen.» Während ich das sagte, sah ich Gino an und fragte mich, ob sie das wirklich gewollt hatte, immerhin ging er auf die 70 zu, und sie war nur halb so alt.

«*La vita è–*.» Gino beschrieb mit dem rechten Arm, die Handfläche nach unten, einen Halbkreis vor seinem Körper. Woher nur kannte ich diese Geste? «Das Leben ist nicht so, wie man es sich wünscht. *Capisci?* Der Mensch ist nicht frei in seinen Entscheidungen.»

«Das heißt noch lange nicht, dass man nicht verantwortlich wäre für seine Entscheidungen. Oder für Entscheidungen, die man eben nicht trifft.»

«Bedingt, Max, nur bedingt. Es gibt immer einen Rahmen und Grenzen. Beides ist vorgegeben. Hör dir mein Beispiel an: Wenn ich dein Dach neu decke, kann ich nicht die Form einer Pagode wählen, sondern muss das Dach eines *rustico* machen: 21 Grad geneigt und mit *coppi*, Nonne und Abt», er sagte es auf Deutsch, «heißen sie bei euch, richtig?»

«Richtig.»

«So, wie es halt vorgegeben ist. Wo ist da meine Entscheidungsmöglichkeit? Da ist keine. Nur, wann ich anfange zu arbeiten und wann ich aufhöre. Und selbst die Entscheidung ist mehr vom Wetter bestimmt als von mir.»

Ich antwortete nicht. Mein Magen vibrierte leicht. Gino konnte einem wirklich zu viel werden. Was allerdings mehr mit meinem Geheimnis zu tun hatte, meinem und Valeries Geheimnis, von dem ich ihm nie erzählt hatte, weil ich ihn nicht verletzen wollte. Würde es seinen Schmerz verringern oder noch schlimmer werden lassen, wenn ich es ihm jetzt verriete?

«Ascoltate tutti! Basta per oggi!», hörte ich Lucianas kategorische Stimme von der Theke. Meine Rettung. Ihr Blick war kühl und ließ keine Widerrede zu.

Gino sprang auf und stand stramm. *«Subito, capo!»*

Doch Luciana ließ sich von dem kleinen Maurer nicht einwickeln, sie wusste genau, was zu tun war. Ohne ein Lächeln und plötzlich unnahbar wandte sie sich ab und sortierte Gläser in die Spülmaschine.

Gino zog den Kopf ein, tat, als wäre er ein Hund, den man geschlagen hatte, und kramte seinen Autoschlüssel hervor. «Es ist besser, wir gehen», sagte er zu mir so laut, dass Luciana es hören konnte. «Sonst wird sie wütend.» Er ließ seine rechte abgewinkelte Hand in einem Halbkreis vor seinem Hals hin und her säbeln, was keine Interpretation zuließ und schlicht und einfach bedeutete: *avanti, populi*, seht zu, dass ihr die Gefahrenzone SOFORT verlasst!

Luciana ging gar nicht darauf ein, ihre Miene blieb unnahbar. Für heute war der Spaß vorbei. Es war kein schlechter Abend gewesen, ganz im Gegenteil, aber irgendwann musste eben Schluss sein.

Der Tag nach Luises Beerdigung war kein einziges Grad weniger heiß, und deshalb passierte nicht viel oben auf dem Monte Dolciano. Die Luft stand still, und selbst die sonnenerprobten Italiener hielten sich nur im Schatten auf und warteten auf den Sonnenuntergang. Spaccone, der eine, man muss sagen, fast panische Angst hatte, mit sich allein zu sein, dümpelte in seinem Pool, sein gewaltiger Rotweinbauch ragte aus dem Wasser heraus und hatte sich schon krebsrot gefärbt. Wieder hatte er alle Nachbarn zum Baden eingeladen, wieder vergeblich: Sein Schwimmbecken, das wahrscheinlich weit mehr als fünfzigtausend Liter Wasser fasste, war und blieb auf dem von Trockenheit geplagten Monte Dolciano eine Provokation, eine Unanständigkeit, mit der sich niemand solidarisieren wollte. Schon gar nicht in wüstenartigen Zeiten wie diesen, da Emilia und Sestina von ihren Söhnen mit Fünfliterflaschen Wasser aus dem Tal versorgt werden mussten, da ihre Quellen versiegt waren.

Als Spaccone klar wurde, dass ihm auch heute niemand Gesellschaft leisten würde, zog er sich an, fuhr hinunter ins Tal, setzte sich in Sergios Bar und begann sich in aller Ruhe zu betrinken. Sehr zu Sergios Leidwesen, denn Spaccone war wie ein kleiner Junge und wollte ständige Aufmerksamkeit, die Sergio ihm so kurz nach Luises Beerdigung selbstredend nicht zu verwehren vermochte.

Überall Stillstand, niemand arbeitete. Auf den Feldern ließen die Sonnenblumen ihre fast schwarzen Köpfe hängen, schon zu trocken und erstarrt, um sich tagsüber nach dem Lauf der Sonne auszurichten, und bereit, geerntet zu werden, aber es eilte nicht. Auch die Nutzgärten mussten nicht mehr gehegt und gepflegt werden, jetzt wurde nur noch spärlich gegossen und abgeerntet. Tomaten, Gurken, Zucchini, Kartoffeln, Zwiebeln – alles war mehr oder weniger reif und sollte keine Arbeit mehr machen.

Ich schleppte mich von einem Schatten zum hoffentlich kühleren nächsten und begann mich zu langweilen, selbst zum Lesen oder Telefonieren war es zu heiß. Trottelige grünmetallicfarbene Käfer torkelten wie besoffen durch die Luft, bis sie, anstatt zu landen, irgendwogegen prallten und zu Boden fielen. Natürlich landeten sie auf dem Rücken und schafften es nicht, sich zu drehen. Trotz der Hitze konnte ich mir das Gewusel ihrer Beine und Fühler nicht lange mit ansehen und gab ihnen mit einem Stöckchen Hilfestellung, was sie mit dem Verspritzen eines ziemlich übel riechenden Sekrets beantworteten. Von Dankbarkeit keine Spur. Junge Eidechsen stürmten euphorisch in meine Küche, vergaßen, wie sie reingekommen waren, und verstanden nicht, dass die große Hand, die sie versuchte zu fangen, ihnen nur helfen wollte.

Schlimmer noch verhielt es sich mit den wunderschönen Smaragdeidechsen, die leider das Vorurteil bestätigten, dass sich Schönheit vorzugsweise mit Dummheit paart. Meine Mülltüte hatte angefangen, unangenehm zu riechen, deshalb packte ich sie ins Auto, um sie in die 2,3 Kilometer entfernte Mülltonne zu entsorgen. Über die gesamte Strecke sonnten sich zahlreiche Smaragdeidechsen auf der heißen Fahrbahn und verspürten keinerlei Sorge, dass vier 225er-Breitreifen auf sie zurollten. Ich hatte verschiedene Methoden ausprobiert: Fuhr ich einfach weiter, blieben sie sitzen, wich ich ihnen aus, stürzten sie sich mit traumwandlerischer Sicherheit exakt in die wahrscheinlichste Spur, die die Reifen befahren würden. Das Resultat war in jedem Fall deprimierend, gerade weil diese Tiere so schön waren. Deshalb hatte ich mir angewöhnt, gegebenenfalls auch gewagte

Ausweichmanöver zu fahren, worüber sich praktisch alle meine italienischen Nachbarn lustig machten. Italiener oder zumindest die Bewohner der Marken, auf jeden Fall jedoch die Menschen vom Monte Dolciano, sofern es sich um Männer handelte, fuhren alles tot, was sich auf der Straße aufhielt und länglich war, es könnte sich ja um eine Viper handeln, und die könnte morgen schon das eigene Kind oder Enkelkind mit ihrem bösartigen Gift ins Jenseits befördern. Wobei man sagen musste, dass das Autoballett, das die Männer vom Monte Dolciano aufführten, um jedes Viech auf dem Asphalt zu erwischen, sich von außen betrachtet in nichts von dem unterschied, was ich aufführte, um sie nicht zu überfahren.

Der einzige Mensch weit und breit, der Sinnvolles tat, war Sestina. Wie jeden Tag war sie frühmorgens mit ihren dreiunddreißig Schafen hoch auf den Monte gewandert. Das Wetter spielte für sie einfach keine Rolle. Sofern der Weg, die Wiesen und die *macchia* begehbar waren, zog sie mit der aufgehenden Sonne los, und nur Schnee, Gewitter und schlimme Wolkenbrüche konnten sie abhalten. Sie war stolz auf ihre Arbeit, die sie ohne jede männliche Hilfe verrichtete, die jeden Tag einen vollständigen Zyklus durchwanderte und abends damit endete, aus der Milch ihrer Schafe Käse zu machen.

An diesem Abend, bevor sie mit dem Käsen begann, tauchte sie unerwartet bei mir auf. Wie immer hatte ich Mühe, ihren starken Dialekt zu entschlüsseln, ein Grund übrigens, warum sie, wenn es um sehr wichtige Dinge ging, nicht zum Telefon griff, denn mit dessen akustischen Einschränkungen und fehlender Mimik und Gestik war das Risiko vollständigen Missverstehens sehr groß. Manchmal rief sie an, wenn ich ihr ein Brot aus dem Tal mitbringen sollte, da konnte nicht viel schiefgehen, und den grundsätzlichen Erstfehler hatte ich schon hinter mir, als ich ihr eines Tages statt *pane*, sie sagte *pan'*, Sahne, also *panna*, mitgebracht hatte. *Co' fe?*, fragte sie nur kopfschüttelnd und über meine Blödheit lächelnd, und Giuseppe, ihr Mann, lachte auch, aber nur kurz, und sagte etwas, was ich überhaupt nicht verstehen konnte und was Sestina mir übersetzte mit: Das war sehr nett von dir, aber wir brauchen nun mal keine Sahne. Oh, sagte ich nur betreten und wollte die Sahne wieder mitnehmen. Aber Sestina rupfte sie mir aus den Fingern, sagte so was wie: Da mache ich doch gleich *fischioni con piselli e un sugo bianco* und lud mich ein, zum Essen zu bleiben: *hai' mangnet', cocco?* Hast du schon gegessen, Schätzchen? Nein? Dann setz dich dahin und nimm einen Schluck Wein mit Giuseppe, der sitzt ja sowieso nur rum. Seitdem hatte sie mich nur selten bei meinem Namen genannt und war bei *cocco* geblieben, was ihre Art war, Sympathie auszudrücken. Mich hatte es nie gestört, im Gegenteil. Nur Giuseppe brauste manchmal auf: *Dai! Cocco!* Der da ist doch ein erwachsener Mann! Doch Sestina lächelte dann nur, und mein Eindruck war, dass sie sich über Giuseppes Ärger nicht unerheblich freute. Über die Jahre jedenfalls hatte ich gelernt, während sie sprach, immer genau dann ein Gesicht freudigen Verstehens zu machen, wenn ich gar nichts kapierte, denn dem misstraute sie so sehr, dass sie gleich alles noch einmal erklärte. Im Gegensatz zu Giuseppe, dem musste ich immer genaue Anweisungen geben: Erklär mir das bitte, ich hab's nicht verstanden, worauf er dann exakt dieselben Worte wiederholte. Darauf ich: Sag es nochmal, aber mit anderen Worten, ich habe es immer noch nicht verstanden, was in der Regel dazu führte, dass Sestina den Inhalt für mich übersetzte und ich wenigstens die Hälfte verstand. Eines war allerdings nie der Fall: dass sie oder Giuseppe genervt waren von dem babylonischen Chaos und der Mühe, die es machte.

Sestina setzte sich neben mich auf die Steinbank vor dem Walnussbaum, von der man die gesamte Hügellandschaft bis zu den Apenninen sehen konnte, und nahm ohne viel Federlesen mein Angebot an, einen Schluck Weißwein zu trinken. Sestina vertrug im Grunde keinen Alkohol und wurde davon normalerweise sehr schnell sehr lustig, bis Giuseppe sie mit seinem *«stai zitta!*», Sei still!, wieder zum Schweigen brachte. Doch heute verstärkte der Wein nur eine Melancholie, die mir gleich aufgefallen war, als sie mich mit einem ungewöhnlich leisen «*ciao, cocco*» begrüßt hatte. Die Menschen hier oben auf dem Berg waren immer schon wenig wählerisch gewesen. Was das Leben ihnen vor die Füße warf, das hoben sie auf und verwerteten es irgendwie. Unprätentiös, unsentimental und pragmatisch. So bekamen sie ihre Kinder, so gingen sie mit ihren Tieren um, und mit sich selbst machten sie keine Ausnahme. Für Selbstmitleid war hier kein Platz. Wenn Sestina also ein wenig Traurigkeit zeigte, dann entsprach das in der modernen Welt einer ausgewachsenen Depression.

Sie begann zu erzählen, wie ihr die Beine in der letzten Zeit zu schaffen machten und sie kaum noch die tägliche Tour auf den Berg schaffte und wie es andererseits für sie undenkbar war, die Schafe unten auf einer Weide zu halten, denn diese wunderbare Milch, die ihren Käse so einzigartig machte, die brauchte die Kräuter, das Gras und die Wacholderbeeren, wie es sie nur oben auf dem Monte Dolciano gab, die brauchte Schafe, die sich bewegten und nicht bloß dumm herumstanden.

«Schafe sind wie Menschen, *cocco*», sagte sie. «Wenn sie die Gelegenheit haben, faul zu sein, dann sind sie es. Sieh dir Giuseppe an, der macht nur das Nötigste, und selbst da muss ich hinterher sein, *che pigrone*! In der Zeit habe ich es selbst schon dreimal erledigt.»

Deshalb hatte sie sich entschlossen, jetzt wiederholte sie praktisch das schon Gesagte, sie habe sich entschlossen, und zwar ganz allein, ohne Giuseppe zu fragen, denn die Schafe und der Käse waren schließlich einzig und allein ihre Arbeit, da könnte er sich auf den Kopf stellen, mithelfen würde er ja sowieso nicht, und zum Rumkommandieren, da brauchte sie ihn auch nicht – deshalb werde sie die dreiunddreißig Schafe verkaufen. Und morgen würde sie zum letzten Mal hinauf auf den Monte ziehen.

«*Tu voi accompagnarmi, cocco? Ma-là, sul mont'?*», fragte sie.

Ich hatte ihr schon mehrmals versprochen, sie zu begleiten, hatte es aber nie geschafft, derart früh aufzustehen.

«Zum letzten Mal? Und das ist sicher?» Ich konnte es mir nicht vorstellen, Sestina ohne Schafe. Und woher sollte ich dann meinen Käse bekommen, diesen salzigen, stark riechenden Käse, der beim Kauen quietschte und in dem manchmal fingerdicke, kreisrunde Löcher waren, wenn es mal wieder einer Maus gelungen war, in die Käsekammer zu schlüpfen.

«*Si, è sicur', è così.*» Plötzlich war da keine Melancholie mehr, sondern nur noch Entschiedenheit.

«*Dai, Sestina!* Und wo soll ich meinen Käse herbekommen?»

«*Da Roberto, a Monticello*», antwortete sie knapp und nüchtern. «*Alora, domani, a le cinque e mezz'.*»

«Na gut», sagte ich, «ich bringe eine Filmkamera mit, dann kannst du auch noch später deinen letzten Gang mit deinen Schafen sehen.»

Sie schob kurz das Kinn vor. «*Bou, mi non c'entro.*» Wofür sollte es gut sein zu filmen, was sie seit Jahrzehnten tagtäglich tat?

Sie erhob sich, packte ihren Buchenstock fester, ihre Waffe gegen Füchse, Schlangen, Wölfe, Wildschweine und Großstädter aus Ancona oder Pesaro, denen sie alles zutraute, sogar dass sie sich an sie heranmachten, obwohl sie eine alte Frau war, und wandte sich zum Gehen. Aus Erfahrung wusste ich, dass es zwecklos war, sie zu fragen, ob ich sie nicht besser hoch zu ihrem Haus fahren sollte. Sie mochte ja Probleme mit den Beinen haben, aber deswegen war sie noch lange kein *pigrone*!

Ich fragte sie trotzdem, und siehe da, das erste Mal in all den Jahren, die ich nun schon auf dem Monte Dolciano lebte, sagte sie: «*Si, come no.*»

Spätestens als ich vor ihrem Haus vorfuhr, erlaubte sie sich nicht einmal mehr einen Hauch von Traurigkeit. Kerzengerade saß sie auf der vorderen Kante des Beifahrersitzes, und als ich anhielt, öffnete sie mit Schwung die Tür, rutschte von dem hohen Sitz meines Geländewagens hinunter auf den Boden, Sestina maß nur ein Meter und zweiundfünfzig, und schüttelte ihren Buchenstab in meine Richtung.

«*Alora, domani. Tsi puntuel', cocco.*»

«*Certo, Sestina, certo.*»

Sie warf mir einen letzten kritischen Blick zu, bevor sie, über Emilias Hühner schimpfend, die schon wieder vor ihrer Tür herumkackten, in ihrem Haus verschwand.

Drinnen begann Giuseppe zu meckern, wahrscheinlich weil sie so spät noch weggegangen war, sie erregte sich über sein Meckern, bis er «*stai zitta!*» sagte und sie tatsächlich schwieg. Wenn ich jetzt dabei gewesen wäre, hätte ich wie schon Hunderte Male zuvor gesagt: *Dai, Giuseppe*, wie redest du mit deiner Frau? *Stai zitta*, das ist nicht nett! Und er hätte gesagt: Wieso? Wie soll ich sie sonst zum Schweigen bringen? So lief es immer ab, und ich bezweifelte, mit meinen Einwänden irgendetwas zu erreichen, aber vielleicht hatte Sestinas Zuneigung zu mir ja auch damit zu tun.

Auf keinen Fall durfte ich morgen zu spät kommen, schwor ich mir, und kramte gleich, als ich wieder zu Hause war, meinen alten Wecker hervor, den ich noch nie benutzt hatte, seit ich Deutschland verlassen hatte, und stellte ihn auf fünf Uhr. Ich musste zum einen sicher sein, noch wenigstens drei Kaffee trinken zu können. Zum anderen musste ich auf jeden Fall vor fünf Uhr dreißig bei Sestina auflaufen, denn sie würde keine Sekunde warten, so viel war sicher.

Immer noch 31 Grad! Zikaden rieben sich voller Wonne die Hinterbeine wund und veranstalteten ihren schrillen Lärm, der sich mit Sicherheit in gesundheitsschädlichen Lautstärkenbereichen abspielte. Mücken surrten voller Vorfreude auf eine fette Beute um meinen Kopf herum, genauso wie Bremsen, deren aggressiver Brummton noch nerviger war als das Sägen der Zikaden. Zum Glück konnte ich die Stechviecher mit einer Antimückenlotion für eine Weile auf Distanz halten. Einzig die Stechfliegen ließen sich durch nichts von ihren sinistren Plänen abschrecken, außer durch tropenerprobte Muggenmelk oder lange Hosen und langärmelige Hemden. Trotz der schwülen Hitze wählte ich Letzteres und verzog mich unter den riesigen Walnussbaum auf meine Terrasse. Uilly hörte ich im Holzschuppen rumoren, wo er an wechselnden Stellen den Lehmboden aufbuddelte, um wenigstens für einige Minuten auf dem weniger warmen Boden seinen Bauch zu kühlen. Ich war sicher, dass er sich in solchen Momenten fragte, warum er ein Fell haben musste und andere Lebewesen, die noch nicht mal auf vier Beinen gehen konnten, keins.

Apathisch starrte ich die Sonne an, rot, riesig, an den Rändern flirrend, die sich unendlich viel Zeit mit dem Untergehen ließ, als das Telefon läutete.

«*Hi, Max, this is Julian!*»

Sofort war ich hellwach und wollte schon sagen: Ich koche heute nichts, aber er hatte ein anderes Problem. Spaccone hatte ihn angerufen und gebeten, ihn bei Sergio abzuholen und zurück auf den Monte Dolciano zu fahren, weil er einen Schluck zu viel getrunken hätte, doch Julians Auto sprang nicht an, und jetzt saß Spaccone vor der Bar und wartete. Ob ich denn nicht …

Nein, zur Hölle, nein, wollte ich ins Telefon brüllen, doch dann musste ich an Luise denken, die sich zeitlebens nie von ihrem untreuen Gatten abgewendet hatte, und sagte: «*Okay, I will get him.*»

«*Thank you, Max*», erwiderte Julian. «*By the way*, was hältst du davon, wenn ich dich morgen vor dem Abendessen besuche?»

«*Sorry, Julian*», sagte ich, «*tomorrow I'm busy.*»

«*Never mind*», antwortete er leicht. Ich war mir sicher, durch den Hörer seinen Magen knurren zu hören, und wahrscheinlich blätterte er gleichzeitig in seinem Adressbuch nach der Nummer seines nächsten potenziellen Opfers.

Als ich Sergios Bar erreichte, schwankte Spaccone schon beträchtlich.

«Max, mein Freund! So ein Zufall. Ich warte hier auf Julian.»

«Julian ist verhindert, Horst, deshalb werde ich dein Chauffeur sein.»

«Ah. Na ja. Gut. Trinken wir noch einen, bevor es losgeht?»

«Heute nicht, ich muss morgen früh um fünf raus.»

Spaccone zog die Mundwinkel nach unten und fixierte mich mit intensivem Blick. Einundzwanzig, zweiundzwanzig, dreiundzwanzig, vierundzw…

«Um fünf?»

«Um fünf.»

…anzig, fünfundzwanzig, sechsundzwanzig, siebenundzwanzig.

«Warum muss ein anständiger Christenmensch um fünf Uhr aufstehen?»

«Ich gehe mit Sestina und den Schafen auf den Berg. Das letzte Mal, sie verkauft alle ihre Schafe.»

Er winkte ab. «Ach, das sagt die doch schon seit Jahren. Die Italiener, Max, die sagen viel, wenn der Tag lang ist. Ist dir das noch nicht aufgefallen, so lange, wie du schon hier lebst? Das ist Teil ihrer Kultur. Das darf man nicht so ernst nehmen.»

«Ich glaube, es ist ihr sehr ernst», erwiderte ich.

Er sah durch mich hindurch, achtundzwanzig, neunundzwanzig, dreißig. «Ich werde schreiben, Max. Ich werde alles aufschreiben.»

Porca miseria! Wie sehr wünschte ich mir in dem Moment, dass er gesagt hätte: Ich werde schweigen, Max, ich werde eine Woche lang schweigen.

«Ich habe das Talent, das weiß ich schon seit Jahren. Aber was bedeutet schon ein Talent, wenn man's nicht nutzt? Andy Warhol hat einmal bei einer Vernissage in New York gesagt, ich war da eingeladen, als ich seinerzeit an der *Tisch School of the Arts* Kreatives Schreiben studierte: Für das Können gibt es nur einen Beweis: das Tun.»

Hatte er nicht Wirtschaftswissenschaften an der Columbia University studiert?

Er sah mich mit glasigen Augen an und wartete wohl, dass ich irgendetwas Bewunderndes sagte. «Das war nicht Andy Warhol, das war Gino, der Maurer, der das gesagt hat», warf ich mit einer gewissen niederträchtigen Lust ein, denn seit der Sache mit Valerie waren Spaccone und Gino zutiefst zerstritten.

Spaccone hob beide Hände und sah mich auf eine Art mitleidig an, als wäre es für einen weitgereisten Kosmopoliten wie ihn ein Kreuz, sich mit Halbgebildeten wie mir oder gar Gino abgeben zu müssen, aber als wäre er zugleich bereit, bei mir eine Ausnahme zu machen.

«Dieser Gino hat es irgendwo aufgeschnappt, da sei man sicher», beschied er. «Dieser Gino macht gerne auf ganz schlau. Dieser Gino ist ein ganz großer Schwätzer. Zu viele Worte und nichts dahinter. Gesagt hat es jedenfalls Andy Warhol.» Er deutete auf mein Auto. «Sollen wir?»

«Dieser Gino», sagte ich, «ist zufällig mein Freund, also halt dich zurück.»

«Wat däm eenen sing Uhl, is däm anneren sing Naachtijal», versuchte er es im Kölner Dialekt, was ihm als Düsseldorfer allerdings nur mangelhaft gelang.

Ich reagierte nicht und sandte ein kleines Stoßgebet zu Luise in den Himmel, um sie darauf hinzuweisen, dass meine Solidarität zu ihr, was Spaccone betraf, bald aufgebraucht sein würde.

Im Auto legte er eine Hand auf meinen Arm. «Nichts für ungut, Max. Die Menschen sind nun mal verschieden.»

Wie darf ich das jetzt verstehen, fragte ich in den Himmel. Stell dich nicht so an, hörte ich Luises kategorische Altstimme, ich habe es mit diesem Kerl schließlich vierzig Jahre ausgehalten.

Spaccone zog den Sicherheitsgurt über seinen Rotweinbauch. «Eine Sache noch, Max. Ich müsste kurz mal nach Acqualagna. Hat mit Luises Beerdigung zu tun», fügte er an, als ich zögerte.

Als erfolgreichster Ex-Autoverkäufer der größten VW-Niederlassung in Nordrhein-Westfalen hatte er einfach den richtigen Instinkt, wie man halbherzige Widerstände schon im Vorfeld erkannte und ausmerzte. Würde ich jetzt Zeuge sein dürfen bei Spaccones Abrechnung mit *la banda*? «Wohin genau, Horst?»

«Zum Übungsraum der Musikkapelle, die auf der Beerdigung gespielt hat.»

Ecco. Ich verfluchte Julian, dem es mit Sicherheit nur ums Benzin gegangen war, und bat fast zeitgleich um Abbitte, schließlich bewegte Julian sich tatsächlich am Rande des Existenzminimums. Dieses Mal schwieg Luise. Was Spaccone betraf, war sie nie eine große Hilfe gewesen und hatte ihm immer die Stange gehalten, obwohl er ihr viele Jahrzehnte lang das Leben so schwer gemacht hatte.

Acqualagna war ein Städtchen mit einem Zentrum, wie es italienischer nicht sein konnte. Die kleine Piazza war mit Autos zugeparkt, die kurzen Sträßchen waren viel zu eng und wurden trotzdem in einem steten Strom befahren, sodass man, wenn man aus der Metzgerei, die Wildschweinwürste verkaufte, oder der *Gelateria* heraustrat, sehr vorsichtig sein musste, um nicht überfahren zu werden.

Acqualagna war von jeder Form von Tourismus unbeleckt geblieben, weil es, anders als das zehn Kilometer entfernte Cagli, einfach nichts von dem zu bieten hatte, wonach Touristen suchten. Hier gab es kein altes Rathaus aus dem 13. Jahrhundert mit einer langen Steinbank davor und einer Uhr im Giebel, die notorisch zu langsam ging. Hier gab es kein Logentheater aus dem 19. Jahrhundert, in dessen Innerem man links und rechts von der Bühne ständig nach den Alten aus der Muppetshow, Waldorf und Statler, Ausschau hielt. Hier gab es keine Kirche aus dem 13. Jahrhundert mit prächtigen Fresken von Giovanni Santi, Raffaels Vater.

Acqualagna war einfach nur ein Dorf, in dem es nichts zu fotografieren gab und dessen Wochenmarkt zu klein war, als dass es sich lohnte, deswegen extra dorthin zu fahren. Alles, was sehenswert war, befand sich außerhalb: Die *Abbazia di San Vincenzo* mit ihrer mittelalterlichen Kirche, die fast ohne Fenster wie eine Trutzburg erbaut worden war und so gar nichts von der hellen Lebendigkeit italienischer Sakralbauten hatte. Dann gab es noch die Überreste der alten Via Flaminia, die 220 v. Chr. angelegt worden war, um Rom mit dem früheren Ariminum, heute Rimini, zu verbinden, damals ein Außenposten des römischen Imperiums, denn nur wenige Jahrzehnte zuvor hatten dort noch die Gallier das Land besetzt gehalten. Und den *Passo del Furlo*, eine enge, gleichwohl imposante Schlucht, die erst ab 70 n. Chr. für die römischen Heere leicht zu durchqueren war, nachdem Kaiser Vespasian einen vierzig Meter langen Tunnel durch den Felsen hatte treiben lassen.

Der Proberaum der *banda* befand sich in einer kleinen Scheune. Ich hielt etwas abseits, machte den Motor aus, musste ihn aber noch einmal anmachen, weil ich vergessen hatte, das Fenster herunterzulassen. Gino hatte recht, die gute alte Kurbel war der modernen Welt der elektrischen Fensterheber eindeutig überlegen.

«Ich bleibe im Auto, Horst. Und mach nicht zu lange.»

Spaccone wirkte enttäuscht, zweifelsohne hatte er sich einen großen Auftritt zurechtgelegt, ohne Publikum würde der nur halb so effektvoll und befriedigend sein. Einunddreißig, zweiunddreißig, dreiunddreißig.

«Vielleicht brauche ich einen Zeugen», versuchte er es ziemlich lahm.

«Du machst das schon.» Ich lehnte mich gegen die Kopfstütze und schloss die Augen.

«Da kannst du einen drauf lassen», antwortete er mit rauer Stimme.

Der tut nur so kernig, hörte ich Luise sagen, eigentlich ist Horst ein Intellektueller. Als ich nicht antwortete und auch keinen drauf ließ, stieg er aus, ging zur Scheunentür, hinter der traditionelle italienische Tanzmusik zu hören war, hämmerte mit der Faust dagegen, als hätte er ein Überfallkommando hinter sich, riss die Tür auf und verschwand.

Die Musik brach sofort ab, und es ertönten freundliche Begrüßungsrufe von den Musikern, außer vielleicht von Giancarlo, dem Saxophon. Dann war eine ganze Weile nur Spaccones Stimme zu hören, zuerst ruhig und gelassen, dann an Tempo und Intensität zulegend und schließlich laut und anklagend. Von da an wurde es unübersichtlich. Verschiedene Stimmen wechselten sich ab, zuerst besänftigend, doch dann eruptionsartig überhitzt und wild. Einzelne Worte waren zu hören wie «Hitze», «Staub», *vattene!*, verpiss dich!, und dann, laut und vernehmlich: «Wer bist du zu wissen, ob die alten sizilianischen Trauermärsche mit Saxophon gespielt wurden oder nicht? *Stronzo!*»

Die Tür wurde aufgerissen. Giancarlo stürmte heraus, sein Saxophon in der Hand, und schlug sie laut scheppernd hinter sich zu. Drinnen war für einen Moment Stille, dann brach der Tumult erneut los, vor allem als Spaccone verkündete: «Keine 500 000, sondern nur 300 000 Lire!»

Giancarlo gestikulierte und schimpfte wild gegen die geschlossene Scheunentür, machte einen Schritt vor, einen zurück, und schüttelte sein Saxophon gegen einen Feind, den er nicht mehr sehen konnte. Mir schien, er bedauerte es schon, sich zwar einen spektakulären Abgang verschafft zu haben, aber nicht mehr Teil der Auseinandersetzung zu sein.

«*Ou*, Giancarlo!», rief ich ihm zu. «Was läuft denn da drin?»

Er entdeckte mich in meinem Auto und schüttelte das Saxophon gegen mich.

«Ich habe in Urbino Musik studiert, und dieser, dieser …»

«Spaccone!», soufflierte ich, allerdings erfolglos.

«… dieser *cretino*, dieser …»

«Spaccone!», versuchte ich es erneut.

«… *chiacchierone*», Schwätzer, auch gut, «will mir erzählen, wo man ein Saxophon einsetzt und wo nicht!»

Auf keinen Fall wollte ich Giancarlos Wut noch befeuern, aber das mit dem Studium in Urbino stimmte nicht ganz. Wahr war Folgendes.

Gino hatte mich seinerzeit, kurz nachdem er die Wasserleitung fertiggestellt und ich die Rechnung beglichen hatte, mit hinunter nach Furlo in die *ferramenta* genommen, weil er es, wie er sagte, nicht mehr mit ansehen konnte, wie ich meinen Mörtel in einem ehemaligen Joghurteimer aus der Metro anrührte.

«Du brauchst einen richtigen Maurereimer, Max, glaube mir!»

Ich war nicht dagegen, denn der Joghurteimer fasste nur fünf Liter, das war nicht viel, selbst wenn man nur ein bisschen zu mauern hatte, wie es bei mir in der Regel der Fall war.

«Ich stell dich Giancarlo vor, dem gehört der Laden, dann kriegst du in Zukunft einen guten Preis, du wirst sehen.»

Furlo war ein kleines Dorf bestehend aus einigen Häusern, einer Tankstelle, drei Bars, Mussolinis Wohnung und einem einzigen Geschäft, nämlich Giancarlos *ferramenta*. Gino parkte seinen Panda direkt davor in höchstens einem Meter Abstand, öffnete mit Schwung die Ladentür und stürmte hinein.

«*Bon dì*, Giancarlo*!*», rief er dem Besitzer entgegen, der nur unwillig von zwei großen Notenblättern aufsah.

«Er hier braucht einen Maurereimer.» Gino deutete mit dem Daumen auf mich.

«Was soll's denn für einer sein?», fragte Giancarlo mürrisch zurück. «So einer wie aus dem Baumarkt oder ein richtiger?»

Gino zog eine Augenbraue hoch, ein wenig wie Luciana. «Na, was wohl? Würde ich hierherkommen mit ihm, um einen Baumarkteimer zu kaufen? Wieso hast du überhaupt Baumarkteimer in deinem Laden?»

«Weil es Leute gibt, die wollen immer nur billig!», brauste Giancarlo auf. «Soll ich die jedes Mal wegschicken und sagen: Geht doch zum Baumarkt? Eh? Eh? Was meinst du, wovon ich lebe? Eh? Davon, dass der Baumarkt gute Geschäfte macht?»

Es folgte ein kurzer Disput über den Widerspruch von Qualität versus Masse und die moderne Ökonomie, in der nichts mehr repariert, sondern gleich weggeworfen und durch etwas Neues ersetzt wurde, was in der Regel von noch schlechterer Qualität war, und über den Unsinn von elektrischen Fensterhebern im Auto. Giancarlo erwies sich als schwieriger Gesprächspartner, denn er fand alles, was Gino sagte, falsch, kam aber am Ende seiner dann folgenden Monologe stets zu genau demselben Ergebnis.

Das war eine aufreibende Sache und führte bei Giancarlo eher zu einer Verschlechterung seiner Laune, also sagte Gino nach einer Weile, quasi als Versöhnungsangebot an den Widerspenstigen: «Giancarlo ist ein talentierter Mann, Max, er ist Musiker.»

«Jazz?», fragte ich, weil er für mich wie ein Jazzer aussah, einer, der irgendwann in den 70er Jahren damit angefangen hatte und immer noch Halstuch, Fransenfrisur und Lederweste trug.

Giancarlo erstarrte, sah mich mit wilden Augen an, drehte sich abrupt um und verschwand, irgendetwas Wütendes murmelnd, in seinem Lager.

Gino legte seine Hände flach aneinander und schüttelte sie vor mir auf und nieder. «*Oddio*, warum musst du ausgerechnet so etwas sagen?»

«Was denn? Wieso denn? Ich verstehe nicht», stammelte ich und spürte, wie eine leichte Röte in meine Wangen stieg. Damals, in meiner Anfangszeit auf dem Monte Dolciano, fühlte ich mich schnell wie ein unerwünschter Fremdkörper und tat mich mit Kritik schwer.

Gino warf einen schnellen Blick in Richtung Lager und schien die Zeit zu überschlagen, die Giancarlo brauchen würde, um den richtigen Eimer herauszusuchen, einen guten und nicht so ein Billigteil. «Jazz-e, das ist ein Unwort, das darfst du in Gegenwart von Giancarlo nie in den Mund nehmen.» Er wischte meinen Versuch, eine Zwischenfrage zu stellen, mit einer schnellen Armbewegung vom Tisch. Wieder ein gehetzter Blick in Richtung Lager. «Giancarlo hatte immer schon gespielt», Gino wuselte mit seinen zehn Fingern herum, «Saxophon. Und für ihn gab es nur Jazz-e-musik, keine Mädchen, kein Fußball, kein *motorino*, nichts. Nur Jazz-e.» Gino gestikulierte mit Armen in der Luft herum und drehte seinen Oberkörper hin und her auf der Suche nach den richtigen Worten, «Benni Gudmen-e, Mails-e Deivis-e», er blies heftig die Luft aus der Lunge auf der Suche nach weiteren Namen.

«Ist doch egal», warf ich ein und warf meinerseits einen nervösen Blick in Richtung Lager, würde die Zeit reichen? «Jazz halt.»

«*Ecco!* Jazz-e halt.» Er senkte die Stimme. «Sein Vater war dagegen, deswegen hat Giancarlo sich heimlich zum Studium in Urbino angemeldet. Doch sein Vater», Gino tippte sich gegen die Nase, offenbar hatte Giancarlos Vater einen Riecher für Heimlichkeiten, «der ist dahintergekommen. *Era un macello, ti dico!* Eine Katastrophe! Fast hätte er dem armen Giancarlo den Kopf abgerissen! Sogar eine Beule in das Saxophon hat er getreten, die kannst du heute noch sehen, die hat Giancarlo nie herausdengeln lassen, keine Ahnung, warum.»

Gino ignorierte meinen Versuch, ihn zu einer etwas kompakteren Erzählweise zu ermuntern, schließlich musste Giancarlo jede Sekunde aus seinem Lager zurückkehren. «Also, nichts da mit einem Studium in Urbino. Der Vater, der diese *ferramenta* hier aufgebaut hatte, zwang ihn, den Laden sofort zu übernehmen. Er selbst wollte aufhören zu arbeiten. Einfach so, weil ihm nicht mehr danach war, weil er zur Jagd gehen wollte, keine Ahnung. Der Laden aber ernährte die gesamte Familie: die Ehefrau, zwei Töchter und die Oma mütterlicherseits. Und er sollte die Rente vom Vater sichern. Was also sollte Giancarlo tun? Welche Wahl hatte er? Keine. Er gehorchte, was sonst? Oder sollte er seine Familie hungern lassen?» Gino zog mit einer Pyramide der rechten Hand, die fünf Fingerspitzen zusammengelegt, einen finalen waagerechten Strich durch die Luft. «*Non era possibile, per niente!* Am Anfang, da hatte er noch versucht, nebenbei ein wenig Jazz-e zu machen, aber …»

Gino unterbrach sich selbst, presste demonstrativ die Lippen zusammen und deutete mit den Augen auf Giancarlo, der, immer noch grummelnd, mit einem stabilen schwarzen Maurereimer zurückkehrte, dessen Henkel nicht aus irgendeinem dünnen Draht, sondern aus solidem Metall gefertigt war.

«*Ecco!* Das ist ein Maurereimer!», sagte Giancarlo und drückte ihn mir in die Hände.

«Unser Giancarlo spielt das Saxophon in der *banda* hier von Acqualagna, Max», posaunte Gino fröhlich hinaus, als hätte es nie eine Missstimmung gegeben. «Die spielen einen tollen *ballo liscio*!»

«*Ballo liscio?*» Ich rechnete es mir selber hoch an, dass ich nach dem Desaster mit dem Stichwort «Jazz» noch den Mut aufbrachte, diese Frage zu stellen: «Was ist *ballo liscio*?»

Tatsächlich bewölkte sich Giancarlos inzwischen leicht aufgehellter Blick wieder.

«Du weißt nicht, was *ballo liscio* ist?», warf Gino sich dazwischen, demonstrativ fidel. «Giancarlo, er weiß nicht, was *ballo liscio* ist!»

«Wahrscheinlich will er doch einen Eimer aus dem Baumarkt», brummte dieser wieder schlecht gelaunt.

«Musik zum Tanzen!», rief Gino. «Polka. Walzer. Saltarello. Pava …»

«Ach, was weißt du denn, Gino?», unterbrach ihn Giancarlo. «Habe ich dich je beim Tanzen gesehen? Eh? Nein, habe ich nicht.»

Gino verzog erstaunt sein Gesicht. Es passte ihm nicht, plötzlich selber das Ziel von Giancarlos schlechter Laune zu sein.

«Letztes Wochenende, unten am Fluss, auf dem *Festa dell'Unità*, das sind doch deine Leute, die Kommunisten, habe ich recht, Gino? Sogar Antonio von der *Democrazia Cristiana* war da, und der ist ein ganz Rechter, das sag ich dir. Dich aber, *compagno*, dich habe ich da nicht entdeckt.»

«Moment, Giancarlo, ich war da. Ich bin jedes Jahr da. Schon aus Solidarität.»

«Mit Antonio? Oder mit den Rechten?», provozierte der Saxophonist den kleinen kompakten Maurer.

«Mit meinen Leuten und sonst niemandem. Ich bin jedes Jahr da.»

«*Bou*, und selbst wenn: Getanzt hast du jedenfalls nicht.»

«*Vai, vai, cretino!*», erwiderte Gino gekränkt; wenn's ums Politische ging, hatte er etwas Mimosenhaftes.

Giancarlo sah mir tief in die Augen, stützte seinen rechten Arm auf die Ladentheke, formte mit den Fingerspitzen eine Pyramide, die er schwergewichtig auf und nieder wippen ließ, was in der unmissverständlichen italienischen Gebärdensprache so viel hieß wie: Eigentlich bin ich Jazzer, den *ballo liscio*, Freundchen, den spiele ich mit links und selbst im Schlaf und auch mit zwei Flaschen Wein intus, verstehst du, was ich meine, ich habe beim Spielen Kapazitäten frei, deshalb sehe ich alles, ich krieg alles mit, und der da, Gino, der hat nicht getanzt! «Dieser Mann», beschied Giancarlo mit apodiktischer Klarheit, «kann gar nicht tanzen.»

«Ich kann nicht tanzen? Ich kann nicht tanzen? Ich habe schon getanzt, da hast du noch deinen blöden Jazz-e gemacht!», stieß Gino aufgebracht hervor, sehr zu meinem Erstaunen, denn ich sah keinen besonderen Grund, sich derart aufzuregen. Außer, dass er wirklich nicht tanzen konnte und es nicht zugeben wollte.

Giancarlo machte sich nicht einmal die Mühe, etwas zu erwidern, sondern imitierte mit den Fingern seiner Rechten nur einen quakenden Schnabel, auf und zu, um anzudeuten: Reden kann jeder, aber wie sieht es mit der praktischen Umsetzung aus, *compagno*?

Gino zögerte einen Moment, dann stieß er mich zurück, um

mehr Platz zu haben, und deutete mit ausgestrecktem Arm auf Giancarlo.

«*Aspett'*, Giancarlo, *aspett'*!»

Er stellte sich in Positur.

«Walzer! Um-ta-ta, um-ta-ta», sang er einen Dreivierteltakt und tanzte los, nicht gerade mit Anmut, aber doch erstaunlich flink, quer durch die *ferramenta*, entlang der aufgereihten Farbdosen, Schlüsselanhänger und Schlagbohrmaschinen, bis er hinter einer Regalreihe verschwand.

«Polka! Um-ta-um-ta-um-ta», erklang es dumpf aus dem hinteren Bereich des Ladens, und dann tauchte er wieder auf, mit kurzen Sprüngen im Zweivierteltakt, das rechte Bein voneweg, an der Ladentheke vorbei, bis zur Tür.

«Und jetzt pass gut auf, *amico*. Walzer rechtsrum.» Und tatsächlich, wie eine kleine, kompakte, muskulöse Ballerina drehte er, die Arme halbrund vorgestreckt, einen Kreis nach dem anderen, den wenigen zur Verfügung stehenden Raum klug ausnutzend.

Giancarlo nickte jetzt anerkennend, wenn auch widerstrebend: nicht schlecht. Er spitzte die Lippen, um den Klang eines Saxophons zu imitieren, intonierte «An der schönen blauen Donau» von Johann Strauß und klatschte den Rhythmus, wobei er das Tempo langsam erhöhte, um Gino in Schwierigkeiten zu bringen, was ihm jedoch nicht gelang. Lachend und wirklich souverän drehte der Maurer mehrmals und fehlerfrei vor meiner Nase seine Runden im Dreivierteltakt.

«Und jetzt: links herum!»

Verklemmt meinen neuen Maurereimer umarmend, stand ich da und starrte abwechselnd Gino und Giancarlo an. War das, was ich da sah, wirklich das, was ich sah? Oder erlag ich gerade einer Halluzination?

Gino drehte noch eine Runde, bevor er wieder an die Ladentheke herankurvte, jetzt auch noch mit übertriebener Souveränität wieder von links auf rechts herum wechselnd, bis er schließlich seinen Tanz beendete. Siegesbewusst und außer Atem breitete er seine Arme aus.

«*Eh? Cosa dici?* Kann ich tanzen oder nicht?»

Giancarlo spielte mit den Lippen noch schnell die Schlusskadenz – wie sollte er als fast studierter Musiker einfach auf der Subdominante enden? –, bevor er sich Gino zuwandte und eine nicht wiederzugebende Vielfalt von verschiedenen Gesten gegen ihn schleuderte. «Klar, alleine, da geht das, aber mach das mal mit einer Frau, du Weltmeister! Frauen müssen geführt werden, verstehst du, eh? Da kann man nicht diskutieren: Sollen wir jetzt links herum, oder ist dir das vielleicht nicht recht? Da musst du einen festen Griff haben und klarmachen, wo es langgeht. Du kannst eine Frau nicht in die richtige Richtung QUATSCHEN, du musst sie FÜHREN! Und das möchte ich bei dir mal sehen. Wie du die Klappe hältst und eine Frau führst!»

Gino war regelrecht geschockt und brachte erst einmal keinen Ton heraus. Seine Arme sanken gen Boden, dann räusperte er sich und sagte nur: «Wann spielst du das nächste Mal?»

«Das nächste Mal? Na, jetzt am Wochenende, auf dem Fest der Christdemokraten.»

Während ich noch staunte, wie flexibel Giancarlo war, ein Wochenende für die Kommunisten, das nächste dann für die Christen, holte Gino tief Luft und deutete mit großer Entschiedenheit auf den Saxophonisten. «Ich werde da sein, und dann werde ich dir zeigen, wie ich eine Frau führe.»

Giancarlo reagierte belustigt: «Du rote Socke auf dem Fest der Christdemokraten? *Mi fa ridere!*»

Gino zögerte, darüber hatte er nicht nachgedacht, er als *compagno*, als Genosse, bei den Rechten aber jetzt gab es kein Zurück mehr. «Ich werde da sein.»

Ohne einen Abschiedsgruß und ohne sich um mich zu kümmern, verließ Gino die *ferramenta*, aufrecht und wild entschlossen, den Christdemokraten auch auf der Tanzfläche die Stirn zu bieten.

«Was kostet der Eimer?», fragte ich schnell, weil ich es für durchaus möglich hielt, dass Gino einfach wegfuhr, ohne sich zu fragen, wie ich denn zurück auf den Monte Dolciano gelangen sollte.

Giancarlo machte nur eine unwillige Handbewegung: geschenkt, und widmete sich wieder seinen Noten. Eigentlich brauchte ich auch noch neue Arbeitshandschuhe, aber unter den gegebenen Umständen brachte ich nur ein schüchternes «*Arrivederci*» heraus und stürzte Gino hinterher nach draußen.

So war das also wirklich gewesen mit seinem Studium in Urbino. Unterm Strich spielte das jedoch keine Rolle, denn Giancarlo war in der Tat ein talentierter Musiker. Er schrieb unermüdlich Arrangements für *la banda*, die leider viel zu kompliziert waren, als dass die anderen sie auch nur annähernd hätten umsetzen können. Daraus ergab sich ein Dauerkonflikt und auch eine gewisse Verärgerung, und ich nahm an, dass die anderen Musiker Spaccones Wunsch, das Saxophon bei den Trauermärschen herauszuhalten, mit einer gewissen Genugtuung nachgekommen waren.

«Warum fährst du den da eigentlich durch die Gegend, eh?», fragte Giancarlo, er hatte sich in das Licht meiner Scheinwerfer gestellt und überprüfte sein Instrument.

«Weil Luise eine sehr, sehr gute Freundin war und sie ihren Mann zeitlebens auch nicht in die Wüste geschickt hat», erklärte ich und hoffte, er würde mich verstehen. Irgendwann musste es zwischen Luise und Horst Liebe gegeben haben, an der zumindest Luise unbeirrt festgehalten hatte, obwohl Spaccone ihr mit seinen ständig wechselnden Affären das Leben zur Hölle gemacht hatte. Und merkwürdigerweise war sie bis zum Schluss voller Bewunderung für ihn gewesen. Horst war ein Kenner der Literatur, der Musik und des Weines, wusste, wie die Weltökonomie tickte, warum eine Frau niemals amerikanische Präsidentin werden konnte und wie viele Knoten pro Quadratmeter ein qualitativ hochwertiger Perserteppich mindestens aufweisen musste. Diese naive Form der Bewunderung hatte immer im krassen Widerspruch zu ihrer sonstigen lakonischen Lebensklugheit gestanden und belegte nur, wie nah Liebe und Abhängigkeit beieinanderlagen und möglicherweise verwechselt werden konnten.

Giancarlo reagierte nicht und strich weiterhin zärtlich über das glänzende Blech des Holzblasinstrumentes, betätigte die Klappen und überprüfte den Sitz des Holzplättchens.

Ich deutete auf die Delle, die sein Vater vor vielen Jahren hineingetreten hatte. «Beeinträchtigt die nicht den Klang?»

«Unsinn», antwortete er, ohne aufzusehen. «Die beeinträchtigt nicht den Klang, die macht einen bestimmten Klang. Das ist mein *Sound*, wenn dir das was sagt.»

Lass mal hören, wollte ich gerade vorschlagen, als die Scheunentür aufgerissen wurde und Spaccone herausstürmte. Sein Kopf leuchtete besorgniserregend rot, und sein Atem ging schnell.

«Mit mir nicht! Da müsst ihr schon früher aufstehen!», brüllte er über die Schulter zurück, eine Redewendung, von der ich annahm, dass sie bei Italienern einige Verwirrung auslöste.

Festen Schrittes und Giancarlo völlig ignorierend, stampfte Spaccone auf mein Auto zu. Giancarlo packte sein Saxophon, und für einen Moment sah es so aus, als wolle er damit zuschlagen. Doch dann streckte er sich und ging seinerseits erhobenen Hauptes an Spaccone vorbei, ohne ein Wort zu verlieren. An der Scheunentür drehte er sich noch einmal um, winkte mir mit dem Saxophon zu und verschwand. Für einen Moment war dort drinnen Stille, bis Giancarlo nur drei Sätze sagte, und zwar so laut, dass selbst draußen jede Silbe zu verstehen war: «Ich habe euch gleich gesagt, der Kerl ist ein *cretino*, ein *brigante*, ein *stronzo*! Und ihr fallt auf ihn rein. Ihr seid auch nicht besser.»

Spaccone wollte schon umdrehen, entschied sich jedoch dagegen, als in der Scheune ein unbeschreiblicher Tumult losbrach, zuerst verbal, doch sehr schnell drangen Geräusche einer mit anderen Mitteln fortgeführten Auseinandersetzung heraus, an deren Ende, so vermutete ich, Giancarlos Saxophon mindestens über eine weitere Beule verfügen würde.

Auf der gesamten Rückfahrt hing ich meinen Gedanken nach und fragte mich, wie lange denn wohl in Luises Sinne die Schonfrist für Spaccone sein müsste, während er selber das tat, was er am besten konnte, nämlich monologisieren: dass man mit ihm nicht umspringen könne wie mit jedem x-beliebigen anderen und er schon Probleme ganz anderer Brisanz gelöst habe, und zwar in der Regel mit links, denn wer seien denn schon seine Gegner, Halbgebildete, deren Horizont sich von hier bis zur nächsten Tischkante erstreckte, da müsse man einfach nur ein Gespür haben, wo man den Hebel ansetze, und im Grunde seien doch alle Italiener wie Kinder, und was brauchten Kinder, auch in ihrem eigenen Interesse, um zu gedeihen? Kraftvolle, entschiedene Führung!

Als ich auf die *strada bianca* einbog und den Friedhof passierte, war ich entschieden: Die Solidarität mit Luise war nötig und anständig, wenigstens am Tag und einen Tag nach ihrer Beerdigung. Doch ab morgen würde ich meinen Kontakt zu Spaccone einstellen, ganz sang- und klanglos.

Um das noch nachzutragen: Gino, von Giancarlo herausgefordert, seine Tanzfähigkeiten mit Frau unter Beweis zu stellen, hatte Luciana gefragt, ob sie ihn auf das Fest der Christdemokraten begleiten würde. Erstaunlicherweise ging sie nicht locker damit um, sie fand es unschicklich Ginos Frau gegenüber, was Gino schnell einsah. Er wollte zwar eine *bella figura* machen, aber natürlich nicht auf Kosten «der Frau», *la moglie*, auch wenn er unter diesen Umständen ganz sicher von Giancarlo, dieser Spottdrossel, zum Gespött der Leute gemacht würde. Luciana hatte Mitleid mit ihm und schlug vor, er solle einfach allein hingehen und spontan eine Frau zum Tanz auffordern, jemand unverfänglichen, eine, die mit ihrem Mann da war, eine, die Humor hatte, die vor allem die Frau eines Mannes war, der Humor hatte. Ja, nein, druckste Gino herum, ohne mit der Sprache herauszukommen, was denn gegen diese an sich gute Idee sprach, bis Orlando es auf den Punkt brachte: Gino zeigte die typische Angst eines Mannes vor Ablehnung. Orlando, er selbst eher der stille Typ im Hintergrund, konnte das gut verstehen. Deshalb schlug er letzten Endes vor, zusammen mit Luciana auf den Tanzabend zu gehen, dann konnte Gino ja Luciana auffordern, und er, Orlando, würde freundschaftlich ja sagen, *e basta*.

So wurde es gemacht, alles ging nach Plan. Orlando und Luciana warfen sich in Schale, gingen hinunter an den Fluss auf das kommunale Gelände, auf dem im Sommer alle Veranstaltungen stattfanden, von der *Raduno Nazionale de Polentari d'Italia*, dem Fest der Polenta, dem *Raduno delle Motociclette d'Epoca*, dem Treffen der Oldtimer-Motorräder, bis zu dem Pfarrfest an *ferragosto*, also Mariä Himmelfahrt am 15. August, und eben den Tanzfesten der Christdemokraten und der Kommunisten, der Gewerkschaft sowie der Vereinigung der Trüffelsucher.

Orlando und Luciana waren das erste Mal seit vielen Jahren wieder tanzen und gerieten sehr schnell in eine Art Euphorie. Orlando schob seine Frau, *sua moglie*, mit der Anmut eines Bären, der im Winterschlaf etwas steif geworden war, aber schnell wieder auftaute, über den gestampften Lehmboden, und Luciana war wie Wachs in seinen Händen, bog sich, drehte sich, schmiegte sich an ihn und schoss davon, vom Schwung seiner Arme getrieben, um kurz darauf von ebenjenen Armen zurückgeholt zu werden und wieder an Orlandos Brust zu landen, dort die Augenbraue zu heben und ihm einen Blick zuzuwerfen, der Orlando noch mehr aufheizte und ihn zu immer verwegeneren Tanzmanövern animierte. Kurzum: Es war ein Vergnügen, den beiden zuzusehen, und so mancher, der ohnehin auf Luciana scharf war, grollte Orlando für sein Glück, seinerzeit so eine tolle Frau für sich gewonnen zu haben.

Nach einer Stunde, Orlandos Hemd hatte bereits eine deutlich dunklere Farbe angenommen und Lucianas kräftige Haare standen in alle Richtungen von ihrem Kopf ab, kam Ginos Gelegenheit. Wie abgemacht winkte Orlando ihn unauffällig herbei und übergab ihm seine Luciana, ganz unverfänglich und freundschaftlich. Gino reckte sich und winkte Giancarlo triumphierend zu, was dieser nur mit einem muffeligen Nicken quittierte: Winken konnte jeder, aber eine Frau führen – *è un' altra faccenda!*

Es begann nicht schlecht für Gino. Auch wenn Luciana einen Kopf größer war als er, konnte er sie in die richtigen Bahnen lenken, und Luciana war entschlossen, es ihm so leicht wie möglich zu machen. Doch aus irgendeinem Grund geriet Gino nach einigen Minuten aus dem Takt, stolperte einige Male, schob seine Tanzpartnerin, anstatt sie zu ziehen, begann mit sich selber zu hadern und zu schimpfen, was ihn noch unkonzentrierter und Luciana zunehmend ungehaltener werden ließ. Eine Weile ließ sie sich das gefallen, bis ihr der Geduldsfaden riss und sie selber die Führung übernahm, was Giancarlo, der bekanntlich beim Spielen Kapazitäten frei hatte, sofort bemerkte und mit einem erst hämischen, dann gutgelaunten Dauergrinsen quittierte. Deutlich beschwingter blies er jetzt seine Melodien, variierte sie hier und da mit einem ironischen Triller oder improvisierte gar einige Passagen, was seine Bandmitglieder zunehmend verunsicherte. Sie hatten nie Jazzmusik in Urbino studieren wollen und waren froh, wenn sie die Noten des traditionellen *ballo liscio* einigermaßen fehlerfrei herunterspielten.

Am Ende fegte Luciana temperamentvoll über den Lehm und zog Gino mit sich, der seinerseits seine ganze Konzentration brauchte, um nicht vollends auf der Strecke zu bleiben. Und eines war klar: eine *bella figura* konnte er damit nicht machen. Nach diesem Abend auf dem Fest der Christdemokraten wurde Gino nie wieder auf einem der zahlreichen Tanzabende rings um den Monte Dolciano gesehen. Eine Zeitlang vermied er es sogar, bei Giancarlo in der *ferramenta* einzukaufen, und fuhr für jede Besorgung nach Cagli zu Buccarini, dessen Preise man allerdings nur großstädtisch nennen konnte.

9. KAPITEL

Am Tag von Sestinas letztem Schafauftrieb, zwei Tage nach Luises Beerdigung, klingelte mein Wecker pünktlich um fünf Uhr in der Früh. Langsam wie eine Eidechse bei Bodenfrost pellte ich mich aus dem Bett und tastete mich durch die Dunkelheit nach oben in die Küche. Erst als ich dort angekommen war, erinnerte ich mich, dass ich mir letztes Jahr geschworen hatte, nie wieder barfuß ohne Licht durch das Haus zu schleichen, seit ich auf einen Skorpion getreten war und der noch ausreichend Zeit gehabt hatte, vor seinem sicheren Tod durch meine achtundsiebzig Kilogramm Körpergewicht seinen Stachel in die empfindliche Haut zwischen Ballen und Ferse zu setzen. Dieses Mal kam ich unversehrt oben an, und als ich mich an der *armadia*, einer Anrichte mit hochklappbarer Abdeckung, entlangtastete, auf dem Weg zur Kaffeemaschine, fiel mir wieder ein, dass ich Sestinas letzten Schafauftrieb filmen wollte. Statt Kaffee zu machen, streifte ich mir hastig Kleider über und wühlte mich durch Kisten und Schränke auf der Suche nach der Kamera, nach Videokassetten, Akkus und der aufsteckbaren Leuchte. Die Uhr tickte unbarmherzig, und im Geiste sah ich Sestina unwillig mit ihrem Stock auf den Boden stampfen und pünktlich eine Minute nach halb sechs schimpfend mit ihrer Herde losziehen.

Zum Glück fand ich alles, was ich brauchte, die Akkus waren sogar noch zu mehr als der Hälfte geladen, und um exakt fünf Uhr sechsundzwanzig fuhr ich bei Sestina vor, Uilly im Schlepptau, der aus einem unerfindlichen Grund total begeistert war, so früh morgens einen Ausflug zu machen.

«*Nostre Maks-e!*», begrüßte Sestina mich freundlich und frei von jeder Ungeduld, für Uilly hatte sie nur ein herrisches «*Stupidone!*» übrig. Sie öffnete ihre Tür weit, drinnen brannte eine Lampe, die wie bei ihrer Nachbarin Emilia mit einer 25-Watt-Birne bestückt war, trotzdem konnte ich in dem schummrigen Licht erkennen, dass der Raum aufgeräumt und geputzt war, als wäre heute Sonntag.

«*Un caffè?*», fragte sie.

«*Si, come no.*»

«*Ma non è Lavazza.*»

Das sagte sie jedes Mal, weil der sündhaft teure Lavazza weit jenseits ihrer finanziellen Möglichkeiten war.

«*Dai, lascia stare!*» Auch das sagte ich jedes Mal, weil es mir unangenehm war, dass sie sich deswegen schämte. «Ich finde Lavazza überschätzt und zu teuer.»

«Meiner reicht mir jedenfalls.»

«Mir auch, Sestina.»

«*Bou*», sagte sie und begann mit der kleinen Espressokanne zu hantieren. *Bou* bedeutete alles Mögliche von ‹Mir doch egal› über ‹Tatsächlich?› bis ‹Wenn du meinst› oder einfach nur ‹*Bou*, such dir doch selber aus, was ich meine›. In diesem Fall tippte ich auf ‹Ist ja alles nicht wichtig›.

Sie machte das Licht über dem Herd an, und erst jetzt sah ich, dass sie keines ihrer üblichen Kleider anhatte, die in der *macchia* ruhig zerreißen durften, weil sie sowieso ihre beste Zeit hinter sich hatten, nein, für den letzten Gang mit ihren Schafen hatte sie ihr bestes, ein taubenblaues Kleid herausgesucht, sie hatte sich ein Chiffon-Halstuch umgebunden, unter dem eine Goldkette hervorlugte, in ihren Ohrläppchen steckten Goldohrringe mit je einer Zuchtperle, ihre Haare waren frisch gefärbt, geschnitten und gelegt – wie war das möglich morgens um halb sechs? –, und nur ihre Füße steckten in ihren unvermeidlichen abgerissenen, halbhohen Bergschuhen.

«Wie schön du aussiehst!», sagte ich.

Sie lächelte erfreut. «Giuseppe könnte mich eine Stunde lang anstarren und würde nichts bemerken.» Stolz betastete sie ihre Haare. «Neu gefärbt. Hat Rosella drüben aus Monticello gemacht.»

Ich war richtig gerührt. «Mensch, Sestina», sagte ich, «ich finde wirklich schön, dass du den letzten Gang mit deinen Schafen so zelebrierst.»

Sie sah mich erstaunt an.

«Es sind ja auch viele Jahre gewesen, die du jeden Tag rauf auf den Monte gegangen bist», fuhr ich begeistert fort. «Und die Tiere kennst du bestimmt alle mit Namen, das ist wahrscheinlich ein schwerer Abschied und auch das Ende eines Lebensabschnittes. Und dafür hast du dich extra hübsch gemacht, das finde ich ganz toll.»

«Wegen der Schafe? Spinnst du?»

«Eh, nicht?», erwiderte ich irritiert.

«Nein, du hast doch gesagt, du bringst die Kamera mit.»

«Eh, ja.»

«*Ecco.* Und wo ist sie?»

«Noch im Auto.»

«Meinst du, das Licht hier reicht überhaupt? Rosella meinte, das wäre das größte Problem mit diesen Dingern.»

«Wahrscheinlich reicht es nicht, aber ich habe eine Leuchte.»

«Wo?»

«Auch im Auto.»

«Na, dann hol's! Wir müssen los.»

Nach meinem Kaffee und den ersten Aufnahmen von der Küche packte sie ihren Knüppel und eine Plastiktüte mit Proviant. Ich selbst hatte wegen der Hektik mit der Kamera alles zu Hause liegen lassen, meine *piadina*, mein Wasser, in dem ich eine Magnesiumbrausetablette aufgelöst hatte, und eine Tafel Schokolade, die ich mir mit Sestina oben auf dem Monte teilen wollte. Jetzt war natürlich nicht mehr daran zu denken, noch einmal nach Ca'Tommaso zurückzufahren. Sestina scharrte regelrecht mit den Hufen, um endlich ihre Schützlinge in die *macchia* und hoch auf die Wiesen des Monte Dolciano zu treiben. Zum Glück hatte ich wenigstens meinen Sonnenbrand, den ich mir hutlos auf Luises Beerdigung zugezogen hatte, mit einer Sonnencreme und dem Schutzfaktor sechzig versorgt.

«Wo ist Giuseppe?», fragte ich, als Sestina die Tür hinter sich zweimal abschloss. «Ist der schon irgendwohin unterwegs?»

«Machst du Witze? Der steht erst in drei Stunden auf.» Sie sah mich fragend an. «Weil ich die Tür abschließe?»

«Ja.»

Sie machte eine wegwerfende Handbewegung. «Der hat Angst, geklaut zu werden. Dass ich nicht lache. Von wem denn, eh?»

Wir tasteten uns im Schummerlicht um das Haus herum, wo die Schafe in ihrem Gehege nervös herumtrampelten. Sestina öffnete das Gatter, doch als die Viecher Uilly gewahr wurden, rührten sie sich nicht von der Stelle und beäugten den Maremmano misstrauisch. Da dieser sie jedoch einfach ignorierte und stattdessen zu erschnüffeln versuchte, was sich wohl in Sestinas Plastiktüte verbarg, riskierten sie einige erste Schritte heraus. Zuerst vorsichtig, doch dann gab es kein Halten mehr, und sie stürmten los. Uilly zuckte zusammen und sprang zur Seite, als die verschworene, blökende Horde auf ihn zupreschte.

Sestina schüttelte missbilligend den Kopf. «*Che stupidone! Che vigliacco! Che razza di carogna!*»

Dummkopf? Feigling? Aas? Mir tat der Hund leid, und deshalb flüsterte ich ihm im Vorbeigehen ein paar tröstende Worte zu, worauf er um mich herumsprang, als wäre er gerade erst dem Welpenstadium entwachsen. Es dauerte nicht lange, da war Uillys morgendliche Euphorie wieder verflogen. Der Weg begann mit einer kräftigen Steigung, und die vielen Schafe und das für ihn sinnfreie Durchstreifen der *macchia* sagten ihm überhaupt nicht zu. Missmutig trottete er hinter uns her, und wenn man ihn ansprach, hob er nur sehr kurz die Ohren und wedelte genau einmal mit dem Schwanz, um gleich wieder in seinen tranceartigen Modus – Durchhalten, irgendwann ist diese Plackerei vorbei, hoffentlich – zu verfallen.

Sestina hingegen blühte auf, von Problemen mit ihren Beinen war nichts zu sehen. Sie beschleunigte gleich ab dem Haus in einem sagenhaften Tempo, rief ihren Viechern herrische, fast machohafte Kommandos zu, rammte dem einen oder anderen Tier ihren Knüppel in die Rippen, wenn es sich zu lange mit einer Grünpflanze beschäftigte, und tippelte mit einer Leichtigkeit den Monte Dolciano hinauf, dass ich, der ich mehr als zwanzig Jahre jünger war, Mühe hatte mitzuhalten. Gleichzeitig schnatterte sie in einem fort, verwies auf den schönen Sonnenaufgang und darauf, von welcher Stelle er am beeindruckendsten aussah, zeigte mir dies und das, zum Beispiel die unter Naturschutz stehende *carciofo di montagna*, eine nur über fünfhundert Meter Höhe wachsende flache Bodendistel, die man essen konnte und deren unterirdischen Stamm sie mit schnellen Tritten freilegte, bevor sie die ganze Pflanze herauszog und vorsichtig von den stacheligen Blättern befreite. Was übrigblieb, sah aus wie eine gedrungene gelbe Möhre und schmeckte auch so, allerdings deutlich würziger. Sie zeigte mir Pflanzen, von denen man besser die Finger ließ, wenn man sich nicht genau auskannte, wie zum Beispiel vom Kerbel, der dem giftigen *ombrellifere*, keine Ahnung, was das sein sollte, wahrscheinlich Schierling, sehr ähnlich sah. Oder *papavero*, der Klatschmohn, den man allerdings nur jetzt, im Sommer, meiden musste, wohingegen er sich im Frühjahr, wenn die Pflanze noch jung war, mit seinem sehr angenehmen, sanften Geschmack hervorragend als Beigabe zum Salat eignete.

Sie kannte buchstäblich jeden Zentimeter dort oben.

«Hier wird es bald haarig», sagte sie, als wir den steilen Hang hinter uns hatten, «da bleibst du besser hinter mir.»

Ich konnte mir nicht vorstellen, wogegen mich Sestina mit ihren ein Meter zweiundfünfzig in Schutz nehmen sollte, und betrachtete ihre Worte als einen Scherz. Bis ich um den nächsten großen Felsen bog, hinter dem eine Gruppe von fünf Jungstieren auf uns wartete. Adrenalin schoss durch meine Adern und ich sah mich reflexartig nach Uilly um. Das hier war ja wohl ein Job für einen ausgewachsenen Maremmano. Doch Uilly hatte die Viecher schon gerochen und sich in eine sichere Entfernung zurückfallen lassen, so hatte er im Ernstfall gleich mehrere Fluchtwege zur Auswahl.

Für mich galt das nicht. Vor oder zurück? Das Unangenehmste angesichts solcher präpotenter Jünglinge war, dass man einfach nie wusste, was sie als Nächstes tun würden. Bei zweien war ich mir sicher, dass sie nichts Gutes im Schilde führten, denn sie scharrten mit ihren Hufen, warfen bedrohlich ihre Köpfe in den Nacken und atmeten großkotzig durch ihre geblähten Nüstern ein und aus. Bilder von Pamplona tauchten vor meinem geistigen Auge auf, wo erregte Jungstiere leichtsinnige Läufer auf die Hörner nahmen und durch die Luft schleuderten. Langsam trat ich den Rückzug an, ohne die beiden Angeber aus den Augen zu lassen, doch zu meinem Entsetzen rückten sie ihrerseits schrittweise nach, sodass sich der Abstand zwischen uns nicht verringerte, dann sah ich aus dem Augenwinkel, zuerst erstaunt, dann beschämt, wie eine sechsundfünfzig Jahre alte *contadina* auf die Jungbullen zumarschierte, ihren Knüppel schwang und wüste Beschimpfungen im Dialekt des Monte Dolciano ausstieß. Und siehe da, die jugendlichen Angeber schüttelten einige Male ihre Köpfe, um sich dann umzudrehen und demonstrativ langsam davonzutraben, als hätten sie ohnehin etwas Besseres vorgehabt. Auch ein italienischer Jungstier ließ das Prinzip, in jeder Lebenslage eine *bella figura* machen zu wollen, nicht außer Acht.

«Es ist nur der eine, der die anderen aufstachelt», erklärte mir Sestina die Gruppendynamik der Stier-Gang, ohne auf meinen beschämenden Rückzug einzugehen. «Wenn du dem zeigst, wer das Kommando hat, passiert nichts.»

«*Per Dio!*», stieß ich hervor. «Ich dachte schon, der nimmt mich auf die Hörner.»

Jetzt lachte sie mich doch aus und sagte: «*Nostre Maks-e. Non fa niente, cocco.*»

Wir wanderten weiter. Uilly kam mehrere Male sehr ins Grübeln, ob er allein wieder umkehren sollte, konnte sich jedoch nicht dazu durchringen und trottete weiter mit hängendem Kopf, Schwanz und hängenden Ohren hinter uns her. Es ist deprimierend, wenn das Leben einfach keine Alternativen bietet: Vor ihm drohten Mühsal, Steigung und Erschöpfung, und hinter ihm lauerte eine Gruppe von Jungstieren mit einem unberechenbaren Anführer.

Sestina sagte inzwischen kaum mehr ein Wort. Zufrieden summte sie Lieder vor sich hin, knabberte zwischendurch an irgendwelchen Kräutern und zählte immer wieder ihre Schafe durch.

«*Canta un po'*», forderte ich sie auf und richtete die Kamera auf sie. Doch es brauchte einige Versuche, bis sie ihre Scheu überwand und mit ihrer wunderschönen, klaren Stimme einige italienische Volkslieder intonierte, wie das von dem Eimer, der ein Loch hatte und den niemand mehr haben wollte, bis jemand kam, der sah, dass es ein guter Eimer war, der lediglich ein Loch hatte, und es verschloss, sodass der Eimer seinem Retter bis zum Ende von dessen Tagen gute Dienste leistete.

Nach zweieinhalb Stunden erreichten wir den Gipfel des Monte Dolciano. Dort oben sah es aus wie auf einer Hochebene in Sizilien, ringsherum strohgelbe, von der Sonne verbrannte, steppenartige Wiese. Der Berg fiel in alle Richtungen nur sanft ab und wirkte eher wie der riesige runde Rücken eines Wals als wie ein knapp tausend Meter hoher, den Apenninen vorgelagerter Berg. Das Panorama war gigantisch, einzigartig, unglaublich schön: In den Tälern ringsum schwebte noch der Frühnebel und wartete darauf, endlich von der Hitze der höher steigenden Sonne aufgelöst zu werden. Im Süden wellte sich die Landschaft über fünfzehn Kilometer hinweg in deutlich niedrigeren Hügeln, auf denen sich Wald und Felder abwechselten, bis der Bergzug der eigentlichen Apenninen jede weitere Sicht versperrte.

Sestina bekreuzigte sich und flüsterte einige Worte. Ich hätte gerne gewusst, was dieses kurze Gebet bedeutete und ob sie es bei jedem Gang auf den Monte betete, traute mich aber nicht zu fragen. Auf der anderen Seite, in Richtung Nordosten, wurden die Hügel immer flacher und die Täler immer weiter, die Superstrada, die längs der Via Flaminia gebaut worden war, verlief bis auf einen Knick schnurgerade über fünfunddreißig Kilometer bis nach Fano, bis zum Meer, das als dunkelblauer Streifen zu erkennen war, der sich schnell im Dunst des Horizontes verlor.

«*Bello, il mare, eh?*», fragte Sestina, die meinem Blick gefolgt war.

«Fährst du da manchmal hin?», fragte ich.

«Ans Meer?»

«Ja.»

«Was soll ich da?»

Ja, was sollte sie da? Sie war mit ihrem Monte Dolciano verwachsen, war hier geboren, hatte ihr Leben lang Felder, Kühe, Schafe und Ziegen gehütet, Käse gemacht und Gärten angelegt. In der Sonne liegen und baden gehen gehörten einfach nicht in so ein Leben.

«Würdest du gerne mal hin? Ich kann dich mitnehmen.»

«Da fährst du besser alleine», brummte sie und schlug mit ihrem Knüppel im Umkreis von zwei, drei Metern auf dem Boden herum. «Wegen der Vipern», erläuterte sie. «Letztes Jahr wurde die Tochter von Graziana drüben von Monterolo gebissen. Ist fast daran gestorben.»

Als sie sicher sein konnte, dass selbst die dümmste und schwerhörigste Viper begriffen hatte, dass es Zeit war zu verschwinden, setzte sie sich ins Gras.

Uilly folgte ihrem Beispiel, begab sich direkt in die stabile Seitenlage und schlief augenblicklich ein, als hätte er die dreiunddreißig Schafe persönlich auf den Gipfel getragen.

«*Stupidone*», kommentierte Sestina und schüttelte den Kopf über diesen fünfzig Kilogramm schweren Fell- und Fleischberg, der so konsequent gegen seine genetische Codierung lebte.

«Jetzt pass auf, Maks-e», sagte sie und griff zu ihrer Plastiktüte, und siehe da, Uilly war sofort wieder hellwach. Zumindest hob er seinen Kopf, um das Rascheln unter den Kriterien «führt zu was» oder «führt zu nix» einzuordnen. Da sich die Tüte in Sestinas Händen befand und nicht in meinen, entschied er «führt zu nix» und legte sich, begleitet von einem tiefen Seufzer, der, ohne den *maremmano* vermenschlichen zu wollen, so viel bedeutete, wie: Verdammter Mist, diese Zweibeiner haben einfach viel zu viel Macht!

Sestina holte Brot und einen ihrer quietschenden *formaggio di pecore* hervor, dann ein Klappmesser, eine Glasflasche mit Wasser und eine kleine Plastikflasche, in die sie, das erkannte ich sofort an dem fuselöligen Film, der innen an der Flaschenwand herunterlief, ihren selbstgekelterten Wein abgefüllt hatte. Sie breitete die Tüte wie eine Picknickdecke aus, legte alles – «Gib mal!» – darauf ab, klappte das Messer auf und schnitzte erst einmal ein Mauseloch aus dem Käse heraus.

«*Voi altri,* ihr mögt das nicht, ich weiß», kommentierte sie.

«Kein Problem», antwortete ich. In der Tat würde mein größtes Problem der Wein zu dieser frühen Morgenstunde sein.

Bei aller Liebe, aber die Weine, die auf dem Monte Doliciano gekeltert wurden, waren in der Regel furchtbare Säuerlinge, die einem mit ihren Fuselölen den Tag verdarben, sobald man nur einen Schluck zu viel davon trank. Trotzdem wurden diese Essigderivate angepriesen wie erlesenste Tropfen. Jeder hielt den eigenen Wein für den besten, der weit und breit zu finden war, mit nichts anderem drin als Trauben, kein Schwefel, kein zugesetzter Alkohol, kein Zucker – wobei, ein wenig Zucker wäre vielleicht gar nicht so schlecht gewesen –, während der des nächsten Nachbarn, also im Fall von Sestina der von Emilia, der reinste Mist war: trübe, unansehnlich und *schifoso*. Für unvoreingenommene Außenstehende hatten allerdings Sestinas und Emilias Wein eines gemeinsam: Sie bewegten sich hart an der Grenze der Ungenießbarkeit, und bereits kleine Mengen halfen bei jeder Art von ins Stocken geratener Verdauung, und zwar schnell und durchschlagend. Deswegen hatte Sestina wohl nur eine kleine Flasche mitgebracht, gerade so viel, dass er anregend, aber, so hoffte ich, nicht vernichtend wirken würde.

«Nimm», sagte Sestina, hielt mir ein Stück Käse hin und deutete auf das Brot. «Das habe ich gestern in Emilias *forno* gebacken.»

«Warum in Emilias?», fragte ich, nahm den Käse und brach ein Stück Brot ab.

«Wir wechseln uns ab.»

«Und, schmeckst du einen Unterschied?»

«*Voglia!*», erwiderte sie, ohne darauf näher einzugehen.

Ich biss in den Käse, er quietschte, das Brot duftete und war angenehm feucht, die widerstandsfähigen Kräuter und Blumen ringsherum buhlten mit ihren Gerüchen um die Wette, und Bienen und sonst welche Insekten torkelten hektisch von einer Blüte zur nächsten und beeilten sich, als wollten sie vor der Mittagshitze ihre Arbeit hinter sich gebracht haben. Ich hatte große Sympathie für sie, man spürte schon, dass dies ein weiterer sehr heißer Tag würde, und Schatten gab es hier weit und breit keinen. Sestina aß wie immer mit großem Appetit, betrachtete mit Wohlgefallen die Landschaft und ihre Schafe, war einfach nur zufrieden, und mir ging es nicht anders. Plötzlich stieß sie mir in die Seite.

«Da, die Adler.»

Tatsächlich, nicht sehr hoch über uns kreisten sie, zu dritt, das alte Pärchen und ein Junges, Königsadler, die fünf typischen gespreizten Endfedern an den Flügeln waren deutlich zu erkennen. Nicht ein einziges Mal schlugen sie mit ihren riesigen Flügeln, ließen sich von der aufsteigenden Luft immer höher tragen und schwebten davon, bis man sie vor dem Hintergrund der Landschaft nicht mehr erkennen konnte.

Sestina genehmigte sich noch ein Stück Käse, und zu meiner Beruhigung quietschte er auch bei ihr. Dann schnitt sie eine große Ecke ab und warf sie ohne viel Aufhebens in Uillys Richtung. Der Brocken traf seine Nase, wo er ein hohles Geräusch machte und abprallte. Uilly schreckte hoch und sah mich vorwurfsvoll an. Warum mich? Bis ihm der Duft des Käses in die Nase wehte. Aber statt sich zu erheben und das Stück zu suchen, legte er sich wieder auf die Seite und rutschte in dieser bequemen Pose so lange mit seinem Kopf herum, bis er sich den Käse schnappen konnte und ihn, ohne viel zu kauen, herunterschluckte.

«Dumm ist er nicht», kommentierte ich, weil ich sehr an seiner Reputation interessiert war.

«*È stupido e pigro*», verbesserte mich Sestina kategorisch, dumm und faul, und schüttelte über so viel bräsige Bequemlichkeit den Kopf, doch wie mir schien, war da ein verstecktes Lächeln in ihren Augen. Die Schafe kreisten grasend um uns herum, und jedes Mal, wenn eines vorbeizog, nannte Sestina es beim Namen, erklärte, welches viel Milch gab und welches «ausgetrocknet» war, *asciugata*, und nur noch bei der Herde dabei sein durfte, weil es früher einmal viel Milch gegeben hatte. Natürlich war ihr klar, dass der nächste Besitzer lediglich nach Ertrag gehen und deswegen diese ausgetrockneten Schafe als Erste ins Jenseits befördern würde.

«Und wie geht es dir, Sestina, jetzt, da du zum letzten Mal mit deinen Schafen hier hochkommst?»

«Non fa niente», sagte sie trotzig und fügte nach einer Pause hinzu: «Aber es ist schön hier oben.»

«Na, du kannst ja auch ohne Schafe hierherkommen», erwiderte ich mit pragmatischer Logik.

Sie sah mich etwas mitleidig an, als wollte sie sagen: Ihr armen Städter, ihr habt wirklich von nix 'ne Ahnung. Warum sollte ich mich zwei Stunden hier hochschleppen, nur um mir die Landschaft anzusehen?

Doch ich spürte, dass sie vor allem über nichts nachdenken und schon gar nicht traurig sein wollte. Heute Abend würden die Schafe abgeholt, aber das würde erst heute Abend sein, und jetzt waren die Schafe ja noch da. *Basta!* Trotzdem war ich mir sicher, dass ihr das Ende einer Jahrzehnte andauernden Ära keineswegs gleichgültig war, und ich war mir auch sicher, dass sie sich nicht für die Kamera so gut angezogen hatte, sondern für ihre Schafe, von denen sie sich auf ihre Art den ganzen Tag lang verabschiedete, ohne es auszusprechen und ohne sich von mir in irgendetwas hineinquatschen zu lassen.

«Und jetzt einen Schluck Wein», sagte sie und hielt mir die Flasche hin.

«Ist mir eigentlich noch zu früh», versuchte ich, darum herumzukommen.

«Du darfst zuerst trinken», stellte sie klar, weil sie wohl annahm, ich ekelte mich, wenn sie die Flasche zuerst an ihren Mund geführt hätte. Sie lächelte aufmunternd, und mit einem inneren Seufzer nahm ich einen Schluck. «Nimm noch einen. Sonst liegt dir der Käse schwer im Magen.»

Ich tat es – und bereute es zwei Stunden später bitterlich, als ich mit einer heftigen diarrhöischen Attacke hinter einem Ginsterbusch hockte und mich nervös, weil völlig wehrlos nach den präpotenten Jungstieren umsah, die jetzt ein leichtes Spiel mit mir haben würden. Zum Glück hatte ich eine frische Packung *fazzoletti* eingesteckt, Papiertaschentücher, auf denen ein Baby-elefant abgebildet war, der mit seinem Rüssel fröhlich und von Stauungen jedweder Art befreit in die Luft trompetete.

Mittags verabschiedete ich mich von Sestina und ihrer Herde, nachdem ich versprochen hatte, heute Abend mit der Ka-mera vorbeizuschauen, wenn sie ein letztes Mal Schafsmilch in Käse verwandelte. Zum einen war mir die Hitze unerträglich geworden, zum anderen war die kleine Bäuerin immer unruhi-ger und schweigsamer geworden, was ich gut verstehen konnte. Sie war es gewohnt, die vielen Stunden dort oben allein zu sein, und sosehr sie sich freute, dass ich sie heute begleitet hatte, so bedeutete es auch einen Eingriff in ihren rituellen Tagesablauf und wahrscheinlich auch eine Einschränkung ihrer Freiheit: Nur oben auf dem Monte war sie die alleinige Herrscherin ihrer Welt, da konnte sie tun und lassen, was sie wollte, da war nie-mand, der *stai zitta!* sagte und für den sie *pasta* kochen musste, und da war auch niemand, der ständig eine Kamera auf sie rich-tete. Uilly musste nicht lange überlegen, ob er bleiben oder mit-kommen sollte. Von Sestina hatte er ja schon etwas zu futtern bekommen, mehr war da also für heute nicht drin, demzufolge war ich jetzt die erste und vor allem einzige Wahl. Zumal er der ständig herumwuselnden, scharrenden, blökenden und kacken-den Schafherde erkennbar überdrüssig geworden war.

Zu Hause in Ca'Tommaso würgte ich als Erstes drei Koh-letabletten herunter, ein altes Hausmittel gegen Durchfall, rieb mich mit Zedanöl gegen die Mücken ein und legte mich in meine Hängematte, die ich zwischen einer Akazie und mei-nem einzigen Feigenbaum gespannt hatte. Bald würde ich nach Deutschland fahren, und wenn ich wieder zurückkehrte, wären die ersten Früchte reif.

Ich war noch unentschieden, ob ich in Deutschland Anna aufsuchen sollte. Einige Jahre nach einer Trennung könnte man doch eigentlich versuchen, alle Verletzungen zu vergessen und eine Freundschaft aufzubauen, immerhin war da mal eine große Vertrautheit gewesen. Während ich in Gedanken durchging, wie das praktisch aussehen könnte – Max und Anna gehen ins Kino, unterhalten sich über ihre Leben, über Probleme mit ihren nervigen Familienangehörigen und über die Frage, ob mein Leben in Italien irgendeinen Sinn machte oder purer Eskapismus war –, wurde mir schon schwindelig. Reden könnten wir bestimmt über alles Mögliche, aber könnte ich jemals neben Anna sitzen, ohne sie permanent berühren und am liebsten jede freie Minute mit ihr verbringen zu wollen?

Es war wie verhext, plötzlich tauchten wieder ihre Augen vor mir auf, mit dieser ungewöhnlichen Mischung aus Olivgrün und Braun, ihr Mund, der so gerne lachte, und ihr Geruch, den ich unter tausend verschiedenen erkennen würde.

Wütend schlug ich auf die Hängematte. Nach so vielen Jahren! Das war doch krank! Statt mich im Land der Liebe jedes halbe Jahr in eine andere vollmilchschokoladenbraune, schwarzhaarige Schönheit mit riesigen goldenen, an den Ohrläppchen baumelnden Kreolen zu verlieben, statt die tollste aus dieser Serie auszuwählen und mit ihr drei bildschöne, schwer erziehbare Kinder in die Welt zu setzen, die keine Nacht vor dreiundzwanzig Uhr ins Bett gingen und alles terrorisierten, was sich bewegte, trauerte ich immer noch einer Frau nach, die mich schändlich im Stich gelassen hatte! Und überhaupt: Was war das mit Valerie gewesen? Hätte das nicht eine schöne, solide, bestimmt auch liebevolle Beziehung werden können?

Valerie, Anna, idealtypische Italienerinnen, nachtaktive Kinder – alle Gedanken und Erinnerungen verschwanden schlagartig, als ein Tornado-Düsenjäger im Tiefflug über den Monte Dolciano geschossen kam, wieder nicht vorhersehbar, weil schneller als sein eigener Schall und brutal laut.

«Verdammte Bande!», brüllte ich dem Flugzeug noch hinterher, bevor mich eine bleierne Müdigkeit übermannte. Einige Stunden später klingelte das Telefon.

Es war Sestina. «*Ou, cocco, faccio pecorino!*»

«Ah, gut», erwiderte ich und fragte: «Soll ich gleich kommen?», aber sie hatte schon wieder aufgelegt. Ich packte meine Kameraausrüstung und sprang ins Auto. Das Feuer in Sestinas Kamin brannte schon, über der Flamme baumelte ein riesiger Kupferkessel, halb gefüllt mit Schafsmilch. «Auf wie viel Grad erwärmst du sie?», fragte ich sie.

«Keine Ahnung, *cocco*», erwiderte sie und rührte mit einem alten, speckigen Buchenknüppel um.

«Und woher weißt du, wann sie die richtige Temperatur hat?»

Sie wischte sich die Rechte an ihrer Schürze ab und tauchte sie in die Milch. «Noch nicht warm genug.»

«Weißt du, wie oft sie sich schon verbrannt hat?», lästerte Giuseppe aus dem Hintergrund.

«Einmal», sagte Sestina mit einer andächtigen Ruhe, ohne sich beim Umrühren stören zu lassen. «Als du das Feuer gemacht hast und es viel zu heiß war.»

«Unsinn!» Giuseppe griff ärgerlich nach dem *vino fatt'in casa* und goss sich noch ein Gläschen ein. «Du auch noch ein Schlückchen?»

Ich hob abwehrend beide Hände und gab mir Mühe, die Geste nicht zu panisch aussehen zu lassen. Zum Glück war Giuseppe ein sparsamer Mensch und fragte nie ein zweites Mal.

Beim dritten Versuch nickte Sestina, packte meine Hand und stippte sie in die Milch.

«*Senti?* Jetzt ist es richtig.»

Ich tippte auf 40, vielleicht 45 Grad, irgendetwas zwischen Duschtemperatur und Abwaschwasser. Obwohl Sestina sehr auf ihre Arbeit konzentriert war, sah sie, dass ich mit meiner Milchhand schlecht weiter die Kamera bedienen konnte. Also lüftete sie, ohne Aufheben zu machen, ihre Schürze, darunter kamen die Spitzen ihres Unterrocks zum Vorschein, nahm meine Hand und rubbelte sie trocken, eine Geste voller Vertrautheit und völlig frei von irgendeiner Peinlichkeit.

Dann hievte sie den schweren Kessel vom Feuer und stellte ihn auf den Boden. Für einen Moment rieb sie ihre Hände aneinander, wischte sie mehrmals an ihrer Schürze ab, krempelte ihre Ärmel hoch bis auf die Oberarme und ließ dabei die Milch nicht aus den Augen, als fürchtete sie, dass diese sich davonmachen würde, bevor sie nach einem kleinen Fläschchen auf dem Bord über dem Kamin griff.

«Was ist das, Sestina?»

Sie zuckte zusammen, als hätte sie vergessen, dass ich da war. «Caglio», flüsterte sie, öffnete die Flasche, murmelte ein kurzes Gebet, dessen Worte ich nicht verstehen konnte, träufelte von der Flüssigkeit in den Topf, während sie den anderen Arm tief in die Milch versenkte und mit einer Bewegung, als schlüge sie ein Kreuz, Lab und Milch vermischte und verrührte. Dabei wiederholte sie mit geschlossenen Augen ihr Gebet, immer wieder, wie wenn sie einen Rosenkranz betete. Langsam begann sich unter ihren Händen die Milch in eine feste, weiße Käsemasse und in flüssige, durchsichtige Molke aufzuspalten. Ein Lächeln schlich sich in ihr Gesicht und auch eine gewisse Erleichterung. Für Sestina fand da in dem Kessel keine zwangsläufige enzymatische Reaktion statt, sondern ein kleines Wunder, eines, an dem ihre Schafe, die Pflanzen auf dem Monte Dolciano, das Wetter, ihre eigene Gesundheit, das Dach, das sie über dem Kopf hatte, und vor allem der wohlmeinende Wille Gottes beteiligt waren, und für all das bedankte sie sich, weil nichts davon eine Selbstverständlichkeit war. Ein ehrfürchtiger Moment, und sogar Giuseppe, der sonst gerne all ihre Tätigkeiten mit spöttischen Kommentaren begleitete, saß still in seiner Ecke und nickte nur.

Ich war zutiefst gerührt. Und zugleich traurig, viel trauriger als Sestina, dass dies unwiederbringlich der letzte Käse sein würde, den sie nach all den Jahrzehnten machte. Sestina sah ihr Leben eben nur in der Gegenwart, heute machte sie Käse, ging ins Bett, morgen waren die Schafe weg, da machte sie keinen Käse, ein Bauernhof steckte voller unerledigter Arbeiten, dann wurden eben die in Angriff genommen. Ich hingegen sah eine Handarbeit und eine Lebensart, die niemand weiterführen und die vom Monte Dolciano vollständig verschwinden würde, ich sah stattdessen Maschinen, Kraftfutter, Fließbänder, Supermärkte und Lastwagen, die alles effektiver und gewinnträchtiger machten, in deren Produktions- und Vermarktungskette kein Platz war für ein kleines Wunder, und die einen Käse, der beim Kauen quietschte, als mangelhaft ausmusterten.

Ich konnte nicht anders und nahm Sestina kurz in die Arme. Erstaunt, fast ein wenig belustigt sah sie mir in die Augen, beide Hände tief in den Kupferkessel versenkt. «*Co'è?*», fragte sie.

«Nichts, Sestina, mir war nur gerade danach.»

Sie nickte und begann, etwas Käsemasse in ein Leinentuch zu schaufeln.

«Du hättest Max fragen sollen, ob er die Schafe kaufen will», spöttelte Giuseppe aus dem Hintergrund, für den die spirituelle Seite des Käsemachens offenbar nur ein äußerst kurzer göttlicher Funke war.

«*Stai zitto*», sagte Sestina, ganz leise, sodass nur ich es hören konnte.

Das Tuch drehte und presste sie mit enormer Ausdauer und Kraft so lange zusammen, bis keine Molke mehr herauskam, «sonst wird der Käse sauer, *cocco*», und drückte die jetzt kompakte Masse in eine runde Plastikform. Obendrauf kam eine dicke Schicht Salz. Dann wühlte sie ein Stöckchen aus ihrer Holzkiste neben dem Kamin hervor und stieß es in den Käse hinein.

«Das ist deiner, Max. In ein paar Wochen ist er fertig.»

So hatte ich die Ehre, den ersten von Sestinas letzten Käsen zu besitzen.

Und nebenbei gesagt: Nach dem Film hat Sestina mich nie gefragt.

10. KAPITEL

Am nächsten Abend hatte ich einige Leute zum Grillen eingeladen. Weil ich am darauffolgenden Tag nach Deutschland fahren wollte, hatte ich die absolut unübliche Zeit von achtzehn Uhr vorgeschlagen. Ich hatte den Kreis klein gehalten, da ich Gino dabeihaben wollte, und Gino mochte keine Treffen, wenn sie zu groß angelegt waren. Ich muss mit jedem wenigstens einmal in Ruhe sprechen können, sagte er immer, wie soll das gehen, wenn zehn, fünfzehn, zwanzig Leute kommen? Davon wird mir schwindelig!

Da war Eleonore, bei der ich immer noch Italienischunterricht nahm. Leider musste ich in Kauf nehmen, dass auch ihr Mann Artur, der Sozialterrorist, mitkam. Um seine negativen Energien zu neutralisieren – Artur mochte ja bekanntlich keine Harmonie und suchte ständig Streit –, hatte ich auch Julian eingeladen, gegen dessen leichten und zugleich aristokratischen Charme Artur bislang noch kein Mittel gefunden hatte.

Gino hatte Nardini mitgebracht, der ein kleines Referat über den sarazenischen Einfluss auf die Architektur Caglis vorbereitet hatte. Und dann war da noch der total deprimierte Orfeo, der Kulturassessor aus Cagli. Ich hatte ihn kürzlich auf der Straße getroffen, abgemagert und mit Fünftagebart. Zwei Jahre hatte er es geschafft, neben seiner Ehe ein Verhältnis mit einer Frau aus Urbino zu leben, war aber kürzlich aufgeflogen, und jetzt war seine Ehefrau auf dem Rachetrip: Du hattest deinen Spaß? Jetzt will ich meinen haben! Orfeo hob die Hand, als wäre daran ein Sack Zement befestigt.

«Max», sagte er matt und müde.

«Orfeo», erwiderte ich.

Er nickte. «Hast du was dagegen, wenn ich das Grillen übernehme?»

«Eigentlich wollte ich das machen. Ihr seid meine Gäste.»

Er winkte müde ab. «Ich bin froh, wenn ich mich mit irgendetwas ablenken kann.»

Er öffnete die Spiritusflasche und spritzte eine gewaltige Überdosis auf die Kohlen, und bevor ich etwas sagen konnte, riss er ein Streichholz an und warf es hinein. Die Stichflamme war gewaltig und versengte ihm einige seiner wirr vom Kopf abstehenden Haare, was ihn nicht weiter zu interessieren schien, obwohl der Geruch nicht sehr appetitlich war.

Ich klopfte ihm mitfühlend auf die Schulter und wandte mich Eleonore und Artur zu, die den Weg von meinem Parkplatz heruntergeschlendert kamen, gefolgt von Gino und Nardini, die in irgendeinen Disput verstrickt waren und mich kaum beachteten. Eleonore drückte mich herzlich und fragte gleich einmal die Formen des Irrealis der Vergangenheit ab, während Artur mit seiner typischen butterweichen Umarmung aufwartete, mit der er immer vortäuschte, ein harmloser Typ zu sein.

«Der Walnussbaum, hast du den beschnitten?», fragte er freundlich.

«Habe ich, ja.»

«Du musst die Schnittstellen mit Baumwachs versiegeln. Sonst siedelt sich ein Fäulnispilz an und zerfrisst dir den Baum von innen.»

Ich nickte deeskalierend und schirmte meine Augen gegen die Sonne ab, weil ich den vertrauten Ton einer ganz bestimmten Vespa meinte gehört zu haben. Und tatsächlich, Manfredo, der Unselige, rollte fröhlich winkend heran und nötigte seinen kleinen Sohn, der vor ihm auf dem Trittbrett stand und sich mit weit aufgerissenen Augen an den Lenker krallte, ebenfalls zu winken. Seit seiner Schlappe auf Luises Beerdigung tourte

Manfredo von einem Augenzeugen zum nächsten und versuchte, seine angeschlagene Reputation in Einzelgesprächen wieder aufzupolieren. In Deutschland würde man vielleicht mit einem Hundewelpen losziehen, um eine gelöste, freundliche Atmosphäre zu schaffen, in Italien benutzte man dafür am besten ein Kleinkind. Es half auch in diesem Fall, denn Manfredo stand nicht auf meiner Gästeliste. Gerade als ich ihn begrüßen wollte, donnerte wieder einmal ein Tornado-Düsenjäger der italienischen Luftwaffe vom Meer kommend über Ca'Tommaso hinweg in Richtung Monte Catria. Der weiten Kurve nach zu urteilen, die er flog, würde er im großen Bogen wieder zurückkehren, eine Annahme, die sich auf extreme Weise bewahrheiten würde. Mittlerweile kannte ich die Flugmanöver der Jetpiloten schon auswendig und fragte mich einmal mehr, wie sie einen potentiellen Gegner austricksen wollten. Vor allem aber flogen sie nur bei strahlend schönem Wetter: Wer auch immer gegen Italien in den Krieg ziehen wollte, müsste dies lediglich im trüben Januar tun, wenn der wehrhafte, reiche Norden Italiens bis zum Mezzogiorno unter feuchtem Dunst und Nebel liegt. Rom dürfte dann nach einem Blick auf die Wetterkarte sofort kapitulieren.

«Verdammte Brut!», brüllte Gino und schüttelte dem Jagdflieger seine Faust hinterher.

«Wir müssen nochmal versuchen, ein paar Unterschriften zu sammeln, Gino», erwiderte ich eher aus Prinzip, denn unser letzter Versuch war deprimierend verlaufen.

«Das ist naiv», erklärte Artur. «Ihr glaubt doch nicht ernsthaft, dass die Politik sich von euren Unterschriften, wie viel es auch immer sein mögen, beeinflussen lässt.»

«Wenn man's gar nicht erst versucht, bestimmt nicht.»

«Da fehlt euch, glaube ich, ein Stück weit der Realitätssinn. Nur weil es Demokratie genannt wird, ist es noch lange keine. Seht doch der Wahrheit ins Auge. Eure Stimme zählt nur einmal alle fünf Jahre, und dazwischen regieren die Bosse der großen internationalen Firmen, die die Politiker nach ihrer Pfeife tanzen lassen. Und ihr glaubt, etwas verändern zu können! Ihr seid Träumer, und ihr seid genau das, was die da oben wollen.»

Für einen Moment herrschte betretenes Schweigen. Keiner außer Artur, der Sozialnazi, wollte den Abend mit einem Streit beginnen, aber ebenso wollte sich keiner beleidigen lassen. Das war der Grund, warum man Artur am besten gar nicht erst einlud, was allerdings zur Folge hätte, auch auf Eleonore verzichten zu müssen. Ein schier unlösbares Problem.

Zum Glück sagte Toto, Manfredos kleiner Sohn: «Ich habe Angst, wenn das so laut ist», was sofort eine Welle der Fürsorge auslöste, zumindest bei Gino und Eleonore. Nardini hingegen flüsterte leise die technischen Daten eines Tornado-Düsenjägers vor sich hin in der Hoffnung, dass ihn jemand danach fragen würde. Für ihn war ein Kleinkind einfach nicht existent und höchstens dann von Interesse, wenn es sich entschlösse, Mönch zu werden.

Gino nahm Toto mit ins Haus in die große Halle, deren dreiflügelige Terrassentür ich weit geöffnet hatte, rollte sich auf dem Boden herum, machte Männchen und komische Geräusche, sodass der Kleine begeistert trompetete und glückselig fast so laute Töne von sich gab wie ein Tornado. Manfredo war seinerseits überglücklich, Gino war ja sein größtes Problem, und so, wie er sich gerade gebärdete, musste sich doch wenigstens ein kleiner Teil seiner Freude auf ihn, Manfredo, übertragen.

Eleonore sah, dass man sie nicht brauchte, und gesellte sich zu Orfeo, der, ohne die Nachfrage zu klären, ein Kotelett nach dem anderen grillte wie ein Fließband, das im Nichts endete. Ich drückte mich draußen vor der Tür herum und wartete auf die Rückkehr des Düsenjägers. Ich gebe zu, mein Verhalten war ein wenig obsessiv, aber Ca'Tommaso und der Monte Dolciano waren mein Paradies, und die Düsenjäger waren Aggressoren, die es bedrohten und zudem noch außerhalb des geltenden Rechts viel zu tief flogen. Nardini stellte sich neben mich und deutete den Hang hinunter, wo das Dach von Ragniero Puccis Häuschen zu sehen war.

«Dort hat die Familie Pucci gewohnt», belehrte er mich und wollte gerade die Genealogie der Puccis für mich aufrollen, als der Tornado aus dem Nichts, ohne jede Vorwarnung und eindeutig mit Überschallgeschwindigkeit in höchstens fünfzehn Meter Flughöhe über die Madonnina schrappte und uns in einem Abstand von vielleicht dreißig Metern passierte, ein Flugmanöver, das mir völlig unbekannt war. Mit einer gespenstischen Rigorosität folgte das Flugzeug jeder Bodenwelle, offenbar auf Autopilot geschaltet, bevor es in einer scharfen Kurve um den nächsten Hügel zog.

Was dann geschah, war kaum zu beschreiben. Der Lärm war gigantisch und presste mir die Luft aus der Lunge. Gleichzeitig traf mich eine Druckwelle, die mich wie eine Orkanböe nach hinten warf. Der spindeldürre Nardini, der neben mir stand, wurde sogar zu Boden geschleudert. Meine Ohren waren taub wie nach drei Stunden Tanzen vor dem Diskothekenlautsprecher, und trotzdem konnte ich ein langes, tiefes Grollen wahrnehmen, das lange, nachdem der Düsenjäger längst verschwunden war, nachhallte.

Von drinnen aus dem Haus ertönte ein herzzerreißendes Weinen und Schreien. Ich stürzte hinein. Der kleine Toto war kreidebleich und blutete aus einer Wunde auf dem Arm, neben ihm lag ein vielleicht drei Kilo schwerer Zementbrocken, der sich, wie sich herausstellte, aus dem Dachfirst gelöst hatte und den kleinen Jungen fast erschlagen hätte.

«Sie haben fast meinen Sohn getötet! Sie haben fast meinen Sohn getötet!», brüllte Manfredo, bevor er begriff, dass sein Geschrei den kleinen Toto noch mehr in Angst und Schrecken versetzte, und er ihn endlich auf den Arm nahm. «Dafür werden sie bezahlen», flüsterte er jetzt stattdessen, und ich sah ihn schon im Geiste die *brigate rosse* wieder zum Leben erwecken und mit einem roten Kamikaze-Stirnband, gehüllt in die Flagge der Südstaaten und die Marseillaise auf den Lippen, Anschläge gegen militärische Einrichtungen ausführen.

«Wir müssen verdammt nochmal etwas gegen diese Tiefflieger machen!», sagte ich.

«Ja, das müssen wir, *porco mondo*», antwortete Gino kraftlos.

Keiner mochte die Tiefflieger, alle antworteten mit Schimpfkanonaden, aber alle Versuche in den letzten Jahren, etwas gegen diese Pest zu unternehmen, waren an der Lethargie der Menschen rund um den Monte Dolciano gescheitert. Gino erklärte mir das so: Die Flieger kommen von Ancona, das ist weit weg, da kenn ich keinen, was soll ich also ausrichten? Und Rom war noch viel weiter weg als die realen 276 Kilometer zwischen dem Monte Dolciano und dem Verteidigungsministerium. Da konnte man doch gleich auf jede Aktivität verzichten.

«Hast du eine Kamera?», fragte Manfredo und riss mich aus meinen düsteren Gedanken über das fehlende Demokratiebewusstsein meiner Nachbarn, wenn nicht gar aller Italiener.

«Was ist?»

«Hast du eine Kamera?», wiederholte Manfredo.

«Wie willst du einen Tiefflieger fotografieren? Der kommt aus dem Nichts und ist weg, bevor du die Kamera auch nur hochgehoben hast.»

«Hast du eine Kamera?»

«*Dai*, Manfredo, ich habe es schon ein paar Mal versucht. Mehr als verwackelte Landschaftsaufnahmen ohne Tiefflieger sind dabei nicht herausgekommen.»

«Hast du eine Kamera?», wiederholte Manfredo mit bedrohlicher Unnachgiebigkeit.

Ich bewertete das als Schockreaktion, wahrscheinlich würde er diesen Satz endlos wiederholen wie der fiese Naziarzt im «Marathon-Mann», der dem armen Dustin Hoffman ohne Betäubung in die Nerven seiner Zähne bohrte und ihn immer wieder fragte: «Sind Sie der Kurier?» Also holte ich meine Kamera und hielt sie Manfredo wortlos hin.

Manfredo setzte daraufhin den kleinen Toto ab, was das arme Kerlchen, das sich inzwischen beruhigt hatte, sofort mit erneutem herzzerreißendem Weinen beantwortete, platzierte den Jungen neben den Zementblock, sodass man das blutende Ärmchen gut erkennen konnte, und fotografierte dieses absolut nicht stille Stillleben mehrfach und aus allen möglichen Perspektiven.

«Damit werde ich sie in die Knie zwingen», sagte er und schüttelte die Kamera drohend gen Himmel. «Damit werde ich euch in die Knie zwingen! *Bastardi!*»

Der folgende Tag war hektisch. Wenn ich schon nach Deutschland fuhr, musste ich eine Unmenge an Mitbringseln zusammentragen und in meinem Auto verstauen. Zum Beispiel fünfzehn Kilo Honig, den ich zuvor bei Rosario gekauft hatte, der seine Bienen in den Feldern und Wäldern rund um Sant'Anna sammeln ließ. Seine Frau, Fiorina, litt unter Schlaflosigkeit und war froh, wenn man nachts gegen elf oder sogar Mitternacht vorbeikam. Dann hatte sie etwas Abwechslung, und man selbst erfuhr in einer Stunde alles, wirklich alles, was rund um den Monte Dolciano geredet wurde. Es gab keinen besseren Umschlagplatz für Gerüchte, und wenn man etwas hatte, was man seinerseits unter die Leute bringen wollte, wie zum Beispiel, dass man es leid war, als alleinstehender Mann selber sein Haus zu putzen, machte das im Nu die Runde, und spätestens am Ende der Woche würden sich drei bis sieben Frauen melden, die gehört hatten, dass man eine Putzfrau suchte – oder eine Affäre? Hundertprozentig zuverlässig war die Methode nicht.

Fünfzehn Gläser Honig nahmen nicht viel Platz weg. Die vier Fünfliterflaschen mit Olivenöl aus Cartoceto, sehr fruchtig und aromatisch, waren auch kein Problem. Schwieriger war es mit den Weinkisten. Zehn Kisten à sechs Flaschen sind eine ansehnliche Ladung, zumal sie so verstaut werden mussten, dass die Zöllner an der Schweizer Grenze und die an der deutschen Grenze keinen Verdacht schöpften.

Als Gino mit seinem Panda vorfuhr, hatte ich Honig, Wein, Öl und alles andere bereits verstaut und noch etwas Platz gelassen für die Sachen, die ich Valerie in seinem Auftrag vorbeibringen sollte.

«*Ou*, Max, wie geht's?»

«Gut so weit.»

«Sag mal, stimmt es, dass dieser Mann aus dem Schwarzwald, oben in Bordolino …»

«Dieter Hermann.»

«Dass der im Krankenhaus liegt, weil er von einem Wildschwein angefallen wurde?»

Ich musste trotz des Ernstes dieser Angelegenheit lachen. «Was hast du genau gehört, Gino?»

«Er hat mit seiner Familie auf der Terrasse gesessen und Kuchen gegessen. Dann stand plötzlich ein Eber vor ihm, und um seine Familie zu schützen, hat er mit seinem Stuhl nach dem Tier geworfen, worauf es ihn angegriffen hat. Der Kampf der beiden muss grauenhaft gewesen sein. Am Ende musste er, also Dieter, mit vierzehn Stichen genäht werden.» Gino sah mich tadelnd an. «Warum lachst du? Was ist daran so witzig?»

«Weißt du, was wirklich passiert ist? Dieter hat mit dem Mountainbike eine Runde auf dem Monte Dolciano gedreht und ist gestürzt, weil er eine Kurve mit einem zu hohen Tempo genommen hat. Das ist alles. Und genäht haben sie ihn mit fünf Stichen.»

«*Porca miseria!*» Gino sah mich entgeistert an.

«Das sind die Jäger, die so einen Mist erfinden. Die wollen, dass das Jagdverbot hier oben wieder aufgehoben wird.»

«Diese Verbrecherbande!»

«Die wollen Stimmung machen für die Volksbefragung demnächst.»

«Was für Mistkerle! Und weißt du, wer es mir erzählt hat?»

«Nein.»

«Granci.»

«Seit wann redest du denn mit Granci?»

«Dieser Betonkopf! Dieser Winzling! Diese Zementschleuder!»

Ich verkniff mir die Bemerkung, dass er und Granci mit ein Meter zweiundsechzig exakt gleich klein waren, und deutete auf seinen Wagen. «Sollen wir deine Geschenke in mein Auto bringen?»

Er zögerte, wahrscheinlich überlegte er, ob er sich auch noch über den anderen kleinen, kompakten Maurer, Enzo, aufregen sollte, doch dann winkte er ab – was interessierte es eine Eiche, wenn sich zwei Frischlinge an ihrer Borke kratzten? – und öffnete die Heckklappe.

«Und dir macht es nichts aus, Valerie und der kleinen Sandra meine Sachen zu bringen?», fragte er.

«Nein», log ich, «das liegt ja praktisch auf dem Weg nach Köln.» Valerie war nach Konstanz an den Bodensee gezogen, und der kleine Abstecher dorthin bedeutete für mich einen Umweg von mindestens 100 Kilometer, gar nicht zu reden von der zusätzlichen Zeit, die diese Reiseunterbrechung in Anspruch nehmen würde.

«Du musst ihr sagen, meine Geschenke drücken nur meine Achtung für sie aus. Ich akzeptiere, dass sie einfach so, ohne Abschied, gegangen ist. Ich bin ihr nicht böse.»

«Du kennst den Grund genau», erwiderte ich schonungslos.

Das machte Gino nervös, er massierte seinen Arm, dort, wo ihn der Eichenbalken aus meinem Haus getroffen hatte. «Max, *la vita è –*»

«*Dai*, Gino, *lascia stare*, wir sind alleine. Mir musst du nichts vormachen.»

Gino setzte ein leidendes Gesicht auf und versuchte es noch einmal. «*La vita non è –*»

«Heilige Scheiße! Gino!», platzte es aus mir heraus. «Du hast es komplett versägt. Sie hat dich geliebt, sie wollte mit dir zusammenziehen, ja, sie konnte sich sogar vorstellen, mit dir noch ein Kind zu bekommen», wiederholte ich meine Worte, die ich ihm am Tag der Beerdigung in Lucianas Bar schon einmal gesagt hatte. «Und was hast du gemacht? Nichts.»

Sein Blick bekam etwas Gefährliches. Wenn er eins hasste, dann, dass ihn jemand in die Enge trieb. «Ich bin doppelt so alt wie sie», sagte er mit unterdrückter Wut.

«Das warst du von Anfang an.»

Gino warf die Arme in die Luft, sah mich mit wilden Augen an, drehte sich einmal im Kreis, stöhnte und knetete mit den Händen einen imaginären Hefeteig. «Unsere Liebe hatte einen Sinn, aber der bestand nicht darin, zu heiraten und ein Kind zu bekommen.»

«Ach ja, und worin bestand dieser Sinn?» Ich spürte meine eigene Verbissenheit und Wut, fand beides nicht in Ordnung, und doch konnte nichts dagegen tun. Zumal ich genau wusste, was er meinte. Ich wusste auch, dass er recht hatte. Bis Valerie auf den Monte Dolciano gekommen war, hatte sie nur Männer gehabt, die sie wie einen Fußabtreter behandelt hatten, Gino war der erste gewesen, der ihr mit Respekt und Liebe begegnet war.

«Das verstehst du nicht!» Wütend riss Gino die Heckklappe seines Panda auf.

«Dann erklär es mir!»

Gino holte einen großen, runden, in stabile Plastikfolie eingeschweißten Käse hervor, der mit *peperoncini* gewürzt war und nur von Freunden einer gehörigen Schärfe als Genuss betrachtet wurde.

«Was ist jetzt?», insistierte ich.

Für einen Moment dachte ich, Gino würde den Käse mit beiden Händen nach mir werfen, seine Augen blitzten, doch dann legte er ihn betont vorsichtig in seinen Panda zurück und wandte sich wieder mir zu. «*Ascolta*, Max. Die meisten Menschen sagen: Ich möchte nicht der Verband sein, wenn die Wunde nicht meine ist. Aber bei Valerie wollte ich genau das sein, ich wollte ihre Wunden bedecken, damit sie heilten, ihr Liebe geben, damit sie sieht, dass es bedingungslose Liebe gibt und sie es wert ist, diese Liebe zu bekommen.»

Er sah mich prüfend an.

«Das klingt, als hättest du nichts von eurer Beziehung gehabt», erwiderte ich.

«Doch, das hatte ich.» Seine Augen wurden feucht. Er breitete seine Arme aus und sah an seinem Körper hinunter. «Aber sieh mich an.» Was man sah, war ein abgetragenes schwarzes Poloshirt, eine farblich undefinierbare, ausgefranste, kurze Hose und sehr stämmige kurze Beine, die in groben, von Zementresten und Kalkstaub verdreckten Arbeitsschuhen endeten.

«Ich bin nicht der Mann, von dem eine junge, attraktive Frau träumt.» Er deutete mit dem Kopf auf seinen Fiat Panda, während er mit der Rechten ein imaginäres Autofenster herunterkurbelte. «Und das ist kein Jaguar. Trotzdem wollte Valerie mit mir zusammen sein», er ruderte ein wenig hilflos mit den Armen, «ja, das hat sie tatsächlich gesagt.» Er schluckte. «Aber es hat mir furchtbare Angst eingejagt. Ich glaube, das war der Moment, an dem wir beide aufgewacht sind. Vor Valerie habe ich in meinem Leben noch nie Liebe empfunden, und ich glaube, nein, ich weiß, für Valerie war es auch das erste Mal. Aber gleichzeitig habe ich in dem Moment begriffen, dass ihr Leben noch lang ist und meines kurz. Verstehst du, Max? Deswegen habe ich nein gesagt, wir können nicht zusammenziehen, wir können kein Kind haben. Ich hätte mich in dem Moment von ihr trennen müssen, aber ich war zu feige. Das hat sie dann gemacht, und ich sage dir: Sie hat das Richtige gemacht.»

Wir schwiegen beide. Obwohl mein Verstand noch einige kritische Anmerkungen machen wollte, spürte mein Herz, dass Ginos Worte wahr waren. Außerdem hatte Valerie sich nicht als gebrochener Mensch davongeschlichen, sondern war mit einem Selbstvertrauen gegangen, wie sie es vor Jahren, als sie auf den Monte Dolciano gekommen war, nicht einmal ansatzweise gehabt hatte.

«Unsere Liebe hat für beide ihren Sinn erfüllt. Wäre ich mit ihr zusammengezogen, hätte ich alles wieder kaputtgemacht.»

Er hatte recht, ohne Zweifel.

«Mehr kann ich dir nicht sagen, Max, mehr weiß ich nicht.»

Er fasste mich am Arm und zog mich zu seinem Panda. «Sollen wir es direkt in dein Auto tun? Oder willst du die Sachen erst mal ins Haus bringen?»

Er deutete in den Wagen hinein. Da waren drei große Tabletts mit *pasta fresca*, sieben riesige Käse, in dicker Folie eingeschweißt, vielleicht zehn Tüten mit verschiedenen Süßigkeiten, Gläser mit eingelegten schwarzen Trüffeln, drei Flaschen Anice, ein Anislikör, der nicht weit von hier in Fossombrone hergestellt wurde, zwei riesige Gläser mit kleinen schwarzen Oliven, auf marchigianische Art mit Fenchel und *peperoncini* eingelegt, zwei Kisten Prosecco und ein überdimensionales, riesiges Überraschungsei.

«Und das noch.» Er zog zwei Briefe zwischen den Oliven und einem Käse hervor. «Da ist ein bisschen Geld drin. Ich weiß, wie eng es gerade für sie ist. Sie muss ja erst einmal eine neue Arbeit finden.»

Ich nahm die Briefe und bedeutete Gino: Komm mal mit.

«Was ist?», fragt er und folgte mir zu meinem Wagen.

Ich öffnete meinen Kofferraum und zeigte wortlos auf den Platz, den ich für seine Mitbringsel gelassen hatte. Für die Briefe, das Überraschungsei und die Gläser mit den Trüffeln würde er reichen, vielleicht sogar noch für den scharfen Käse.

«Du hast gesagt, du würdest mir ein paar Kleinigkeiten mitgeben, Gino, erinnerst du dich?»

«*Bou*», sagte Gino, und wir betrachteten beide den winzigen Hohlraum. «*Bou.*»

«Und jetzt?»

Er stieß mir in die Rippen. «Vielleicht sollte ich dir meinen Laster leihen. Den mit dem *gru*, weißt du?» Gino lachte, packte mit beiden Händen meine Unterarme und schüttelte sie.

«Wie findest du das? Symbolisch betrachtet wäre das gar nicht schlecht. Weißt du noch? Da habe ich sie zum ersten Mal gesehen.»

Natürlich erinnerte ich mich, und zwar sehr lebhaft, als wäre es erst gestern gewesen. Denn da hatte ja auch meine Geschichte mit Valerie begonnen.

11. KAPITEL

Nachdem ich Gino für seine Arbeit an meiner Wasserleitung bezahlt hatte, ließ er nur wenige Tage verstreichen, bis er sich auf den Weg zu Spaccone machte, um das Loch in dessen Dach zu begutachten. Danach wollte er noch auf einen Sprung bei mir vorbeikommen.

Weil die Quelle von Bordolino erst wieder im Winter zu sprudeln beginnen würde, hatte ich bei Tontini auf der *comune* angerufen, damit er mir Wasser liefern ließ. Und unglaublich, aber wahr: Schon am nächsten Morgen ächzte Severino Paretti mit seinem sehr betagten Tanklaster und zehntausend Liter Wasser den Monte Dolciano herauf, hupte in einem fort, um seine Ankunft anzukündigen, passierte die *Chiesa del Monte Dolciano* und quälte sein Lasterchen die letzten steilen Meter hoch in Richtung Bordolino, wo auf halber Strecke meine nagelneuen Zisternen auf einem soliden Betonfundament ruhten. Dort angekommen, kassierte er erst einmal 70 000 Lire; das Geld war für den Transport, das Wasser war umsonst, und während das Wasser in meine Zisternen rauschte, erklärte er mir, wie ich das nächste Mal überhaupt nichts zahlen müsste, indem ich nämlich das Wasser nicht für mich, sondern oben für die kommunale Zisterne bestellte. Von dort aus könnte ich es dann komplett durch meine neue Leitung in meine Tanks fließen lassen, das spielte keine Rolle, aber auf diese Weise würde es sich um keine private, sondern eine kommunale Wasserlieferung handeln, und die war für *residenti*, also Hauptwohnsitzgemeldete wie mich, umsonst. Er selbst würde dann seine 70 000 Lire nicht von mir, sondern von der *comune* bekommen.

«Außerdem», er rückte ganz nah an mich heran und begann zu flüstern, als wären wir von Menschen umgeben, die nichts anderes im Sinn hatten, als unser Gespräch zu belauschen, «wenn du noch was anderes brauchst, Sand, *mattoni*, Kies, Holz, dann mach ich einen Anhänger bei mir dran, und du zahlst nur 35 000 Lire.» Er stieß mir in die Seite. «Kriegt keiner mit.» Er warf mit der Rechten irgendetwas Imaginäres an seinem Kopf vorbei hinter sich. «Und Tontini schon gar nicht. Denk drüber nach», sagte Severino, schrieb mir seine Telefonnummer auf und hielt mir den Zettel hin.

«Mach ich», antwortete ich.

Er fixierte meine Stirn, auf der sich meine Narbe mittlerweile wie ein roter Regenwurm von einer Seite zur anderen zog.

«Mir ist ein *coppo* auf den Kopf gefallen», kam ich seiner Frage zuvor, «vom Dach, war aber nicht die Schuld des Maurers, der mein Dach gemacht hat. Wahrscheinlich habe ich die Dachpfanne irgendwann mal losgetreten, und als neulich dieser heftige Sturm war …» Ich imitierte, so gut ich es mit meiner ungelenken deutschen Hand konnte, den freien Fall einer Dachpfanne, inklusive des verheerenden Aufschlags auf meine Stirn.

Severino schüttelte ununterbrochen den Kopf. «So was. Habe ich ja noch nie gehört.»

«Ich schon», erwiderte ich, «als ich im Krankenhaus war, hatten die gerade vor mir zwei ähnliche Fälle verarztet.»

«Warst du in Cagli im Krankenhaus?»

«Ja, beim *pronto soccorso.*»

Severino hob abwehrend beide auf maximale Weite gespreizten Hände. «Ins Krankenhaus nach Cagli gehst du mit einer Schnittwunde am Finger rein, und wenn die fertig sind mit dir, fehlt dir ein Bein.»

Ich hob beide Arme und sah an meinem Körper herunter. «Noch alles dran, Severino. Und ich finde, die Wunde haben sie ganz gut hingekriegt.»

Severino starrte angeekelt auf den Regenwurm auf meiner Stirn, winkte nur kurz zum Abschied und kletterte in seinen Laster.

Verunsichert setzte ich mich auf eine der Zisternen, tastete meine Narbe ab, die sehr empfindlich war und sich, ja, ein wenig dick anfühlte, und das erste Mal in meinem Leben konnte ich ein wenig Verständnis aufbringen für Menschen, die sich in die Hände eines Schönheitschirurgen begaben, und Quasimodo aus «Der Glöckner von Notre-Dame» tat mir inzwischen noch mehr leid als je zuvor. Unten passierte Severinos Lasterchen mit juvenilem Temperament die *madonnina*, erleichtert um zehn Tonnen Wasser, preschte den Hügel hinauf, nahm nach zweihundert Metern die Kurve, nachdem Severino einige Male gehupt hatte wegen möglichen Gegenverkehrs, was um die Zeit wirklich lächerlich war, und verschwand zwischen den Bäumen.

Ich legte mich mit hinter dem Kopf verschränkten Armen hin, schloss meine Augen und genoss die Morgensonne. Es war ein außergewöhnlich heißer Mai, ein unbewegliches Hoch hatte den Monte Dolciano als sein Zentrum auserkoren, und laut Wetterkarte würde sich dies mindestens eine Woche lang nicht ändern. Jetzt begann wieder die Zeit, in der es auf dem Berg nicht mehr so still sein würde, in der die italienischen Rentner, die vor Jahren schon ins Tal gezogen waren, nicht nur am Nachmittag, sondern für den ganzen Tag hier heraufkamen. Sie würden in der Abenddämmerung draußen vor ihren *rustici* sitzen, oben in

Bordolino und in Ripidello, bis tief in die Nacht hinein plaudern und hin und wieder voller Überschwang alte Volkslieder singen: Emilia, Sestina und Giuseppe, Lino und Desolina, Franco und Benedetta, Piccarini und Bruna, Ragniero, Ettore, Luigi, Marco, Christiana und ihr Mann, dessen Namen ich mir einfach nicht merken konnte; selbst die Hermanns würden auf ihrer gegen Blicke jeglicher Herkunft geschützten Terrasse draußen sitzen und vor sich hin flüstern.

Nach einem stolzen Blick auf meine gesicherte Wasserversorgung spazierte ich auf der *strada bianca* los in Richtung *Chiesa del Monte Dolciano*. Unterwegs pflückte ich eine Handvoll wilden Spargel, so dünn, zart, saftig und würzig, wie es ihn nirgends zu kaufen gab, und eine perfekte Zutat für eine *frittata*, ein Omelett.

Ich versuchte mir vorzustellen, wie es wohl früher hier gewesen war, als der Berg noch dreiunddreißig Familien ernährte, als beispielsweise in meinem *rustico* das Ehepaar Luchetti mit zwölf Kindern lebte, als es praktisch keine Kontakte zur Außenwelt gab, alle Hochzeiten und Taufen hier gefeiert wurden und als die einzige Vergnügung, die alle gemeinsam in Anspruch nehmen konnten, die Bocciabahn gewesen war. Sie hatte sich unterhalb der *Chiesa del Monte Dolciano* befunden, da, wo der Weg zu meinem Haus abzweigte.

Das Gotteshaus war ein schlichter Bau aus den üblichen grauen Natursteinen, nur die Front war verputzt, was sie keineswegs schöner machte und wofür eindeutig Granci verantwortlich war, der, wie schon gesagt, Zement über alles liebte. An der nach Süden gewandten Seite der Kirche zog sich über die gesamte Länge das erstaunlich große Pfarrhaus, ein Teil davon eine Art Gemeinschaftstrakt. Bis mein Telefonanschluss gelegt war, hatte dort das erste und einzige Telefon des Monte Dolciano an der Wand gehangen, aus schwarzem Bakelit und mit einem stoffummantelten, zigfach verzwirbelten Kabel, welches die Sprechmuschel mit dem fast zierlichen Apparat verband. Daneben bezeugte eine auf den Kalkputz geschriebene Liste, wie viel eine Minute Telefonieren kostete, im Laufe der Jahre vielfach durchgestrichen und durch immer höhere Preise ersetzt. Einfache Tische standen in zwei Reihen, von Holzwürmern längst in einen Zustand gebracht, dass man tunlichst nicht einmal einen Teller mit Pasta daraufstellen sollte, und von den vielen Stühlen, die es hier einmal gegeben haben musste, existierten nur noch einige traurige Exemplare. Draußen über der Eingangstür konnte man noch den von der Sonne ausgeblichenen Schriftzug ACLI erkennen, «Associazioni Cristiane Lavoratori Italiani», Christlicher Verband italienischer Arbeiter. Die Kurie in ihrer allumfassenden Güte war damals eben nicht nur für das Leben nach dem Tod zuständig, sondern auch für die Freizeit im Leben davor. Die alten Monte Dolcianer – Giuseppe, Piccarini, Lino, Franco, Sestina und Emilia – hatten noch lebhafte Erinnerungen, wie sie als Kinder die Männer beim Kartenspielen oder draußen im Wettstreit auf der Bocciabahn beobachtet hatten und wie sie später selber ihre seltene Freizeit dort verbrachten mit Nähen, Boccia, *crescia*, einem mit *pecorino* gebackenen Weißbrot, selbstgekeltertem Wein und vor allem Reden, stundenlangem Reden.

Wie wäre das, fragte ich mich, wenn man diese alte Tradition wieder aufleben lassen würde? Warum sollten die letzten der alten Bewohner des Monte Dolciano und die jüngeren neuen nicht abends gemeinsam ein wenig die Kugeln rollen lassen, als eine Art deutsch-italienische Annäherung, ganz zwanglos, quasi als säkularisierte Fortsetzung des ehemals kirchlichen Freizeitlebens? Eine schöne Vorstellung, und weil ich mich ohnehin durch meine Wasserarbeiten körperlich gestählt fühlte, entschloss ich mich zur Tat. Wenn einer beginnt, dachte ich, ziehen die anderen nach. Schnell rief ich bei Piccarini an, der von allen der kommunikationsfreudigste war und von dem ich mir erhoffte, dass er die Nachricht schnell verbreiten würde. Als der das Telefon nicht abhob, versuchte ich es bei den anderen, erreichte aber nur Ettore, der versprach, alle zu informieren. Eine halbe

Stunde später stand ich mit einer Hacke, einer Schaufel, einer Handsichel und einer Harke vor der grünen, verfilzten Hölle, unter der die alte Bocciabahn ihren Dornröschenschlaf hielt und darauf wartete, wieder erweckt zu werden. Schlingpflanzen und Brombeerbüsche hatten sich ihrer bemächtigt, vor allem aber sprossen flächendeckend die unvermeidlichen Essigbäume in den Himmel, eine wahre Pest, weil sie sich sowohl über Samen überirdisch und als auch durch ihre Flachwurzeln unterirdisch verbreiteten. Die Bauern nannten sie *guardia cielo*, was mit einer weiteren Eigenschaft zu tun hatte: Man konnte ihnen abhacken oder -sägen, was man wollte, es dauerte nicht lange, und sie begannen wieder, zu sprießen, ihr an sich schönes Blattwerk in den Himmel zu recken und in einem furchterregenden Tempo zu wachsen.

Ich hatte kaum zehn Minuten gearbeitet, da tauchte der erste Monte Dolcianer auf. Piccarini. Na bitte.

«*Ou*, Max, *co'fe ma–li?*»

«Die Bocciabahn wieder funktionsfähig machen.»

«Pass mit den Schlangen auf. Man weiß nie.» Er lehnte sich an seinen kleinen Lancia und sah mir bei der Arbeit zu. «Heute wird es wieder heiß.»

«Deswegen habe ich so früh angefangen», erwiderte ich und versuchte einen Essigbaum aus dem Boden zu hebeln.

«Da musst du die ganze Wurzel erwischen, sonst kommt gleich morgen wieder ein neuer!» Er lachte und begrüßte Franco, der mit seinem Trüffelsuchhund aus dem Unterholz heraustrat, wieder einmal hatte ihn niemand kommen gehört. «Sieh dir das an, Franco, er will die Bocciabahn wieder aufmöbeln!»

Franco nickte und sagte in freundlichem Ton: «Ich habe hier gerne gespielt.» Franco war ein unberechenbarer Kerl, auf seine Freundlichkeit konnte man nichts geben, die konnte von einer Minute auf die nächste umschlagen.

«Ich erinnere mich gut», Piccarini grinste wie einer, der alles besser wusste, «du und Giuseppe, ihr habt immer verloren.»

Franco zuckte mit den Schultern und fixierte mich. «Wegen deiner Wasserleitung hat dieser Maurer …»

«Gino», unterbrach ihn Piccarini.

Doch Franco ließ sich nicht beirren in seiner Abneigung gegen diejenigen, die nach Jahrzehnten der Ruhe in seine Abgeschiedenheit oben in Bordolino eingedrungen waren, und das waren ich und …

«Gino, dann eben Gino, ist mir doch scheißegal! Dieser Maurer hat unsere Straße aufgerissen. Der nächste Regen schwemmt da mit Sicherheit einen Teil weg.»

«Glaube ich nicht, Franco», erwiderte ich, «er hat ja alles wieder gut zugemacht.»

«Der nächste Regen wird es dich lehren.»

Meine Güte, der nächste Regen wird es dich lehren! Ich musste an Ginos Lehrer aus Florenz denken. Würde Franco jetzt in Gedichtform weitermeckern?

«Alte Straßen darf man nicht aufreißen», insistierte er.

Aha. «Und, hast du Trüffel gefunden?», fragte ich ihn, um das Gespräch auf ein anderes Thema zu bringen.

Er hielt einen Beutel hoch. «Ein paar.» Und nach einer kleinen Kunstpause: «In der Nähe von deinem Haus.»

Noch so ein Konfliktstoff. Mein Land schien in der Beziehung sehr ergiebig zu sein, zumindest deuteten die vielen schmalen, aber tiefen Löcher davon, die irgendwelche *tartufai* mit ihren robusten Minischaufeln in den Boden gegraben hatten und in die ich beim Sensen schon so oft mit dem Fuß hineingeraten war, dass ich mich wunderte, mir noch nichts gebrochen zu haben. Für neun von zehn Löchern dürfte Franco verantwortlich sein, so oft, wie ich ihn um mein Haus herumschleichen sah. Irgendwann hatte ich ihn gebeten, wenn er sich schon von meinem Land mit wertvollen Trüffeln versorgte, doch wenigstens die Löcher wieder zu schließen.

«Solange du dein Land nicht einzäunst, kann ich da Trüffel suchen, soviel ich will», hatte er trotzig geantwortet.

«Mag ja sein, aber die Löcher kannst du trotzdem zumachen.»

«*Bou*, die sind nicht von mir.»

«Du hast doch gerade gesagt, du suchst auf meinem Land. Also müssen doch wenigstens ein paar von dir sein. Und die kannst du ja wieder zumachen.»

«Wo kein Zaun ist, darf ich suchen.»

So liefen die Gespräche mit Franco ab. Von einem Konflikt zum nächsten und dann wieder von vorn, und am Ende war er so wütend, dass er mich fluchend aufforderte, augenblicklich das Land zu verlassen. Eine Weile unterhielten sich jetzt Franco und Piccarini über die Wettervorhersage, während ich versuchte, eine der extrem dicken, alten Brombeerwurzeln freizulegen, um sie möglichst tief unter der Oberfläche zu kappen. Brombeeren waren neben den Essigbäumen und den Tiefffliegern die dritte Pest auf dem Monte und praktisch unausrottbar.

Oben in Ripidello, auf dem Feld, hatte ich Giuseppe gesehen, der sich wahrscheinlich langweilte, da Sestina mit ihren Schafen auf dem Berg unterwegs war. Er hatte eine Weile getan, als interessierte ihn der kleine Menschenauflauf neben der Kirche nicht, doch dann siegte die Neugierde, und er stieg in seine Ape und kam heruntergeknattert.

«*Ou*, Giuseppe», begrüßte ihn Piccarini süffisant, «bald kannst du wieder beweisen, wie gut du Boccia spielst.»

«Hoffentlich wird die neue Bahn länger, die alte war nichts für einen Mann mit einem guten Wurf», sagte Giuseppe selbstbewusst, schwang sein rechtes Ärmchen, als wäre es ein Arm, und begutachtete meine Arbeit. Der Umgang mit Giuseppe war zwar etwas mühevoll, weil er so schwer zu verstehen war. Aber er mochte mich, und ich war froh, in ihm ein Gegengewicht zum nervigen Franco zu haben.

«Vielleicht schaffe ich es bis Sonntag, dann können wir ein Spielchen wagen», sagte ich, natürlich in der stillen Hoffnung, dass wenigstens einer seine Hilfe anbieten würde.

«Boccia hat mich noch nie interessiert», beschied Franco und verschwand in Richtung Ca'Tommaso, wahrscheinlich um mit seinem robusten Schäufelchen neue Löcher auf meinem Land zu graben.

«Blödsinn, wir haben alle gespielt», sagte Piccarini, als Franco außer Hörweite war, und kniff seine Augen zusammen, eine Staubwolke bewegte sich mit hohem Tempo auf der Schotterstraße von dem gegenüberliegenden Hügel herab.

«Wer hat eigentlich die Bahn in Schuss gehalten?», fragte ich, während ich mit der Hacke auf die freigelegte Brombeerwurzel einschlug.

«Alle gemeinsam.» Piccarini tat arglos. «War eine schöne Zeit.» Er legte seine Rechte schützend über die Augen. «Das ist Granci.»

Granci! Ich hätte wetten können, dass er sofort auftaucht, sobald irgendetwas an der Kirche passierte, was er nicht autorisiert hatte. Vielleicht hatte Ettore ihn informiert. Gleichzeitig war jetzt das Geräusch eines anderen Autos zu hören, von oben, von Bordolino. Kurz darauf rollte der Wagen der Hermanns heran, alle sechs, und hielt vor Giuseppes Ape, die zusammen mit Piccarinis Lancia die Straße versperrte. Dieter hupte nicht, blinkte nicht, stieg nicht aus, sondern sah nur starr nach vorn, als könnte er die Fahrzeuge so zum Verschwinden bringen. Ich winkte so lange, bis er das Fenster herunterließ.

«Habt ihr Lust, mir zu helfen? Dann können wir am Sonntag Boccia spielen.»

«Geht nicht. Wir müssen einkaufen. Wir haben einen neuen Supermarkt entdeckt. Bei Marotta. Superbillig.»

Ich zuckte mit den Schultern, im Grunde hatte ich nichts anderes erwartet. Dieter, seine Frau und die Kinder starrten wieder nach vorn.

«Jetzt mach doch Platz, Giuseppe. Wie sollen die sonst vorbeikommen?», rief Piccarini.

Zum Beispiel, indem er selbst seinen Lancia wegbewegte.

Aber die Hierarchie auf dem Monte war eindeutig, Gewerkschaftssekretär rangierte eindeutig vor Bauer. Giuseppe muffelte irgendetwas vor sich hin, kletterte umständlich in sein Gefährt und startete den Zweitakter. Da der Rückwärtsgang nicht funktionierte, musste er jetzt erst einmal den Berg ein Stück hochfahren, bis er genügend Platz fand, um in einem Rutsch zu wenden. Kaum hatte er die Hermanns passiert, kurbelte Dieter sein Fenster wieder hoch, nickte mir einmal sehr ernst zu und legte den ersten Gang ein.

Doch nun preschte Granci die letzten Meter heran und hielt unmittelbar vor dem anfahrenden Hermann-Auto, sodass Dieter eine Vollbremsung machen musste. Granci sprang heraus, stellte sich breitbeinig an den Straßenrand oberhalb der Bocciabahn und verschränkte die Arme vor der Brust, wahrscheinlich hielt er seinen Nachtwächterausweis schon bereit, um ihn mir im taktisch günstigsten Moment entgegenzuhalten.

«Was machst du da?», fuhr er mich an. «Das ist Kirchenland! Das darfst du nicht bearbeiten!»

«Ich bearbeite kein Kirchenland, ich versuche für uns alle …»

«Du spekulierst wohl darauf, es zwanzig Jahre zu benutzen, damit es in deinen Besitz übergeht. Aber da wird nichts draus!»

Er spielte auf eines der sensibelsten Themen unter den Bauern an: Wer zwanzig Jahre das Land eines anderen bearbeitete, ohne dass dieser widersprach, konnte nach Ablauf dieser Frist ebendieses Land sein Eigen nennen.

«Ich will hier keine Tomaten anpflanzen, Granci.»

«Kirchenland! Das ist Kirchenland!», brüllte er. Eine Autohupe ließ ihn zusammenzucken, Dieter hatte es tatsächlich gewagt und auf sich aufmerksam gemacht. Mit einer sparsamen Geste, beide Hände flach nach vorn gereckt, und einem strengen Gesichtsausdruck deutete er auf Grancis Auto.

«Was hat der denn hier zu suchen, *puttana Eva!*», tobte Granci weiter.

«Der wohnt da oben, und jetzt will er hier vorbei, aber dein

248

Auto versperrt ihm den Weg», sagte ich in aller Ruhe. Gegen Grancis cholerisches Temperament hielt ich das für das beste Gegenmittel.

«Hier bei uns ist es anders als bei euch!» Granci wandte sich Piccarini zu. «Ist es nicht so?»

Doch der Gewerkschafter wollte sich nicht so weit aus dem Fenster hängen. «Wie geht es Lucrezia?», fragte er harmlos. «Letztes Mal, als ich sie sah, hatte sie eine ziemlich üble Erkältung.»

«Besser», bellte Granci und wandte sich wieder mir zu, die Rechte mit ausgestrecktem Zeigefinger mit weiten Amplituden hin und her wedelnd. Merkwürdig war, dass er die ganze Zeit immer wieder suchende Blicke zur Schotterstraße warf. «Das hört hier auf! Das hört hier auf!»

«Jetzt hör mal zu, Granci. Du hast hier nicht mehr zu sagen als ich, *hai capito*? Und außerdem mache ich die Bahn nicht für mich fertig, sondern für alle hier vom Monte Dolciano. Kapierst du den Unterschied? Für mich? Für alle?»

Inzwischen kam Giuseppe mit seiner Ape zurückgetuckert und brachte sie hinter Dieters Auto zum Stehen.

Granci hob die Rechte und begann durchzuzählen. «Wer soll hier spielen? Sestina ist zu alt, Emilia ist zu alt, Giuseppe ist zu alt …»

«Und ob ich hier spiele», ließ Giuseppe sich vernehmen, während er unternehmungslustig sein rechtes Ärmchen hin und her schwang. «Ich kann immer noch eine gute Kugel schieben.»

«Ach was, hier spielt keiner mehr. Das machst du nur für euch Deutsche!» Granci stieß seinen Zeigefinger einige Male in meine Richtung. «Und am Ende behauptet ihr, das Kirchenland gehöre euch. So wie die Straße da vor dem Pfarrhaus», er deutete mit dem Zeigefinger auf mich. «Ich habe dir gesagt, ich schütte sie zu.»

«*Calma, calma*», wagte Piccarini einen Widerspruch, aber Granci ließ sich nicht beruhigen.

«Ich bin hier in der Verantwortung!»

«Weißt du was, Granci?» Ich packte meine Hacke, holte aus und zielte auf die nächste Brombeerwurzel. *«Vaffanculo.»*

«Was?! Was?!»

«Ja!» Jetzt brüllte auch ich. «Das ist eine freundschaftliche Geste. Die Bahn soll wie früher allen zur Verfügung stehen. Was ist daran falsch?!»

«Das ist doch in Ordnung, Granci, eine Bocciabahn für alle, *dai*», versuchte es Piccarini noch einmal.

Dieter hupte ein zweites Mal.

«So geht das nicht», bellte Granci eine Spur verunsichert. «Ihr meint wohl, ihr könnt euch alles erlauben.» Natürlich meinte er eigentlich: Ich mache dir einen *prezzo fisso* für deine verdammte Wasserleitung, und du beauftragst diesen unfähigen Schöngeist und Zwerg namens Gino!

Piccarini merkte, wie sein gewerkschaftlich-diplomatischer Druck Wirkung zeigte, und setzte nach. «Siehst du nicht, der hat vier Kinder im Auto. Vier Mädchen. Bei der Hitze.» Er legte die flachen Hände wie zu einem katholischen Gebet alter Prägung zusammen und bewegte sie vor Granci auf und nieder, was in der unmissverständlichen italienischen Gebärdensprache so viel hieß wie: Klimaanlagen gibt es nur in den Autos der reichen Bonzen, die da hingegen brauchen kühlenden Fahrtwind, und wenn die den nicht kriegen, werden die Kinder womöglich wegtrocknen, willst du das? Vier Mädchen?

Granci verstand. «Ich habe in Cagli im *convento* Alarm geschlagen», sagte er triumphierend und ging zu seinem Auto. Bevor er einstieg, stopfte er seinen Nachtwächterausweis, für den er den geeigneten Moment verpasst hatte, wieder in seine Gesäßtasche und deutete auf die Schotterstraße, die ins Tal führte. «Da wird einer kommen.»

Ich hoffte, dass er nach diesem aus seiner Sicht wohl bedrohlichen Hinweis das Weite suchen würde, aber nichts da, er rangierte sein Auto, einen pastellgrünen Panda, hin und her, bis

Dieter und die Mädchen passieren konnten, stieg wieder aus, stellte sich an den Straßenrand und starrte mit verschränkten Armen böse auf mich herunter. Piccarini ließ Anzeichen erkennen, dass er sich in Kürze aus dieser gespannten Atmosphäre zurückziehen würde, im Gegensatz zu Giuseppe, der etwas entrückt vor sich hin lächelte, wahrscheinlich visualisierte er vor seinem inneren Auge, wie er gnadenlos gute Würfe hinlegte und einen Konkurrenten nach dem anderen von der Bahn fegte.

Ich war in einer schwierigen Lage. Unmöglich konnte ich jetzt aufhören zu arbeiten, auch wenn ich das ungeschriebene Gesetz, eine *bella figura* zu machen, für grenzenlos übertrieben hielt. Aber wenn ich jetzt aufgab, würde ich in Zukunft nur noch ein Spielball für diesen Giftzwerg Granci sein, und wer wusste, was Piccarini dann an Geschichten über mich in Umlauf brachte? Keine jedenfalls würde mir zur Ehre gereichen, denn Granci, so viel hatte ich inzwischen schon herausbekommen, genoss kein besonders hohes Ansehen, und wer sich von ihm einschüchtern ließ, der konnte alles Mögliche haben, nur keine, *mi scusate!*, Eier in der Hose.

Also hackte ich weiter. Piccarini räusperte sich, sagte ein paar Füllworte wie: «*È così, la vita*», und wollte schon in seinen Lancia steigen, als er von oben, von Ca'Italo, also von Spaccones Haus, Ginos weißen Panda herunterrollen sah. Zu spät, jetzt konnte er natürlich nicht mehr gehen, schließlich musste er davon ausgehen, dass Gino seinen Lancia ebenfalls gesehen und ihm zugeordnet hatte. Wenn er jetzt verschwände, würde das einen schlechten Eindruck machen, fast als hätte er Angst, Gino gegenüberzutreten. Verdammte *bella figura*, aber was sollte man machen, *siamo in Italia!* Er lehnte sich wieder an den Kotflügel. «Da kommt Gino», sagte er in das allgemeine Schweigen und mein emsiges Hacken hinein. Granci rührte sich nicht, stippte nur mehrere Male sein Kinn nach vorn wie ein Eber vor dem großen Kampf gegen seinen Rivalen, dem er sich natürlich grenzenlos überlegen fühlte. Ich war erleichtert, Giuseppe als einzige

Unterstützung war ein bisschen wenig, vor allem wenn tatsächlich noch jemand aus dem *convento* aus Cagli kam. Ich machte eine kurze Pause.

«Heiß, oder?», fragte Piccarini. «Unter manchen Umständen ist Arbeiten nicht leicht.»

Auf die Schnelle und bis Gino eintraf, erzählte er mir noch ein bisschen über den Krieg und wie das damals war im Ruhrgebiet, im Arbeitslager, und wie schlecht sie ihn behandelt hatten.

«Na, Gino, gibt es wieder eine Wasserleitung zu legen?», begrüßte Piccarini ihn.

Gino wirkte sehr nachdenklich – «Nein» – und sah zu mir hinunter. «Was machst du da?»

«Die Bocciabahn. Vielleicht schaffe ich es bis Sonntag. Dann können wir alle hier spielen.»

«Alleine?»

«Bisher ja.»

Gino sah erst Piccarini, dann Giuseppe an, Granci war für ihn Luft, dann sprang er die kurze Böschung zu mir herunter und streckte die Hand aus. «Gib mir die Hacke. Schneid du schon mal mit der Sichel weiter.»

«Das ist Land der Kirche», grunzte Granci wütend.

Gino ließ die Hacke tief in den Boden fahren, irgendwie war seine Technik effektiver als meine. «Die Kirche hat sich vom Monte Dolciano zurückgezogen, Granci. Das erkennst du daran, dass hier niemand im Pfarrhaus wohnt und keine Messen mehr stattfinden.» Umberto, der Rückengeplagte, lebte zu der Zeit noch nicht im Pfarrhaus, sondern ein paar Kilometer entfernt in Tarugo.

«Oh ja, hier finden Messen statt!», ereiferte sich Granci, aber Gino reagierte nicht und hackte einfach weiter. Nervös beobachtete Granci den Horizont, nichts zu sehen.

Inzwischen war Franco zurückgekehrt, offenbar hatte es ihn gewurmt, nicht mehr Teil dieser Ansammlung zu sein. Kurz darauf kam Ettore mit seinem Panda, auch ein weißer, von Bordolino heruntergerollt, gefolgt von Emilia, die während der ganzen Zeit schon auf ihrem eingezäunten Garten oben in Ripidello gewerkelt und periodisch spitze Schreie ausgestoßen hatte wegen etwaiger Füchse, vor denen sie eine panische Angst hatte.

Während Gino und ich schufteten, begann über uns eine dieser nachbarschaftlichen *chiacchierate*, ein großes, freudiges Geschnatter, in das sich selbst der widerborstige Granci verwickeln ließ, vermutlich war das bei den Monte Dolcianern genetisch und damit nicht dem freien Willen unterworfen. Natürlich ging es zuerst um die Wildschweine, dann um die Frage, welche Art von Zuschüssen man gegenwärtig von der EU bekommen konnte, gefolgt von der eigentlich interessantesten Frage, woher das Baby in Genoeffa Geronzis Bauch kam, die sich beharrlich über den Vater ausschwieg. Bis sie beim wichtigsten aller Themen angekommen waren, nämlich: Woher sollte das Wasser kommen, wenn immer mehr Quellen austrockneten?

Gino nutzte die Chance, dass man uns im Moment nicht beachtete, und stützte sich auf den Stiel der Hacke. «Diese junge Frau, Valerie, wie die da mit ihr umgehen.» Er schüttelte missbilligend den Kopf, während ich erstaunt feststellte, dass bei der Erwähnung ihres Namens mein Herzschlag für kurze Zeit ein wenig zulegte.

«Und dieser Orto …»

«Horst», verbesserte ich.

«Orso», tastete Gino sich heran.

«Nein, Horst. Mit ‹H› vorne und ‹t› hinten.»

«Dieser Orst-e, das ist ein Mann mit zwei Gesichtern. Beim Barbier müsste man ihm zwei Rasuren berechnen.»

«Mach's wie ich, Gino. Nenn ihn Spaccone, das ist einfacher und erklärt mit einem Wort alles.»

Gino lächelte grimmig. «Weißt du, was da läuft? Du wirst es nicht glauben.» Die Geschichte, die er mir erzählte, war wirklich unglaublich. Valerie war bekanntlich mit dem Sohn von Spaccones Chef verheiratet. Dieser Sohn hatte eine neue Frau, mit der er parallel zu Valerie eine Beziehung führte und mit der er endlich zusammenziehen wollte. «Ein ekelhafter Kerl, dieser Sohn vom Chef. Ich habe ihn kennengelernt. *Che schifo!* Sie hat Angst vor ihm, das konnte man sehen. Als ich ins Haus kam», er deutete hoch nach Ca'Italo, «hatte sie geweint und sah aus, als hätte er sie geschlagen.» Gino schüttelte seine Faust. «Das soll er mal machen, wenn ich dabei bin, dieser *vile*!»

Dieser Schurke, *vile*, wohnte mit Valerie in Wasserburg, einem Ort bei München, der so klein war, dass er täglich mit seiner Zweitfrau seiner ihm lästig gewordenen Erstfrau Valerie über den Weg lief, also hatte er seinen Vater, Spaccones Chef, der seinerseits schon drei Scheidungen hinter sich hatte, um sachkundige Hilfe gebeten. Der Chef hatte sofort die richtige Strategie zur Hand: Um größere persönliche Freiheiten zu haben, hatte Spaccone ja schon Luise, seine Frau, auf den Monte Dolciano gesetzt, wieso nicht noch Valerie dazupacken? Bei Luise könnte sie umsonst wohnen, und im preiswerten Italien würde es für ihn, seinen Sohn, der ja unterhaltspflichtig war, auch nicht so teuer werden. Nach angemessener Trennungszeit konnte der *vile* ja die Scheidung einreichen, und Spaccone könnte Valerie wieder vor die Tür setzen.

Gino bebte vor Wut. «Wie kann man mit der Frau, die man geheiratet hat und die die Mutter des eigenen Kindes ist, nur so umgehen? Ich verstehe das nicht! Man kann doch wenigstens anständig sein.»

«Manche Menschen können das Wort eben nicht mal buchstabieren, Gino», sagte ich, um irgendetwas zu sagen, denn eigentlich war ich sprachlos. Darüber, dass Spaccone das mitmachte, und darüber, dass Valerie das mit sich machen ließ.

Gino holte weit mit der Hacke aus. «Und weißt du, was das Schlimmste ist?» Mit einem gleichermaßen beeindruckend treffsicheren wie beiläufigen Hieb beendete er das erbärmliche Leben eines weiteren Essigbäumchens. «Dieser Spaccone erzählt mir die Geschichte ganz frei und ungezwungen. Als wäre es eine tolle Leistung, wie sie mit dieser Frau umgehen! Als wäre ich sein Komplize, nur weil ich ein Mann bin.»

«Und, wirst du das Dach machen?»

«Vielleicht kann ich ihr helfen», sagte Gino finster.

Hieß das jetzt ja oder nein?

«Zum Glück verschwinden diese *cretini* zum Wochenende.»

«Wer?»

«Spaccone, sein Chef und der Schurke.»

Mein Herz tat einen kleinen Hüpfer und eine verschwörerische Stimme in mir sagte: Valerie allein? Ohne ihren Ehemann, der sie ja längst aufgegeben hatte? Super! Mach dich ran, Max!

Ja, spinnst du denn, schimpfte ich mit der Stimme, du kennst sie doch gar nicht, du weißt nicht, was für ein Mensch sie ist!

Doch, weiß ich, flüsterte die verschwörerische Stimme, Valerie hat verdammte Ähnlichkeit mit Anna.

Jetzt wird's ja immer schlimmer! Jetzt reduzierst du diese arme, geschundene Frau auch noch auf Äußerliches und willst sie als Stellvertreterin für Anna instrumentalisieren!

Na ja, flüsterte die Stimme, wenn das Original nicht zu kriegen ist?

Hin und her gerissen zwischen Anstand und Leidenschaft, ließ ich meine Sichel durch den saftigen Stamm einer fast zwei Meter hohen Eselsdistel fahren, eine wehrhafte Pflanze, die, egal wie man sie mit der Klinge erwischte, es immer noch schaffte, einem ein paar ihrer sehr spitzen, tief ins Fleisch dringenden Stacheln zu verpassen. Konzentriert versuchte ich, den ersten herauszupulen, damit er nicht abbrach, und bemerkte erst gar nicht die ungewöhnliche Stille um mich herum.

Irritiert sah ich hinauf zu Emilia, Franco, Piccarini, Granci, Ettore und Giuseppe, die ehrfürchtig schweigend die Straße hinunterblickten. Noch ein weißer Fiat, dieses Mal ein Punto, rollte heran, hielt vor der Gruppe, und ein weißhaariger, ernst und konzentriert dreinblickender Mönch stieg aus.

«Don Romano», entfuhr es Granci, dessen Gesicht augenblicklich zu zucken begann, so sehr, dass er einige Mal die Augen aufriss und sich gleichzeitig bemühte, mit seinen Fingern wenigstens die wild gewordenen Augenbrauen festzuhalten. Ein Raunen ging durch die Gruppe, gehört hatten natürlich alle von ihm, aber gesehen hatten sie ihn bisher allerhöchstens von weitem, Don Romano, der mit dem direkten Zugang zum Papst, der ständig in geheimer Mission unterwegs war und der mit dem Wink seines kleinen Fingers selbst langjährig Besessenen den Teufel in null Komma nichts austreiben konnte. Neben mir versteifte sich Ginos Körper, und er schob sein Kinn trotzig vor. Sollten die anderen vor diesem Mann Gottes kuschen, er als Kommunist, Sozialist und *compagno* würde sich nicht einschüchtern lassen!

«*Che il Signore sia con voi*», der Herr sei mit euch, sagte Don Romano mit sanfter und derart leiser Stimme, dass man sehr genau hinhören musste, um ihn zu verstehen. Ein Murmeln kam aus den Kehlen der Monte Dolcianer, fast klang es wie in einer auf Latein gelesenen Messe, wenn alle wussten, dass man auf die Worte des Geistlichen etwas erwidern musste, aber keiner den Text kannte.

«*Buona sera*», antwortete Gino klar und deutlich und stellte ein Bein auf die arg ramponierte Betonumrandung der früheren Bocciabahn.

Don Romano beachtete ihn nicht und musterte mich. «Du bist Max, ein Gast aus Deutschland?»

«Ich bin Max, aber ich bin kein Gast, ich lebe hier», ich deutete hinter mich, «in Ca'Tommaso.»

Spätestens jetzt begriff Granci, dass ich ihn seinerzeit angelogen hatte, als ich behauptete, Don Romano wäre hier gewesen, um die Straßenführung zu meinem Haus unmittelbar an der Hauswand des Pfarrhauses vorbei in meinem Beisein abzusegnen. Er warf mir einen wütenden Blick zu, der auch einem angreifenden Wildschwein gut gestanden hätte.

«In Ca'Tommaso gab es vor vielen, vielen Jahren diesen beklagenswerten Toten, erschossen von seinem eigenen Bruder», flüsterte Don Romano, und wieder raunte die Menge, außer Gino und mir, Emilia schlug sogar ein Kreuz. Don Romano hob seine Rechte halbhoch, eine durchaus päpstliche Geste, das Raunen brach abrupt ab. «Das Letzte, was ich von Ca'Tommaso hörte, war die Anfrage des Geometers Volpini, ob er eine Zufahrt unmittelbar an der Hauswand des Pfarrhauses vorbei anlegen dürfe, damit du, mein Sohn, eine Zufahrt zu deinem Haus hast. Wir stimmten dem zu.» Pluralis Majestatis, Don Romano hatte es wirklich raus. Grancis Gesicht bekam plötzlich etwas Zitroniges. Ich selbst war erstaunt. Also war er seinerzeit doch mit im Spiel gewesen! Ich grinste Granci an und nickte ihm freundlich zu. Damit war ja wohl ein für alle Mal Ruhe! Granci würgte seinen Ärger herunter, was lebensbedrohlich aussah. *«Sei cattolico?»*, fragte Don Romano unvermittelt und arglos.

«Sono cristiano», erwiderte ich diplomatisch, um zu verschleiern, dass ich mit 18 aus der Kirche ausgetreten war.

Don Romano sah mich forschend an und schwieg. Anglikaner? Protestant? Evangelikaler? Oder noch Schlimmeres, wovor die katholische Kirche ihre Augen verschließen musste, weil es einfach zu grauenhaft war? War ich womöglich ein von dem Schlimmsten gesandtes trojanisches Pferd und gerade mittels der Bocciabahn dabei, meinen Fuß in ein winziges Türchen der heiligen römisch-katholischen Kirche zu klemmen?

Ich spürte die Blicke der anderen in mich hineinbrennen. Sie alle hatten während meiner ersten Monate hier auf dem Monte irgendwann dieselbe Frage gestellt, und alle Versuche zu erklären, was das war, aus der Kirche auszutreten, waren in Ratlosigkeit geendet: Man konnte sich weigern, in die Kirche zu gehen oder Geld zu spenden, aber aus der Kirche austreten? Was sollte das sein? Man konnte ja auch nicht seinen Körper verlassen, außer man war irgend so ein Buddhistenguru, aber der wäre ja auch nicht katholisch. Don Romanos Augen erforschten nun den näheren Umkreis der *Chiesa del Monte Dolciano* auf der Suche nach dem ketzerischen Landfrevel, den Granci ins *convento* gemeldet haben musste und dessentwegen er die lange Strecke und die vielen Kurven hier heraufgekommen war. Bis ihm klar wurde, dass es um nichts anderes ging als die mickerige, drei Meter breite und fünfzehn Meter lange Bocciabahn. Ein tiefer, ernster, ja, man muss sagen, zutiefst katholischer, an die ewigen Folgen der Erbsünde mahnender Blick traf Granci, der augenblicklich erstarrte. Für ihn gab es außerhalb des Bereiches körperlicher Züchtigung wohl nur zwei Extremstrafen: ein vernichtender Blick seiner Frau Lucrezia voller Geringschätzung über seine Körpergröße und sein Durchsetzungsvermögen und der Blick eines alten, ehrwürdigen, lokalen Geistlichen, der im direkten Austausch mit dem Papst in Rom stand. Wie im Traktorstrahl eines außerirdischen Raumschiffs festgehalten, war Granci unfähig, sich zu bewegen, sackte stattdessen immer mehr in sich zusammen und versuchte wenigstens die lebenserhaltende Atmung nicht aufzugeben. Bis Don Romano ihn endlich wieder freigab und sich an mich wandte.

«Wir wollen nicht, dass die Bocciabahn außerhalb einer kirchlichen Aktivität restauriert wird», beschied er im gewohnt leisen, sanften Ton.

Plopp! Innerhalb des Bruchteils einer Sekunde wuchs Granci wieder zu einem robusten Kerl von ein Meter zweiundsechzig heran, mindestens, wenn er nicht gar einige Zentimeter an lichter Höhe zulegte. Der ganze Mensch, Homo erectus Granci, wurde nun zu einem einzigen Triumph, und der Blick, den er mir zuwarf, sagte: Jetzt hängst du im Traktorstrahl, Maks-e, und weißt du, was der Unterschied ist? Dich lässt er nicht mehr los, du gottloser Eindringling, du zementfeindlicher Schöngeist, du *finocch* …!

«Moment mal, Don Romano!» Ginos laute, feste Stimme schlug ein wie eine Bombe, denn das Urteil war ja gesprochen und Berufung nicht zugelassen. Auch delegierte Unfehlbarkeit kennt keine Revision. Der Geistliche wandte sich erstaunt Gino zu, der jetzt die Hacke zu Boden fallen ließ und flink wie eine Eidechse die Böschung hochkletterte. Widerspruch gehörte nicht zu den Dingen, die dem Prete öfter als einmal pro Jahr widerfuhren.

In Grancis Gesicht zeichnete sich Entrüstung ab, und sein auffordernder Blick an Don Romano sagte eindeutig: Moment mal, verehrter, heiliger Don Romano, lass dir doch von diesem Menschen, der sich Maurer nennt, nichts sagen! Ich bin zur Stelle, wenn du willst, dass ich ihn der Polizei übergebe! Ich könnte flugs ein paar Handschellen improvisieren!

«Don Romano, wisst Ihr, was über der Tür hinten am Pfarrhaus in den Putz geschrieben steht? ACLI, Christlicher Verband italienischer Arbeiter. Das hier war früher das Zentrum für die arbeitenden Menschen vom Monte Dolciano», sagte Gino und beschrieb mit dem rechten Arm, die Handfläche nach unten, einen Halbkreis vor seinem Körper. Woher kannte ich, verdammt nochmal, bloß diese Geste? «Hier hat man sich getroffen und gemeinsame Stunden verbracht. Hier war man miteinander, hier waren alle gleich.»

Bis hierhin bedachte der Prete Gino mit einem wohlwollenden Blick, der sich jedoch bei dessen nächsten Worten schnell verdunkelte.

«Egal, ob sie eigenes Land besaßen oder unter der unmenschlichen *mezzadrina* schuften mussten, um dann die Hälfte ihres Ertrages an ihre raffgierigen Lehnsherren abzugeben, die nichts anderes taten, als mit ihren dicken Ärschen auf ererbten Ländereien zu sitzen!» Ginos Stimme hatte mächtig an Lautstärke zugelegt. «Wenn die Kurie sich aber zurückzieht aus der *campagna* und nur noch zweimal im Jahr eine Messe in dieser wunderschönen alten Kirche, der *Chiesa del Monte Dolciano*, abhält, dann ist es umso wichtiger, dass die Menschen selber dafür sorgen, dass es noch die Möglichkeit für freudige Gemeinsamkeit gibt. Wie zum Beispiel eine Bocciabahn.»

Alle hielten die Luft an. Bis auf Don Romano.

«Manchmal», sagte dieser noch leiser als zuvor, «ist es besser zu schweigen, mein Sohn.»

«Man soll schweigen, oder man soll Dinge sagen, die noch besser sind als das Schweigen», erwiderte Gino. «Wisst Ihr, wer das gesagt hat?»

Der Geistliche warf Gino einen aufmerksamen Blick zu. Dann schlich sich ein winziges, kaum wahrnehmbares Lächeln in sein Gesicht. «Das sind Worte von Pythagoras, mein Sohn», sagte er, wieder etwas lauter, ja fast ein wenig aufgekratzt, wenn man eine solche Regung diesem ernsten, dem Papst direkt verpflichteten Mann überhaupt zuordnen konnte.

«Ja, eh, Pythagoras», bestätigte Gino etwas verunsichert, wahrscheinlich hatte er an jemand anderen gedacht, und im Normalfall hätte er das auch zur Sprache gebracht. Sich jedoch mit dem Mitglied der klerikalen Kaste anzulegen, die seit Jahrhunderten alles je Geschriebene nach für Kirche und Glauben gefährlichen Inhalten durchforstete – das war ihm zu riskant.

«Jedenfalls», er wandte sich mit einer ausholenden Geste an die Umstehenden, «fordere ich alle auf, im Geiste des ACLI gemeinsam diese Bahn wieder zu beleben, und zwar …»

Bis hierhin waren Ginos Worte bei dem Geistlichen wieder auf fruchtbaren Boden gefallen, doch dann holte Gino zu einem verwegenen Schlag aus.

«… nicht für die Kurie, sondern für die Menschen!»

Erneut verdunkelte sich Don Romanos Blick.

«Das ist ein und dasselbe, mein Sohn», flüsterte er.

«Ist es nicht. Das eine ist eine Institution, das andere ist das Leben, das sind wir.»

«Nennt es, wie ihr wollt, aber immer ist es Gott.»

Die Monte Dolcianer sahen sich betreten an. Opponieren gegen Don Romano könnte am Ende der Tage negative Folgen haben, wenn es ganz schlecht lief, Fegefeuer oder ewige Verdammnis. Andererseits, solange Don Romano selber Gino nicht verdammte, tat man am besten ebenfalls nichts.

Nur Grancis Atem ging hektisch, sein Körper war gespannt, und sein Gesicht sagte: Ein winziges Zeichen, Don Romano, und ich schnappe mir diesen Ketzer, spanne ihn in die Eiserne Jungfrau und klappe höchstpersönlich den Deckel zu, den mit den extralangen, von dem Blut anderer Sünder rostigen Nägeln!

Ich warf einen wehmütigen Blick auf die fast zur Hälfte freigelegte Bocciabahn, das war's ja wohl, verdammt viel Arbeit für nichts. Sogar drei Stufen aus Natursteinen hatte ich zu einer Treppe improvisiert, damit man möglichst bequem hinuntergelangte, und in der Videothek in Pesaro wollte ich den wunderschönen Film «*Cinema Paradiso*» besorgen, um ihn als krönenden Abschluss eines gelungenen Bocciaabends mit Hilfe eines geliehenen Videobeamers auf die Wand der Kirche zu projizieren, für alle, für uns, für die Menschen vom Monte Dolciano. Ich ertappte mich auch dabei, wie meine Gedanken zu Valerie wanderten und ich mir vorstellte, wie sie mit mir in einem Team spielte, zutiefst bereit, ihrem furchtbaren Ehemann den Laufpass zu geben – alles umsonst. Es war doch immer dasselbe mit der katholischen Kirche: kein Sex vor der Ehe, keine Kondome in Afrika, keine Ökumene, keine Bocciabahn, dieser Verein war doch einfach nur …

«*Sei cattolico?*», unterbrach Don Romano meine defätistischen Gedanken.

Gino reckte sich. «*Socialista, compagno e anche cattolico.*»

Der Geistliche nickte ernst und sah nacheinander allen Anwesenden einzeln in die Augen, auch mir, und dann wieder Gino.

«Deine Haltung enthält Beschreibungen, die nicht der Wahrheit entsprechen. Trotz allem wendet sie sich dem Menschen zu, und der Mensch ist der Grund, warum es unsere Kirche als Institution gibt», hier ein strafender, aber auch nachsichtiger Blick auf Gino. «Gott, der Herr im Himmel, braucht für sich keine Kirche. Es sind wir Menschen, die sie brauchen, denn das göttliche Prinzip manifestiert sich in der römisch-katholischen Kirche und dem Heiligen Vater in Rom, dem Vertreter Gottes auf Erden.»

Noch ein Blick, dieses Mal ein warnender.

«Ich schlage zur Güte und zum Wohle aller vor, dass ihr», er machte eine allumfassende Geste, «gemeinsam die Bahn wieder auf Vordermann bringt, im Namen der Kurie, die euch hiermit die Erlaubnis dazu erteilt. Gott sei mit euch.»

Er schlug ein Kreuz, murmelte einige Worte, auf die Emilia als Einzige mit «Amen» antwortete, ging gemessenen Schrittes zu seinem Punto zurück, stieg ein, legte die ganzen 200 Meter bis zur Madonnina im Rückwärtsgang zurück, wendete und flitzte mit einer erstaunlichen Geschwindigkeit davon, wahrscheinlich hatte er einen Termin in Rom. Vor der ersten, uneinsehbaren Kurve, dort, wo Jahre später *la banda* aufhören würde zu spielen, hupte er selbstbewusst, ohne sein Tempo zu verringern, und hinterließ nichts als eine Staubfahne von wahrhaft göttlichem Ausmaß.

«Netter Kerl, dieser Don Romano. Hätte ich nicht gedacht», sagte Gino anerkennend wie ein Champion, der nach Punkten gesiegt hatte und sich Großmut leisten konnte. Er platzte fast vor Selbstbewusstsein und eitler Freude, die er versuchte mit burschikosen Gesten zu überspielen, um den anderen nicht das Gefühl zu geben, sich für etwas Besseres zu halten.

Granci war zu deprimiert, um irgendeiner Reaktion fähig zu sein. Das Ganze war für ihn zu unübersichtlich geworden. Auch er hatte gesiegt, immerhin war Don Romano auf sein Betreiben hin persönlich erschienen, was einer Sensation gleichkam, zugleich jedoch hatte er eine Niederlage eingefahren. Vor allem hatte er keinen Schimmer, wie er das alles Lucrezia, seiner Frau, erklären sollte. Gewiss nahm er sich vor, das Thema in 19,9 Jahren noch einmal bei Don Romano zur Vorlage zu bringen, kurz bevor die Bocciabahn von diesem Deutschen annektiert wurde – so wie sich seinerzeit die Nazis die Schweine und Hühner seiner Eltern einverleibt hatten. Mit einem müden letzten Winken stieg er in seinen grünen Panda 4×4, aber im Gegensatz zu Don Romano schlich er so langsam davon, dass er noch nicht einmal eine winzige Staubwolke produzierte, vermutlich um genügend Zeit zu haben, sich die passenden Worte für Lucrezia zurechtzulegen, während die anderen ihr Monte-Dolciano-Geschnatter fortsetzten und es, als hätten sie eine geheime Absprache getroffen, kategorisch vermieden, den in Don Romanos Lösungsvorschlag enthaltenen Hinweis auf eine gemeinsame Arbeit an der Bocciabahn in irgendeiner Weise aufzugreifen. Wenn das Sprichwort ‹Aus den Augen, aus dem Sinn› je Gültigkeit besessen hatte, dann in jenem Moment für Emilia, Giuseppe, Piccarini, Franco und Ettore.

Gino kam fröhlich wieder zu mir heruntergesprungen.

«Morgen bringe ich etwas Sand und den Zementmischer, dann ist die Bahn am Wochenende fertig.»

Ich wunderte mich über seinen Enthusiasmus. «Bist du sicher, dass du mir helfen willst? Ich meine, das ist kein Auftrag oder so was.»

Gino sah mich strafend an.

Ich hob beschwichtigend beide Hände. «Nur, damit es kein Missverständnis gibt.»

Gino legte den Kopf schief, zwei tiefe Falten auf der Stirn. Dann lächelte er breit. «Keine Sorge, Max. Hierfür brauche ich ja keine Raupe.» Er boxte mir in die Rippen und spuckte sich in die Hände, und zwar wirklich und wahrhaftig, bislang hatte ich gedacht, dass es sich dabei nur um eine Redewendung handelte. «Das ist eine gute Sache. Alle ziehen an einem Strang und schaffen etwas Gemeinsames.»

Ich deutete auf die schnatternde Gruppe oben auf dem Weg. «Da zieht überhaupt keiner, Gino. Die haben doch gar kein Interesse an dieser Sache.»

Er bewegte den erhobenen Zeigefinger hin und her, die Innenseite des Fingers mir zugewandt und den kleinen Finger weit abgespreizt. «Du wirst dich wundern. Sobald alles fertig ist, kommen nicht nur die», er deutete auf die fünf *chiacchieroni*, «sondern der ganze Berg.» Er deutete mit demselben Zeigefinger auf seinen Mund. «Lies es von meinen Lippen. Weißt du, wer das gesagt hat?»

«Pythagoras?»

«Nein, Giorg-e Busc-e, der einundvierzigste Präsident der Vereinigten Staaten von Amerika.» Er spuckte sich noch einmal in die Hände und packte die Hacke. «Noch so ein Schwätzer. Wie dieses Vatikan-Frettchen.» Offenbar hatte seine gerade erst entdeckte Sympathie für Don Romano nur eine sehr geringe Halbwertszeit.

12. KAPITEL

Am nächsten Tag kam Gino tatsächlich mit seinem Laster hoch und brachte Sand, mehrere Sack Zement, den Mischer, eine ausrangierte Zweihundert-Liter-Öltonne voll Wasser und Nardini mit, der als Erstes von jeglicher Handarbeit freigestellt wurde. Nardini hatte von Gino den Disput mit Don Romano in allen Facetten und Farben geschildert bekommen und hoffte wohl, dass der *prete* noch einmal hier heraufkam. Er sah dafür eine gewisse Chance, denn seiner Meinung nach müsste Don Romano im Interesse der Kurie alle seine am Vortag gemachten Zugeständnisse wieder zurücknehmen, eine Meinung, die Gino mit großzügiger Güte zur Kenntnis nahm, aber nicht weiter kommentierte. Nardini, der in der Vergangenheit viele Stunden in verschiedenen klösterlichen Archiven in der näheren Umgebung zugebracht hatte, war Don Romano erst ein einziges Mal persönlich begegnet, und da hatte der Geistliche ihn nur sehr kurz im Vorbeigehen und mit zwei Sätzen für sein Interesse an der lokalen Geschichte unter besonderer Berücksichtigung der kirchlichen und klösterlichen Perspektive gelobt. Aber Nardini brachte in dieser Situation keine Silbe hervor. Er bewunderte Don Romano und dessen glasklaren Verstand und hätte alles dafür getan, einmal mit diesem gebildeten Immobilienbeauftragten der Kurie wenigstens für ein paar Stunden in den Archiven des *Convento* zu forschen; an eine gemeinsame Fahrt nach Rom wagte er gar nicht erst zu denken, träumte jedoch nach Ginos Aussage hin und wieder davon, wenn er nachts nicht schlafen konnte. Alle späteren Versuche Nardinis, zu Don Romano vorzudringen, waren nämlich fehlgeschlagen, und so war es bei seinen Träumen geblieben.

Jetzt jedoch war Nardini hellwach und dozierte, immer mit einem Auge auf der Schotterstraße, oben von der Böschung herab auf Gino und mich hinunter, die wir die gesamte Bahn und die Büsche und Bäume bis zu einem Meter Abstand außerhalb der kleinen Betonmauer rodeten. Er hatte sich eindeutig auf diesen Auftritt vorbereitet, denn sein Vortrag war kompakt und lehrreich, wenn auch ein wenig trocken. Er begann mit einer Basisinformation über das Bocciaspiel an sich, das wahrscheinlich schon um 500 v. Chr. in Sparta gespielt wurde, von wo aus es nach Etrurien kam, der antiken Landschaft in Mittelitalien, die in etwa der heutigen Toskana entsprach. Dann wechselte er zu einer profunderen Thematik, nämlich dem Leben der Kamaldulensermönche in der Einsiedelei *Fonte Avellana* im Schatten des Monte Catria dreißig Kilometer von hier entfernt, wo er letztes Jahr das Vergnügen gehabt hatte, mit den Mönchen eine Partie Boccia zu spielen. Besonderes Augenmerk richtete er auf die große Pestepidemie, in der Zeit von 1346 bis 1352, die etwa 25 Millionen Todesopfer forderte.

Einer der Mönche aus Avellana soll damals sogar herausgefunden haben, auf welche Weise der Schwarze Tod sich verbreitete und wie man demzufolge dessen Verbreitung hätte eindämmen können. Er wurde aber in Rom bei den entscheidenden Stellen nicht gehört, da man einem einfachen Mönch aus einer völlig weltabgewandten Klause irgendwo in den finster-bewaldeten *Marche* solch eine Erkenntnis nicht zutraute.

So ging es in einem fort, während Gino und ich werkelten und schwitzten. Entgegen seinem sonstigen Verhalten hielt sich der kleine Maurer und Philosoph sehr zurück und ließ Nardini seinen Monolog weitgehend ungestört herunterbeten. Höchstens ab und an stellte er eine Zwischenfrage, die Nardini geduldig und gekonnt in seinen Vortrag integrierte. Ich hingegen konzentrierte mich, neben der Arbeit, im Wesentlichen darauf, den Gesamtsinn von Nardinis Worten zu verstehen. Wenn er nicht durch einen wechselnden Dialog gefordert wurde, befleißigte er sich einer deutlich elaborierteren Sprache und gebar seine Worte in einer Art monotonem Summen, bei dem es mir oft schwerfiel zu erkennen, wo ein Wort begann und wo es aufhörte. Am Anfang seines Exkurses ging das noch ganz gut, doch nach einer Weile erlahmte meine Aufmerksamkeit, und ich nahm seine Ausführungen nur noch wie einen akustischen Teppich von an Dramatik armer New-Age-Musik wahr, auf die man wunderbar hätte meditieren können.

Von den Bewohnern des Monte Dolciano ließ sich übrigens während der ganzen Zeit niemand mehr blicken, sogar Franco, der sonst keinen Tag ausließ, wie ein Indianer durch das Buschwerk zu schleichen, tauchte nicht auf.

«Sei dir sicher, Max», kommentierte Gino diesen Umstand, «die sind zu jeder Zeit genau im Bilde, wie weit wir mit der Arbeit sind, und eines sage ich dir: Sobald wir fertig sind, stehen sie alle da oben aufgereiht wie die Spatzen auf einer Telefonleitung.»

Ein paar Stunden später, nachdem alle Pflanzen geschnitten und gerupft und alle widerborstigen Wurzeln aus dem Boden herausoperiert worden waren, konnten Gino und ich auf ein respektables Ergebnis blicken: ein drei Meter breites und fünfzehn Meter langes Stück blanken Bodens, das inmitten des ringsherum wild wuchernden Pflanzenteppichs wie eine zu kurz geratene Landebahn für Drogenkuriere im kolumbianischen Urwald aussah. Jetzt galt es nur noch, die marode Begrenzungsmauer auszubessern und die gesamte Fläche mit einer dünnen Sandschicht zu egalisieren. Dann konnte die Bahn eingeweiht werden, passgenau am Samstag: Die Wettervorhersage war perfekt, *Cinema Paradiso* und der Beamer mussten nur noch in der Videothek in Pesaro abgeholt werden, und falls Granci sich weigerte, Strom aus der Kirche zur Verfügung zu stellen, würde Gino einen Stromgenerator heraufbringen.

Während ich darüber einfach nur froh war, war Gino trunken vor Begeisterung. Er malte sich die *festa della boccia a la chiesa del Monte Dolciano* in den buntesten Farben aus, sah sich gefeiert als der Mann der Stunde, als derjenige, dem es gelungen war, die letzte, aber größte Hürde zu beseitigen und den Widerstand der Kurie zu brechen, als derjenige, der den gesamten Arbeitsvorgang mit seiner Arbeitskraft entscheidend beschleunigt hatte – und der mit Valerie zusammen in einem Team viel Spaß haben würde, auch wenn sie so gut wie kein Italienisch sprach und er kein Deutsch. Na und? Wozu hatte man denn Hände, Füße und ein gewinnendes Lächeln?

Das war es also, daher wehte der Wind! «Valerie ist der Grund, warum du all diese Arbeit hier machst?», fragte ich etwas angesäuert. Ja, da war ein leichtes Gefühl von Eifersucht.

Gino sah mich mit milder Nachsicht an. «Natürlich nicht.»

Ich nickte, überzeugt war ich nicht.

«Ich bin doppelt so alt wie sie. Ich bin ein Fossil!»

Er deutete mit hochgezogenen Schultern auf seinen Körper, um dann die Arme weit nach hinten zu strecken und wie ein

Kaiserpinguin im eisigen antarktischen Winter dazustehen, den Kopf zur Seite geneigt, was in der unmissverständlichen italienischen Gebärdensprache. so viel hieß wie: Sieh dir das an, gleich morgen werde ich tot und spätestens übermorgen verwest sein, ein Vorgang, der ja jetzt schon begonnen hat!

Auch das überzeugte mich noch nicht.

«Aber vielleicht kann man diese junge Frau für einen Tag aus ihrer deprimierenden Situation herausholen, sie unter Menschen bringen, ihr zeigen, wie schön es hier ist und wie wenig sie diesem Schurken, der sie sowieso nur abschieben will, nachtrauern muss.»

Blieb nur zu fragen: Warum war ich nicht auf diese Idee gekommen? In meinen Gedanken tauchte Valerie eher als attraktive junge Frau auf, die eine gewisse Ähnlichkeit mit Anna hatte, und Anna war immerhin meine Traumfrau gewesen.

Wir näherten uns der Endphase unserer Arbeit an. Jetzt galt es, das morbide Mäuerchen rings um die Bahn auf Vordermann zu bringen. Gino warf den Zementmischer an, dosierte mit der Souveränität eines erfahrenen Maurers das richtige Verhältnis zwischen Sand, Zement und Wasser, und wir begannen, die gröbsten Löcher in der Bahnbegrenzung zu beseitigen. Eigentlich hätte man sie komplett einreißen und neu aufbauen müssen, doch in einem stillen Einklang waren wir uns einig, dass es wichtiger war, diesen Samstag mit allem fertig zu werden, als eine perfekte Mauer zu haben.

Als die Hälfte der Arbeit geschafft war, Nardini hielt ein kleines Nickerchen auf der Ladefläche von Ginos Laster, fuhr unerwartet Dieter, der Chef der Erdmännchen, mit seinem Auto vor.

Immerhin einer, der sich nicht vor der Arbeit drücken will, dachte ich anerkennend, irrte aber, denn er war nur gekommen, weil auch er ein Loch in seinem Dach hatte und nicht selbst hinaufsteigen konnte, da er nicht schwindelfrei war. Außerdem war die Gelegenheit günstig, Gino zusammen mit mir anzutreffen, denn ich konnte sein Problem direkt vom Schwarzwälder Dialekt ins Italienische übersetzen.

Gino, der im Grunde seit der siegreichen Auseinandersetzung mit Don Romano durchgängig gut gelaunt war, sagte freudig zu, sofort nach dem Rechten zu sehen. Vielleicht auch weil er ein schlechtes Gewissen hatte, die Familie Hermann mit Erdmännchen verglichen zu haben. Jetzt konnte er das wiedergutmachen.

«Max, mach doch einfach den Rest der Mauer alleine, ich sehe mal eben da oben nach dem Rechten. Und wenn du fertig bist, sagst du mir Bescheid. Auf jeden Fall müssen wir ja heute noch den Sand ausbringen, und – track! – fertig ist die Bocciabahn, bereit für das große Turnier morgen!» Noch während er die Böschung hochkletterte, versuchte er vergeblich, mit Dieter ein Gespräch anzufangen, trotzdem war ich mir sicher, dass Gino auch ohne meine Hilfe klarkommen würde. Er kannte ja aus eigenem Erleben, wie das war, wenn man im fremdsprachigen Ausland nicht verstanden wurde, und würde nicht so leicht aufgeben, auch wenn der Unterschied zwischen ihm und diesem völlig charme- und humorfreien Schwarzwälder kaum größer sein konnte.

Nardini war von dem Motorengeräusch und dem Knallen der Autotür geweckt worden, grinste mich ausgeschlafen an, zum ersten Mal überhaupt nicht überheblich oder süffisant, sondern freundlich und fast lieb wie ein Kätzchen, und kletterte von Ginos Laster herunter. Und als er nach einem großen Schluck aus meiner Wasserflasche seinen monotonen New-Age-Singsang wiederaufnahm, freute ich mich sogar. Einmal mehr gab es mir das schöne Gefühl, ein Teil dieser kleinen Welt zu sein, die mir von Tag zu Tag mehr ans Herz wuchs. Wahrscheinlich würde ich hier nicht ewig bleiben, aber jetzt, gerade jetzt, war sie mir wichtiger als alles andere in meinem Leben.

Auch verstand ich allmählich ein wenig mehr von der Freundschaft, die Gino mit diesem eigenartigen Menschen verband.

Nardini sammelte mit einer solchen Liebe all die Geschichten, die sich nur auf diese kleine Welt rund um den Monte Dolciano bezogen, wie ein Goldgräber, der zu alt war, um seinen Claim zu wechseln: Solange ich suche, ist dieser Ort genauso gut wie jeder andere, und wenn ich etwas finde, ist er sogar besser als jeder andere. Sicherlich hatte er Gründe, warum er nicht in die Welt hinausgezogen war, nach Rom, nach Bologna, nach Mailand, und wahrscheinlich waren diese Gründe nicht besonders imposant, vielleicht sogar deprimierend, aber er jammerte nicht und bemühte sich, seine kleine Welt, so gut er konnte, auszufüllen. So wie Gino. Und so wie ich es seit einiger Zeit versuchte.

Es vergingen vielleicht zehn Minuten, als Dieters Auto wieder von Bordolino heruntergerollt kam. Ich legte meine Arbeitshandschuhe beiseite, bestimmt hatte es Verständigungsprobleme gegeben, und ich wurde dort oben gebraucht. Doch Dieter saß nicht allein in dem Auto, fünf weitere Köpfe reckten sich gegen den Autohimmel, und seinem Tempo nach zu urteilen, hatte er nicht vor, stehen zu bleiben. Ich winkte entschieden. Dieter führte mit seiner Frau einen kurzen, ernsten Dialog, dann hielt er erkennbar unwillig und kurbelte das Fenster herunter.

«Was ist mit Gino?», fragte ich.

«Der arbeitet», kam die lakonische Antwort.

«Habt ihr ihn einfach alleine gelassen?»

«Der braucht uns nicht für die paar Dachpfannen, die er da zurechtrücken muss.»

«Ja, aber vielleicht braucht er irgendein Werkzeug oder was zu trinken. Er hat ja nichts dabei, nicht einmal ein Auto.»

Dieter sah mich für einen Moment stumm an. «Das wird schon gehen. Der ist doch Profi. Auf Wiedersehen.»

Er kurbelte das Fenster wieder hoch und gab Gas. Ich konnte es nicht fassen: Da tat dieser kleine Maurer ihnen den Gefallen, sofort ihr Problem auf dem Dach zu beheben, aber sie behandelten ihn wie einen Bediensteten und ohne Respekt. Ich war mir sicher, dass Gino noch nicht einmal Geld für seine kurze Arbeit auf dem Dach hatte nehmen wollen, die einzige Währung wäre ebenfalls Freundlichkeit gewesen, sich dankbar zu zeigen, ein wenig zu kommunizieren.

Wütend warf ich die Kelle in den Mörteleimer, sagte Nardini, dass ich gleich wieder zurück wäre, und fuhr zu Hermanns Haus hinauf.

«*Ou*, Gino, *dove sei?*»

Keine Antwort. Ich schirmte meine Augen gegen die Sonne ab, auf dieser Seite des Daches konnte ich ihn nicht entdecken, die andere Seite war von unten her nicht einzusehen. Da nirgends eine Leiter lehnte, auf der Gino das Dach hätte erreichen können, betrat ich das Haus und nahm die Treppen bis hinauf in den höchstgelegenen Raum, wo ich ein kleines geöffnetes Fenster fand, das auf das Dach hinausführte.

«Gino?»

«*Ou*, Max», erklang Ginos Stimme, ein wenig erfreut, ein wenig traurig. Sehen konnte ich ihn nicht, also kletterte ich hinaus. Und da saß er, mit dem Rücken an den Schornstein gelehnt, seine Hände umspannten ein angewinkeltes Knie.

«Was ist los, Gino?»

«Nichts», sagte er.

Ich setzte mich vorsichtig neben ihn, die alten *coppi* gingen teuflisch schnell kaputt, wenn man auf die falsche Stelle trat.

«Brauchst du irgendwas? Ich habe gesehen, dass die Hermanns weggefahren sind.»

Er nickte traurig. «Ja, das sind sie.»

«Hast du das Loch gefunden?»

«Das Loch?» Er deutete vor sich. «Irgendwo da. Ich muss zwei, drei Reihen abtragen.»

Ich nickte.

«Oft tritt bei den alten Dächern das Wasser an einer ganz anderen Stelle ein, als es im Haus heraustropft.»

«Das kenne ich gut», antwortete ich und streckte mich. «Schöne Aussicht hier oben.»

Doch Gino hatte dieses Mal keinen Blick dafür.

«Die Frau von ihm», begann er nach einer Weile des Schweigens.

«Hm.»

«Wusstest du, dass die Italienisch kann?»

«Wirklich?» Nein, das hatte ich nicht gewusst. Bisher hatte ich angenommen, dass die Hermanns jeden Kontakt mit ihren italienischen Nachbarn vermieden, weil sie deren Sprache nicht sprachen.

«Und noch nicht einmal schlecht. Ich habe mich gefreut, du weißt schon, es ist doch schön, wenn man miteinander reden kann.» Er schwieg wieder für einen Moment. «Aber auch, wenn man kein Wort sprechen kann, wenn man nur zeigt, dass man sich mit dem andern austauschen will, wenn man auf ihn zugeht, mit offenem Blick, mit offenem Herzen, das genügt auch, das ist schön, das sagt: Ich vertraue dir, und du kannst mir vertrauen, wir finden einen Weg, uns zu verständigen.» Er schüttelte traurig den Kopf. «Ich bin ein einfacher Mann, ein Arbeiter mit einfachster Schulbildung, und die habe ich noch nicht einmal abgeschlossen. Das war damals so, wir waren arm, ich musste früh arbeiten. Aber heißt das, mit mir kann man nicht reden?»

«Nein, natürlich nicht. Wieso?»

«Ein paar Mal hat sie, die Frau, etwas auf Deutsch gesagt. Dann ihren Mann angeguckt. Dann hat der etwas geantwortet, das klang geringschätzig, so von oben herab, dann haben sie gelacht und –» Er zuckte mit den Schultern.

«Vielleicht hast du das falsch interpretiert, Gino, du hast doch selber zu Nardini einmal gesagt, wie hart die deutsche Sprache klingt.»

«Ich weiß, Max, aber ich weiß auch, wann man über mich lacht.»

«Aber warum sollten sie über dich lachen? Du tust ihnen doch einen Gefallen», sagte ich mit größtmöglicher Überzeugung, ohne dass ich von meinen eigenen Worten überzeugt war.

«Manche Menschen halten Freundlichkeit für Schwäche. Manche Menschen denken, weil ich gerne Scherze mache, wäre ich nicht ernst zu nehmen.»

Ich schwieg. Möglicherweise hatte er recht.

Er atmete schwer. «Ich habe ein schlechtes Gewissen, weil ich sie mit Erdmännchen verglichen habe. Aber das war nicht geringschätzig gemeint. Das ist», er ließ seine Hände durch die Luft kreisen, als jonglierte er vier Bälle, «das ist, wie wenn Luciana mir über den Kopf rubbelt. Sie ist einen Kopf größer als ich, und sie ist», er blies Luft aus seinen Lungen, «also sie ist wirklich schön. Und jetzt guck mich an, ich bin ein hässlicher alter Kerl.»

«Für dein Alter hast du dich verdammt gut gehalten», versuchte ich ihn aufzubauen.

Er sah mich gespielt entrüstet an. «*Sei finocchio, tu?*»

«Wenn ich schwul wäre, wärst du mir wirklich zu alt und zu hässlich.»

Er lachte und stupste mir in die Seite. «Jedenfalls, wenn Luciana mir über den Kopf rubbelt und sagt: Du bist doch verrückt, Gino!, dann ist das nicht geringschätzig. Das ist necken, das ist …», wieder jonglierte er, dieses Mal fünf Bälle, «ich nenne sie Erdmännchen, sie nennen mich einen Zwerg, das ist ein Scherz, das ist ein freundliches Spiel.»

Er lehnte sich wieder gegen den Schornstein. «Nein, sie haben mich ausgelacht. Das ist etwas anderes. Aber warum, das weiß ich nicht.»

Ich hätte ihm gerne irgendeine Erklärung präsentiert oder zumindest eine Interpretation, warum das Verhalten der Hermanns nicht so feindlich gemeint war, wie er es empfunden hatte. Doch leider war auch mein Eindruck, dass sie für die Menschen um sich herum vor allem Geringschätzung übrig hatten. Warum sie sich überhaupt auf dem Monte Dolciano in den Marken ein Haus gekauft hatten, war mir ein Rätsel.

«Sollen wir wieder runter zur Bocciabahn?», fragte ich ihn.

«Nein, nein, ich muss ja erst das Loch finden.»

«Wie, du willst die Arbeit trotzdem noch machen?»

«Das habe ich zugesagt, das mache ich auch.»

«Ist das nicht ein bisschen zu edel, Gino?»

«Darum geht es nicht. Das tue ich für mich. Warum soll ich wortbrüchig werden? Meine Spielregeln bleiben immer dieselben, auch wenn andere sich nicht daran halten. Wenn ich ein Versprechen gegeben habe, dann bleibt es dabei.»

Ich musste daran denken, was er mir über seine Ehe erzählt hatte.

«So wie in meiner Ehe», fuhr er fort, als hätte er meine Gedanken lesen können.

Wieder musste ich an Anna denken, Anna, die mir kein Eheversprechen ‹bis dass der Tod uns scheidet› hatte geben wollen, weil – ja, warum? Ich hatte so oft darüber nachgedacht, und trotzdem konnte ich nicht sagen, was genau der Grund war. Es war zum Verrücktwerden! Ich hatte Deutschland verlassen, um mir hier auf dem Monte Dolciano endlich die Erinnerung an sie aus dem Leib zu schneiden, aber stattdessen dachte ich häufiger an sie als jemals zuvor. Meine Gedanken mussten mich eine ganze Weile beschäftigt haben, und Gino schien fast genauso lange darüber nachgedacht zu haben, warum ich plötzlich so abwesend wirkte. Als ich wieder aufblickte, sah er mich aufmerksam und auf eine Art prüfend an.

«Kannst du dich erinnern, als ich dich gefragt habe, ob es in deinem Leben schon einmal Liebe gegeben hat? Weißt du noch, was du geantwortet hast?»

«Nicht so genau, ehrlich gesagt.»

«Du hast gesagt, sie ist weggegangen und hat die Liebe mitgenommen. Wie hast du das gemeint?»

Ich antwortete nicht gleich. Die Situation war irgendwie skurril, so wie wir da hockten, auf den bruchempfindlichen Dachpfannen auf dem Dach der Hermanns.

Gino hob beide Hände. «Ich will dir nicht zu nahe treten.»

«Nein, nein», erwiderte ich, «das tust du nicht.»

Er nickte. «Wie hieß sie?»

«Anna», sagte ich. «Sie ist gegangen, obwohl wir uns liebten.»

«Hm, das kann ich mir nur schwer vorstellen.»

Ich legte mich vorsichtig auf die *coppi*, durch die angespannte Haltung war mir das rechte Bein eingeschlafen.

«Anna und ich waren fast drei Jahre zusammen gewesen.»

«Was meinst du mit: zusammen gewesen? Wart ihr verheiratet?»

Ich schüttelte den Kopf. «Wir haben zusammengewohnt.»

«Wie habt ihr euch kennengelernt?»

«Wie viel Zeit hast du, Gino?»

Gino lachte sein jungenhaftes Lachen, das ihn deutlich jünger erscheinen ließ, als ich mich gerade fühlte. *«Aspetta!»*

Er kroch durch das Fenster ins Haus und kam mit vier Sitzkissen zurück, zwei warf er mir zu. «Das dürfte etwas komfortabler sein, oder, was meinst du?»

Ich legte mich auf die Kissen und wartete, bis er es sich wieder an dem Schornstein bequem gemacht hatte.

«Im Grunde ist die Geschichte überhaupt nicht lang, also die, wie wir uns kennengelernt haben. Das war bei der Arbeit, wir waren mehrere Leute, und Anna kam dazu, da habe ich sie das erste Mal gesehen.»

«Und dann …», Gino klatschte in die Hände und deutete abwechselnd mit gespreiztem Zeige- und Mittelfinger auf seine Augen und auf meine, *«amore a prima vista.»*

«Liebe auf den ersten Blick? Nicht ganz so schnell, aber du bist nahe dran. Mir gefiel sie sofort, mehr aber nicht. Nach ein paar Stunden war Feierabend, jeder packte seine Sachen, und alle machten noch ein bisschen Smalltalk.»

«Co'è: smol tocch-e?»

«Chiacchierare, ein bisschen reden ohne tieferen Sinn. Anna unterhielt sich mit jemand anderem, und ich hörte, dass sie in

der Innenstadt wohnte. Und dann, als sie sich auch von mir verabschiedete, sagte ich: ‹Soll ich dich im Auto mitnehmen? Ich wohne nicht weit von dir.› Was nicht stimmte, in Wahrheit wohnte ich in einer ganz anderen Gegend. Anna sagte ja. Und dann im Auto, ich schwöre dir, Gino, das ist die Wahrheit, verging die Zeit so langsam, wie ich es noch nie erlebt hatte. Es war, als würde sich eine Glocke, eine Schutzhülle um uns legen. Wir redeten, lachten oder schwiegen, und obwohl die Fahrt nicht länger als zehn Minuten gedauert haben konnte, erschien es mir wie ein halbes Leben. Und als sie ausstieg, kam es uns beiden vor wie das Falscheste, was einer von uns tun konnte. Drei Tage später waren wir dann ein Paar.»

Gino machte zwei Pyramidenhände und bewegte die gegen seine Brust gerichteten Spitzen locker aus dem Handgelenk vor und zurück. «*Che bello! Che bello, Max!* Also doch Liebe auf den ersten Blick!»

«Na ja, eher Liebe auf den zweiten Blick.»

«Das muss wunderschön gewesen sein.»

«Das war es auch. Und das nächste halbe Jahr war wie ein Rausch.»

«*Ti credo, ti credo!*»

«Aber selbst in die größte Liebe bringt man seine Vergangenheit mit.»

Gino atmete schwer und nickte. «Die Vergangenheit ist eine monumentale Macht. Aber wenn du mich fragst, dann sage ich: Wir räumen ihr einen viel zu großen Raum in unserem Leben ein. Die Vergangenheit ist vorbei, die kann man nicht mehr ändern. Die Gegenwart ist das Einzige, was wir verändern können. Jede Sekunde hast du die Wahl: Mache ich dies, mache ich das? Wenn man in den Momenten die Vergangenheit entscheiden lässt, dann kann nie etwas Neues dabei herauskommen. Nie. Dann drehst du dich im Kreis.»

Wir schwiegen eine Weile. Ich ließ meine Blicke über die Gipfel der Apenninen streifen, und für einen Moment fand ich es fast absurd, einem italienischen Maurer, den ich erst seit zwei Wochen kannte und der doppelt so alt war wie ich, diese intime Geschichte zu erzählen. Ich lachte und schüttelte den Kopf.

«Warum lachst du?», fragte Gino ohne einen Hauch von Verwunderung oder Misstrauen.

«Das hier dürfte der Beichtstuhl mit der besten Aussicht weltweit sein.»

Gino machte eine ungehaltene Handbewegung: Ach was, Beichtstuhl! «Wie ging es weiter?»

«Was würdest du machen, Gino, wenn du der Frau, die du über alles liebst, einen Heiratsantrag machen wolltest?»

«Venedig.» Gino brauchte keine Zehntelsekunde für seine Antwort. «Venedig, und ich würde mitten auf dem Markusplatz vor ihr niederknien.» Er lachte auf. «Bei meiner Größe würde sie mich wahrscheinlich mit einer Taube verwechseln.»

Ich schüttelte den Kopf. «Spätestens wenn sie alle wegfliegen, würdest du als einzige Wahl übrig bleiben.»

Gino ruckelte aufgeregt auf dem Sitzkissen herum und stieß mich in die Seite.

«Sag schon, wie hast du es gemacht?»

«Venedig.»

«Nein! Du nimmst mich auf den Arm!»

Ich schüttelte den Kopf. «Ich habe Flugtickets nach Venedig gekauft und ihr auf den Frühstückstisch gelegt.»

«Und sie?»

«Hat sich gefreut.»

«*Certo!* Jede Frau würde sich da freuen!»

«Ich hatte keinen Plan. Einfach nur drei Tage Venedig. Sich treiben lassen, durch die Gassen streifen, die Biennale besuchen, kleine Restaurants entdecken und mit dem Vaporetto die Lagunenstadt umrunden und erkunden, nur das tun, was sich in dem Augenblick, in der Sekunde gut anfühlte.»

Gino legte seine Stirn in Falten. «Was wolltest du jetzt: Urlaub machen oder um ihre Hand anhalten?»

«Ich wollte es auf den Moment ankommen lassen. Wenn er kommen würde, so wie unsere magischen, endlosen zehn Minuten damals im Auto, dann würde ich sie fragen. Kam er nicht, dann würden wir wieder zurückfliegen und hoffentlich drei schöne gemeinsame Tage in der Serenissima verbracht haben, der geheimnisvollsten aller Städte, dieser …»

«*Porca miseria, Max!*», ging Gino dazwischen, rutschte auf mich zu, vorsichtig, wegen der empfindlichen *coppi*, und packte mich mit beiden Armen. «Spann mich nicht so auf die Folter. Erzähl mir nichts über Venedig. Sag mir: Hast du sie gefragt – oder etwa nicht?»

«Der erste Tag war wunderschön», fuhr ich unbeirrt fort und ließ ihn zappeln, «wir wohnten im Hotel Flora, direkt am Markusplatz, ein süßes Hotel mit einem begrünten Innenhof, wo man draußen frühstücken konnte. Obwohl es Ende Oktober war, das musst du dir mal vorstellen. Danach ließen wir uns treiben. Überall standen noch diese mobilen Laufstege vom letzten Hochwasser, und an manchen Stellen, zum Beispiel am Fondamenta Zattere, schwappte das Wasser auf den Gehweg.»

Gino drehte beide Hände wie Schaufelräder vor seinem Bauch: *Corre, corre!*

«Wir gingen einfach los und blieben stehen, wo es uns gefiel, wir verirrten uns und ließen unseren Stadtplan trotzdem in der Tasche, Venedig ist eine Insel, wie soll man da verlorengehen? Am Abend aßen wir am Campo San Cassiano im *Ristorante Al Nono Risorto* …»

Gino warf beide Hände in meine Richtung. «Ein *ristorante*, das ‹Beim auferstandenen Opa› heißt? Das kannst du mir doch nicht erzählen!»

«Genauso hieß es, ‹Beim auferstandenen Opa›. In der Nacht saßen wir noch auf einen Wein vor dem berühmten Café Florian am Rande des Markusplatzes, ein Streichquartett spielte, ich weiß es noch genau, Melodien aus dem Film *Es war einmal in Amerika* von Sergio Leone.»

«Kenn ich», warf Gino ein. «Mit Robert De Niro in der Hauptrolle.»

«Mhm. Es war jedenfalls traumhaft, Anna und ich in Venedig, und dazu diese melancholische Musik.»

Ginos ausgestreckte Rechte flog auf mich zu. «Das war er, der magische Moment, ich bin ganz sicher, das muss er gewesen sein!»

«Nein, das war er nicht.»

«Also gut», Gino rutschte wieder zurück an den Schornstein, «du hast gesagt, drei Tage. Das war der erste. Wie war der nächste?»

«Im Grunde waren es nur zwei Tage und eine Nacht, denn am dritten Tag ging der Flieger schon vormittags zurück.»

Gino fuchtelte aufgeregt mit seiner rechten Pyramide vor seinem Gesicht herum. «An einem Vormittag, wie soll da Romantik aufkommen? Also war es am zweiten Tag. War es am zweiten Tag? Es muss am zweiten Tag gewesen sein. Oder?»

«Du scheinst zu vergessen, Gino, dass diese Geschichte kein Happy End hat.»

Er wischte mit einer kategorischen Bewegung meinen Einwand vom Dach. «Ich werde später mit dir trauern. Jetzt will ich von dem magischen Moment hören – oder hat der am Ende gar nicht stattgefunden? War das das Ende? Kein magischer Moment?»

Ich ließ ihn weiter zappeln. Im Grunde war ich froh, dass er so viel Spaß an der Geschichte hatte. Wenn ich mich allein durch meine Erinnerungen wühlte, ging es mir vor Selbstmitleid in der Regel von Minute zu Minute schlechter.

«Für den zweiten Tag hatten wir uns vorgenommen, gleich morgens den touristischen Kern zu verlassen und die Randbereiche der Stadt zu erkunden, Il Ghetto, Dorsoduro, Giudecca. Der Tag begann sonnig, aber gegen Nachmittag zogen hohe Wolken auf, fast wie ein Dunst, der nur darauf wartete, dass sich die Luft abkühlte, um sich auf uns herabzusenken.»

«Oh, oh, oh, das klingt nicht gut, Max», sagte er tadelnd, als wäre ich für den Dunst verantwortlich gewesen, «das klingt nicht gut.»

«Wir aßen Eis, schlichen uns in private Gärten, wenn wir eine offene Tür fanden, fuhren mit dem Vaporetto durch den gesamten Canal Grande und dann außen herum um die halbe Insel wieder zurück. Ich war aufgeregt und hatte Angst, dass ich vor Nervosität den magischen Moment gar nicht erkennen würde. Abends sind wir rüber auf die Giudecca gefahren und haben im Altanella gegessen, einer abseits gelegenen Trattoria, die seit vier Generationen in Familienbesitz ist. Es war ein schöner Abend, ruhig und sanft, es wurde immer später, und langsam spürte ich eine Melancholie aufsteigen, es war, als wartete sowohl Anna als auch ich auf etwas, was einfach nicht kommen wollte.»

Gino seufzte schwer. «Wie tragisch. Wie unbeschreibbar tragisch.»

«Nach dem Essen warteten wir auf den letzten Vaporetto. In der Zwischenzeit hatte es der hohe Dunst des Nachmittags bis hinunter zu uns geschafft, aber nicht wie eine Nebelwand, nein, er zog in einzelnen Schwaden am Ufer entlang und übers Wasser und schien alle Geräusche zu verschlucken. Dann kam der Vaporetto, und wir fuhren durch den weiten *Canale della Giudecca* und dann von der *Chiesa delle Zitelle* quer über den breiten *Canale di San Marco*. Und da, mitten auf dem Wasser – da war er plötzlich, der Moment. Anna und ich standen nebeneinander, schwiegen und waren wie ein Ginkgoblatt: zwei einzelne Wesen und doch vereint, und die Zeit schien stehenzubleiben.»

Ich musste schlucken und gegen meine Tränen kämpfen.

«*E, alora?*» Gino hatten keinen Blick für meinen Schmerz.

«Dann habe ich sie gefragt: Anna, willst du mich heiraten?»

Gino starrte mich an, drückte sich mit zwei Fingern gegen die Augenbraue und zeigte dann auf mich. «Und sie? Was hat sie gesagt?»

«Sie sagte: Ja …»

Gino klatschte in seine Hände, als hätte er es geschafft, der Vergangenheit jetzt in diesem Moment, auf dem Dach der Familie Hermann, einen anderen Verlauf zu verpassen.

«*Bravo!*»

Ich winkte ab. «Sie sagte: Ja, allerdings.»

Gino sah mich unwillig an. «Allerdings was?»

Ich zuckte mit den Schultern. «Ich kann es dir nicht sagen. Ich war wie paralysiert. Ich hörte ihre Worte, ihre Erklärungen, warum ‹ja› und warum ‹allerdings›, nur, es blieb nichts hängen, ihre Worte flogen durch mich hindurch, das Einzige, was bei mir zurückblieb, war: ‹Ja, allerdings› bedeutete dasselbe wie ‹Nein›.»

Gino stöhnte und schüttelte in einem fort seinen Kopf. «Und dann? Bist du wütend geworden?»

«Nein, bin ich nicht. Am nächsten Tag fühlte es sich eigentlich gar nicht mehr so schlimm an, und danach haben wir für ein paar Wochen wie zuvor weitergelebt, und trotzdem: Das ‹Ja, allerdings› schwebte wie ein Damoklesschwert über uns.»

Gino hörte nicht auf, seinen Kopf zu schütteln.

«Ich habe ihr dann eines Tages gesagt, im Scherz natürlich: Den nächsten Heiratsantrag musst du machen, Anna, und ich bestehe darauf, dass du ihn auch auf dem Wasser machst.»

«Hm», sinnierte Gino, während ich mich um meine Fassung bemühte. «Ich frage mich, was sie wohl bewogen hatte, ‹Ja, allerdings› zu sagen.»

«Und dann, eines Tages, als ich nach Hause kam, war sie nicht mehr da», sagte ich düster.

«Welcher schwere Schmerz musste in ihr gewohnt haben!», stöhnte Gino auf. «Was für eine gewaltige Mauer aus Steinen muss ihr Herz zusammengepresst haben! Arme Anna! Ich fühle ihre Pein.»

Ich sah ihn pikiert an. «Und was ist mit mir? Wie du siehst, habe ich sie verloren und hocke hier mit einem alten Maurer auf dem Monte Dolciano auf einem Dach und habe es auch nach all den Jahren noch nicht geschafft, sie zu vergessen.»

Gino schien meinen Einwand gar nicht zu hören. «Erinnerst du dich an meine Worte? Die Vergangenheit ist eine große Macht. Für Anna war sie darüber hinaus eine dunkle Macht, der sie sich ausgeliefert fühlte.»

Jetzt redete er, als würde er Anna besser kennen als ich. «Hast du nicht auch gesagt, die Vergangenheit ist vorbei, die kann man nicht mehr ändern, die Gegenwart ist das Einzige, was wir verändern können? Warum zeigst du Verständnis für Annas Vergangenheit, die du nicht einmal kennst, anstatt zu sagen: Sie hätte in der Gegenwart ja sagen sollen?»

«Was für ein Mensch ist sie?»

«Lebensfroh, aufgeschlossen, nachdenklich, suchend.»

«Was suchend?»

«Sie hatte Kunst studiert und …» Ich wusste nicht recht, wie ich es ausdrücken sollte: hatte ihr Thema noch nicht gefunden? Das klang merkwürdig.

«Und wie alt war Anna, als du sie gefragt hast?»

«Nur ein Jahr jünger als ich.»

«*Ecco!*»

«*Dai*, Gino. Ein Jahr Unterschied! Frauen sind doch angeblich in ihrer Entwicklung den Männern um Jahre voraus. So gesehen war sie fünf Jahre älter als ich.»

«Sie war noch nicht so weit, Max, ich bin mir sicher.»

«Ach ja? Manche heiraten mit fünfundzwanzig oder noch früher!»

«Anna nicht. Verstehst du denn nicht?» Er betonte jede Silbe: «Sie war noch nicht so weit!»

«Offensichtlich, ja.»

«Es war nicht die Vergangenheit! Da war keine dunkle Wolke. Im Gegenteil! Sie hat in der Gegenwart entschieden. Sie war auf der Suche, du sagst es selbst. Sie konnte sich noch nicht festlegen, sie musste noch Erfahrungen sammeln.»

«Mit anderen Männern?», warf ich verbittert ein.

«Sei nicht albern! Darum ging es Anna doch gar nicht.»

«Woher willst du das wissen?», regte ich mich auf.

«Das liegt doch auf der Hand», erwiderte Gino mit der Gelassenheit eines Maurers und Philosophen, der auf die siebzig zuging.

«Ach ja? Kann es sein, dass du hier gerade deine eigene Geschichte zum Maßstab nimmst? Dass du selber damals, statt zu heiraten, gerne noch eine Weile ungebunden gelebt hättest?»

Er wischte meinen Einwand mit einer kategorischen Bewegung vom Dach. «Sie war noch nicht so weit.»

«Na toll! Aber wie oft findet man im Leben einen Menschen, den man zutiefst liebt? So eine Chance bekommt man nur einmal.»

Gino wedelte verneinend mit dem ausgestreckten Arm in meine Richtung, ganz entspannt, er war sich seiner Sache sicher. «Das weißt du erst in der Sekunde, wenn du stirbst. Bis dahin ist alles offen.»

«Ist ja schön, dass du über solch einen Optimismus verfügst», bemerkte ich bitter, «meiner ist jedenfalls seitdem verflogen.»

«*Vedi?* Wieder Vergangenheit. Du lebst in der Vergangenheit, deswegen hast du in der Gegenwart keine Hoffnung.»

«Sag mal, Gino», fuhr ich ihn aufgebracht an, «du kapierst schon, was das für ein Hammer ist, wenn man der Frau, die man liebt, einen Heiratsantrag macht, und die sagt: ‹Ja, allerdings›?»

Gino fuchtelte mit beiden flachen Händen vor mir herum, als müsste er einen Jumbo auf seiner *parking position* stoppen, und sah mich freudig lächelnd an. «Weißt du, was sie eigentlich gesagt hat?»

«Du wirst es mir bestimmt erklären, schließlich kennst du Anna ja schon von Kindesbeinen an.» Was bildete sich dieser kleine Kerl eigentlich ein?

Er betonte seine Worte, indem er Zeigefinger und Daumen zu einem ‹O› zusammenlegte und rhythmisch in meine Richtung warf: «Der Sinn ihrer Worte war folgender: ‹Ja, allerdings nicht in diesem Moment, gib mir noch ein wenig Zeit.› Und du hast es vermasselt, weil du ihr diese Zeit nicht geben wolltest.»

Ich atmete demonstrativ genervt ein und dachte über noch nicht gesagte beweiskräftige negative Sätze nach, die ich ihm entgegenschleudern konnte, zugleich jedoch meldete sich da tief in mir drin eine ganz leise Stimme, die ich nicht hören wollte und die trotzdem unbeeindruckt flüsterte: Möglicherweise hast du sie tatsächlich überrumpelt, möglicherweise warst du viel zu verliebt in deinen tollen Venedig-Heiratsantrag gewesen, anstatt zu erspüren, wie es um Anna stand.

Gino musste aus meinem Gesichtsausdruck gelesen haben, dass ich zum ersten Mal die Geschichte ein wenig anders betrachtete und nicht meine tiefe Verletzung in den Vordergrund stellte.

«Weißt du, Max», sagte er, griff mit beiden Händen meinen Unterarm und lächelte mich sehr warmherzig an. «Verstehen kann man das Leben nur rückwärts; leben muss man es aber vorwärts. Deshalb bleibt vieles erst einmal im Dunklen, was sich später ...»

Er zuckte zusammen, plötzlich waren Geräusche aus dem Inneren des Hauses zu hören.

«*Oddio!* Die Hermanns sind zurück, und ich habe das Loch immer noch nicht gefunden!»

«Hier seid ihr also», ertönte stattdessen Nardinis Stimme, und sein langer, dünner, flacher Oberkörper reckte sich aus dem Fenster zu uns heraus.

«*Ou*, dich haben wir ja ganz vergessen», lachte Gino erleichtert.

Nardini nahm etwas Schwung, um sich hinaus aufs Dach zu ziehen, worauf Gino abwehrend beide Hände hob, als stünde der Leibhaftige vor ihm. «Nein, Nardini! Bleib, wo du bist, komm nicht raus!»

«Warum nicht?», erwiderte dieser und setzte den ersten Fuß

auf eine Dachpfanne. Krack!, zerbrach sie unter seinem Gewicht.

«Nicht da drauftreten! Nur auf die Stelle, wo zwei übereinander …»

Krack! Der zweite Fuß zerbröselte eine weitere Pfanne, eine wunderschöne alte, eine, wie man sie nicht mehr kaufen konnte, eine von der Sorte, die man nur noch bekam, wenn man ein altes *rustico* kaufte.

Nardini hielt verunsichert inne und ruderte wild mit den Armen, um die Balance zu halten.

«*Ascolta!* Du musst genau an der Stelle auftreten, wo zwei *coppi* übereinanderliegen!»

«*Va bene*», brummte Nardini.

«Geh besser wieder zurück.»

«*Va bene.*» Nardini versuchte, sich auf der Stelle umzudrehen, wodurch er noch mehr ins Trudeln kam, immer heftiger ruderte, und langsam aber unaufhaltsam nahm sein Übergewicht in Richtung Dachkante zu, und dann blieb ihm nichts anderes mehr übrig, als die kinetische Energie, die ihn die Schräge hinuntertrieb, mit einigen kleinen Tippelschritten aufzufangen. Krack!, krack!, krack!, brach ein *coppo* nach dem anderen, bis Nardini, dieses lange, dünne Elend, sich endlich wieder gefangen hatte, nur noch einen letzten Schritt von dem Sturz in die Tiefe entfernt.

«*Porca madosca*, Nardini!», brüllte Gino außer sich vor Wut. «*Imbecillone tu!*»

«Was soll ich machen?», stammelte Nardini, der Hornochse, hilflos, sein ängstlicher Blick fixierte den bedrohlich nahen Rand des Daches.

«Geh zurück und trete genau auf die *coppi*, die du schon zerbröselt hast, *cretino!*»

«*Va bene.*» Vorsichtig, die Arme wie zwei endlos lange Ausleger zu beiden Seiten ausgestreckt, tastete er sich mit einem Fuß nach hinten.

«Nicht rückwärts, Nardini. So siehst du doch nichts. Dreh dich um!»

«Va bene.» Der Unglückselige zog seinen Fuß wieder zurück. «Gino?»

«Was denn!»

«Wenn ich mich drehe, muss ich auf einen *coppo* treten, der noch nicht zerbrochen ist.»

Das war logisch.

«Gut. Also. Wichtig ist, dass du deinen Fuß auf den Punkt setzt, wo sich zwei *coppi* überschneiden. Hast du mich verstanden?»

«Wo sie übereinanderliegen, ja», rekapitulierte Nardini, rührte sich jedoch keinen Millimeter von der Stelle.

«Fai, Nardini, *fai!* Meinst du, ich will hier morgen noch sitzen?»

«Va bene», antwortete dieser, aber außer dass jetzt sein linkes Knie anfing zu zittern, tat sich gar nichts.

«Also gut.» Gino versuchte seine Wut zu beherrschen, es führte ja zu nichts. «Lass dich runter auf die Knie.»

«Va bene», antwortete Nardini.

«Va bene, va bene, va bene!», schrie Gino. *«Non andrà bene, se non ti muovi!»*

Dieses Mal verkniff Nardini sich eine Antwort, stattdessen senkte er seinen langen, dünnen Körper langsam ab, ging in die Hocke und ließ sich erleichtert auf die Knie fallen. Krack!, wieder war ein *coppo* hinüber.

Gino erstarrte, nahm alle Energie zusammen, um nicht aufzuspringen und diesen leptosomen Dachpfannen-Zerstörer eigenhändig in die Tiefe zu schleudern. «Pass auf, Nardini. Ich fahre jetzt runter ins Tal, ein paar *coppi* holen. Du kommst irgendwie runter vom Dach, und es ist mir absolut gleichgültig, was du noch alles zertrampelst. Hauptsache, ich muss es mir nicht mitansehen.»

Er packte seine Sitzkissen und balancierte zum Fenster.

Krack! Ein weiterer schöner, alter, handgemachter *coppo* zerbrach in zwei nutzlose Hälften, dieses Mal unter Ginos Füßen. «*Oddio e tutti i santi!*», stöhnte er auf, murmelte einige Worte, die ich nicht verstand, irgendetwas mit *culo* und *cazzo*, Arsch und Schwanz, und verschwand.

Mir lag eine ironische Bemerkung auf der Zunge, irgendwie hatte ich das Gefühl, ihm noch eins auswischen zu müssen, aber angesichts von Ginos Gesichtsausdruck behielt ich sie für mich. Ganz klar blitzte da seine neapolitanische Ader auf, und eine solche war ja bekanntlich sogar zur Blutrache fähig.

Merkwürdigerweise gelang es Nardini, nachdem Gino verschwunden war, das Dach zu verlassen, ohne auch nur einen einzigen weiteren *coppo* zu beschädigen. Während wir beide zusammen zur Bocciabahn zurückkehrten, schwieg er beharrlich, und auch während ich weiter Mörtel mischte, ihn mit der Schubkarre über die drei Natursteinstufen hinunter auf die Bahn verbrachte und versuchte, das Mäuerchen einigermaßen fachmännisch hinzubekommen, gab Nardini nicht einen Laut von sich. Mir war es recht, denn ich hing meinen eigenen Gedanken nach. Gino hatte mit seinen Worten in mir etwas in Bewegung gebracht, von dem ich spürte, dass es meine Einstellung zu Annas ‹Ja, allerdings› verändern würde. Zumindest was mein Selbstmitleid betraf, in dem ich mich nur zu gerne mit großer Hingabe suhlte.

Eine Stunde später kehrte Gino mit seinem Laster zurück und fuhr an uns vorbei hoch nach Bordolino, ohne uns eines Blickes zu würdigen. Inzwischen war mein Spaß an der Arbeit vollständig verflogen, der Rücken tat mir weh, an meinen Händen hatten sich trotz der Arbeitshandschuhe Blasen gebildet, und meine Knie schmerzten von dem ewigen Hoch und Runter beim Roden, mit der Schubkarre und beim Werkeln in der Hocke vor dem Mäuerchen.

Leider sah man sehr genau, an welchen Stellen Gino gearbeitet hatte und an welchen ich. Aber das war mir mittlerweile egal. Ich ärgerte mich über meine faulen Nachbarn. Hätten sie nicht wenigstens ein wenig helfen können, auch wenn das Ganze meine Idee gewesen war? Hatte nicht Don Romano, die graue Eminenz, selbst zu einem Akt christlicher Gemeinsamkeit aufgefordert? Eine weitere Stunde später verspachtelte ich den letzten Klumpen Mörtel, warf die Kelle in den Eimer und drehte mich einmal im Kreis. Hatte sich die ganze Arbeit gelohnt?

«Die Bahn dürfte dem originalen Zustand von vor schätzungsweise fünfundfünfzig Jahren nicht unähnlich sein», hörte ich Nardinis Stimme. Ich sah nach oben, hinauf auf die Böschung, und da stand er mit seinem gewohnten überheblichen Grinsen im Gesicht. Er hatte sich also wieder erholt von seinem schmachvollen Auftritt, ganz nach Ginos Devise, dass nicht die Vergangenheit, sondern nur die Gegenwart zählte.

13. KAPITEL

Am Samstagmorgen, dem Tag des Bocciafestes, fuhr ich noch schnell nach Cagli auf den Obst- und Gemüsemarkt, eine kleine, nach drei Seiten offene Säulenhalle aus dem 18. Jahrhundert, in der Italo, der Händler, jeden Tag seine Kisten aufbaute. Links von Italo verkaufte Maurizio Volpi Fische und gleich vorn hatte Roberta ihren winzigen Feinkoststand, in dem es alles zu kaufen gab, was man brauchte, wenn man ein besonderes italienisches Essen anrichten wollte: ungewöhnlich lange abgelagerten *formaggio della fossa*, Büffelmilchmozzarella aus einem ganz speziellen Ort im Hinterland von Neapel, besondere Nudeln und Hunderte kleine Gläschen und Packungen mit irgendwelchem Schnickschnack wie in Fenchel-Tomatensugo eingelegte Meeresschnecken oder mit weißem Trüffel verfeinerte Artischocken in Olivenöl aus ökologischem Anbau. Roberta war eine im Umgang sehr angenehme ältere Dame, die dieses Geschäft genauso wie Italo seines schon viele Jahrzehnte führte. Nur Maurizio, der Fischhändler, hatte seine Konzession erst seit siebzehn Jahren und wurde ein wenig wie ein Emporkömmling behandelt, der sich erst noch seine Sporen verdienen musste.

Robertas größtes Glück war, wenn jemand nach Parmaschinken verlangte. Dann lächelte sie würdevoll, schliff ihr Messer, das vom vielen Nachschärfen schon die Hälfte seiner Klinge eingebüßt hatte, ergriff den großen luftgetrockneten Schweineschenkel, drückte ihn gegen ihren weißen Kittel und schnitt mit einem sanften Schmunzeln quasi freihändig den Schinken so dünn, wie man ihn sich nur wünschen konnte. Der einzige Unterschied zu maschinell geschnittenem waren die Riefen, die das hin und her gleitende Messer verursachte. Dann wog sie ab, und wenn es die 200 Gramm waren, die bestellt worden waren, griff sie noch einmal zu ihrem Messer und schnitt eine letzte, dickere Scheibe, die sie wie ein freundliches Präsent obenauf legte. Roberta liebte es, sich zu unterhalten, und dem Charakter ihres Geschäftes gemäß tat sie dies distinguiert, freundlich und charmant. Nicht jedoch, solange sie den Parmaschinken schnitt, dann schwieg sie, dann war Stille. Bis sie das Messer weglegte und «*Ecco-là!*» sagte.

Heute winkte ich Roberta nur zu und steuerte gleich auf den Obst- und Gemüsestand zu. Italo war wie immer auf den ersten Blick nicht zu sehen, vermutlich hockte er irgendwo hinter einem Stapel von Kisten und probierte sein Obst oder kaute auf eingelegten Lupinen herum. Er war ein dicker, gemütlicher

Mann und der Besitzer des *mercato di frutta*. Die Arbeit allerdings wurde von Pasquino und seiner Frau Mariella geleistet, er höchstens ein Meter fünfundfünfzig, sie höchstens ein Meter fünfzig und beide von einem wuseligen Temperament, sodass man immer aufpassen musste, wer gerade wo zugange war und in welche Richtung man sprach, denn im nächsten Moment konnten sie schon ganz woanders sein.

«Max!», rief Pasquino schon von weitem. «Brauchst du Nachschub?»

«Das auch», rief ich zurück, denn Italo hatte mich plötzlich am Arm gepackt und thematisierte wieder sein Lieblingsmotiv: Wie kann ich diesen Deutschen mit einem Weib aus meiner Verwandtschaft verkuppeln? Wobei es mir ein Rätsel war, ob er mich wirklich für eine gute Partie hielt oder ob er einfach nur irgendwelche hoffnungslosen Fälle an mich loswerden wollte. «Habe ich dir schon mal von Santina Manuela, meiner Cousine zweiten Grades väterlicherseits, erzählt, Max? Eine Frau, die alles hat, was du da oben auf deinem Berg brauchst.» Er signalisierte mit seinen Händen körperliche Außenmaße, die mir eher Angst einjagten. Ich hatte schon lange aufgehört, ihm zu sagen, dass ich seine Art nicht mochte und mir wünschte, er würde weiterhin ausschließlich beim Handel mit Obst und Gemüse bleiben, im Übrigen wären seine Äußerungen frauenfeindlich. Seine Antwort darauf war jedes Mal völliges Unverständnis und ein derart herzhaftes Lachen mit der irgendwo zwischen Gluckern und Dröhnen untergebrachten Information, das wäre ja alles nur Spaß, sonst nichts, dass ich dazu übergangen war, es wie Spaß zu behandeln. Damit kam ich am leichtesten an ihm vorbei, und meine von jahrelanger Emanzipationsbewegung sensibilisierten Antennen stellte ich einfach einmal für ein paar Minuten auf ‹kein Empfang›.

«Bei der Form passt sie bestimmt besser zu dir», erwiderte ich.

Italo klopfte sich auf die Schenkel, warf den Umstehenden,

meistens Kleinbauern aus der Gegend, die ihn überreden wollten, ihren Salat oder ihre Tomatensetzlinge ebenfalls auf seinem Stand verkaufen zu dürfen, auffordernde Blicke zu mitzulachen und produzierte eine Reihe von Gesten, die so viel bedeuteten wie: Ist unser Deutscher nicht ein herziges Kerlchen? Ist er nicht schlagfertig? Ist er womöglich am Ende schwul?

Ich entzog mich seinem Griff und ging auf Pasquino zu. «*Ascolta, Pasquino.* Heute wird die alte Bocciabahn vor der *Chiesa del Monte Dolciano* wieder in Betrieb genommen. Hast du nicht Lust vorbeizukommen?»

Pasquino, das musste man wissen, war Vizemeister der regionalen Boccialiga, und er liebte es, anderen seine Tricks und Kniffe vorzuführen. Vielleicht würde sich unter seiner Anleitung die ganze Sache leichter angehen lassen, Giuseppe müsste nicht beweisen, dass er der Beste war, denn besser als Pasquino konnte er unmöglich sein. Piccarini konnte nicht herumdozieren und den anderen damit auf die Nerven gehen, denn Pasquino war zertifiziert derjenige, der alles, was Boccia betraf, besser wusste, und solange kein Meister in der Nähe war, war er, der Vizemeister, das Maß der Dinge. Und schlussendlich mussten die, die ganz schlecht spielten, sich keine Sorgen machen, denn mit Pasquino auf der Bahn würden alle schlechter sein.

«Heute? Wann?»

«Am späten Nachmittag.»

Pasquino legte seine Stirn in Falten. «Turnier habe ich heute keins.» Das klang wie: endlich einmal ein Wochenende, an dem ich keine Kugeln durch die Gegend schieben muss. Pasquino zierte sich, das war mir klar, er wollte ein wenig gebeten werden, schließlich war er Vizemeister. Ich hingegen hatte keine Lust, lange herumzureden, also nahm ich eine Abkürzung.

«Danach zeige ich *Cinema Paradiso*, draußen unter freiem Himmel, projiziert auf die große weiße Wand der Kirche.»

Pasquino riss die Augen auf und packte mich am Arm. «Cinema Pa… – Mariella!», brüllte er quer durch die Halle.

«Brüll nicht so! Wir sind hier nicht zu Hause», rief Mariella zurück und lächelte dabei. Die beiden hatten einen sehr eingespielten, etwas burschikosen Umgang miteinander.

«Was meinst du, heute Abend, *Cinema Paradiso*, unter freiem Himmel?»

Mariella schlug beide Hände zusammen, drückte sie an ihre Brust und warf einen Blick in den Himmel. «Mein Herz! Meine Seele! Da rollen mir jetzt schon die Tränen! Was für ein wunderschöner Film!» Sie wandte sich an die Frau, die sie gerade bediente. «Ich habe ihn schon siebenmal gesehen. Siebenmal und jedes Mal geheult wie ein einsames Mädchen auf der Hochzeit ihrer heimlichen Liebe mit einer anderen. Wenn Alfredo, der alte Filmvorführer, von Toto, dem Jungen, gerettet wird und doch von dem Feuer erblindet. *Oddio!* Und dann stirbt er, ohne dass Toto dabei sein kann! *Poveretta me.*»

«Wir kommen», kürzte auch Pasquino das Prozedere ab. «Habt ihr die Standard-Wettkampfkugeln?»

«Nein, ist ja nur zum Spaß», erwiderte ich.

Pasquino formte Zeigefinger und Daumen der Rechten zu einem ‹O› und zog einen waagerechten Strich zwischen sich und mir, was in der unmissverständlichen italienischen Gebärdensprache nichts anderes hieß als: Ich spiele nur mit Wettkampfkugeln à 857 Gramm das Stück, zwei Stück 1714 Gramm und gut abgehangen.

«Ich bringe welche mit», lenkte er ein, als ich mimisch durchblicken ließ, dass ich keine Ahnung hatte, wo ich die herbekommen sollte.

«*Bravo*, Pasquino!», strahlte ich. «Und jetzt gib mir einen Blumenkohl, dreihundert Gramm Lupinen, ein bisschen Petersilie –» Es kam noch weit mehr dazu, denn eines war klar: Wenn ich schon die einundzwanzig Kilometer von Ca'Tommaso auf den Obst- und Gemüsemarkt von Cagli fuhr, dann musste es sich lohnen.

Pasquino packte alles in Pappkartons und begann zu rechnen,

ein Bleistiftballett auf einer Papiertüte, begleitet von tanzenden Stirnfalten, die sagten: Ich misstraue mir selber, wenn ich rechne, also rechne ich zweimal, von Preisen pro Kilo, die er schon beim Notieren reduzierte, und von einem Endergebnis, auf das er noch einmal großzügig *sconto* gab, allerdings verdeckt und heimlich, indem er mir den errechneten Preis zeigte, ihn durchstrich und lautlos mit einem verschwörerisch-triumphierenden Blick den neuen hinschrieb. Weder Pepe noch Mariella durften das mitbekommen, sie waren der Meinung, dass er Dinge verschenkte, die eigentlich nur zum Verkaufen gedacht waren. Manchmal hatte ich allerdings das Gefühl, dass ein saftiger Preisnachlass ihm vor allem eine diebische Freude bereitete, weil Mariella und Italo über drei Ecken verwandt waren und er sich deswegen wie ein Emporkömmling vorkam, was ihn wiederum mit Maurizio, dem Fischhändler, verband, mit dem er, sooft er konnte, in der *bar dello sport* einen *caffè corretto* trinken ging, wo sie über alles Festgefahrene oder Standesdünkel im Allgemeinen lästerten.

Nach dem *mercato di frutta* in Cagli fuhr ich nach Pesaro, holte *Cinema Paradiso* und den Videobeamer ab und raste zurück auf den Berg, um alles zu installieren: den Beamer, die Boxen und den Verstärker, den Videorekorder, zwei 500-Watt-Werkstattleuchten für die Bocciabahn und für den Platz vor der Kirche ein paar Lichterketten, die ich noch aus der Zeit hatte, als Anna und ich Heiligabend gemeinsam verbracht hatten. Anna hatte immer sehr großen Wert auf alle Feiertage gelegt und sie jeweils so stimmungsvoll wie möglich inszeniert.

Alle auf dem Monte Dolciano wussten Bescheid. Ich war gespannt, ob Gino recht behielt und wirklich alle kommen würden. Der Erste, der auftauchte, war Giuseppe. Er erhoffte sich einen Vorteil, wenn er schon einmal ein bisschen übte, bevor es richtig losging, und bedrängte mich, es gegen ihn aufzunehmen. Zum Glück hatte ich meine beiden bunten Amateurkugel-Sets mitgebracht, wer wusste denn, ob Pasquino sich tatsächlich an seinem spielfreien Wochenende auf den Weg hier herauf machen würde? Giuseppe spielte gut und gewann fast immer, was ihn sehr zuversichtlich stimmte, heute alle anderen vom Platz zu fegen. Um kein Risiko einzugehen, massierte er fortwährend seinen Wurfarm und hielt ihn durch lockeres Ausschlackern beweglich. Ich sagte ihm erst einmal nichts vom Vizemeister, damit er nicht die Lust verlor und sich womöglich davonmachte.

Gino kam als Nächster und probierte ein bisschen herum, spielte allerdings wirklich schlecht. Dann ging es Schlag auf Schlag. Zuerst die Viererbande von Bordolino, Franco, Piccarini, Lino, Ettore, kurz darauf ihre Ehefrauen und Schwägerinnen Benedetta, Bruna, Desolina, Christiana, Ombretta und Fabiola, die Unmengen an Getränken und Kuchen mitbrachten, dann kamen Emilia und Sestina, die einen ihrer *pecorino* mitbrachte, «*Vedi*, Max, ohne Mauseloch!», und die jetzt schon darauf bestand, dass der Film nicht gestartet wurde, bevor sie später am Abend ihre Schafe gemolken und Käse gemacht haben würde.

«*Stai zitta*», sagte Giuseppe darauf, «du musst keinen Film sehen.»

«Du musst auch nicht Boccia spielen», wandte ich ein, «und trotzdem tust du es.»

«*Ragione*», erwiderte er erstaunlich einsichtig, und Sestina murmelte irgendwelche Worte, die er garantiert nicht gerne gehört hätte.

Die Hermanns fuhren in ihrem Auto vorbei und warfen, ohne zu grüßen, ernste Blicke auf den bunten Haufen. Wenn sie in der Ferienzeit auf dem Monte waren, gingen sie einmal pro Woche Pizza essen, und zwar immer Samstagabend und immer in die *Pizzeria al Forno* in Acqualagna, da gab es nichts zu rütteln.

Einige Italiener aus der weiteren Nachbarschaft tauchten auf, die ich vom Sehen kannte, ohne ihnen den richtigen Namen zuordnen zu können. Sestina wusste um meine Merkschwäche

und soufflierte, liebenswert, wie sie war: Gabriella, eine kurven-
reiche, sehr lebenspralle Frau, ihr Mann Fabio, in allem das genaue Gegenteil, Tiziana, schwer, behäbig und unendlich herzlich, Torello, ein solider Mann ohne schlechte Eigenschaften,
wie Sestina sagte, Domenica, Marcello, Ivana und Antonio, ein
Römer, den die Liebe hierher verschlagen hatte und der sich vor
allem durch seine Freude an den kleinen Dingen des Lebens
auszeichnete: gute Zigarren, guter Wein, gute Pasta, gutes Geld
und schönes Wetter.

Die meisten brachten irgendetwas zu essen und zu trinken
mit, vor allem *vino fatt'in casa*. Julian erschien mit einem kleinen
Gefolge eher zwielichtiger Gestalten, die man als Dauergäste
des Violet Pub kannte und die nichts mitbrachten, sondern es
vielmehr darauf anlegten, das Gesamtangebot aller Hausweine
durchzuprobieren. Die Gruppe verschwand jedoch relativ früh
wieder; bis auf Julian, der sehr hungrig war, aber wegen aktueller
Gallebeschwerden nur in kleinen Portionen und mit größeren
Pausen dazwischen essen konnte, und die Geduld dafür moch-
ten die Zwielichtigen nicht aufbringen.

Luise kam von ihrem Haus heruntergeschritten, wie immer,
wenn Spaccone nicht anwesend war, würdevoll, gelassen und
mit unnachahmlicher Grandezza. Mit einer Hand trug sie einen Korb mit einigen Flaschen gut gekühltem *Birra Splügen*,
einem aus Mais gebrauten Bier, das an einem heißen Tag wie
diesem sofort begehrliche Blicke auf sich zog; an der anderen
Hand hielt sie Sandra, Valeries Tochter, die sich an sie presste
und all die Fremden scheu und misstrauisch betrachtete. Sofort
griff der bei Italienern sprichwörtliche und absolut verlässliche
Kinder-Reflex, außerdem wussten längst alle von Valeries be-
dauernswertem Schicksal, und beides zusammen erzeugte augenblicklich eine überwältigende Herzlichkeit, die ihre Wirkung bei der kleinen Sandra nicht verfehlte. Im Nu eröffneten
Fabiola, Christiana und Ettore mit den bunten Amateurkugeln
eine parallele Bocciabahn und machten es sich zur höchsten

Aufgabe, dem Kind wenigstens einmal pro Minute ein freudiges Jubeln oder Lachen zu entlocken. Was ihnen auch gelang.

Luise betrachtete das Ganze mit Wohlwollen, sie und Spaccone hatten keine Kinder, und ich nahm an, sie war heilfroh darüber, nachdem sich ihr Ehemann als ein Weltmeister in Untreue erwiesen hatte und sie selbst in gewisser Weise hierher auf den Monte Dolciano abgeschoben worden war; allerdings sehr zu ihrer Freude, denn Spaccones großtuerisches Gebalze um jeden Rock, den er erspähte, hatte ihr bekanntlich das tägliche Leben in Ratingen bei Düsseldorf gründlich vergällt.

Luise kam zu mir. «Valerie wollte nicht mitkommen», sagte sie, als hätte ich sie danach gefragt.

«Wieso nicht?»

Luise zuckte mit den Schultern. «Sie weint viel und ist kreuzunglücklich.»

«Sie scheint eine beschissene Ehe zu haben.»

«Das ist keine Ehe», beschied Luise mit glasklarem Urteilsvermögen. «Der Mann macht noch nicht mal was her. Ein verwöhnter Bengel, sonst nichts.» Sie sah mich mit dem ruhigen, ungetrübten Blick einer weisen Frau an, die weiß, was Sinn macht und was nicht. «Sie hat von dir gesprochen.»

Mein Herz machte einen kleinen Hüpfer. «Hat sie?»

«Ihr beiden wärt ein schönes Paar.»

Donnerwetter, direkter ging es kaum noch. «Kann schon sein», entgegnete ich ausweichend.

«Willst du sie nicht hierherholen?»

Da war es wieder, dieses zwiespältige Gefühl. Einerseits ja, andererseits tauchte gleich wieder Annas Gesicht vor meinen Augen auf.

Gino stand in der Nähe, und obwohl er unser auf Deutsch geführtes Gespräch nicht verstand, hatte er den Namen Valerie herausgehört. Er nahm mich zur Seite.

«Was ist mit Valerie?», fragte er leise.

«Sie ist kreuzunglücklich und weint.»

«Dieser Schurke! Schiebt sie einfach ab wie einen Trüffel-hund, dessen Nase nichts mehr hermacht.» Gino schüttelte wü-tend den Kopf. «Man sollte sie holen, damit sie wenigstens unter Menschen ist.»

«Max macht das», sagte Luise, die Ginos aufgebrachte Worte gehört hatte, und reichte mir ihren Hausschlüssel. «Falls sie nicht aufmacht.»

Unentschlossen nahm ich ihn und war heilfroh, als Mariel-la und Pasquino, der Vizemeister, mit ihrem uralten, liebevoll restaurierten knallroten Topolino vorfuhren. Pasquino packte sofort seine Profikugeln à 857 Gramm aus und deutete ohne Gnade auf meine bunten Amateurkugeln, den rechten Arm mit forderndem Zeigefinger seitlich ausgeschert und mit einer Falte auf der Stirn, gegen die die San-Andreas-Spalte in Kalifornien nichts war, was, alles zusammengenommen, in der absolut un-missverständlichen italienischen Gebärdensprache so viel hieß wie: Leben oder Tod, Hund oder Katze, Eigentum oder zur Miete, die oder ich – entscheide dich!

«Kein Problem, Pasquino, das ist nur Dekoration», sagte ich und sammelte in aller Eile die farbigen Kugeln unter seinem strengen Blick, der sich schrittweise in ein gnädiges Grinsen wandelte, ein.

«Moment mal», protestierte Giuseppe, «jetzt habe ich mich gerade an die gewöhnt!»

«Gegen Pasquino verlierst du sowieso», entzauberte ich Giu-seppes Traum, heute das Rennen zu machen. «Pasquino ist re-gionaler Vizemeister.»

Giuseppe brauchte einige Sekunden, bis er diese ernüchternde Information verarbeitet hatte, dann warf er unauffällige Blicke über seine Schulter und rückte etwas näher an Pasquino heran. «Kannst du mir ein paar Kniffe zeigen, bevor es losgeht?»

Pasquino, der Freundliche, der Hyperaktive, legte sofort los. Locker verschaffte er seiner Kugel einen Drall, die in einer die Schwer- und Fliehkraft verhöhnenden Bananenflanke ihr Ziel erreichte, schoss seine Kugel in eine perfekt austarierte ballistische Flugbahn, ließ sie punktgenau mit einer gegnerischen Kugel kollidieren und diese ins Nirwana befördern, während seine eigene den Siegesplatz einnahm – es war eine Wonne, ihm zuzusehen, und im Nu wollten alle ein Spielchen mit dem *vicecampione* riskieren.

Gino beteiligte sich nicht an dem umtriebigen Spiel, sondern stand wie ein Mahnmal etwas abseits, und sooft ich zu ihm hinübersah, signalisierte er: Nun mach schon, geh Valerie holen!

Also gut. Ich atmete tief durch und sagte zu Pasquino: «Ich muss noch kurz jemanden holen.» Pasquino hatte wohl Sorge, dass ihm ein Bewunderer weniger die Freude an seinem genialischen Spiel trüben konnte, und um sicherzustellen, dass ich schnell wieder zurückkehrte, deutete er auf den Topolino. «Nimm den da. Dann geht es schneller.»

«Fahr du doch», warf Mariella ein, vermutlich um ihrerseits sicherzustellen, das kleine Schmuckstück ohne Kratzer zurückzubekommen.

Pasquinos Antwort bestand in einem Wurf, der Giuseppe alles Blut aus dem Gesicht trieb: Giuseppe hatte es gerade erst geschafft, gleich beide seiner Kugeln in Tuchfühlung mit der Setzkugel, dem *pallino*, zu bringen, und war sich voller Genugtuung sicher, dass Pasquino endlich einmal machtlos kapitulieren musste. Doch was tat Pasquino? Er schoss mit seiner letzten Kugel den *pallino* aus Giuseppes Umarmung heraus und katapultierte ihn neben seine etwas weiter entfernte, sich nutzlos gebende, wartende zweite Kugel. Ein sensationeller Sieg! Ein Dolchstoß für Giuseppe! Pasquino freute sich ohne jede Schadenfreude, nahm einen großen Schluck Wein, ihm war gleichgültig, in welcher *casa* der gemacht worden war, beteuerte nun schon zum dritten Mal: «Bei einem offiziellen Turnier trinke ich nie!», und prostete Mariella zu.

«Du siehst ja, ich kann nicht mehr fahren, *ciucciolina*!»

Das «Schnullerchen» schüttelte verärgert den Kopf, natürlich

nur gespielt, und rief mir zu: «Mit der Kupplung musst du aufpassen, die kommt sehr spät.»

Um nichts zu riskieren und so vorsichtig ich konnte, tuckerte
ich mit dem knallroten Autochen zu Luises Haus hinauf. Die
Kupplung kam in der Tat sehr spät. Die Bremsen dagegen kamen früh genug, zeigten jedoch wenig Wirkung und verlangten
einen sehr beherzten Tritt. Zum Glück fiel mir das gleich zu
Beginn der Fahrt auf und nicht erst auf dem Rückweg, der in
einigen Passagen recht steil bergab ging. Mit etwas Zwischen-
gas beim Schalten meisterte ich auch das dritte Problem dieses herzigen Autochens, das Krachen im nicht synchronisierten
Getriebe beim Gangwechsel, und oben, an Luises Haus, konnte
ich dann den größten Vorteil dieses kleinsten aller Kleinwagen
ausspielen: Statt vor dem Haus zu halten, fuhr ich durch das ge-
öffnete Tor direkt in den Garten hinein und parkte unmittelbar
vor dem Beet mit dem winterfesten Jasmin.

Nervös klopfte ich an die Tür. Nach dem, was Luise gesagt
hatte, erwartete ich eine betrübte, leidende und wahrscheinlich
scheue Frau und eine schwierige Situation. Doch als Valerie die
Tür öffnete und mich begrüßte, war ihr Blick klar, fast trotzig,
sie war sogar geschminkt, und als ich sie so vor mir sah, mit
ihrem Lippenstift, ihrem Hauch von Kajal und ihrer zwar ma-
kellos glatten, aber trotzdem mit Make-up abgedeckten Haut,
spürte ich, wie wichtig es für sie war, niemandem zu offenbaren,
wie es ihr wirklich ging, und keine Schwäche zu zeigen. Genau wie Anna, dachte ich, die den Standpunkt vertreten hatte:
Erst wenn man Schwäche zeigt, können andere diese ausnut-
zen.

Irritiert stammelte ich irgendetwas von dem Bocciafest unten
an der Kirche und wie schön das jetzt schon war und um wie viel
schöner es noch werden würde, später, wenn der Film lief. Ich
hatte mir zwar die nach meiner Einschätzung passenden Worte
für ein heulendes Häufchen Elend zurechtgelegt, nicht jedoch
für eine selbstbewusste Frau mit klarem Blick, und spätestens als

sie mich spöttisch anlächelte, verlor ich vollends den Überblick: Warum war ich nochmal hierhergekommen?

«Ich wollte mich sowieso gerade auf den Weg machen», sagte sie mit ihrer dunklen Stimme. «Sollen wir?» Tatsächlich stand auf dem Küchentisch eine Taschenlampe und daneben lagen ein Wolljäckchen und ein Hausschlüssel.

Wir stiegen in den Topolino und rollten zurück zur *Chiesa del Monte Dolciano*. «Ich kann kaum Italienisch», war ihr einziger Hinweis auf eine gewisse Unsicherheit, die von ihr ausging. Ich musste mir eingestehen, wie gut es mir tat, mit dieser attraktiven Frau vorzufahren, und Luises Worte, ‹Ihr wärt ein schönes Paar›, gingen mir durch den Kopf.

Beim Bocciaspielen ging es für Valerie ganz gut ohne Reden. Gino kümmerte sich mit rührender Sorgfalt um sie, holte ihr etwas zu essen, versorgte sie mit Getränken und kramte alle deutschen Brocken hervor, die er auf seinen Lkw-Fahrten gelernt hatte. Ich selber ließ sie nicht aus den Augen, um ihr beizuspringen, wenn etwas nicht so gut laufen sollte, zumindest war das die Begründung, die ich mir selbst für meine Aufmerksamkeit gab.

Mit dem Untergehen der Sonne und der einsetzenden Abenddämmerung kam meine Weihnachtsbeleuchtung zu Ehren, die auf der Fläche vor der Kirche ein romantisches Licht zauberte, während unten auf der Bocciabahn die beiden 500-Watt-Strahler dafür sorgten, dass wir noch eine Weile weiterspielen konnten, bis es vollends dunkel und Zeit sein würde, *Cinema Paradiso* zu starten, natürlich erst, wenn Sestina vom Käsemachen zurückgekehrt war.

Sandra war inzwischen eingeschlafen. Luise, die Glasklare, hielt Valerie zurück, als die ihre Tochter hochheben wollte, um sie in Ettores Auto zu bringen, der es sich nicht nehmen lassen wollte, die beiden zu Luises Haus hinaufzufahren.

«Lass man», sagte sie, «ich kümmere mich um das Kind. Du bleibst hier.»

Valerie lenkte erstaunlich schnell sein. «Wenn sie einmal

schläft, wird sie nicht mehr wach. Leg sie einfach in ihr Bett, ich zieh sie nachher aus.»

Mein Versuch, alle in Richtung der Bänke zu dirigieren – wir hatten einfach das Kirchenmobiliar hinaus auf den Vorplatz getragen, so konnten die, die dazu Lust verspürten, auch knien –, geriet zäh. Das Interesse der meisten Männer an dem Film war nicht besonders groß. Ein dramatisch-tragischer Film? Ja, kann man sagen. Keine Toten? Doch, aber tragisch-dramatisch. Spielt Adriano Celentano mit? Nein, dies ist einer der wenigen italienischen Filme, in denen er nicht mitspielt. Schöne Frauen? Nein, eher weniger. Hände mit zu Pyramiden zusammengelegten Fingerspitzen rotierten vor mir auf und nieder: Warum sollen wir uns so einen Film ansehen? Schwer zu sagen, aber auch Pasquino, der Vizemeister, wird ihn sich ansehen.

Giuseppes Kopf zuckte herum. «Pasquino spielt nicht mehr mit?», strahlte er, und als würde ihm jetzt erst einfallen, dass er der größte Kinoexperte auf Erden war, begann er, *Cinema Paradiso* nach Strich und Faden madig zu machen und in den schillerndsten Farben als rührseliges Machwerk zu beschimpfen, als *«cazzo sentimentale»* und reine Zeitverschwendung, eindeutig getrieben von der Gewissheit, auf der Bocciabahn vorläufig keine derart große Chance mehr zu bekommen, endlich einmal ein paar Spiele zu gewinnen, und dafür brauchte er eben einige Gegner. Natürlich wusste jeder, dass Giuseppe von Filmen keine Ahnung hatte, und doch fielen seine Worte zumindest bei Piccarini, Franco und Lino auf fruchtbaren Boden, und sie entschieden, auf jeden Fall lieber Boccia zu spielen. Also einigten wir uns darauf, einerseits die Bahn weiterhin zu beleuchten, allerdings nur noch mit einem der beiden 500-Watt-Strahlern, damit die Filmprojektion nicht zu sehr beeinträchtigt wurde, und andererseits oben auf dem Kirchenvorplatz die Boxen lauter zu drehen, um nicht von Giuseppes Freudenschreien und den Flüchen der anderen beim Genuss von *Cinema Paradiso* gestört zu werden.

Gino schloss sich der Filmgemeinde an und setzte sich zu

Valerie und mir. Ich hatte mich auf *Cinema Paradiso* gefreut, es gab eben Filme, die konnte man sich immer wieder ansehen, weil man jedes Mal etwas Neues entdeckte. Doch dieses Mal kam nicht viel bei mir an, Valeries körperliche Nähe machte mich unkonzentriert, es war als liefe neben mir ein zweiter Film ab, der zudem fesselnder war als das, was ich auf der weißen Wand der *Chiesa del Monte Dolciano* sah. Viel lieber hätte ich mich mit ihr unterhalten, sie näher kennengelernt und ergründet, was mich zu ihr hinzog. Stattdessen sollten mich jetzt die Abenteuer des kleinen Toto interessieren, der das Kino so sehr liebte und der, wie man bei dem Film gleich zu Anfang erfuhr, später folgerichtig ein großer Regisseur geworden war?

Was mich früher einmal fasziniert und in seinen Bann geschlagen hatte, dauerte an dem Abend quälend lange. Abwechslung boten nur die sehr dynamischen Reaktionen vorn aus der ersten Reihe, wo Mariella, Sestina, Christiana und alle die saßen, die wild entschlossen waren, sich von *Cinema Paradiso* verzaubern zu lassen. Dort wurde geschnieft und voller Schmerz aufgestöhnt, wurde befreit gelacht und menschliches Fehlverhalten wütend kommentiert, dass es eine Freude war.

Vor allem Mariella tat sich hervor. Sie kannte den Film wirklich in- und auswendig, wusste zu jeder Sekunde, was als Nächstes kommen würde, und sagte dann so etwas wie: Jetzt gleich wird dieser blasierte Heini auf die Köpfe der Ärmeren auf den schlechten Rängen spucken! Oder: Schade, dass Alfredo von diesem Feuer blind werden wird. Das wiederum regte Sestina, die an sich ein sanfter Mensch war, furchtbar auf, und einige Male kam es zwischen den beiden zu einem heftigen Wortwechsel im Dialekt der *Cagliesi*, dessen Inhalt ich nicht dechiffrieren konnte, der jedoch garantiert nicht aus Nettigkeiten bestand. Zum Glück sah Mariella nach einigem Hin und Her ein, wie frustrierend es für die anderen war, die den Film zum ersten Mal sahen, alle Pointen und Wendepunkte vorweggenommen zu bekommen, und sie schwieg für die restliche Zeit und legte ihr gesamtes Mitteilungsbedürfnis in die Filmhandlung begleitende Gefühlsäußerungen. Nach einer Weile schien sie sogar zu bemerken, wie schön es war, zeitgleich mit Gleichgesinnten vor Mitleid aufzustöhnen oder vor Rührung in die mitgebrachten Taschentücher zu schnaufen, denn, wie ich später erfuhr, hatte sie *Cinema Paradiso* bisher noch nie mit anderen gemeinsam gesehen außer mit Pasquino, der jedoch zwischendurch gerne Kameraeinstellungen kommentierte oder seiner Meinung nach grobe Logikschnitzer in der Charakterführung bemängelte und Mariella damit fast in die Tätlichkeit gegen ihren eigenen Ehemann trieb. Auch heute versuchte er es, wurde aber von der gesamten ersten Reihe in null Komma nichts zum Schweigen gebracht.

Valerie saß entspannt neben mir und schien den Film zu genießen. Wenn sie auflachte, fasste sie hin und wieder in einer spontanen Reaktion meinen Arm, oder sie warf ihre Haare zurück und mir damit eine Wolke ihres Parfums zu, das sich, einmal in meiner Nase verfangen, nicht mehr verflüchtigen wollte. Immer mehr verlagerte sich meine Wahrnehmung von der mit dem Beamer bestrahlten Kirchenwand weg zu der Frau neben mir, die ich deutlich verführerischer fand. Gino auf der anderen Seite bemühte sich mit großem Elan, ihr die Filmhandlung an schwierigeren Stellen verständlich zu machen, was hingegen nach einer gewissen Zeit Valeries Aufmerksamkeit zu ihm hinüber verlagerte.

Insgesamt war es eine entspannte *festa della boccia*, und alle hatten ihren Spaß, manche waren regelrecht trunken vor Glück, wie zum Beispiel Giuseppe, der tatsächlich die meisten Spiele nach Pasquinos Ausscheiden gewonnen hatte, oder wie die erste Reihe, die sich nach Ende der Vorführung noch einmal in aller Ausführlichkeit gegenseitig die schönsten und ergreifendsten Stellen des Films nacherzählte.

Spät in der Nacht war allgemeiner Aufbruch, alle verabschiedeten sich aufwendig, ich wurde gebührend gelobt für mein Engagement. Ich bestand darauf, allein aufzuräumen, um mich ein wenig herunterzukühlen. Gino verabschiedete sich mit großer Herzlichkeit und bot Valerie an, sie hinaufzufahren, was sie nicht wollte, sie hatte ja ihre Taschenlampe dabei – und plötzlich waren wir beide allein. Sie half mir beim Zusammenpacken. Wir sprachen kaum, jeder werkelte vor sich hin, dabei kam es hier zu einer leichten Berührung, wenn wir zufällig aneinander vorbeigingen, oder da zu einem längeren Blick und einem Lächeln, und irgendwann standen wir uns gegenüber, in dem bunten Licht der Weihnachtsbeleuchtung, und da war so etwas wie ein kleiner magischer Moment. Wir küssten uns, zuerst vorsichtig und weich, dann leidenschaftlicher und atemlos. Unsere Hände wanderten wie von selbst über den Körper des anderen, spürten die Wärme, die Erregung, die Leidenschaft, wie zwei Ausgehungerte klammerten wir uns aneinander, die Kirche, die Bocciabahn, die von den Geräuschen der Nachttiere getränkte Luft, ja der ganze Monte Dolciano, alles verschwand, und plötzlich, im größten Taumel und bereit, den letzten Schritt auch noch zu tun, gleich hier, unter freiem Himmel, warum nicht, wir waren zwei erwachsene Menschen, flüsterte ich in ihr Ohr: «Anna …»

Merkwürdigerweise war ich es, der daraufhin zurückzuckte, als hätte ich einen Schlag erhalten. Valerie öffnete irritiert die Augen, als ich auf Abstand ging. Entweder war es ihr gleichgültig, dass ich nicht ihren Namen genannt hatte, oder sie hatte es nicht gehört.

«Was ist?», fragte sie, ihr Atem ging schwer und tief. «Keine Sorge, ich nehme die Pille, und Aids habe ich auch nicht.» Sie zog mich wieder zu sich heran.

«Ich kann nicht, Valerie», flüsterte ich.

Meine Hände lagen noch um ihre Taille und konnten spüren, wie ihr Körper sich verhärtete. Sie schob mich von sich weg, nicht wütend oder beleidigt, nur entschieden, ihr zuvor weicher

Blick verwandelte sich sehr schnell in einen klaren, aufmerksamen, vorsichtigen, ja misstrauischen. «Weil ich ein Kind habe? Weil ich Mutter bin?»

«Nein, ich weiß es nicht», erwiderte ich und kämpfte gegen meine aufkommende Verzweiflung an. Ich fühlte mich wie jemand, der ausgezogen war, seinem Leben eine radikale Einhundertachtzig-Grad-Wendung zu geben, und aus Versehen waren daraus dreihundertsechzig Grad geworden. Nun stand ich wieder genau da, wo ich angefangen hatte.

Valerie lächelte, es wirkte gewollt. Sie strich flüchtig mit ihrem Zeigefinger über meine Brust. «Es war trotzdem schön.»

Ich wollte sie noch hochfahren, aber statt zu antworten, nahm sie ihre Taschenlampe und warf ihr Jäckchen über die Schultern.

«Wir sehen uns, Max», sagte sie und fügte lächelnd hinzu: «Wir sind ja jetzt Nachbarn.»

Sie verschwand, und solange ich den blassen Lichtfinger der Lampe in der Dunkelheit herumtanzen sehen konnte, sah ich ihr hinterher.

Gleich am darauffolgenden Montag begann Gino seine Arbeit auf dem Dach von Spaccones Haus. Ich selbst hielt mich von Valerie, so gut es ging, fern, verwirrt saß ich in Ca'Tommaso, sehnte mich nach ihr, spürte unseren Küssen nach und kam mir vor wie ein Idiot. Gino kam fast täglich nach der Arbeit bei mir vorbei und berichtete, was er Neues erfahren hatte über Valeries Leben. Ein Detail war schlimmer als das andere. Er war voller Enthusiasmus, diesen beiden zurückgestoßenen Frauen in Ca'Italo, genau in der Mitte zwischen Ripidello und Bordolino, ein Lichtblick sein zu wollen. Luise brauchte das nicht, aber es erleichterte ihr Leben, denn Gino machte nicht nur das Dach, er brachte Lebensmittel mit, rief bei der *comune* an, wenn es etwas Wichtiges zu klären galt, beschwerte sich bei der *Telecom Italia*, wenn wieder einmal das Telefon nicht funktionierte, und brachte Luises Ford Capri in die Werkstatt, wenn er nicht anspringen wollte. Valerie hingegen genoss Ginos liebevolle Aufmerksamkeit und bedankte sich auf ihre Weise, zum Beispiel mit einem besonderen Mittagessen, das sie extra für ihn kochte. Gino zog die Arbeit mit dem Dach, soweit es ging, in die Länge, und als nun wirklich nichts mehr oben auf dem Haus zu reparieren war, wandte er sich dem Inneren zu. Er begann das Zimmer, in dem Valerie mit ihrer Tochter wohnte, zu renovieren und zu verschönern, sorgte für ein dicht schließendes Fenster und für ein Fliegengitter und kümmerte sich um alte, handgemachte *mattoni*, gegen die er die hässlichen Terrazzofliesen auszutauschen gedachte. Ironischerweise rief jetzt Luise mehrmals am Tag bei mir an. Die Verständigungsprobleme mit Gino wuchsen, je mehr er Teil des Lebens dort oben wurde. Ich versuchte, so gut es ging, über das Telefon zu helfen, bis irgendwann Gino mich bat, ihn zu begleiten, er wollte den beiden einen Vorschlag machen und befürchtete, möglicherweise missverstanden zu werden. Sein Plan war, den armen, hier auf den Berg geworfenen Frauen ein wenig von ihrer neuen Welt zu zeigen, schließlich war er hier geboren und aufgewachsen und konnte ihnen Dinge zeigen, die sie sonst nie entdecken würden. Was Luise betraf, war das natürlich nicht ganz richtig, denn sie lebte ja schon eine Zeitlang auf dem Monte Dolciano. Da ich hinreichend gut Italienisch sprach und mit Luise befreundet war und Valerie auch nett fand, so sein Plan, könnte ich doch mitfahren und übersetzen, nur ein paar Tage lang. Luise mit dem klaren Verstand einer Kupplerin sagte sofort zu und übersprang sowohl die Frage, ob ich dazu bereit wäre, wie auch meine Antwort, die ja durchaus hätte ‹Nein› sein können. Und so fand ich mich am nächsten Tag in Ginos Panda wieder, auf dem Beifahrersitz und nach hinten zu Valerie und Luise hin übersetzend; Sandra war bei Sestina und ihrer Enkelin Simona geblieben, die in Sandras Alter war. Das erste Ziel waren die Überreste des Mussolini-Konterfeis an der Flanke des Monte Vecchio, zu dem wir uns auf einer sehr steilen, engen Straße hochschraubten, die zum Teil atemberaubende Aussichten in die Furlo-Schlucht bot. Mehrere hundert Meter fielen die Felsen fast senkrecht bis zur Via Flaminia ab, die parallel zum *fiume Candigliano* jeder seiner Windungen folgte. Der *Candigliano* war ursprünglich einmal ein grünlich schimmernder Fluss gewesen, in dem man gerne einmal ein Bad nahm. Seit jedoch der Bürgermeister von Cagli einem Jeansproduzenten erlaubt hatte, seine Färbeabwässer ungeklärt in den Fluss einzuspeisen, hatte er eine, je nach Wasserstand, unnatürlich indigoartige Farbe angenommen, ein eigenartiges Farbschauspiel, dass von hier oben interessanterweise eher geheimnisvoll-schön als ungesund wirkte.

Gino führte uns durch das Pinienwäldchen zwischen Parkplatz und Mussolini. Überall knackten die Zapfen, die von der ersten großen Hitzewelle des Jahres gezwungen wurden, ihre Schuppen zu öffnen und den darunter befindlichen Samen abzustoßen. Er erläuterte voller Enthusiasmus den Mikrokosmos rund um die Mussolini-Silhouette: Hört ihr die Zapfen? Seht ihr den Fluss? Riecht ihr das Harz? Spürt ihr die Trockenheit der Felsen? Ahnt ihr, wo sich Vipern verbergen könnten? Empfindet ihr den Hauch des Faschismus, der in diesem wahnsinnigen Monument eingeschlossen ist?

Luise schritt mit uns, würdevoll und wortlos, meistens eine ihrer unvermeidlichen Zigaretten in der Rechten. Da Spaccone sie ziemlich kurz hielt, reichte ihr Geld nur für die in Italien deutlich billigere Marke MS, was für *Monopolo di Stato* und für ein Kraut stand, das streng, beißend und kein bisschen würdevoll roch. Valerie verhielt sich anfangs noch reserviert, taute aber zusehends auf und begann, Gino das eine oder andere zu fragen, was den über alle Maßen erfreute und zu wahren Antwortkaskaden veranlasste, die so viel Begeisterung für die eigene Heimat ausdrückten, dass ich es nicht fertigbrachte, seine Worte auf das Wesentliche zu reduzieren, sondern alles buchstabengetreu zu übersetzen versuchte.

Wir turnten eine Weile auf Mussolinis noch intaktem Kinn herum, bestaunten die Reste der von amerikanischen GI weggesprengten Nase, fragten uns, ob die Steine darüber noch die Stirn oder schon einfach nur Landschaft darstellten, und Luise bemerkte mit kühler Sachlichkeit, dass von hier oben betrachtet Mussolini nicht mehr als ein mehr oder weniger schlecht organisierter Haufen Steine war, was Gino freudig als Sinnbild für den gesamten italienischen Faschismus uminterpretierte, die dümmliche, braune, menschenfeindliche, selbstherrliche Arroganz, die nur noch von denen übertroffen wurde, die als Mitläufer den Nährboden für die braune Pest darstellten. An dieser Stelle zeigte Valerie erstmals Anzeichen von Desinteresse, was Gino sofort veranlasste, das Thema zu wechseln.

Luise beobachtete das Ganze mit der Klarheit einer Person, die genaue Vorstellungen hatte, worum es hier gehen sollte. Deswegen sorgte sie dafür, dass ich fortan in Ginos Panda hinten bei Valerie saß und sie selbst auf dem Beifahrersitz Platz nahm, von wo aus sie Gino in ihrem holperigen Italienisch mit Fragen derart in Schach hielt, dass der nicht ein einziges Mal Valerie direkt ansprechen konnte, bevor wir in den Höhlen unterhalb des Monte Dolciano auf der dem Meer zugewandten Seite nach versteinerten Fossilien Ausschau hielten. Ihr Missfallen, als Valerie und ich die ganze Zeit schwiegen, war jedoch unverkennbar, und die Blicke, die sie mir hin und wieder zuwarf, wirkten fast drohend.

Am Ende des Tages, nachdem wir in einer kleinen Trattoria in Reforzate auf den sanften Hügeln zwischen dem Monte Dolciano und dem Meer gegessen hatten, kehrten wir noch bei Luciana ein, die offensichtlich schon einiges von Gino über Valerie und deren Lebenssituation erfahren hatte. Eine Weile beobachtete sie uns unauffällig aus der Distanz, bis sie mit entschiedenen Schritten zu mir kam.

«*Veni te*, Max», sagte sie und ging vor mir her ins Speisezimmer von Mussolini, in dem sich wie fast immer niemand aufhielt. Sie schloss die Tür und stellte sich mit in die Hüften gestemmten Händen vor mich.

«Was ist los mit dir, Max?»

«Was soll sein?»

«Willst du eigentlich für immer alleine bleiben?»

«Nein. Aber du bist ja schon vergeben, Luciana.»

Sie zog ihre Augenbraue hoch, und für einen winzigen Moment ließ sie einen lasziven Blick auf mich los, wie eine kleine Unaufmerksamkeit, wie wenn jemand, der früher besessen vom Roulette gewesen war, sich für eine Sekunde an den Nervenkitzel von damals erinnerte, bevor sie wieder die lässige Haltung der Luciana einnahm, die mit ihrem Orlando, ihren Kindern und ihrer Bar ihren Lebensmittelpunkt gefunden hatte.

«Ich rede von Valerie. Sie hat immer nur Mistkerle gehabt. Sie sehnt sich nach einem wie dir, der sie respektvoll behandelt. Sie ist eine hübsche Frau und unter der kernigen Schale ganz sicher sehr liebevoll, das sage ich dir, ich weiß, wovon ich rede.»

«Woher weißt du, wovon du redest, Luciana?», versuchte ich noch einmal, sie zu provozieren.

«Das geht dich nichts an», beschied sie kategorisch. «Also, was ist mit Valerie?»

«Es geht nicht.»

Luciana verdrehte die Augen. «Wie lange ist das jetzt her, mit dieser Anna? Willst du nicht endlich anfangen zu leben?»

«Ich lebe ja», antwortete ich trotzig.

«Du weißt, was ich meine», sagte sie, und ihr Blick wurde etwas milder.

Ich nickte und spürte, wie mir irgendetwas die Kehle zuschnürte. «Ich weiß, was du meinst, aber es geht nicht», antwortete ich und konnte nicht verhindern, dass meine Stimme leicht zitterte.

Luciana ließ ihren Blick für eine Weile auf mir ruhen, als würde ein mir unbekanntes Organ in ihrem Inneren etwas Zeit brauchen, um eine Endanalyse meines Zustandes zu erstellen.

Dann streichelte sie mir flüchtig über die Wange. «Armer Max», sagte sie und ließ mich zwischen Mussolinis irdenem Geschirr und seinen eitlen Selbstdarstellungen auf protzigen Schwarzweißfotografien stehen, mit dem sicheren Gefühl, das Wesentliche im Leben nicht zu begreifen und stattdessen auf das Falsche zu setzen.

Die nächsten Tage gingen weiter wie der erste, mit dem Unterschied, dass ich fortan allein auf dem Rücksitz von Ginos Panda saß. Luise hatte gleich nach der ersten Tour verkündet: «Ich habe keine Lust mehr herumzukurven. Mir bekommt das Geschuckel nicht. Ihr müsst alleine fahren. Ich pass solange auf Sandra auf.»

Gino steigerte sich von Tag zu Tag, scherzte, erklärte, schwärmte wortreich und wurde immer ungeduldiger, wenn ich nicht schnell genug übersetzte. Valerie ließ entweder alles mit einem sphinxartigen Lächeln über sich ergehen oder stellte interessierte Rückfragen. Sie verhielt sich wie jemand, der die Zeit für sich arbeiten ließ. Hin und wieder ließ sie einen leicht spöttischen Blick für ein paar Sekunden auf mir verweilen, ein Blick, der in etwa sagte: Na, Max, wann bist du endlich so weit und kapierst, worum es im Leben geht?

Gino bekam davon nichts mit. Er zeigte uns Strände, die nur von Einheimischen besucht wurden. Er führte uns auf das auf einem Vulkankegel gebaute Frontone und in die über allem thronende Wehrkirche, die gerade renoviert wurde und für die Öffentlichkeit nicht zugänglich war, aber er kannte den von der *comune* beauftragten Maurer und besorgte den Schlüssel. Er zeigte uns einen ehemaligen Maultierpfad über den *Monte Catria* hinunter in die Einsiedelei *Fonte Avellana* und lud uns danach in Rosas sehr bodenständige Osteria in Cagli zum Essen ein. Rosa hatte einige Jahre in Kanada gelebt und hatte einen gewisses internationales Flair, auch etwas, wie Gino stolz vermerkte, was es hier rund um den Monte Dolciano gab.

Er kümmerte sich immer rührender um Valerie, und ich kam mir mehr und mehr wie das vierte Rad an einer Ape vor. Nach dem fünften Sightseeing-Tag nahm ich Gino abends bei Luciana zur Seite, als Valerie auf der Toilette war. Ich zog mein kleines Langenscheidts Universal-Wörterbuch hervor, das mir in den letzten Jahren eine Menge guter Dienste geleistet hatte, und hielt es ihm hin.

«Hier, Gino, das wird dir helfen. Ich kann ab jetzt nicht mehr mitkommen.»

«Wie, warum das denn?», fragte Gino mit einer dramatischen Gesichtsmimik, die für mich verdammt danach aussah, als wäre er nicht unglücklich, das zu hören, was mir wiederum einen leichten Stich versetzte.

«Zu viel zu tun», erwiderte ich und machte eine unbestimmte Handbewegung.

«*Che peccato.*»

Ich zuckte mit der Schulter. «Ihr kommt auch ohne mich klar.»

Gino nickte und zog schelmisch grinsend ein noch unberührtes Wörterbuch aus seiner Gesäßtasche hervor, und zwar exakt dasselbe wie meins, das ich ihm immer noch hinhielt, nur einige Ausgaben neuer.

«*Vedi?* Ich habe schon vorgesorgt.»

Also gut, Max, sagte ich mir, lass los, das ist nicht mehr dein Spiel. Ich legte einen Arm um seine Schultern und drückte den kleinen Maurer und Philosophen kurz. Obwohl ich es nicht so sehen wollte, fühlte sich der Moment wie ein kleiner Abschied an.

Er lächelte kurz und sehr warm, dann schloss er die Augen, öffnete den Langenscheidt an irgendeiner Stelle und ganz dem Zufall überlassen, deutete auf ein Wort und hielt mir das Büchlein hin.

«Lies vor. Was steht da?»

«Nachtfalter, *falena*», las ich.

«*Bou*», sagte er und zuckte mit den Schultern. Offenbar konnte er genauso wenig wie ich darin irgendeine besondere Weisheit erkennen, die diesen Moment zu einem besonderen machte. Er hielt mir das Wörterbuch hin. «Jetzt du.»

Ich tat dasselbe wie er und hielt ihm das Buch hin.

«*Compagno*, Kamerad-e, Genosse, Freund-e», las er und klappte das Lexikon zu, bevor ich selbst nachlesen konnte. Ich wusste, dass er log, denn da, wo ich es geöffnet hatte, konnte unmöglich der Buchstabe ‹c› gewesen sein, sondern allenfalls ‹t› wie *tetto*, Dach, oder *tórtora*, Turteltaube, oder *tortura*, Folter.

Von da an bekam ich nur noch indirekt mit, was die beiden unternahmen und wie es mit ihnen weiterging. Eine Zeitlang kam Gino noch hin und wieder bei mir vorbei, wenn er Valerie abends bei Luise abgeliefert hatte, und erzählte mir neue Geschichten über ihre Ehe und ihre Beziehungen davor, eine haarsträubender als die andere. Selbst wenn davon nur die Hälfte stimmte, dann war Valeries Leben wirklich kein Zuckerschlecken gewesen.

Aber auch diese Besuche wurden seltener, selbst abends bei Luciana tauchte Gino nicht mehr so oft auf, und bald sprach der ganze Berg darüber: Gino hat sich in eine viel jüngere Deutsche verliebt. Was Valerie betraf, teilten sich die Meinungen. Die einen sagten: Sie hält sich einen verliebten Trottel, damit der ihr das Leben angenehmer machte, und die anderen, die Mehrheit und vor allem Luciana, sagten: Hier handelt es sich um wahre Liebe, die stärker ist als der Altersunterschied.

Ich selbst war mir ehrlich gesagt über Valeries Motive nicht ganz sicher, bis ich an einem Tag, der zu heiß war, um auch nur zu denken, ans Meer fuhr, an den Strand, den Gino uns gezeigt hatte. Der Zufall hatte die drei ebenfalls dorthin geführt, Valerie attraktiv und knackig, Sandra begeistert im Sand herumwühlend und Gino braungebrannt, mit einer weinroten Frotteebadehose bekleidet, wie sie vielleicht Anfang der 70er Jahre verkauft worden waren, mit einem weißen dünnen Streifen an den Seiten, der jeweils in einem kecken V-Ausschnitt an den Oberschenkeln endete. Valerie und er tollten und spielten miteinander im Wasser, so glücklich wie zwei Jugendliche, die das erste Mal in ihrem Leben verliebt waren und nichts wahrnahmen als den jeweils anderen. Für einen Moment wollte ich mich zu ihnen gesellen, warum nicht, wir waren Nachbarn, wir waren befreundet, doch dann spürte ich, wie sehr ich ein Fremdkörper in dieser Konstellation sein würde, mehr als das vierte Rad an einer Ape, eher wie ein Nagel auf der Straße.

Also packte ich meine Sachen und ging ein Stück weiter den Strand entlang zum *bagno Lori*, an dem man für teures Geld einen Schirm und eine Liege mieten musste, dafür jedoch kalt oder warm duschen konnte und die Sicherheit einer gewissen Exklusivität hatte. Einmal mehr kreisten meine Gedanken um Anna und Valerie und meine Einsamkeit, und als ich mir an der Bar von Celestina einen Cappuccino machen ließ, nahm ich mir vor, ab jetzt jede Gelegenheit, die sich mir bieten würde, beim Schopf zu packen, und wenn es nur für eine Nacht oder eine Woche war. Dass ausgerechnet in dem Moment Hunderte frisch geschlüpfte, himmelblaue Schmetterlinge aus der Düne aufstiegen, nahm ich als gutes Zeichen und lud Celestina zum Abendessen ein, die etwas erschrocken reagierte, weil ich schon einige Male bei ihr einen Cappuccino getrunken und mich immer unverdächtig verhalten hatte, die dann aber doch einwilligte, schon aus Neugierde, denn Deutsche kamen nur selten an ihren Strand, der ja fast ausschließlich von Einheimischen frequentiert wurde.

14. KAPITEL

All das war inzwischen weit zurückliegende Vergangenheit. Luise lag jetzt seit einem Monat unter der Erde, und das Gefühl, mit ihrem Tod einen großen Verlust erlitten zu haben, war nicht mehr so bedrängend und akzeptiert. Alle weitere Versuche, mich richtig zu verlieben, waren vollkommen ergebnislos im Sande verlaufen. Und Gino hatte seinen Schmerz über das Ende seiner Beziehung zu Valerie überwunden und zog im Gegenzug sogar großes Selbstbewusstsein daraus. Ohne seine Integrität und seine liebevollen Absichten auch nur um eine Winzigkeit schmälern zu wollen: Er genoss es sichtlich, von den Männern auf und rund um den Monte Dolciano als der bald Siebzigjährige betrachtet zu werden, der es geschafft hatte, über mehrere Jahre eine Beziehung mit einer attraktiven, viel jüngeren Frau gehabt zu haben. Und er genoss es ebenso, zumindest von einigen Frauen für ein männliches Ausnahmeexemplar gehalten zu werden, das Frauen liebevoll und mit Respekt behandelte, etwas, was es heutzutage einfach nicht mehr gab.

Natürlich nahm er immer noch Bauaufträge an, obwohl er sich längst jenseits des Rentenalters befand, das offiziell bei 60 und inoffiziell bei 45 Jahren lag. Er brauchte eben irgendetwas, was er zwischen dem stillschweigenden Frühstück in seinem Haus und seinen Abenden in Lucianas Bar tun konnte, und da war es für ihn allemal angenehmer, auf fremden Dächern herumzukrabbeln und nach Löchern zu suchen oder eine Natursteinmauer in einen Garten zu setzen, aus der alle paar Meter, trotz der für eine Mauer notwendigen Gradlinigkeit, ein ungewöhnlicher Stein herausragte oder ein eingepasster Rundbogen ein zugemauertes Fenster vortäuschte oder ein anderes liebevolles Detail von der unverwechselbaren Einzigartigkeit seiner Arbeit zeugte. Von diesem Mut zur Individualität blieben seine Konkurrenten Granci und Enzo weiterhin meilenweit entfernt, deshalb geißelten sie seine Arbeit in der Öffentlichkeit wie gewohnt als verschroben, aufdringlich und unpräzise, und Gino lächelte im Gegenzug erhaben und verwies auf irgendeinen Poeten, der einmal gesagt hatte: ‹Wer die Laterne trägt, stolpert leichter, als wer ihr folgt›, was weder Granci noch Enzo verstanden und sie im seltenen Einvernehmen dazu brachte, Gino zusätzlich noch für verrückt zu erklären.

Ginos Frau hatte die ganze Angelegenheit mit Valerie mit großem Desinteresse verfolgt. Zwischen ihr und Gino spielten Gefühle keine Rolle, für sie war lediglich wichtig gewesen, dass er sich nicht scheiden ließ, und dessen schien sie sich von Anfang an sicher gewesen zu sein. Und da Gino nie auch nur eine einzige Nacht zusammen mit Valerie verbracht hatte, war für Ginos Frau äußerlich das Leben all die Jahre unverändert geblieben.

Manfredo hatte mit seiner Anti-Tiefflieger-Aktion einen überwältigenden Erfolg. Die Fotos von dem schreienden, blutenden Toto neben dem Zementblock, der das Kind fast erschlagen hätte, erzürnten die Gemüter aller, sodass selbst der Bürgermeister von Cagli, der bislang wenig Lust verspürt hatte, sich mit dem Verteidigungsministerium anzulegen, obwohl die Tiefflüge selbstredend außerhalb jeglichen Rechtes standen, einen Begleitbrief schrieb, den Manfredo zusammen mit dem Zementblock, den Fotos und einer meterlangen Unterschriftenliste per Einschreiben an den *Ministro della Difesa* schickte, nachdem er den ganzen Fall zwei Journalisten des *Corriere Adriatico* und des *Il Resto di Carlino* präsentiert hatte. Der eine titelte mit «Luftwaffe gegen Bambino!», der andere mit «Angriff der Tiefflieger im eigenen Land». Das alles, und das dürfte der bisherige italienische Rekord an Effektivität sein, führte dazu, dass die Tiefflüge binnen weniger Wochen eingestellt wurden, und es führte ebenfalls dazu, dass Manfredo, der Mann, der auf dem *cimitero* das zu kleine Loch gegraben hatte, zu Manfredo, dem Mann, der die Tiefflieger vom Himmel geholt hatte, wurde. Eine *figura più bella* hatte in den letzten Jahren keiner rund um den Monte Dolciano gemacht.

Dem kleinen Toto war seine besondere Bedeutung in diesem Fall schnell zu Kopfe gestiegen. Er bestand nicht nur darauf, noch lange nach Abheilen seiner kleinen Wunde jeden Tag einen neuen Verband angelegt zu bekommen, nein, seit die Zeitungen und das öffentliche Gerede ihn zur Schlüsselfigur in dieser Sache gemacht hatten, wollte er nicht mehr mit Toto angeredet werden, sondern nur noch mit seinem richtigen Namen Salvatore, schließlich war er ja jetzt erwachsen. Es war klar, dass dieser Höhenflug endlich sein würde, doch sein Vater, Manfredo, war seinerseits trunken vor Glück und badete, solange er konnte, in dem Gefühl, das Gefüge der Welt verändert und eine Wichtigkeit weit über das Einzugsgebiet des Monte Dolciano hinaus erlangt zu haben. Dieses Gefühl berauschte ihn derart, dass er sogar mit dem Gedanken spielte, seinen viel zu kleinen Bagger zu verkaufen und in die Politik zu gehen. Bis seine Frau von beiden Höhenflügen die Nase voll hatte und mit glasklarer Logik beschied: Nichts auf der Welt ist unbeständiger als italienische Politik, aber gestorben wird immer, und deshalb bleibst du Bestatter, *e basta*! Und du, Toto, putz dir die Nase und nimm den Verband runter, bevor du an einer anderen Stelle einen neuen brauchst! Natürlich meinte sie es nicht so, aber sie war zwischenzeitlich mit den Nerven wirklich am Ende, vor allem als Salvatore antwortete: «Du bist schlimmer als die Tiefflieger, Mamma!»

Alles war in Bewegung. Julian hatte angefangen, in Urbino Englischunterricht zu geben, und konnte nun das eine oder andere Essen selbst bezahlen. Zum Essen eingeladen hat er trotz allem auch bis heute niemanden. Nardini trieb sich seit einiger Zeit fast ausschließlich im und in der Nähe des *convento* der *cappuccini* hoch über Cagli herum in der Hoffnung, Don Romano doch noch persönlich zu begegnen. In Ripidello war wieder mal dicke Luft. Sestina und Emilia hatten wegen irgendeiner Kleinigkeit Streit und sprachen schon seit zwei Wochen nicht mehr miteinander. Guiseppe war es egal, er war schon seit einiger Zeit im Besitz von original Bocciawettkampfkugeln à 857 Gramm das Stück und trainierte praktisch jeden Tag auf der Bahn – so lange, bis wieder einiges Grünzeug nachgewachsen war, dann lud er mich zu einem Spielchen ein mit dem Hinweis, dass die äußeren Bedingungen leider nicht ideal wären und dass man da eigentlich zuerst einmal Hand anlegen müsste. Zugleich knetete und massierte er seine Finger wie ein Klaviervirtuose, was in der unmissverständlichen italienischen Gebärdensprache eindeutig hieß: Mach du's.

Ich tat's, und so gesehen war die Bocciabahn, da hatte Granci recht, tatsächlich in meinen Besitz übergegangen.

Alles in allem konnte man sagen, die Welt um mich herum war einigermaßen ausbalanciert. Dramatisch hatte sich nur Ginos Verhältnis zu Spaccone entwickelt. Einige Tage nach Luises Beerdigung und kurz bevor er für unbestimmte Zeit zurück nach Deutschland fuhr, hatte Spaccone Gino mitgeteilt, nicht eine Lira seiner Rechnung in Höhe von vierundneunzig Millionen Lire zu bezahlen. Es war mehr als offensichtlich, dass er eiskalt auf das italienische Rechtssystem spekulierte, in dem zwischen Klageerhebung und einer ersten Verhandlung in der Regel mindestens zehn Jahre vergingen. Dann würde Gino achtzig sein und, so hoffte Spaccone, längst unweit von Luise auf dem Friedhof des Monte Dolciano liegen. Ich hatte vorgeschlagen, in dieser Sache zu vermitteln, doch Gino war strikt dagegen. «Meine Probleme mit Spaccone gehen nur ihn und mich etwas an», sagte Gino. Luciana, die er auch anwies, sich herauszuhalten, erteilte Spaccone trotzdem Hausverbot auf Lebenszeit, was ihn möglicherweise härter traf als alles andere, denn das sprach sich dreimal so schnell herum wie die Sache mit der nicht bezahlten Rechnung. Bei nicht bezahlten Rechnungen gab es immer unzählige Versionen und Standpunkte, bis hin zu der Möglichkeit, dass die Betroffenen eine Verwirrtaktik fuhren, um die *Guardia di Finanza* in die Irre zu leiten. Doch wenn Luciana, die Gerechte, Hausverbot erteilte, dann gab es keine Zweifel, dann lagen die Karten auf dem Tisch. Das Letzte, was ich hörte, war, dass Gino tatsächlich zu seinen entfernten Verwandten nach Neapel gefahren war, um ihnen von der Geschichte zu erzählen, was ich persönlich für keine gute Entwicklung hielt. Gleichzeitig war ich der Meinung, dass Spaccone sich jeden Ärger dieser Welt redlich verdient hatte.

Letzte Woche war ein weiteres leerstehendes Haus auf dem Monte Dolciano verkauft worden, und zwar an das Münchner Ehepaar Sissy und Norbert. Es trug den malerischen Namen Ca'Sanguinaccio, zu Deutsch Haus Blutwurst, was zumindest keinen Zweifel ließ, in welcher Weise dort früher Schweine weiterverarbeitet wurden. Sissy war eine erfolglose Schlagersängerin, und Norbert betätigte sich seit Beginn ihrer nie wirklich vorangekommenen Karriere als ihr Manager. Sissy hatte nach vielen deprimierenden Jahren, die sie auf deprimierenden Betriebsfesten getingelt und in denen sie noch deprimierendere Schnulzen gesungen hatte, ein Karnevalslied komponiert, das bei den Jecken zwischen Köln und Düsseldorf eingeschlagen war wie seinerzeit «Mer losse d'r Dom en Kölle» von den Bläck Fööss. Das Lied wurde seitdem jedes Jahr zwischen dem 11.11. und Aschermittwoch so oft gespielt, dass Sissy allein von den Tantiemen gut leben konnte, und jetzt hatte sie vor, in der Abgeschiedenheit des Monte Dolciano ein Künstlerleben zu führen und nur noch zu komponieren, «etwas in Richtung Chanson, Édith Piaf, Jacques Brel, du weißt schon». Norbert blieb nichts anderes übrig, als mitzuziehen, denn er hatte noch nie im Leben richtig gearbeitet und würde ohne sie ein Fall für die Sozialhilfe werden. Als Manager war er grottenschlecht, und seine

Grantigkeit und notorisch schlechte Laune übertraf alles, was selbst eingefleischte Bayern noch für tragbar hielten.

Und zu guter Letzt hatte ich mir eine neue Motorsäge zugelegt, etwas Solides von einer deutschen Traditionsfirma, und obwohl ich mich, was die Länge des Kettenschwertes betraf, all die Jahre souverän gegen die allgegenwärtige sexuelle Terminologie der Italiener um mich herum am Monte zur Wehr gesetzt hatte, kaufte ich dieses Mal ein stattliches Teil, das über jede Unterstellung erhaben war. Erstaunlicherweise brachte mir das einen nicht unerheblichen Respekt ein.

Und dann kam der 3. September, ein Sonntag, ein typischer sanfter Spätsommertag mit angenehmer Wärme und einer entspannten Sonne, die nach einem heißen Sommer wie diesem nichts mehr beweisen musste; bald würde der erste Tag da sein, an dem man plötzlich, durch einen unerwartet kalten Hauch von hinten oder eine Veränderung des Lichtes, die Gewissheit bekam, dass auch dieses Jahr der Herbst auf den Sommer folgte. Ich hatte gleich morgens meinen Rucksack gepackt mit Wasser und isotonischen Getränken, mit getrockneten Aprikosen und unanständig dick belegten Käsebroten, hatte mich auf mein Mountainbike gesetzt und war zur großen Tour aufgebrochen: vom Monte Dolciano über Molleone den Monte Catria hinauf, über den früheren Saumpfad hinunter zur Einsiedelei Fonte Avellana und von dort aus wieder zurück nach Ca'Tommaso.

In Avellana hatte ich die kleine Besichtigungstour mitgemacht, die einer der Mönche täglich mehrmals durchführte, und hatte danach den mönchischen Gesängen gelauscht, die aus der Klosterkirche nach draußen drangen. Der Kioskbetreiber außerhalb der Klostermauern hatte mir meine Wasservorräte wieder aufgefüllt und wollte kein Geld dafür. «Sportler sind was anderes», sagte er, «Sportler sind keine Touristen», und einmal mehr fühlte ich mich auf diesem Fleckchen Erde wohler als je zuvor an einem anderen Ort.

Acht Stunden nachdem ich losgefahren war, erreichte ich wieder Ca'Tommaso, dehydriert wie ein Stockfisch, aber glücklich und zufrieden. Natürlich merkte ich gleich, dass mein Liegestuhl an einer anderen Stelle stand, nämlich gleich vorn an der Kante der ebenen Fläche, von wo aus man das Tal in Richtung Tarugo überblicken konnte und die beste Aussicht auf alle Berge der Apenninen hatte, aber andererseits der Wind einem manchmal die Haare waagerecht stellte. Daneben stand ein Gartenstuhl. Offenbar hatten es sich während meiner Abwesenheit zwei Menschen bei mir gemütlich gemacht. Auf dem Gartentisch stand eine dieser unvermeidlichen leeren Thunfischdosen, die vor allem italienische Bauarbeiter in die Landschaft warfen und auf die man praktisch überall stieß, sobald man ein Loch in die Erde grub. Darin befand sich ein wenig Wasser und, gehalten von einigen sorgfältig positionierten Steinen, ein kleiner Blumenstrauß, wilde Blumen vom Monte Dolciano, allerdings keine Erklärung, wer sie gesammelt und dorthin gestellt hatte. Auch der kleine Zettel aus kariertem Papier, der unter der Dose hervorlugte und auf den jemand etwas mit einer krakeligen Schrift notiert hatte, gab keinen Aufschluss. Nach längerem Forschen und Grübeln konnte ich die Worte «Um 8 bei Luciana!» entziffern. Ich tippte auf Gino als Urheber der Nachricht, in dessen Familie ja traditionell nur üble Handschriften vorkamen.

Aber würde Gino Blumen pflücken und sie mir auf den Tisch stellen? Vielleicht, bei Gino wusste man nie, manchmal hatte er wirklich merkwürdige Anwandlungen. Einmal hatte er mich mitten in der Nacht aufgesucht, ich lag schon im Bett, und als Gastgeschenk eines von diesen gigantischen italienischen Riesenüberraschungseiern mitgebracht, dessen Form man nicht einmal mehr erahnen konnte, weil die Schokoladenhülle völlig zerbröselt war. «Das habe ich billiger gekriegt», strahlte er mich an, «ist einer Kundin vor mir runtergefallen.»

Ehrlich gesagt war ich von meiner Tour total erschöpft und

konnte mir kaum vorstellen, mich heute Abend noch auf den Weg ins Tal zu machen. Andererseits hatte ich schon Lust, Gino, Luciana und die anderen, sogar Nardini, mal wieder zu treffen, denn in den letzten Tagen hatte ich sehr viel gearbeitet und keine Gelegenheit mehr gehabt, das Haus zu verlassen. Also machte ich ein paar Dehnübungen, duschte mir den salzigen Schweiß vom Körper und bereitete mir nach Sestinas Rezept eine doppelte Portion *fischioni con piselli e ragù rosso*. Außerdem schnitt ich das erste Stück aus dem *pecorino*, den sie damals nach ihrer letzten Schafstour für mich gemacht hatte, und genoss das Quietschen und den salzig-herben Geschmack. Danach löffelte ich mich durch eine Riesenportion *tiramisù fatto in casa*, die mir Eleonore nach unserer letzten Italienischstunde mitgegeben hatte, quasi als Abschiedsgeschenk, weil ich keinen Unterricht mehr nehmen würde. Schließlich legte ich mich noch ein Stündchen aufs Ohr, nachdem ich mir den Wecker gestellt hatte.

Kurz vor acht betrat ich Lucianas Bar, die bis zum Rand voll war. Luciana, Orlando, Umberto, Antonella, sogar Sestina, Giuseppe, Emilia und Lino. Julian bekam gerade von Ornella, die hin und wieder für Luciana in der Bar arbeitete, eine *piadina* gereicht, und ihre Geste sagte eindeutig: Geht aufs Haus, was Julian mit diesem unnachahmlichen charmanten Lächeln beantwortete, sodass man selber versucht war, ihm außerdem noch ein Bier zu spendieren, nur um ebenfalls damit beglückt zu werden.

Manfredo unterhielt sich mit Marco Cencioni, der seinen großen Bagger verkaufen wollte, über dessen Grabewinkel im Verhältnis zur Hitze. Der kleine Toto stand daneben und kämpfte mit einem Eis, das schneller schmolz, als er es wegschlecken konnte. Die kleine Narbe auf seinem Ärmchen war noch gut zu sehen, und wenn man wollte, so wie er, konnte man in ihr die Umrisse eines Düsenjägers erkennen. Eleonore unterhielt sich mit Ombretta, während Artur, von niemandem beachtet, an die Wand gelehnt die lebhafte Szenerie mit einem süffisanten Dauergrinsen beobachtete, was er sich meiner Meinung nach vom frühen Clint Eastwood in der Dirty-Harry-Phase abgeschaut hatte. Christiana, Ettore und Fabiola winkten mir zu, und selbst Piccarini und Bruna lachten mir entgegen, sie, weil sie mich ohnehin mochte, und er – keine Ahnung, warum.

Gino und Nardini waren wieder mal in einen Disput vertieft. Soweit ich es verstehen konnte, vertrat Gino, in Anspielung auf die große Literatur dieser Welt, zum Beispiel die Göttliche Komödie von Dante Alighieri, die These, dass Lesen Denken mit einem fremden Gehirn wäre, worauf Nardini erwiderte: «Zum Lesen braucht man ein Gehirn, aber das eigene.» Was Gino zu vehementem Widerspruch reizte, weil die meisten Menschen nur dämliche Modemagazine lasen, wozu man nicht mehr Verstand als eine Schnake brauchte. Als Nardini ihn darauf aufmerksam machte, dass er sich gerade in gewisser Weise selber widersprochen hatte, verschlug es Gino glatt die Sprache. Zum Glück sah er in dem Moment mich und ließ Nardini daraufhin einfach stehen.

«*Ou*, Max!» Der kleine Maurer stürmte mit offenen Armen auf mich zu, als hätte er mich drei Monate nicht mehr gesehen oder als wenn ich einen runden Geburtstag hätte. «Du hast also die Nachricht gefunden!»

«Gefunden, ja», erwiderte ich, «aber bis ich sie entziffern konnte, war es kurz vor acht.»

Er zog seine Schultern fast bis an die Ohren hoch. «Ich bin Maurer, was erwartest du?»

«Du hättest ja auch anrufen können.»

«Wie denn? Hast du es noch nicht bemerkt? Das Telefon ist wieder mal kaputt. Diese *cazzo Telecom Italia*! Ein Haufen von *ignoranti*!»

«Aber du warst nicht alleine an meinem Haus, richtig?»

Er machte eine ungeduldige Handbewegung. «Ich wollte dich besuchen, und da traf ich oben auf einen Freund von dir. Aus Deutschland, der dich überraschen wollte.»

Oje, wenn ich etwas nicht leiden konnte, dann überraschende

Besuche aus Deutschland, die dann gleich ihren gesamten Urlaub in meinem Haus verbringen wollten. «Wie heißt denn der Besuch?»

«Hab ich leider vergessen. Ist irgendwie schwer auszusprechen.»

Noch schlimmer! Das konnte eigentlich nur Xaver Gschwendtner sein, zumindest hatte er den unaussprechlichsten Namen aller meiner Bekannten.

«Wo ist er denn?», fragte ich Gino und sah mich suchend um. Xaver war ein Meter sechsundneunzig groß und eigentlich nicht zu übersehen.

«Ich habe ihm das Duce-Mussolini-Zimmer gezeigt, und jetzt checkt er gerade nebenan bei Mauro in der Albergo ein.»

Ich atmete auf, na, wenigstens wollte der unerwartete Besuch nicht bei mir schlafen.

Luciana werkelte geschäftig rum, tuschelte mit Umberto und ihrem Orlando und kümmerte sich gar nicht um mich. Sehr merkwürdig.

Olivio Minzoni, den ich noch gar nicht gesehen hatte, drückte mir eine von seinen Visitenkarten in die Hand, auf dem ein New Yorker Taxi mit diesem typischen schwarzweiß karierten Band abgebildet war. Seit er sich eine offizielle Taxilizenz besorgt hatte, versuchte er den Menschen rund um den Monte Dolciano mit einem penetranten Werbefeldzug klarzumachen, dass es fortschrittlicher war, ein Taxi zu bestellen, als sich mit dem Nachbarn abzusprechen, wann und wie und von wo aus man gemeinsam zum Wochenmarkt nach Cagli fuhr. «Ihr seid doch keine Bauern mehr, okay? Nutzt die moderne Welt!», pries er seine Dienste an. «Fahrt nicht mit eurer Ape, das ist doch viel zu unbequem und zu gefährlich, okay?»

Luciana winkte ihn mit einer winzigen Geste zu sich heran und flüsterte ihm ein paar Worte ins Ohr, worauf sein Verkäufergetue sich augenblicklich in Luft auflöste und er sich kleinlaut in Richtung Ausgang bewegte. An der Theke mit der Registrierkasse drehte er sich noch einmal um und signalisierte Luciana: Darf ich wenigstens ein paar Visitenkarten auf deine Theke legen? Luciana zog eine Augenbraue hoch, was wieder mal sehr lässig aussah, und sie hätte sich die Bewegung, wie wenn sie einen Schwarm Schmetterlinge verscheuchte, sparen können, denn Olivio presste schon betrübt die Lippen zusammen und verzog sich mitsamt seinen Visitenkarten.

Endlich kam Luciana zu Gino und mir herüber, rubbelte dem kleinen Maurer über den Kopf, sah mich fast liebevoll, in jedem Fall aber ein wenig melancholisch an und drückte meinen Arm.

«Das ist ein sehr netter Freund, den du da hast», sagte sie und begann, die kreuz und quer in der Bar verteilten Stühle wieder ihren Tischen zuzuordnen.

Aha, damit war Xaver Gschwendtner endgültig aus der engeren Wahl, denn er war alles Mögliche, nur nicht nett, halt ein Bayer, und als solcher war man markig, aber nicht nett.

Gino rammte mir seinen Ellbogen in die Rippen. «Guck dir das an, Max, der Adler, da vorne auf dem Baum! So nah habe ich ihn noch nie gesehen!»

«Verdammt, Gino», röchelte ich, «musst du mir dafür die Rippen brechen?»

Ich suchte mit den Augen die näheren Baumwipfel ab, konnte aber nichts entdecken. Gino hatte Mühe, ernst zu bleiben.

«Ich weiß nicht, Gino, aber ich habe das Gefühl, du willst mich auf den Arm nehmen. Überhaupt ist hier irgendwas sehr merkwürdig.»

«Wir waren noch nie etwas anderes als merkwürdig. Immer schon. Dies hier ist eine bäuerliche Kultur, was erwartest du?»

«*Dai!* Bäuerlich! Darum geht es nicht, das weißt du genau.»

Gino trat einen Schritt zurück, um mehr Raum zu haben.

«Das hier», sagte Gino und machte mit der flachen Hand diese halb kreisrunde Bewegung in Bauchhöhe, die mich seit Jahren rätseln ließ – und endlich, endlich dämmerte mir, woher ich die Geste kannte!

«Warte, warte», unterbrach ich ihn und warf einen Blick auf Olivios Visitenkarte mit dem New Yorker Taxi.

«Was?», fragt er unwillig und startete seine kreisrunde Bewegung wieder von vorn.

«Sag mal, hast du schon mal den Film *Taxi Driver* von Martin Scorsese gesehen?»

Ginos Hand fror mitten in der Bewegung ein, und seine Stirn bewölkte sich. «Ja, das ist einer meiner Lieblingsfilme, wieso?»

Daher hatte er sie also, diese Geste! Das war genau die Handbewegung, die Robert De Niro als Travis Bickle machte, als er vor der überirdisch schönen Cybill Shepherd im Wahlkampfbüro des Kandidaten Palantine klarmachen wollte, dass ihr all das, die Welt der Politik, der Macho-Kandidat und die damit verbundene Macht, nichts mehr bedeuten würde, wenn sie endlich die richtige Liebe finden würde, eine Liebe, wie sie ihr nur Travis Bickle, der Taxi Driver, geben konnte.

«Nicht wichtig, nur so», antwortete ich und hatte große Mühe, ein Lächeln zu unterdrücken.

«Was ist daran so witzig?», fragte Gino leicht angesäuert.

«Nichts, Gino, nichts. Also, was wolltest du sagen?» Ich imitierte die Geste. «‹Das hier› – und wie weiter?»

«Was ist daran so witzig?», wiederholte er, jetzt richtig böse.

«*Dai*, ist nicht so wichtig, ich dachte nur, ich hätte diese Geste schon mal bei Robert De Niro gesehen.»

«Das ist korrekt», tönte Nardini aus der Tiefe des Raumes.

«Na und?», rief Gino und streckte beide Arme nach hinten wie ein Königspinguin. «Gibt es da eine Art Urheberrecht oder so was?»

«Nein, es fiel mir nur auf, nichts weiter», sagte ich beschwichtigend, ich wollte ihn ja nicht bloßstellen.

«Mir ist es auch aufgefallen», setzte Nardini nach.

«Ah», sagte Gino und wippte gefährlich mit seinem Kopf, «Wen haben wir denn da? Zwei Cineasten, sagt man das so? Zwei Kenner des Kinos. Zwei Experten!»

«Komm, Gino», versuchte ich ihn zu beschwichtigen, «war doch nur ein Scherz.»

«De Niro stammt aus einer italienischen Familie. Scorsese übrigens auch», warf Nardini ein.

«Wie interessant, Nardini! Und Robert De Niro ist der Mann, den ich fragen muss, wenn ich so machen will, eh?» Er wiederholte die Geste so dynamisch, als wollte er sich einen Weg durch die dichte *macchia* bahnen.

«Die meisten sprechen Scorsese falsch aus. Die sagen ‹scorsisi›, weil er Amerikaner ist.»

Gino wischte Nardinis fachkundige Bemerkung unwillig beiseite. «Wisst ihr, was Bertrand Russell mal gesagt hat? Kennt ihr den überhaupt, ihr *cretini*, eh?

Nardini legte sein Hund-nagt-Knochen-Gesicht auf, das war jetzt kein Spaß mehr, das begann für ihn ein Genuss zu werden. «Bertrand Russell war ein britischer Mathematiker, Philosoph und Schriftsteller, der …»

«*Vai via*, Nardini! Ich weiß, wer Russell war! Du erinnerst dich? Ich habe euch die Frage gestellt, nicht ihr mir! Und was hat Russell zum Thema Experten gesagt?»

Nardini verzog seinen Mund, da musste er passen.

Gino tat einen Schritt zurück und warf seine Hände wiederholt in Nardinis und meine Richtung. «Wenn sich alle Experten einig sind, dann ist Vorsicht geboten!»

«Ich bin kein Experte», sagte ich.

«Ich auch nicht», ergänzte Nardini, «es fiel mir nur auf.»

«Mir auch», pflichtete ich Nardini bei.

«Ach, *vaffanculo*!» Gino drehte sich wütend um, als wolle er Zuflucht in Mussolinis Speisezimmer suchen, und es hätte mich nicht gewundert, wenn er sich danach in seinen Panda geworfen und für heute und die nächsten drei Tage nur noch die Bar vom unsympathischen Sergio besucht hätte. Doch plötzlich hielt er inne, als hätte jemand bei ihm einen Schalter gekippt, drehte sich wieder um und sah mich ernst an. Für einen Moment durchzuckte mich ein tiefer Schrecken: War er so verletzt, dass er mir jetzt die Freundschaft kündigte? Das Gegenteil war der Fall. Plötzlich lächelte er sehr sanft und liebevoll und legte mir mit einer sehr vorsichtigen, langsamen Bewegung seine flache Hand auf die Brust. Dann deutete er hinter sich. «Da ist dein Besuch, Max.»

Ich atmete erleichtert auf und suchte die Bar nach einem mir bekannten Gesicht ab.

Und da stand sie, Anna.

Ihre olivgrünen Augen ruhten auf mir, ihre Lippen formulierten: Hallo, Max. Konnte ich sie nicht hören? Oder hatte ihre Stimme versagt?

Anna, stand sie wirklich da? Oder hatte ich eine Halluzination? In meinem Kopf wirbelten Bilder durcheinander, von Venedig, den wehmütigen Streichern vor dem Café Florian, von Streiten, die wir gehabt, von ihrem Körper, wenn wir uns geliebt hatten, von ihrem gequälten Gesicht, wenn sie sich wie eingesperrt fühlte, von ihrer wilden Lebenslust, wenn es ihr gutging.

Ich wusste nicht, wie lange ich sie angestarrt hatte. In der Bar war kein Ton mehr zu hören, niemand rührte sich.

Anna hatte sich verändert. Das Stolz-Ungeduldige, das damals ihren Gesichtsausdruck vor allem ausgemacht hatte, war fast verschwunden. Stattdessen strahlte sie eine große Wärme und Gelassenheit aus, eine Sicherheit, die sie früher nicht gehabt und nach der sie sich immer so sehr gesehnt hatte. Sie war einige Jahre älter geworden, das war unverkennbar. Ihr Gesicht spiegelte einige Jahre eines Lebens wider, von dem ich nichts wusste. Und es hatten sich kleine Fältchen hineingeschlichen.

Lachfalten, dachte ich, und es tat mir gut, den Gedanken zu wiederholen, Anna hat jetzt Lachfalten.

«Ich war heute Vormittag oben an deinem Haus», sagte sie auf Italienisch.

Endlich begann sich meine Starre aufzulösen. «Seit wann kannst du Italienisch?»

«Ich habe vor zwei Jahren damit angefangen.»

«Sie spricht gut, Max», mischte sich Gino ein. «Besser als du nach zwei Jahren. Da merkt man einfach das Talent, das Gefühl für Sprachen. So was hat man, oder man hat es nicht.»

«Herzlichen Dank, Gino, dein Charme ist wirklich umwerfend. Darf ich dir vorstellen, Anna? Das ist Gino, bis eben waren wir noch Freunde.»

«Ich weiß», sagte sie, «ich habe ihn an deinem Haus getroffen. Er hat mir viel von dir und deinem Leben hier erzählt.»

«Sie weiß Bescheid, Max», sagte Gino und stupste mir in die Seite, «tut mir leid, das sagen zu müssen, aber sie weiß Bescheid.»

Porca madosca, wie ging mir dieser kleine kompakte Maurer und Philosoph manchmal auf die Nerven!

«Gino hat mir ein wenig die Gegend gezeigt. Die weggesprengte Nase von Mussolini und den alten Römertunnel.»

Ich sah ihn mit ironischem Tadel an. «Was ist mit Fonte Avellana, Frontone und dem Strand in Torrette, den nur Einheimische kennen, Gino?»

«Das kommt noch, Max, das kommt noch», lachte Gino gut gelaunt und zwinkerte Anna zu.

Sie schwieg und sah mich mit einer tiefen Ruhe an. Plötzlich hatte sie einen kleinen Blumenstrauß in der Hand, praktisch das Gegenstück zu dem, den ich oben in Ca'Tommaso auf dem Gartentisch vorgefunden hatte, und schob sich die Blüten in ihr Haar, das immer noch genauso braun und dicht und wallend war wie früher. Sie machte einen Schritt zur Seite. Jetzt sah ich, dass dort eine große Plastikwanne stand, die vorhin noch nicht da gewesen war, eine, wie Gino sie für seine Maurerarbeiten benutzte, und die voll mit Wasser war. Anna stieg hinein, ohne ihre Schuhe auszuziehen und ohne ihren Blick von mir zu wenden. Ich war zu irritiert, um auf irgendeine Weise zu reagieren. Dann spürte ich einen sanften Druck von hinten. Gino schob mich in Annas Richtung. Sie streckte die Hand nach mir aus, ich streckte ihr meine entgegen, und dann zog sie mich in den Bottich hinein. Wieder war es in der Bar so still, dass man nur die Eistruhe summen hörte.

«Ich weiß, ich habe dich damals in Venedig sehr verletzt», sagte Anna. «Ich weiß, dass das jetzt wie ein Überfall ist und dass es wahrscheinlich viel zu spät ist. Aber ich schulde es dir, Max. Und du musst mir auch nicht antworten.» Sie nahm auch meine zweite Hand. «Willst du mich heiraten?»

Das Durcheinander in meinem Kopf war unbeschreiblich. Hatte ich nicht damals auf der Piazza San Marco gesagt: ‹Den nächsten Heiratsantrag musst du machen, Anna, und ich bestehe darauf, dass du ihn auch auf dem Wasser machst›? Jetzt stand ich hier, nicht ganz der Vorgabe entsprechend, im Wasser, in einem Maurerbottich, der garantiert Gino gehörte, umringt von meinen Freunden und Nachbarn und guten Bekannten, die mir in den letzten Jahren so sehr ans Herz gewachsen waren, und vor mir stand Anna, hielt meine Hände und fragte mich, ob ich sie heiraten wolle …

Keine Ahnung, wie viel Zeit verging. Ich merkte, wie um mich herum eine gewisse Besorgnis aufkam, und ich war mir sicher, dass Gino hinter mir stand und sich beschwörend die Hände knetete, als müsste er den ultimativen Hefeteig für die luftigste und schmackhafteste *ciabatta* machen, die je auf italienischem Boden gebacken worden war. Ich spürte förmlich, wie er litt und grimassierte. Genauso spürte ich Lucianas lässig hochgezogene Augenbraue, die nichts anderes ausdrückte als: Bitte kein Getue, wenn es um die Liebe geht, Max, und hör auf, in der Vergangenheit zu leben!

Und dann hörte ich mich selber, wie ich «Ja» sagte. Merkwürdigerweise blieb die Stille im Raum unverändert, und in Annas Blick schlich sich ein Anflug von Enttäuschung. Gino sprang in mein Gesichtsfeld hinein, aber nicht voller Freude, sondern die Arme entsetzt ausgebreitet, den Kopf vorgereckt. Er starrte mich an, als wäre ich im Begriff, die *Göttliche Komödie* umzuschreiben, indem ich das Paradies einfach weglieβ und sie auf Hölle und Fegefeuer reduzierte. Um mich herum und von allen Seiten kam flüsternde Unruhe auf.

Was war los?

Luciana schob sich neben Gino, ihre Augenbraue war tatsächlich oben, und sie zupfte ihren BH zurecht, der mir in diesem Moment sogar eine ganze Nummer zu klein erschien, wahrscheinlich weil sie sehr, sehr tief einatmete und dann auch noch die Luft anhielt.

Nardini vermaß mich mit einem Blick, der klarmachte: Der seinerzeit durch das Gewehr des Vaters zu Tode gekommene Junge in Ca'Tommaso war ja schon tragisch, du allerdings bist das Tragischste, was der gesamte Monte Dolciano bisher erlebt hat, und zwar gerechnet auf Jahrhunderte, wenn nicht gar Jahrtausende! Aber sei beruhigt, ich werde deine Geschichte erzählen, immer und immer wieder!

Julian registrierte das allgemeine Entsetzen, das sich voll und ganz auf mich konzentrierte, und nutzte die Gelegenheit, sich unbemerkt mit einem klebrig-süßen Florentiner und einer mit Aprikosenmarmelade gefüllten *pasta* zu versorgen, um dann erst den Kopf zu schütteln über diese verdammte Ehefixierung dieser verdammten Heteros.

Umberto vermaß Anna mit Kennerblick und konnte einfach keinen Grund feststellen, der dagegen sprach, sie zu heiraten, selbst wenn es nur versuchsweise sein sollte.

Sestina schüttelte ununterbrochen den Kopf und fragte sich, ob mein Gehirn vielleicht beim letzten Gang mit ihren Schafen Schaden genommen hatte.

Giuseppe sah in Annas schlanken Fingern, langen Armen und sicheren Bewegungsabläufen eine durchaus ernstzunehmende Gefahr für seinen Status als Monte-Dolciano-Bocciameister und setzte als Einziger mit Inbrunst auf ein «allerdings» nach dem «Ja».

Und in dem Moment verstand ich den Grund des allgemeinen Entsetzens: Es lag daran, dass meine Stimme nach dem «Ja» oben geblieben war, so als käme da noch etwas, eben so etwas wie «allerdings». Für einen kurzen, misstrauischen Moment fragte ich mich, woher hier alle Annas und meine Vorgeschichte kannten, und warf Gino einen bösen Blick zu. Der hatte nicht etwa ein schlechtes Gewissen, sondern schob trotzig sein Kinn vor und bog den Kopf mit zusammengezogenen Augenbrauen zur Seite, als wäre ihm ein unangenehmer Duft in die Nase gestiegen, was in der absolut unmissverständlichen italienischen Gebärdensprache eindeutig hieß: Scheiß drauf, Max!

Ich räusperte mich.

«Ja», wiederholte ich und ließ meine Stimme mit einem gewissen Sinn für Dramatik, den ich in den letzten Jahren erst entwickelt hatte, für einen Moment oben verweilen, bis ich hinzufügte: «Ich will dich heiraten.»

Das war's. Eine Lawine brach los, ein Lärm wie beim Anstich auf dem Oktoberfest, wie am 11.11. auf dem Alten Markt in Köln. Anna und ich wurden umarmt, gedrückt und gehoben, während wir uns küssten. Orlando öffnete eine Proseccoflasche nach der anderen, und Gäste, die zufällig vorbeikamen, um in der Bar einen *caffè* zu trinken, stimmten spontan in den Jubel ein, ohne zu wissen, worum es ging, warum auch? *Dai, siamo in Italia!*

Anna wurde noch einmal von den Frauen gesondert gedrückt und geküsst und musste Fragen beantworten wie: Magst du Kinder? Warum hast du in Venedig ‹Ja, allerdings› gesagt? Was für ein Kleid hattest du an? Und was hast du in den Jahren danach gemacht? Hattest du andere Männer? Wirklich? Und Giuseppe wollte wissen, ob sie gut Boccia spielte, was sie bejahte und ihm damit so gründlich die Laune verdarb, dass er sich mit einer Flasche Prosecco nach draußen verzog und über mögliche Strategien nachdachte, wie sein Titel *campione del Monte Dolciano* zu retten war.

Etwas später nahm Luciana Anna zur Seite. «Komm morgen oder übermorgen Nachmittag mal in die Bar», sagte sie, «aber alleine. Dann erzähle ich dir ein paar Dinge, die du wissen musst, wenn du hier lebst.»

«Ehrlich gesagt, Luciana», erwiderte Anna, «ich weiß gar nicht, ob ich hier leben werde.»

Luciana sah sie sanft und weise an. «Doch, das wirst du, Anna.»

«Und wovon soll ich leben? Ich muss doch arbeiten.»

«Was arbeitest du?»

«Ich bin Künstlerin. Aber ich lebe vom Kellnern.»

«Wir Italiener haben ein großes Herz für Künstler, Anna. Du wirst sehen, du bist hier bestens aufgehoben. Und kellnern», sie fächerte sich Luft zu, als wäre sie plötzlich in die Wechseljahre gekommen, «das kannst du auch bei mir. Manchmal ist mir der Job ehrlich gesagt nur noch zu viel.»

Gino konnte gar nicht aufhören, Annas Humor zu loben und herauszustellen, wie gut ihr Italienisch und wie undeutsch, leicht und spontan ihr Verhalten war. «Das ist etwas, mit dem Max durchaus Probleme hat», sagte er und sah mich an, als wäre ich Norbert und Artur in einem.

Anna legte einen Arm um mich, was Gino mit einem glücklichen Lächeln registrierte. «Wie habt ihr euch eigentlich kennengelernt?», fragte sie.

«Gino hat eine Wasserleitung für mich gelegt und hat versucht, mich zu betrügen», antwortete ich.

«Kann ich mir gar nicht vorstellen», sagte Anna und legte Gino für einen Moment den anderen Arm um die Schulter. Gino strahlte wie die Morgensonne, deutete immer wieder mit beiden Zeigefingern auf mich, die Daumen hochgereckt. Anna mochte ihn und er sie, und ich war froh darüber.

«Max und ich, wir haben eine Menge zusammen erlebt», sagte Gino. «Die größte Sache war, wie wir diesen Gantenbein-e zu Fall gebracht haben, *è vero*, Max? Diesen deutschen Architekten, von dem Max sein Haus gekauft hat. Jetzt sitzt er in München im Gefängnis.»

«Sitzt er nicht mehr. Der ist beim Freigang abgehauen.»

Gino warf seine Arme in die Luft. «*Che storia infernale!* Schreib das mal auf, Max, schreib das auf!»

«Das werde ich, ganz sicher.»

«Weißt du, Anna, Max war der erste Deutsche, der hier in dieser Gegend ein Haus gekauft hat. Für manche war er überhaupt der erste Deutsche, den sie seit dem Krieg gesehen haben. Kannst du dir den Schock vorstellen? Los, erzähl ihr von dieser armen Frau in Tarugo, die sofort Angst um ihr Schwein im Stall hatte!»

«Komm, lass gut sein, Gino», sagte ich und signalisierte ihm so unauffällig wie möglich, dass Anna vor Müdigkeit kaum noch aus den Augen gucken konnte. Er signalisierte genauso unauffällig zurück, dass er verstanden hatte.

«Luciana, *ascolta*!», rief in die Bar.

«*Ou*, was ist?»

«Noch eine letzte Runde. Auf Anna und Max. Auf meine Rechnung.»

Luciana zog eine Augenbraue hoch. «Prosecco für alle, und du nimmst ein Glas Wasser, Gino? Aus der Leitung?»

Gino lächelte still in sich hinein. Ich rubbelte ihm über den Kopf. Und er boxte mir in die Rippen.

Kurz darauf machten Anna und ich uns auf den Weg nach Ca'Tommaso. Auf der Fahrt hatten wir so viele magische Momente, in denen die Zeit stehenblieb, dass ich mich heute noch wundere, dass wir jemals oben angekommen sind.

Danksagung

Vor allem an die Menschen vom Monte Dolciano (der in Wirklichkeit ganz anders heißt, aber von ambitionierten Kartenlesern leicht zu finden ist), allen voran Celli, Giusy, Triestina, Roberto del Romano und Ursula.

Dank an meinen Agenten Armin Gontermann, der einfach klasse ist, aber blöderweise jetzt in Köln wohnt.

An Ulrike Beck vom Kindler Verlag, die sich so spontan für Gino, Max, Luciana und die anderen begeistert hat.

An Käte und Rudi fürs Sein.

An Siba, von der ich gelernt habe, wie man immer noch etwas hineinbekommt in einen randvoll gepackten Wagen.

An Dr. Ingrid Scholz.

Und vor allem und immer wieder Dank an meine Frau Nicole, die einfach alles ist in diesem Leben.

★ ★ ★ ★ ★

1, 2, 3, 4 oder 5 Sterne?

Wie hat Ihnen dieses Buch gefallen?

Bewerten Sie es auf

www.LOVELYBOOKS.de

Das Literaturportal für Leser und Autoren

Finden Sie neue Buchempfehlungen,
richten Sie Ihre virtuelle Bibliothek ein,
schreiben Sie Ihre Rezensionen,
tauschen Sie sich mit Freunden aus
und entdecken Sie vieles mehr.